O CASO THOMAS QUICK

Hannes Råstam

O CASO THOMAS QUICK

Tradução de
JAIME BERNARDES

1ª edição

EDITORA RECORD
RIO DE JANEIRO • SÃO PAULO
2014

CIP-BRASIL. CATALOGAÇÃO NA PUBLICAÇÃO
SINDICATO NACIONAL DOS EDITORES DE LIVROS, RJ

Råstam, Hannes, 1955-2012
R18c   O caso Thomas Quick / Hannes Råstam; tradução Jaime Bernardes
– 1ª ed. – Rio de Janeiro: Record, 2014.
il.

Tradução de: Fallet Thomas Quick
ISBN 978-85-01-40249-3

1. Homicídios em série – Suécia. 2. Homicidas em série – Suécia.
3. Responsabilidade penal – Suécia. 4. Sanidade mental – Suécia. I. Título.

14-08422
CDD: 364.1523092
CDU: 343.61(485)

Título original em sueco:
Fallet Thomas Quick

Copyright © Hannes Råstam, 2012

Texto revisado segundo o novo Acordo Ortográfico da Língua Portuguesa.

Todos os direitos reservados. Proibida a reprodução, armazenamento ou transmissão de partes deste livro através de quaisquer meios, sem prévia autorização por escrito.
Proibida a venda desta edição em Portugal e resto da Europa.

Direitos exclusivos de publicação em língua portuguesa para o Brasil adquiridos pela
EDITORA RECORD LTDA.
Rua Argentina 171 – 20921-380 – Rio de Janeiro, RJ – Tel.: 2585-2000
que se reserva a propriedade literária desta tradução

Impresso no Brasil

ISBN 978-85-01-40249-3

Seja um leitor preferencial Record.
Cadastre-se e receba informações sobre nossos lançamentos e nossas promoções.

Atendimento direto ao leitor:
mdireto@record.com.br ou (21) 2585-2002.

EDITORA AFILIADA

Para meus filhos

"*Quer-se ser amado, na falta disso admirado, na falta disso receado, na falta disso detestado e desprezado. Quer-se proporcionar às pessoas alguma espécie de sensação. A alma se agita diante do vazio e deseja um contato a qualquer custo.*"

In *Doutor Glas*, do poeta sueco Hjalmar Söderberg

Sumário

Prefácio de Leif G.W. Persson — 13

PARTE I

Hospital de Säter, segunda-feira, 2 de junho de 2008 — 19
O *Sätermannen* — O Homem de Säter — 21
Nas manchetes — 27
Charles Zelmanovits — 32
Appojaure — 36
Yenon Levi — 47
Therese Johannesen — 52
Os céticos — 56
Trine Jensen e Gry Storvik — 61
Johan Asplund — 62
Time-out — 64
Por que eles confessaram? — 66
Carta para Sture Bergwall — 73
Minhas conversas com Jan Olsson — 74
O eremita — 77
O tio Sture — 80
Hospital de Säter, quinta-feira, 28 de agosto de 2008 — 86
Uma descoberta — 88
Beco sem saída — 96

A caminho da floresta de Ørje	98
Hospital de Säter, quarta-feira, 17 de setembro de 2008	113
A virada	116

PARTE II

Uma vida de mentiras	125
Chega o assassino em série	128
Um paciente especial	134
Vícios e terapia	141
Um passeio à praia	147
Um jogo fica sério	150
Divagações e desvios	165
Mergulhos profundos no tempo	178
O álibi de Sture	185
A batalha entre médicos	192
Birgitta Ståhle assume	200
Perguntas fechadas	209
O desaparecimento de Charles Zelmanovits	211
Métodos cognitivos de interrogar	226
Um show macabro	234
Dúvidas noturnas	243
Uma situação diferente nos interrogatórios	257
O último trabalhador braçal	267
Irmandade em fuga	268
Horas perdidas	273
Várias personalidades	284
Um rugido de raiva	292
Confrontação	297
"O acontecimento Shalom"	307
Sten-Ove faz contato	309
O julgamento no tribunal de Gällivare	313
Contrariedades	321
A Comissão Quick quebra	338

O julgamento do caso Levi	346
A caminho da floresta de Ørje!	351
Uma equipe muito unida	360
Pesquisas arqueológicas	369
O código decifrado	374
Da capo	389
Entrevista com o promotor	400
Entrevista com o advogado	407
Erro do sistema	417
Os documentários na televisão sueca	426

PARTE III

Os ventos mudam	429
Treze pastas	437
O jornalismo investigativo	443
A última peça do quebra-cabeça	452
Encontro com o jornalista	457
Cronologia de Sture Bergwall/Thomas Quick	459

Prefácio

PERMITAM-ME CONTAR-LHES a história do assassino em série Thomas Quick. Durante um período de quase trinta anos, ele matou pouco mais de trinta pessoas: mulheres e homens adultos, adolescentes e crianças. Na primeira vez, estávamos em 1964. Ele tinha apenas 14 anos, e sua maneira de agir já deixava transparecer o estilo dos assassinatos que viria a cometer. Crimes sexuais, brutais, em que estuprava, torturava, matava e esquartejava suas vítimas. Bebia do seu sangue e comia pedaços do corpo. Chegava a separar alguns para conservá-los como troféus, a fim de manter vivas suas piores fantasias até a hora de encontrar uma nova vítima. Então, finalmente, ele se desfazia dos pedaços guardados, macerando seus restos, enterrando-os ou apenas lançando-os em algum dique.

Avaliado segundo o sistema criminológico tradicional pela sua brutalidade e pelo número de vítimas, Thomas Quick está longe de ser um assassino em série de características normais. Ascendeu a um lugar proeminente na lista dos assim reconhecidos na história da criminologia de todo o mundo ocidental, e as ações terrivelmente chocantes de que foi considerado culpado são, de fato, historicamente únicas. Existe apenas um problema em relação à descrição que se faz dele, um problema que viria a dominar, nos quinze anos subsequentes, as controvérsias na mídia sueca e o posicionamento do público em geral: nada do que foi dito antes é verdade. Tudo não passa de uma invenção. Thomas Quick nunca assassinou ninguém, nem sequer chegou a se encontrar com nenhuma das suas supostas vítimas. Ele foi produto de uma fantasia, a que deu corpo e rosto, a fantasia da maldade máxima de uma criatura inventada, nos seus aspectos fundamentais, por outros e não por ele próprio.

Hannes Råstam conta-nos aqui a verdadeira história do caso, aquele que retrata a figura de um homem, Sture Bergwall, nascido em 1950, em Korsnäs, perto da cidade de Falun, no extremo norte da Suécia, com fortes deficiências físicas e psíquicas. Considerado um doente mental, ele viveu subjugado pelo alcoolismo, por narcóticos e por medicamentos desde os primeiros anos da adolescência. Råstam relata-nos como tudo aconteceu, desde o momento em que a Justiça sueca, em estreita e profunda colaboração com os assistentes psiquiátricos, transformou um deficiente psíquico, fortemente abalado pela doença e pelos vícios, em um assassino em série, um mitomaníaco, com tendência a narrar aventuras extraordinárias como verdadeiras.

Desde já, convém salientar que Hannes Råstam não somente escreveu um livro sobre aquilo que, de fato, aconteceu, como também foi aquele que trabalhou no sentido de expor a verdade à luz, a fim de silenciar os verdadeiros canalhas que criaram a fraude.

É claro que sempre houve indecisos e céticos, desde os primeiros anos da década de 1990, época em que o assassino Thomas Quick surgiu, de livre e espontânea vontade. Só mais tarde apareceu no caso a figura de Hannes Råstam. Não exatamente como um John Wayne, um James Bond ou o herói literário sueco Carl Hamilton.* Råstam, jornalista alto e magro, quase sempre sereno e correto em suas observações, exibindo por vezes um sorriso tranquilo, fez três programas para a televisão sueca sobre "Vår Egen Seriemördare" (Nosso próprio assassino em série) e conseguiu, no último minuto, que o suposto assassino confessasse ter inventado tudo. Conseguiu inclusive que ele explicasse para os assistentes as razões que o levaram a fazer o que fez, e que indicasse aqueles que o incitaram a tal.

---

* Carl Hamilton é o protagonista de uma série de romances policiais do autor Jan Guillou, famoso também por outra série de grande sucesso internacional denominada "Os Templários". Jan Guillou é editado no Brasil pela Editora Bertrand. [N. do T.]

Exatamente como nos filmes da minha infância, em que a realidade era apresentada em branco e preto e nos quais a cavalaria gloriosa chegava a galope nos derradeiros minutos, sob o som retumbante das fanfarras e com as espadas desembainhadas, para salvar a situação, assim, desta vez, um repórter investigativo de repente apareceu, sendo — como se esperaria — bastante parecido com o John Wayne da nossa infância.

Com o devido respeito pelos indecisos e céticos, foi esse repórter que, pertencendo àquela estreita faixa corajosa de jornalistas, cientistas, juristas e outros, e que sempre gostou de esperar as coisas boas que podem advir de uma dúvida razoável, e até mesmo insistindo em expor seu nome, esclareceu, a despeito das circunstâncias, um verdadeiro escândalo jurídico. Sem a ação de Hannes Råstam, muitos de nós continuaríamos a viver apenas com as nossas dúvidas como consolação, enquanto a maioria, certamente, teria solucionado o problema com um simples recurso: pensar em outra coisa.

Hannes Råstam também escreveu uma nova página na história da Justiça da Suécia no caminho percorrido para encontrar a verdade sobre Thomas Quick, algo que quase fico com medo de dizer, pelo simples motivo de que isso raramente convida a uma leitura prazerosa. Neste caso, porém, acontece o contrário. O livro de Råstam está muito bem escrito, e a história, muito bem contada. O texto descreve um aparato jurídico sueco em dissolução moral, judicial e intelectual, e um sistema de assistência médica que apenas nos pode levar a pensar nos procedimentos soviéticos de eras passadas, que, até então, pensávamos ter desaparecido, remanescentes apenas nas páginas de livros. E estas páginas não tratariam de procedimentos que dissessem respeito aos suecos.

Em resumo e de maneira simples: este é um livro que conta a história do que aconteceu quando policiais, promotores, advogados e juízes suecos — com a cumplicidade de diversos médicos, psicólogos, um deles designado perito em leitura de mentes, além de jornalistas e personalidades da cultura sueca — elevaram um doente mental, um mitomaníaco, à categoria de "um dos piores assassinos em série da história da criminologia mundial".

É horrível, é verdade. É uma leitura realmente fenomenal.

Leif G.W. Persson

Parte I

> "Quando se conhece a verdade horrível a respeito do que Thomas Quick fez com suas vítimas — e quando se ouvem seus urros profundos, animalescos — existe apenas uma questão a considerar: será que se trata, realmente, de um ser humano?"
>
> Pelle Tagesson, repórter criminalista, no jornal *Expressen*, 2 de novembro de 1994

Hospital de Säter, segunda-feira, 2 de junho de 2008

STURE BERGWALL, o assassino em série, sádico e antropófago, já não recebia visita alguma havia mais de sete anos. Ao passar pela casa da guarda da Clínica Regional de Psiquiatria Legal, da cidade de Säter, cheguei a sentir uma espécie de calafrio diante da expectativa do encontro.

— Hannes Råstam, da televisão sueca SVT, marcou uma reunião com Sture Bergwall...

Mostrei a minha carteira de jornalista pela abertura do guichê de aço inox e da vidraça blindada que me separava do guarda. Ele logo constatou que a minha visita havia sido autorizada:

— Por favor, passe pelo portal de segurança, mas não toque na porta!

Obedeci à voz arranhada vinda do alto-falante. Passei pela porta automática, depois por dois detectores de metais e, em seguida, por mais uma porta automática, que dava para uma sala de espera onde outro guarda revistou a bolsa que eu trazia a tiracolo.

Segui os passos decididos da minha acompanhante através de um incompreensível sistema de corredores, escadas e elevadores, ouvindo as batidas dos saltos dos seus sapatos contra o chão de cimento. Diante de cada nova porta de aço, silêncio, barulho de chaves, o toque estridente da fechadura eletrônica se abrindo e, depois, a porta correndo, voltando a se fechar.

* * *

Thomas Quick havia confessado pouco mais de trinta assassinatos. Seis tribunais o condenaram por unanimidade pelo assassinato de oito pessoas. Depois da última condenação, em 2001, ele proclamou seu *time-out*,* passou a usar seu nome antigo, Sture Bergwall, e entrou em fase de silêncio absoluto. Durante os sete anos que se seguiram, houve um debate aceso, recorrente, a respeito de Thomas Quick: se ele era assassino em série ou mitomaníaco. O que esse personagem principal pensava do assunto ninguém sabia. Estava na hora de eu me encontrar com ele, cara a cara.

A assistente conduziu-me para um grande cômodo vazio, de piso de linóleo, tão limpo que chegava a brilhar. Daí ela me indicou o caminho para uma pequena sala de visitas.

— Ele já vai chegar — disse ela.

Naquele momento, senti um inesperado desconforto.

— Você vai ficar me esperando do lado de fora, durante a minha visita?

— A ala está fechada. Não há aqui pessoal nenhum — respondeu ela, secamente.

A assistente estendeu-me uma pequena caixa eletrônica, como se tivesse lido meus pensamentos.

— Quer ficar com este alarme no caso de você ser agredido?

Eu olhei para ela e para a pequena caixa preta.

Sture Bergwall estava recebendo tratamento desde 1991. Era considerado tão perigoso que só o deixavam sair do bunker uma vez a cada seis semanas, para dar uma volta de carro, na condição de ser acompanhado por três assistentes. "Para que o doido pudesse ver o horizonte e não ficasse ainda mais doido", pensei.

Eu precisava decidir em poucos segundos se a situação exigia um alarme contra agressões ou não. Não cheguei a me recuperar da surpresa, nem a responder.

— Existe também um botão de alarme na sala ao lado — disse a assistente.

---

* Em inglês no original. Teatralmente, a sua retirada do palco dos acontecimentos. O silêncio autoproclamado. [N. do T.]

"Ela estava sendo um pouco irritante", pensei. Sabia tão bem quanto eu que nenhuma das vítimas de Quick teria sido salva por um botão de alarme numa sala ao lado.

Minhas considerações foram interrompidas pela entrada na sala de uma figura de 1,89 metro de altura, ladeada por dois guardas. Era Sture Bergwall, vestido com uma camiseta colegial bem lavada, calças jeans já bem surradas e sandálias. Ele pareceu bastante inseguro no momento em que me estendeu a mão, ligeiramente inclinado para a frente, como se quisesse me impedir de chegar perto demais.

Observei aquela mão, considerando que seu dono era o autor do assassinato de, no mínimo, trinta seres humanos.

O seu aperto de mão foi úmido.

Os guardas tinham desaparecido.

Eu estava sozinho com o canibal.

O *Sätermannen* — O Homem de Säter

A notícia desagradável chegou pela mídia. Como sempre.

O repórter do *Expressen* estava com pressa e foi direto ao assunto:

— Tem um cara lá na cidade de Falun que confessou o assassinato do seu filho, Johan. O que você tem a comentar sobre o caso?

Anna-Clara Asplund estava no hall de entrada, acabara de chegar em casa depois de um dia de trabalho e ainda tinha as chaves da porta na mão. Ouvira o toque do telefone no momento de abrir a porta.

— Estou com um pouco de pressa — explicou o jornalista. — Vou ser operado amanhã de uma hérnia inguinal e tenho que deixar a matéria pronta.

Anna-Clara Asplund não sabia bem do que ele estava falando. Mas entendeu logo que as feridas abertas iriam sangrar de novo, que a partir daquele 8 de março de 1993 seria obrigada a reviver todos os pesadelos.

Um paciente de 42 anos, da Clínica de Psiquiatria Legal de Säter, tinha acabado de confessar o assassinato do filho dela, contou o jornalista.

"Eu matei Johan", teria dito. Anna-Clara ficou imaginando por que razão a polícia contara isso primeiro para o *Expressen* e não para ela.

Björn e Anna-Clara Asplund desceram ao inferno no dia 7 de novembro de 1980. "Uma sexta-feira bem normal", como se costuma dizer. Mas é sempre num dia normal que as coisas acontecem. Anna-Clara preparou o café da manhã para Johan, de 11 anos, antes de se despedir e sair correndo para o trabalho. Quando o filho saiu de casa, por volta das 8h, teria de percorrer cerca de 300 metros para chegar à escola. Nesse dia, entretanto, não chegou; desapareceu para sempre, sem deixar pistas.

Desde o primeiro dia, a polícia disponibilizou todos os recursos possíveis na procura da criança, desde helicópteros e termocâmeras até tropas avançando sobre os terrenos circundantes. Não foi encontrada nenhuma pista do menino.

O desaparecimento de Johan tornou-se um dos mais célebres casos policiais sem solução registrados na Suécia. Os pais concederam incontáveis entrevistas, participaram de documentários e debates. Contaram repetidamente como se sentiam por terem perdido o único filho, sem fazer a menor ideia do que aconteceu, sem ter um túmulo a visitar. Mas de nada serviram seus esforços.

Anna-Clara e Björn Asplund se separaram quando Johan tinha 3 anos, mas mantinham um bom relacionamento e se apoiaram mutuamente ao percorrer a via de sacrifícios, um autêntico calvário, depois do desaparecimento do filho. Também se ajudaram nos contatos infrutíferos e decepcionantes com jornalistas e agentes da Justiça.

Ambos logo ficaram convencidos de que Johan teria sido levado pelo ex-namorado de Anna-Clara, com quem ela mantivera uma relação durante algum tempo depois da separação. A infelicidade no amor e um ciúme descontrolado seriam o motivo.

O ex-namorado, porém, dissera que estava em casa, onde dormira até as 9h na manhã fatal. Uma testemunha, entretanto, observara que ele deixara a casa às 7h15 daquela manhã. Outra testemunha teria visto o carro dele diante da casa de Anna-Clara, por volta das 8h. Seus amigos e colegas de trabalho também testemunharam, relatando que ele adotara um comportamento estranho depois do desaparecimento de Johan. Até mesmo seu melhor amigo se dirigira à polícia e dissera estar convencido de ter visto o ex-companheiro de Anna-Clara apanhando Johan.

Na presença de duas testemunhas, Björn Asplund lançara a acusação: "Você é um assassino. Você matou meu filho, mas não vai escapar. Para todas as pessoas que eu encontrar, daqui para a frente, vou dizer que foi você quem matou Johan."

O fato de o homem acusado não ter protestado nem ao menos processado Björn Asplund por difamação foi considerado pelos pais do desaparecido como mais um sinal da sua culpa. Além disso, havia indícios, testemunhas e motivos, embora nenhuma prova segura.

Quatro anos depois do desaparecimento de John, os Asplund contrataram o advogado Pelle Svensson para requerer a abertura de um processo particular contra o ex-companheiro de Anna-Clara, uma medida acusatória raramente tomada que envolvia, também, um risco econômico bem elevado, na hipótese de a acusação ser indeferida pela Justiça.

Em um processo espetacular, o tribunal julgou procedente a acusação de que o ex-companheiro processado teria, efetivamente, sequestrado Johan. E ele foi condenado, por sequestro, a dois anos de prisão. O acontecimento foi considerado uma grande vitória para Anna-Clara e Björn Asplund.

O sucesso na primeira instância, todavia, transformou-se em derrota no tribunal superior, na sequência de um recurso impetrado pela defesa. Um ano depois da primeira decisão judicial, o acusado saiu em liberdade. Anna-Clara e Björn Asplund, por sua vez, foram condenados a pagar as custas do acusado no processo, no valor de 600 mil coroas suecas, cerca de 60 mil dólares, uma despesa que o governo mais tarde resolveu perdoar "por piedade".

Depois disso, passaram-se sete anos sem nenhuma outra pista de Johan. Ninguém mais procurava seu assassino.

Mas então temos Anna-Clara no hall de entrada da sua casa, atrapalhada com o telefone em uma das mãos e as chaves na outra. Tentando entender o que o repórter lhe dizia, que a investigação sobre o crime contra seu filho tinha sido reaberta e que um paciente psiquiátrico teria confessado o assassinato. Ela, entretanto, não conseguiu emitir nenhuma declaração publicável no jornal.

Anna-Clara Asplund entrou em contato com a polícia de Sundsvall, que confirmou a informação do repórter. No dia seguinte, pelo *Expressen*, ela ficou sabendo que o paciente psiquiátrico contou ter asfixiado Johan e enterrado o corpo.

O repórter chegou a entrar em contato com Björn Asplund, que se mostrou bastante descrente em relação à novidade. Continuava acreditando que Johan fora assassinado pelo homem contra o qual abrira o processo anterior. Mesmo assim, manteve todas as portas abertas:

— Se agora se constatar que foi outra pessoa, completamente diferente, que tirou a vida de Johan, vou ter de engolir esse vexame — disse ele para o *Expressen*. — O importante é chegar a uma conclusão.

O *Expressen* continuou acompanhando o caso e, alguns dias mais tarde, Anna-Clara pôde ler todos os detalhes da confissão do paciente do hospital de Säter.

— Eu vi Johan perto da escola e o atraí para o meu carro — disse o Sätermannen, como ele passou a ser chamado no *Expressen*, a partir de 15 de março. — Eu o levei para uma área na floresta e o violentei sexualmente. Não era minha intenção matá-lo, mas entrei em pânico e o asfixiei. Em seguida, enterrei o corpo para que ninguém pudesse encontrá-lo.

O homem de 42 anos estava notoriamente doente. Antes, em 1969, fora considerado culpado por ter violentado outros rapazes jovens. Em 1990, junto com um companheiro mais novo, fora preso por assalto a banco em Grycksbo, perto da cidade de Falun, tendo sido recolhido ao Hospital de Säter, no qual, durante uma conversa com o terapeuta, ele confessara o assassinato de Johan. Segundo o *Expressen*, ele dissera:

— Não aguento mais viver com esse segredo. Quero apagar esse ato da minha memória. Quero expiar o crime e receber o perdão, para poder continuar vivendo.

"*Você* não aguenta?", pensou Anna-Clara, jogando o jornal para longe.

O promotor-chefe Christer van der Kwast era um homem enérgico, dos seus 50 anos, com barba uniforme e cabelos curtos, bem escuros. Era conhecido pela capacidade de apresentar suas ideias com uma voz potente e com uma dose de convencimento de tal ordem que elas eram logo tomadas como verdades, tanto por seus comandados como pelos jornalistas. Em suma, um homem que inspirava confiança e parecia ter prazer em liderar suas forças e apontar com o braço inteiro as direções a serem seguidas.

Em fins de maio, Kwast convocou uma entrevista coletiva. Diante de um grupo de jornalistas com grandes expectativas, o promotor contou que o Sätermannen havia indicado alguns lugares onde teria enterrado as partes do corpo de Johan Asplund, e que os técnicos da polícia estavam procurando no momento as mãos em um lugar perto de Falun. Outros membros do corpo estariam escondidos em áreas no entorno da cidade de Sundsvall. Entretanto, apesar de todas as buscas, até mesmo com cães farejadores especializados em encontrar cadáveres, ainda nada fora encontrado nas ditas áreas.

— O fato de não termos encontrado nada não significa que não exista nada — comentou o promotor.

Nenhum outro indício que ligasse o suspeito ao desaparecimento de Johan Asplund teria aparecido, e Kwast foi obrigado a reconhecer que faltava base para dar início ao processo jurídico. No entanto, as suspeitas mantinham-se, explicou ele, porque, embora faltassem provas para o caso, o Sätermannen estava sendo processado por outro crime.

Para os ouvintes, Kwast contara que o suspeito já tinha matado em 1964 um menino da mesma idade que a dele na época – 14 anos – na cidade de Växjö: Thomas Blomgren.

— As informações que o paciente de Säter deu são tão detalhadas e coincidem com tantos dados da investigação relativa à ocorrência, que eu, em condições normais, não teria hesitado em abrir processo contra ele — disse Kwast.

O raciocínio era duplamente hipotético, em parte porque o tempo de prescrição para homicídio — que, então, era de 25 anos — já havia passado e, em parte, porque o Sätermannen, na época do crime, tinha apenas

14 anos e, portanto, era menor de idade e juridicamente irresponsável. Todavia, o crime contra Thomas Blomgren tinha grande relevância para as investigações relativas à ocorrência atual — o homicídio praticado por Sätermannen aos 14 anos era inegavelmente comprometedor.

Christer van der Kwast não revelou, porém, de que maneira o Sätermannen estava ligado ao assassinato de Thomas Blomgren e, como o processo jamais seria aberto por essa ocorrência, a investigação só poderia ter decorrido em sigilo. No entanto, o advogado de Sätermannen, Gunnar Lundgren, compartilhava, por completo, a opinião do promotor e deu a entender que as informações prestadas pelo seu cliente eram dignas de confiança e credíveis.

Pela cobertura da mídia, surgiram detalhes cada vez mais desagradáveis a respeito do passado e da personalidade do suspeito. Ele tinha cometido uma "tentativa de estupro seguido de assassinato" contra um menino de 9 anos, no Hospital de Falun, segundo revelou o repórter criminalista Gubb Jan Stigson, do jornal *Dala-Demokraten*: "Quando o menino começou a gritar, o homem tentou asfixiá-lo. Durante o interrogatório, o homem de 43 anos confessou ter apertado o pescoço do garoto até que o sangue jorrasse pela boca."

Segundo o *Dala-Demokraten*, os médicos, já em 1970, tinham alertado que o Sätermannen era um potencial assassino de crianças. O jornal também citou um psicólogo forense que afirmou que o Sätermannen tinha "uma inclinação constitucional, em alto grau, para a prática da perversão sexual do tipo pedofilia *cum sadismus*". Ele era "não apenas perigoso, mas, em certas circunstâncias, um grande risco para a segurança pessoal de outros, um caso de vida ou morte".

Em 12 de novembro de 1993, Gubb Jan Stigson revelou que as investigações referentes ao Sätermannen tinham sido estendidas para outros assassinatos. Além de Johan Asplund, em 1980, e de Thomas Blomgren, em 1964, ele era também suspeito dos crimes contra Alvar Larsson, de 15 anos, contra Sirkön, que desaparecera em 1967, contra Ingemar Nylund, de 48 anos, assassinado em Uppsala, em 1977, e contra Olle Högbom, de 18 anos, que desaparecera em Sundsvall, em 1983, sem deixar pistas.

Segundo Stigson, o Sätermannen confessou todos os crimes. A partir daí, a maioria dos jornalistas passara a escrever que ele era, realmente, o primeiro assassino em série da Suécia.

"Ele fala a verdade em relação ao assassinato do menino", assegurou o *Expressen*, na manchete de um artigo de página inteira, em 17 de junho de 1994. O Sätermannen confessou ainda mais um crime, e os investigadores finalmente conseguiram um avanço. Tratava-se de Charles Zelmanovits, de 15 anos, que desaparecera depois de um baile na escola, em Piteå, em 1976.

O Sätermannen confessou que ele e um amigo mais velho viajaram de Falun para Piteå, à procura de um jovem a quem violentar. Acabaram encontrando Charles, que atraíram para o carro. Em uma área da floresta, o Sätermannen estrangulou o rapaz e o fez em pedaços. Alguns desses pedaços, levou para casa.

Segundo os investigadores, Quick não somente forneceu todas as informações sobre onde encontrar os vários pedaços do corpo da vítima como indicou, também, quais havia guardado.

Nessa altura, Christer van der Kwast tinha em mãos, pela primeira vez, as provas do tipo que a polícia não havia conseguido nas outras investigações: uma confissão aliada a partes de um corpo e ainda um histórico confirmando que o Sätermannen tinha o tipo de conhecimento a respeito do crime que só um criminoso poderia ter.

"Esse homem de 43 anos é um assassino sexual" — constatou o *Expressen* no seu artigo de 17 de junho.

— Sabemos que ele fala a verdade em relação a dois assassinatos — confirmou Kwast.

Nas manchetes

Quando a psicoterapeuta do Sätermannen, Birgitta Ståhle, entrou de férias em julho de 1994, havia uma grande preocupação a respeito de como ele seguiria sem as constantes conversas nas sessões de terapia, que haviam se tornado cada vez mais importantes para sua saúde. Na segunda-feira, 4 de julho, a equipe de assistentes de enfermagem planejou um almoço no Restaurante Golfe, em Säter. E, para acompanhar Sätermannen durante o passeio, seguiu uma estudante de psicologia, que substituía a psicoterapeuta Ståhle.

A estudante e o paciente deixaram a ala 36 quando faltavam quinze minutos para o meio-dia. Seguiam a pé para o campo de golfe quando, de repente, o paciente explicou que precisava urinar com a máxima urgência. Pediu desculpas e se afastou, indo para trás de um prédio em ruínas que, no passado, fora um pavilhão em Säter. Assim que saiu do campo de visão da estudante, desatou a correr a toda a velocidade por uma trilha na floresta que dava numa avenida, a Smedjebacksvägen. De acordo com o plano, já ali se encontrava à sua espera um Volvo antigo, com o motor ligado. No lugar do motorista estava uma mulher e, ao seu lado, um homem de uns 20 anos que tinha acabado de receber alta provisória do Hospital de Säter. O Sätermannen saltou para o banco traseiro e a motorista partiu em seguida, com um enorme ranger de pneus.

Todos no carro estavam excitados e riam muito por acharem que a fuga tinha funcionado conforme o plano. O homem no banco da frente estendeu, então, um pequeno saco de plástico com um pó branco, que o Sätermannen abriu, com gestos de inequívoca familiaridade, para saborear seu conteúdo. Não deixou sobrar um único grão dentro do saco. Com o indicador molhado de saliva, levou tudo à boca e, com a ajuda da língua, colou a massa amarga nas gengivas. Depois, recostou-se no assento e fechou os olhos.

— Oh, coisa boa — sussurrou ele, enquanto saboreava a pasta de anfetamina que era sua droga favorita, sendo inclusive uma característica especial sua gostar do sabor.

O jovem amigo no banco da frente passou-lhe uma gilete, espuma de barbear, um boné azul e uma camiseta e ficou insistindo na pressa da fuga:

— Vamos lá, não temos tempo a perder.

No momento em que o Volvo tomava a estrada principal 70, na direção de Hedemora, a psicóloga-assistente continuava parada perto do pavilhão e se perguntava se não devia começar a se preocupar. Chamou pelo paciente, gritou, sem resposta. Procurou atrás de um arbusto, apenas para constatar que o paciente não estava ali, nem em lugar nenhum.

Ela não queria acreditar que seu paciente amigo, tão digno e respeitável, pudesse ter traído sua confiança dessa maneira. Depois de um momento de persistente procura, foi obrigada a voltar para a ala 36 e declarar que o paciente tinha fugido.

Àquela altura, o fugitivo já tinha feito a barba e trocado de roupa. Já gozava da sua liberdade e da euforia da anfetamina, enquanto a viagem prosseguia, sem um plano definido, rumo ao norte, pela estrada 270.

Quando a polícia em Borlänge deu início à procura, já tinham decorrido 42 minutos e ninguém fazia a menor ideia de que ele se aproximava de Ockelbo, no velho Volvo.

Os jornais da noite logo entraram em ação e saíram com uma edição extra sobre o fugitivo. O *Expressen* abriu com uma grande manchete na primeira página:

CAÇADA POLICIAL ESTA NOITE À PROCURA DO FUGITIVO SÄTERMANNEN
"Ele é muito perigoso."

Até então, em conformidade com a lei de imprensa, os jornais tinham escondido a identidade do Sätermannen. Mas, agora, o homem mais perigoso da Suécia havia fugido e estava sendo procurado; portanto, era do interesse geral da nação que a população fosse informada do seu nome, com fotografia e outros detalhes:

> O fugitivo "Sätermannen", de 44 anos, chama-se hoje, depois de ter trocado de nome, Thomas Quick. Ele já confessou ter matado cinco rapazes, mas a polícia e a promotoria, por enquanto, confirmaram apenas sua ligação com dois desses crimes. O fugitivo já contou para o *Expressen* que prefere morar na floresta com seus cachorros. Por isso, esta noite, a polícia já começou a busca nas florestas no entorno de Ockelbo.

Assim que soube por quais crimes Thomas Quick era procurado, a motorista ficou alarmada e parou o carro em algum lugar na província de Hälsingland, perto de uma fazenda abandonada, e mandou os dois homens saírem. No lugar, eles encontraram duas bicicletas sem cadeado e em condições de uso, com as quais seguiram em direção à cidade mais próxima. Durante o percurso, passaram por diversas viaturas da polícia e foram ultrapassados por outras tantas, enquanto helicópteros sobrevoavam a área sobre eles, sem que ninguém desconfiasse daquele par de homens montados em bicicletas enferrujadas.

Uma grande força policial, armada com metralhadoras, protegida com vestes de segurança e acompanhada de cães farejadores, tentou encontrar o fugitivo até a meia-noite, sem encontrar qualquer pista.

Depois de passarem a noite numa barraca, os dois homens separaram-se pela manhã, e cada um seguiu seu caminho.

A anfetamina tinha terminado, estavam cansados e já não se divertiam por estar em fuga.

Enquanto a polícia continuava a procurar nas florestas, um homem usando boné de beisebol entrou num posto de gasolina da Statoil, na pequena cidade de Alfta, e perguntou:

— Vocês têm um telefone que eu possa usar?

O gerente da loja do posto não reconheceu o homem cuja fotografia estampava a primeira página de todos os jornais à venda no local. Calmamente, emprestou o aparelho do posto. O cliente, então, fez uma chamada para a polícia de Bollnäs:

— Quero desistir — disse ele.

— E quem é você? — perguntou o policial.

— Quick — respondeu Thomas Quick.

A fuga disparou um intenso debate a respeito da falta de controle nas instituições de psiquiatria legal, e o mais indignado foi o chefe da polícia do reino, Björn Eriksson.

— Chega a ser cansativo ver como essas coisas acontecem aqui — disse Eriksson. — São tão poucos os pacientes desse tipo, considerados perigosos, que deveria ser relativamente fácil conseguir exercer sua guarda. Na polícia sueca, temos que dar prioridade à defesa da população em geral e não à reabilitação de uns poucos.

O alvo das críticas foi o Hospital de Säter, mas, em 10 de julho de 1994, um texto foi publicado na seção de debates do jornal *Dagens Nyheter,* fazendo uma defesa forte da instituição. Foi Thomas Quick quem, ele próprio, assumiu a palavra em um grande artigo de louvor ao pessoal e aos assistentes psiquiátricos do hospital, ao mesmo tempo que dava uma verdadeira surra nos jornalistas:

> Eu me chamo Thomas Quick. Após a fuga que realizei segunda-feira passada (4 de julho) e a enorme cobertura feita pela mídia, nem meu nome, nem meu rosto permanecem desconhecidos. Não quero, nem posso defender meu afastamento do Hospital de Säter, mas acho totalmente necessário tentar enobrecer, aqui, pelo menos em parte, o trabalho de grande sucesso realizado nesta clínica. É isso o que se perde no meio da gritaria criada pelos repórteres, na caça por notícias sensacionalistas, o que leva até mesmo as pessoas com discernimento a fracassarem em suas tentativas de acompanhar esse coral de gritos e até suplantá-los.

Muitos ficaram surpresos diante do texto, que indicou ser Quick uma pessoa inteligente, capaz de se exprimir bem. Pela primeira vez, o público em geral pôde fazer uma ideia a respeito do mundo de pensamentos em que vivia o assassino em série e do processo que resultou de todas as confissões de Thomas Quick.

> Quando cheguei à unidade de psiquiatria legal da região de Säter, eu não conseguia recordar nada dos primeiros doze anos da minha vida. Tão eficientemente reprimidos como esses anos foram também os crimes que agora confessei e que estão sendo investigados pela polícia de Sundsvall.

Thomas Quick dirigiu vários elogios ao pessoal que o ajudou a puxar da memória as recordações reprimidas dos crimes cometidos e descreveu a maneira como os terapeutas o apoiaram durante suas histórias dolorosas:

> A minha agonia, a culpa e a tristeza a respeito do que fiz são indescritíveis, tão grandes e pesadas que, na realidade, mal dão para suportar. Respondo por aquilo que fiz e responderei, também, por aquilo que, futuramente,

fizer. Os malfeitos de que sou culpado são, de qualquer maneira, impossíveis de compensar, mas quero dizer uma coisa: estou disposto a fazer tudo o que me for possível, à medida que me for possível."

Quick explicou que não fugiu para cometer novos crimes, mas para cometer suicídio:

> Assim que eu e o meu companheiro nos separamos, fiquei paralisado durante treze horas, com uma espingarda de caça, de cano cortado, apontada ora contra a minha cabeça, ora contra a minha boca, ora ainda contra o meu peito. Não consegui. Hoje, posso me responsabilizar pelo que fiz ontem. E, talvez por isso, ao assumir a responsabilidade, o suicídio tenha sido evitado. Acabei telefonando para a polícia para ser preso. Quero acreditar nisso.

Charles Zelmanovits

Em 18 de outubro de 1994, deu entrada no Tribunal de Piteå uma queixa-crime apresentada pelo promotor Christer van der Kwast, com a seguinte descrição resumida:

"Na noite de 13 de novembro de 1976, em uma floresta perto de Piteå, Quick tirou a vida de Charles Zelmanovits, nascido em 1961, por asfixia."

O julgamento em Piteå fora marcado para começar em 1º de novembro e, perante essa primeira apreciação legal das confissões de Thomas Quick, os jornais e a mídia em geral apresentaram cada vez mais detalhes do passado do suspeito assassino em série. Se antes eram os repórteres dos tabloides da tarde quem mais se interessavam pelas bizarras histórias de Quick, agora, até mesmo os diários matutinos apresentavam longas reportagens sobre sua pessoa.

O *Svenska Dagbladet*, por exemplo, publicou em 1º de novembro um artigo que representa bem a imagem delineada de acordo com o que foram considerados os verdadeiros fatos sobre a vida de Thomas Quick. O jornalista Janne Mattsson escreveu:

Thomas Quick foi o quinto de sete filhos. O pai era enfermeiro em uma clínica para alcoólatras. A mãe era porteira e fazia a limpeza de uma escola, atualmente desativada. Ambos já faleceram. [...] O que aconteceu por trás da fachada familiar foi um segredo muito bem guardado. Desde os 4 anos, Thomas Quick, segundo relato do próprio, foi abusado sexualmente pelo seu pai repetidamente, sendo obrigado a fazer com ele sexo oral e anal.

Em uma das situações, aconteceu aquilo que vai dar forma à vida de Thomas Quick e à sua morbidez sexual — a mãe apareceu, de repente, e viu o que estava acontecendo. O choque foi tão forte que ela acabou tendo um aborto espontâneo e, aos gritos, culpou Thomas, de 4 anos, por ter matado seu irmão ainda por nascer.

Até mesmo o pai apelou para acusações contra o menino e dissera que fora o filho quem o seduzira.

Após o aborto, a relação entre mãe e filho passou a ser caracterizada pelo ódio. Ela jogou toda a culpa nele, um peso na consciência que ele não aguentou suportar.

Em pelo menos uma ocasião ela chegou a tentar matá-lo, segundo a versão de Thomas Quick.

Ainda segundo Quick, tanto a mãe como o pai passaram a praticar violências contra ele.

Janne Mattsson constatou, também, que Quick, já adolescente, praticou dois crimes:

> Aos 13 anos, Quick já estava farto das investidas do pai e fez questão de se livrar da última tentativa feita por ele. Nessa oportunidade, Quick afirmou que sentiu vontade de matar o pai, mas não ousou fazê-lo. Em vez disso, resolveu adotar as inclinações perversas do pai, mas com intervenções sadistas e mórbidas ainda mais fortes. Um ano mais tarde, com 14 anos, ele matou um rapaz da mesma idade em Växjö. [...] Três anos mais tarde, em 16 de abril de 1967, uma nova vítima caiu nas mãos de Thomas Quick.

Apesar de Quick ainda não ter sido ligado a qualquer dos crimes, muito menos processado ou condenado, os jornais e a mídia em geral partiram do princípio de que ele era culpado. O mesmo acontecia com seus pais, apontados como executores de violências sistemáticas contra o filho, ataques e até mesmo tentativas de assassinato.

A atitude da mídia durante esses anos pode ser explicada por três fatores: primeiro, pelas confissões de Thomas Quick; em segundo lugar, pelas afirmações categóricas do promotor Christer van der Kwast de que existiam provas que o ligavam a vários dos crimes; e, em terceiro lugar, aliavam essas declarações com dados sobre os ataques sexuais praticados por Thomas Quick contra quatro menores em 1969 e ainda citações da psiquiatria forense a respeito da sua periculosidade.

Dessa maneira, criou-se uma história de vida, de certa forma lógica e completa, que se converteu na história de um monstruoso assassino que, nessa época, seria processado pelo primeiro de uma série de crimes.

No artigo do *Svenska Dagbladet*, foi citado por várias vezes o testemunho do psicólogo forense que cuidou de Quick em 1970, chegando à conclusão de que Quick sofria de "uma inclinação constitucional, em alto grau, para a prática da perversão sexual do tipo pedofilia *cum sadismus*".

O Tribunal de Falun condenou Quick por violências contra os meninos e à pena de recolhimento em um hospital de psiquiatria legal para tratamento. Quatro anos depois, considerou-se que Quick, então com 23 anos, estava curado e em condições de receber alta.

"Com todos os dados em mãos, não foi, naturalmente, uma atitude correta tê-lo deixado sair em liberdade", resumiu o repórter no final do artigo, em que apontou a culpabilidade de Quick no processo seguinte pela morte de Charles Zelmanovits:

> Eles deixaram sair uma bomba pronta para explodir, cheia de agonia contida. Uma agonia que levaria Quick e um companheiro homossexual para Piteå, a fim de violentar, matar e esquartejar um rapaz de 15 anos.

Apesar dos muitos detalhes repulsivos já publicados nos jornais, o encontro com Thomas Quick no Tribunal de Piteå foi, ainda assim, um evento chocante para os presentes. Os jornalistas competiam entre si em expressar sua aversão e repugnância diante do monstro que estava sendo processado.

"Como uma pessoa pode ser tão cruel?" — foi a manchete do *Expressen*, depois da primeira sessão do julgamento. Pelle Tagesson, designado no jornal para acompanhar o caso de Quick, escreveu:

> Quando se conhece a verdade horrível a respeito do que Thomas Quick fez com as suas vítimas — e quando se ouvem seus urros profundos, animalescos — existe apenas uma questão a considerar: será que se trata realmente de um ser humano?
> As cenas vistas ontem no Tribunal de Piteå devem ter sido as mais horríveis vistas antes em qualquer tribunal sueco.
> O Sätermannen, Thomas Quick, estava sendo julgado como suspeito de assassinato contra Charles Zelmanovits.
> Ele chorou, mas ninguém teve pena dele.

No *Aftonbladet*, Kerstin Weigl escreveu que Thomas Quick estava "além de qualquer compreensão". Felizmente, encontrava-se no local o perito em memória, Sven Åke Christianson, para explicar o que os seres humanos normais não poderiam entender.

— Não acho possível que as pessoas normais possam entender o que ele fez. É incompreensível; por isso, nos defendemos — disse ele, acrescentando que, no entanto, havia certa "lógica" na maneira de agir de Quick. — Ele foi estuprado pelo pai aos 4 anos. Ele foi "bestializado" já na infância. Não suporta seus temores e tenta passá-los adiante, para qualquer outro. Ele tem a ilusão de que, destruindo uma vida, poderá recriar a sua. Mas a presunção tem vida curta. Ele tem que matar de novo.

Logo depois do primeiro dia de julgamento, parecia que qualquer dúvida a respeito da culpabilidade de Thomas Quick estaria fora de questão:

"O homem é assassino em série, pedófilo, necrófilo, canibal, sadista. Ele está muitíssimo doente" — escreveu o *Aftonbladet*.

Um vídeo feito em uma floresta perto de Piteå mostrou um Thomas Quick chorando e explicando, de coração partido, como tinha matado e feito em pedaços o corpo de Charles Zelmanovits. Ninguém no salão deixou de ficar emocionado.

Kerstin Weigl continuou:

> De minha parte, depois de ouvir os sons, não posso duvidar mais. As palavras saíam picotadas, profundamente convulsionadas, como se ele as estivesse vomitando. Sem dúvida, é uma história verdadeira. Quick foi capaz de apontar, dezessete anos depois do crime, o lugar onde o corpo do rapaz foi encontrado. Ele se sentou na pedra onde estuprou e cortou em pedaços o corpo do jovem e indicou, exatamente, os lugares onde escondeu o quê.

O julgamento no Tribunal de Piteå, em novembro de 1994, foi um "saldo" de vitórias para o promotor Christer van der Kwast. Por unanimidade, os juízes do tribunal condenaram Thomas Quick pelo assassinato de Charles Zelmanovits.

Com a confiança fortalecida, os investigadores continuaram desdobrando o caso. Estavam dispostos a seguir todos os passos de Thomas Quick nas épocas em que se registraram, na província, assassinatos de rapazes ainda por esclarecer, ou desaparecimentos em circunstâncias indefinidas. Mas, uma semana antes da condenação em Piteå, a direção das investigações mudou de rumo. Naquela altura, Thomas Quick telefonou para casa do delegado Seppo Penttinen, de Sundsvall, e disse:

— Seria bom se eu viesse a ser confrontado com informações a respeito do crime duplo registrado em Norrbotten, há cerca de dez anos. Eu sei que estive no norte em alguma época...

Appojaure

Marinus e Janny Stegehuis, da Holanda, eram um casal sem filhos, de 34 e 39 anos, respectivamente. Durante três anos, fizeram uma poupança para as férias dos sonhos nas montanhas nórdicas e, no verão de 1984, finalmente partiram para a realização desse sonho.

Ao amanhecer do dia 28 de junho, saíram de casa, na cidade de Almelo, e dirigiram o carro em direção a Ödeshög, na província de Östergötland, na Suécia, onde Marinus tinha parentes. O dinheiro para a viagem era escasso e não permitia que passassem as noites em hotéis.

Após três dias em Ödeshög, a viagem continuou para a Finlândia, onde tinham amigos que conheciam dos corais religiosos.

Ao deixarem Mustasaari, na província de Österbotten, Janny e Marinus dirigiram seu Toyota Corolla para o norte, a caminho da verdadeira aventura. A rota escolhida passou pelo Círculo Polar Ártico, via Nordcap e, depois, pelas montanhas suecas, onde os dois veriam a real "selva" nórdica. Esperavam poder pescar, observar a vida animal e fotografar a natureza.

A viagem decorreu mais cheia de peripécias do que esperavam, com muita chuva, ventos fortes e temperaturas próximas de zero. Sofreram muito com os mosquitos. Mas a situação ainda iria piorar. Uma falha no motor do carro perto de Vittangi resultou em dois guinchos, uma noite em hotel e uma visita bem cara a uma oficina mecânica.

Com o caixa zerado, eles deixaram Kiruna e se dirigiram para o sul. Ao anoitecer do dia 12 de julho, montaram a barraca de camping na ponta de um cabo, junto ao lago Appojaure, do lado norte. Janny fez uma anotação no seu diário:

> Viajamos para o parque nacional de Sjöfallet. Bonito lugar. Tiramos fotos. Filmamos renas e vimos um arminho na estrada. Montamos a barraca às 16h30, numa pequena clareira na floresta. Os mosquitos continuam nos fazendo sofrer. Desde Kiruna, foram 150 km de chuva. Depois, clareou um pouco. Agora, voltou a chover.

Acenderam um fogareiro em frente à abertura da barraca, de modo que puderam evitar a chuva enquanto comiam umas salsichas com feijão-verde.

Pouco antes da meia-noite de sexta-feira, 13 de julho, a polícia de Gällivare recebeu um telefonema de Matti Järvinen, de Gotemburgo, de férias nas montanhas do norte, contando que tinha encontrado duas pessoas mortas dentro de uma barraca de camping em uma área para descanso, à beira do lago Appojaure.

O detetive criminalista Harry Brännström e seu assistente Enar Jakobsson puseram-se, imediatamente, a caminho na chuva e, depois de 80 quilômetros de viagem à luz clara do verão ártico, chegaram ao lugar que o turista descrevera. Logo acharam uma barraca para duas pessoas desabada. Com todo o cuidado, reergueram a barraca e puxaram para cima o fecho éclair de abertura. A visão do que encontraram está descrita no relatório da polícia.

> Do lado esquerdo, jaz o cadáver de um homem. Estima-se que tenha entre 30 e 40 anos. O corpo está deitado de costas. [...] As partes ensanguentadas são, sobretudo, as do rosto, nuca e ombro direito. Há uma espessa massa de sangue no lado direito da camisa, perto da manga e na altura do mamilo. As outras partes da camisa também apresentam manchas de sangue. O morto tem feridas de facadas e/ou cortes no braço direito, no antebraço direito, do lado esquerdo do pescoço e do lado direito do peito, na altura do mamilo. Há, provavelmente, um hematoma em cima da boca. [...]
> À direita do homem, vista pela abertura da barraca, jaz o corpo de uma mulher. Sua cabeça, cuja face direita está encostada no chão, encontra-se na altura do quadril do homem. A mulher está deitada sobre o lado direito e o corpo está dobrado, fazendo um ângulo de 90 graus. O braço esquerdo está esticado e encostado no chão a cerca de 45 graus da parte superior do corpo. As partes superiores do corpo estão envoltas num saco de dormir bem colorido, do mesmo tipo em que o homem está deitado. O saco de dormir tem muitas manchas de sangue.

Do lado de fora da barraca, os policiais encontraram o que poderia ser a arma do crime: uma faca de cozinha, de lâmina estreita, da marca Falcon, fabricada na Suécia. A lâmina da faca estava partida e o pedaço que faltava foi depois encontrado entre o braço e o corpo da mulher. Partiu-se, provavelmente, quando a faca foi dirigida com força contra a perna.

Entre a barraca e o lago, estava estacionado um Toyota Corolla esverdeado, com placa holandesa. O automóvel estava fechado, em boa ordem e sem sinais de que alguém o tivesse arrombado.

A polícia conseguiu identificar, rapidamente, os mortos. Segundo o que foi encontrado no local do crime, tudo levava a crer que se tratava de um duplo assassinato, na sequência de um refinado ataque de loucura.

Os corpos foram levados, no dia seguinte, para Umeå, onde o médico-legista Anders Eriksson realizou um exame completo. Em ambos os protocolos das autópsias, o médico descreveu a existência de uma grande quantidade de facadas, além de outros ferimentos.

Os investigadores chegaram à conclusão de que o assassino desferiu todas as facadas, impulsivamente, através do pano da barraca, contra o casal que estava dormindo. Tanto a mulher como o homem acordaram na sequência do ataque. Ambos tinham ferimentos nos braços na tentativa de evitar as facadas, mas nem um nem outro conseguiram sequer sair dos seus sacos de dormir. A execução do ataque parece ter sido muito rápida.

A notícia do crime abalou a Suécia. O mais difícil foi reconhecer a covardia do criminoso que se atirou contra o casal, desconhecido e completamente indefeso, durante o sono. O criminoso não devia conhecer o casal, nem ser conhecido deles. Foi essa violência anônima que matou através do pano fino da barraca, impossibilitando por completo para as vítimas a compreensão do que estava acontecendo e o conhecimento de seu agressor. Também difícil era reconhecer a raiva descontrolada que a quantidade de facadas demonstrava. Ao mesmo tempo, todas as pistas apontavam para o fato de o criminoso não ter motivo nenhum, nem ter se aproveitado do que fez. O assassinato do casal Stegehuis foi, sob todos os aspectos, muito estranho e terrível, de modo que a única explicação era a de que havia um assassino — incompreensivelmente doente — à solta.

A brutalidade do crime cometido nas florestas quase desabitadas da Suécia recebeu muita atenção, mesmo fora das fronteiras do país. Durante a investigação policial que se seguiu, foram ouvidas cerca de mil pessoas, sem qualquer resultado.

Quando longas investigações terminam com a solução do crime, geralmente o criminoso já se encontra entre o material investigado, mas, em relação ao homem que, dez anos depois desse crime, assumiu a culpa, não existia nenhuma pista sequer. Outro dado que intrigava os investigadores era o fato de Thomas Quick — que até então era considerado um renomado assassino de jovens — de repente, confessar um assassinato brutal, a facadas, de um casal de cerca de 30 anos.

No primeiro interrogatório, realizado em 23 de novembro de 1994, Quick contou que apanhou o trem de Falun para Jokkmokk, lugar que ele conhecia bem desde os tempos em que foi aluno do Colégio dos Lapões, no ano escolar de 1971-72. Diante do Museu dos Lapões, roubou uma bicicleta e partiu sem um destino definido. Por acaso, acabou tomando a estrada, na direção Leste, a Vägen Västerut, que vai de Porjus para Stora Sjöfallet.

Em um acostamento para descanso, em Appojaure, Quick viu o casal Stegehuis e, mais tarde, ao anoitecer, atacou os dois com uma faca de caça que tinha levado com ele.

A descrição feita por Quick era vaga. Ele chegara a dizer, expressamente, que não sabia se tinha alguma coisa a ver com o crime. Aquilo que o fazia hesitar era, em primeira mão, o caráter da violência, dissera ele. Mas hesitava, também, pelo fato de uma das vítimas ser mulher.

Em outro interrogatório, Quick mudou sua história. Falou, então, de um ajudante com quem se encontrara em Jokkmokk. O ajudante era um criminoso bem conhecido, chamado Johnny Farebrink, que, ao contrário de Quick, já tinha aparecido antes na investigação.

Thomas Quick disse que os dois entraram na picape Volkswagen de Farebrink e viajaram até Appojaure, onde juntos mataram com uma faca o casal Stegehuis. Seguiram-se vários interrogatórios, nos quais a história de Quick foi ficando cada vez mais detalhada. Quick contou que se encontrou com o antigo companheiro de escola e que ele e Johnny visitaram uma terceira pessoa na sua casa em Porjus.

A informação de que Thomas Quick teria tido um ajudante no crime contra o casal Stegehuis foi passada aos jornais. Johnny Farebrink, na época, estava cumprindo uma pena de dez anos de prisão por causa de outro crime cometido. E, quando o *Expressen* lhe pediu um comentário a respeito da confissão feita por Quick, Farebrink disse:

— Isso é pura conversa fiada! Eu nem conheço esse cara aí. Nunca me encontrei com ele!

Depois de quatro meses de investigação, porém, o promotor Christer van der Kwast estava seguro do que dizia:

— As confissões de Thomas Quick coincidem com os fatos que os investigadores do crime apuraram — afirmou, em entrevista dada ao

Expressen, em 23 de abril de 1995. — Posso dizer que, quanto mais fundo procuramos nessa história, mais bases encontramos para acreditar que Thomas Quick não mente nem fantasia. Quick estava próximo de Appojaure quando os crimes foram cometidos, e ele tinha conhecimento do local desde o tempo em que frequentou a escola em Jokkmokk.

Thomas Quick já tinha confessado até então sete crimes, o que — caso falasse a verdade — o tornaria o pior assassino em série da Suécia. Dois policiais experientes do grupo Palme,* que trabalharam na investigação do assassinato do primeiro-ministro, foram chamados a participar na investigação de Quick, o mesmo acontecendo com o chefe deles, Hans Ölvebro. A investigação recebeu com isso a mais alta prioridade.

Em 9 de julho de 1995, um jato particular, especialmente fretado, decolou do aeroporto de Arlanda, em Estocolmo, com destino a Gällivare. Nas poltronas luxuosas do avião, sentaram-se Thomas Quick, sua terapeuta Birgitta Ståhle, o promotor Christer van der Kwast, o perito em memória Sven Åke Christianson, além de mais alguns policiais e assistentes de psiquiatria. A missão consistia em realizar uma reconstituição do assassinato do casal Stegehuis.

No avião também estava Gunnar Lundgren, o advogado de Quick. Tratando-se da investigação criminosa sobre a qual mais se tinha escrito na Suécia, e a que mais prestígio podia dar, o fato de Lundgren, vindo do interior, ser o advogado de defesa não se encontrava bem explicado. Depois de aconselhamento com Seppo Penttinen e Christianson, ficou decidido que Quick deveria trocar de advogado e ser defendido por uma celebridade, o advogado Claes Borgström. Este aceitou a missão, mas estava no início de um período de férias de cinco semanas. Por essa razão, Gunnar Lundgren recebeu a graça de se sentar na poltrona de couro do avião.

No dia seguinte, Thomas Quick orientou os investigadores na direção de Porjus e da estrada Vägen Västerut, para finalmente tomar o pequeno caminho na floresta que ia dar na área de camping, perto de Appojaure.

---

* O primeiro-ministro Olof Palme, da Suécia, foi assassinado em 1986 depois de permanecer onze anos na chefia do governo. Sua morte nunca foi esclarecida, e cerca de 130 pessoas confessaram o assassinato. [*N. do T.*]

No lugar, os técnicos da polícia montaram a cena do crime, exatamente do jeito que estava na noite de 13 de julho de 1984. Hans Ölvebro e a detetive criminalista Anna Wikström participaram da preparação da cena.

O fogareiro, os sacos de dormir e o restante dos itens necessários foram encomendados de acordo com o que havia no lugar, no dia e na hora do crime. Foi levantada uma barraca junto do lago. A barraca veio, especialmente, da Holanda e era idêntica àquela em que o casal Stegehuis dormia na noite do crime. Em seu interior, Ölvebro deitou-se no lugar de Marinus Stegehuis, à esquerda, e Wikström, no lugar de Janny Stegehuis, à direita.

Armado com um pau, em vez de uma faca, Thomas Quick avançou sorrateiramente na direção da barraca. atirou o corpo para cima dela e investiu o pau, impetuosamente, contra o pano. Depois, entrou pela abertura da barraca, gritando e urrando, enquanto Anna Wikström, apavorada, gritava por socorro. Quick foi dominado e a reconstituição foi interrompida.

A maneira como Quick agiu não correspondia, em nada, com os dados conhecidos sobre a sequência dos fatos.

Após uma pausa, a reconstituição foi retomada, com Thomas Quick realizando, com grande concentração, tudo de acordo com os fatos conhecidos. Em conversa com Penttinen, Quick fez uma demonstração detalhada, facada após facada. Explicou como agiu junto seu ajudante Johnny Farebrink e demonstrou como foi feito um longo rasgão na lateral da barraca, pelo qual ele entrou.

Quando a reconstituição terminou, sete horas depois, ambos os investigadores e o promotor estavam satisfeitos com o resultado. No *Expressen*, dia 12 de julho:

— Correu tudo muitíssimo bem — comentou Kwast, afirmando que Thomas Quick, durante a reconstituição, demonstrou, convincentemente, que fora ele, de fato, quem assassinara o casal holandês.

— Ele não só queria como conseguiu mostrar com detalhes como o crime ocorreu.

Cada vez mais peritos — alguns sérios, outros autopromovidos — tentavam explicar quais experiências e circunstâncias haviam formado o garoto Sture Bergwall e o transformado no assassino em série Thomas

Quick. A celebrada jornalista Kerstin Vinterhed, no jornal *Dagens Nyheter*, descreveu o ambiente familiar em que ele cresceu como "silencioso e fechado em relação ao mundo à sua volta. Um lar que ninguém visitava, ao redor do qual não se viam crianças brincando".

De novo, foi descrita a adolescência de Thomas Quick — plena de violências sexuais por parte do pai e de crueldades por parte da mãe, incluindo duas ameaças de morte. A transformação em um criminoso começou depois de uma última tentativa de violência sexual por parte do pai, violência que aconteceria numa floresta, quando Thomas Quick tinha 13 anos. Thomas quis matar o pai, mas mudou de intenções ao ver a pobre figura de calças arreadas.

— Parti em disparada, fugi de lá. E foi como um grande pulo que dei, desde aquele momento até o assassinato que cometi em Växjö, meio ano mais tarde, quando fiz 14 anos — explicou Quick.

— Foi nessa altura que, na realidade, você matou a si mesmo, não foi? — investiu Kerstin Vinterhed.

— Sim, foi. Eu matei a mim mesmo — confirmou Quick.

Nesse crime, como em todos os outros, considerou-se que Thomas Quick era, ao mesmo tempo, vítima e criminoso. Os assassinatos eram, na realidade, a representação das violências que ele sofrera na infância. Esse era o modelo teórico a partir do qual se trabalhava nos tratamentos psiquiátricos de Quick, no Hospital de Säter, uma maneira de vê-lo também adotada pelos investigadores da polícia.

Os irmãos e irmãs de Thomas Quick, bem como seus descendentes, tomaram conhecimento pela mídia das horríveis descrições feitas em relação às incompreensíveis crueldades cometidas por seus pais. E a reação foi de impotente vergonha. Na família Bergwall, passou-se a não falar de Sture. Quando era absolutamente necessário, referiam-se a ele apenas como "TQ". Sture Bergwall não existia mais.

Calaram-se por muito tempo. Mas, em 1995, Sten-Ove Bergwall assumiu o lugar de porta-voz da família. No livro *Meu irmão Thomas Quick*, ele apresentou sua própria versão da vida que o irmão tivera durante a adolescência na casa dos pais. Falou em nome de toda a família Bergwall, ao pôr em questão as recordações traumáticas do irmão.

— Não duvido que isso possa ser verdade para ele. Que as pessoas sob terapia sejam encorajadas a criar falsas recordações é fenômeno conhecido — dissera ele para o *Expressen*, assegurando que seus pais jamais poderiam ser culpados pelo que Thomas Quick afirmara.

Sten-Ove explicou que sua intenção ao escrever o livro não fora ganhar dinheiro, porém recuperar a infância que Thomas Quick lhe roubara por meio das suas declarações. E, ao mesmo tempo, queria fazer justiça aos seus falecidos pais, visto que eles não poderiam mais se defender das imputações de Quick.

— Não estou afirmando que tenhamos crescido no seio de uma família perfeita, mas nenhum dos seus irmãos e irmãs tem recordações que deem apoio à história que ele conta. Nós não vivíamos à parte, nem éramos rejeitados. Convivíamos muito com outras pessoas. Viajávamos muito e visitávamos os parentes durante os feriados, os Natais e os aniversários.

No entanto, quanto aos assassinatos que Thomas Quick confessou ter cometido, Sten-Ove não levantou nenhuma dúvida:

— Assim que ouvi falar de que alguém havia confessado o assassinato de Johan Asplund, instintivamente supus ter sido meu irmão. E eu tinha a certeza de que outros casos seriam desvendados.

Em janeiro de 1996, teve início o julgamento do assassinato de Appojaure no Tribunal de Gällivare. Em Piteå, Thomas Quick exigiu que as portas fossem fechadas enquanto fosse ouvido, mas em Gällivare ele se apresentou com toda a confiança na sala do julgamento. Diante dos presentes, fez um relato convincente do crime contra o casal holandês. Contou que estava em busca de um adolescente e que, por isso, viajou de trem para Jokkmokk, onde encontrou um grupo de jovens alemães, tendo escolhido um deles para ser sua vítima.

Usando uma bicicleta roubada de uma senhora, dirigiu-se para Domus, onde se encontrou com Johnny Farebrink, "um maluco por facas, repulsivo e profundamente deprimido". Depois de uma festa regada a álcool, ambos partiram em direção a Appojaure, onde o casal Stegehuis estava acampado. Segundo Quick, o motivo para a viagem era a "aversão" que Johnny Farebrink tinha contra os holandeses, enquanto Quick pensava somente em atacar o jovem alemão que tinha encontrado em Jokkmokk. Ao se deparar com o casal holandês, Quick teve a ideia de que o jovem alemão era filho dos holandeses.

— Quando a mulher disse não ter filhos, respondendo a uma pergunta direta minha, fiquei furioso — contou Quick no tribunal.

O crime contra o casal, que antes havia sido considerado totalmente incompreensível, era visto agora como tendo lógica, embora uma lógica absolutamente doentia e retorcida.

— Tentei puxá-la para que seu rosto ficasse bem perto do meu. Queria ver seu medo antes de ela morrer — contou Quick. — Mas não aguentei. Apenas esfaqueei e esfaqueei, até ela morrer.

O advogado Claes Borgström perguntou a Quick o que tinha suscitado sua aversão àquela mulher.

— Ao responder negativamente, ela assumiu uma clara identificação de *M*, com quem, aliás, era fisicamente parecida — respondeu Quick.

M era a maneira como Quick identificava sua mãe. O crime, portanto, representava para ele o assassinato da sua própria mãe.

Um parente do casal Stegehuis, na casa do qual ficaram nos primeiros dias das suas férias, viajara para Gällivare para tentar entender a razão de Janny e Marinus terem sido assassinados. Depois de ter escutado as palavras de Quick a respeito do duplo assassinato, o parente comentou para o *Expressen*:

— Quick é um canalha que não merece viver.

O resultado do julgamento relativo ao crime de Appojaure era, realmente, imprevisível. Várias partes do testemunho de Thomas Quick levantaram muitas questões; sobretudo, a versão de que teria tido um ajudante. Os investigadores não encontraram nada, nem ninguém, que pudesse confirmar as informações de Quick sobre Johnny Farebrink: ninguém os tinha visto juntos, e a orgia alcoólica de que teriam participado fora negada pelos outros supostos participantes. Em função disso, Farebrink não foi indiciado.

Uma artista local que frequentara a mesma escola de Quick, na década de 1970, testemunhou, ao contrário, que estava quase certa de tê-lo visto na estação ferroviária de Gällivare no momento em que o crime de Appojaure fora praticado.

O tribunal considerou ainda que Quick estivera em Jokkmokk, no dia anterior ao crime, em função do testemunho da dona da bicicleta roubada. Ela confirmou que o jogo de marchas da bicicleta estava quebrado, do jeito que Quick descrevera.

O delegado Seppo Penttinen, que estivera presente em todos os interrogatórios de Quick, testemunhou em tribunal a respeito das razões que levavam Quick a mudar sua história durante a evolução das investigações. Isso decorria do fato de Quick "ter de defender o seu eu interior, inventando alguma coisa que fizesse fronteira com a verdade". Nas partes centrais, porém, as imagens das recordações de Quick eram claras e distintas, segundo Penttinen.

Sven Åke Christianson explicou as dificuldades de Quick em contar o histórico dos seus crimes e descreveu os dois mecanismos contraditórios nas funções da memória humana. Recordar aquilo que nos magoa completa, por um lado, uma função de sobrevivência, mas, por outro lado, não podemos "sair por aí e relembrar todo o sofrimento por que passamos". É importante saber esquecer, explicou Christianson.

As funções recordativas de Thomas Quick foram pesquisadas por Christianson e consideradas completamente normais. Ele considerou, também, não haver nada neste caso que indicasse a possibilidade da existência de uma falsa confissão.

Um médico-legista e um técnico criminalista testemunharam, convincentemente, que Quick, durante os interrogatórios, descreveu todos os grandes ferimentos provocados no casal Stegehuis, e que sua história foi confirmada pelos achados da técnica criminalista.

O tribunal ficou impressionado, também, pelo testemunho de Seppo Penttinen a respeito de como Quick pôde descrever o local do crime já durante o primeiro interrogatório. E escreveu na sentença: "Na sequência do apurado, o tribunal acha que está devidamente provado e fora de qualquer dúvida razoável que Quick cometeu os atos agora em julgamento. As circunstâncias em que se perpetrou o crime foram tais que podem ser consideradas como assassinato."

Com isso, Thomas Quick já estava condenado por três crimes. Mas a investigação ainda permanecia, praticamente, no início.

Yenon Levi

A definição convencional de um assassino em série vem do FBI, dos Estados Unidos, e diz que ele ou ela devem ter cometido três ou mais crimes em diferentes oportunidades. Assassinatos múltiplos, aos quais, em contrapartida, faltam *"cooling off periods"** entre cada um, são categorizados, segundo o FBI, como *"spree-murder"*.**

Até então, Thomas Quick tinha sido condenado "apenas" por três crimes, cometidos em duas oportunidades separadas e, portanto, ele não preenchia os critérios formais para ser classificado como assassino em série. Durante a investigação do assassinato em Appojaure, no entanto, a lista de crimes confessados aumentou bastante e ele já estava com uma margem para se candidatar a ser um futuro assassino em série.

Essas confissões nem sempre eram feitas para a polícia. Em agosto de 1995, Pelle Tagesson revelou que Thomas Quick, durante uma entrevista, havia confessado um assassinato realizado na província sueca de Escânia e chegou a insinuar ter cometido um crime sexual de natureza sádica, matando Helén Nilsson, uma criança de 9 anos, em Hörby, em 1989. Na mesma entrevista, Quick ainda confessou ter matado dois rapazes na Noruega, assim como dois homens adultos de cidades localizadas "no centro da Suécia".

Christer van der Kwast ficou bem perturbado pelo fato de Quick ter passado por cima tanto dos psiquiatras como dos investigadores da polícia e feito a confissão, diretamente, à mídia.

---

* Em inglês no original, *cooling off periods* pode ser traduzido como "períodos de calmaria". [N. do T.]

** Também em inglês no original, *spree-muder* pode ser entendido como um assassino que mata várias pessoas em locais diferentes ao longo de um período de vários dias. [N. do T.]

— Só posso esperar que ele venha se confessar à minha pessoa também — comentou ele.

Ao deixar indicações e histórias mal contadas a respeito de crimes cometidos algumas vezes para investigadores da polícia, outras vezes para terapeutas e jornalistas, Quick desenvolvia uma brincadeira do tipo gato e rato que irritava muitos outros, além de Kwast.

A mídia em geral e os jornalistas em particular tinham um papel importante, embora pouco claro, nas investigações. No entanto, por sua vez, Thomas Quick tinha o direito de se encontrar com os repórteres que quisesse e lia tudo o que se escrevia sobre ele. Por isso, Kwast teve de se conformar em ler no *Expressen* que Quick havia cometido um dos seus "novos" crimes na província central da Suécia, a Dalicárlia, o que levou os investigadores a pensar no muito noticiado assassinato do cidadão israelita Yenon Levi, a um extremo do município de Rörshyttan, em 11 de junho de 1988.

Yenon Levi foi um turista de 24 anos encontrado assassinado perto de uma estrada que cortava uma das florestas, na Dalicárlia. A extensa investigação policial que se seguiu conduziu a um suspeito, mas as provas foram consideradas insuficientes para abrir processo.

O crime de Rörshyttan chegara a ser citado nas investigações contra Quick, em várias ocasiões, e, cerca de um mês depois do retorno da reconstituição de Appojaure, Thomas Quick telefonou para a casa de Seppo Penttinen, líder das oitivas, que escreveu um memorando sobre a conversa:

> Na quarta-feira, 19 de agosto, às 19h45, o signatário deste memorando recebeu um telefonema de Thomas Quick. Quick contou que estava psiquicamente muito debilitado e que, por isso, gostaria de falar certas coisas em relação às quais sentia verdadeira agonia.
> Mencionando o acontecido na Dalicárlia com o israelense, Quick disse que ele tivera a ajuda de uma pessoa no assassinato.

Quick contou que eles encontraram Yenon Levi numa pequena rua da cidade de Uppsala. O ajudante falou em inglês com Levi, que resolveu viajar no carro de Quick para a Dalicárlia, local onde os dois companheiros mataram o israelense, conforme acordo mútuo.

Quick segurou-o, enquanto o outro o atingia com os punhos e, entre outras coisas, com "um pesado objeto retirado do bagageiro do carro". O corpo foi deixado no local do ataque, tal como ficou: deitado mais de costas do que de lado e, definitivamente, não de bruços.

Quick disse que acompanhou o que estava sendo publicado na imprensa a respeito do acontecido, mas que evitou ver as fotografias e que não leu tudo.

A confissão de Quick em relação ao assassinato de Yenon Levi não provocou nenhum entusiasmo entre os investigadores. Seppo Penttinen disse para Quick que já se escrevera tanto nos jornais a respeito desse assassinato que ele mal poderia contar-lhe qualquer coisa que já não fosse conhecida do público em geral.

Quando as investigações preliminares em relação a Appojaure ficaram prontas, realizou-se, então, um primeiro interrogatório sobre Yenon Levi. Quick revelou na ocasião que ele fora o primeiro a ver Levi em Uppsala e o convencera a viajar com ele para Falun, no norte. Nas proximidades de Sala, parou o carro diante de uma casa de campo, apanhou uma pedra e abateu Levi com duas pancadas na cabeça. Em seguida, colocou o corpo no banco traseiro e continuou a viagem.

Em Rörshyttan, Quick teria entrado por uma pequena estrada rústica na floresta e jogado o corpo entre as árvores.

A investigação relativa ao assassinato de Yenon Levi tomou muito tempo e foi difícil para todos os envolvidos. O relato de Quick sobre o crime mudava constantemente. Às vezes, ele contava que tivera um ajudante. Outras vezes, não. Ainda mais confusas foram as palavras de Quick para descrever a arma usada no crime.

No início da investigação, Thomas Quick dissera que a arma do crime fora uma pedra, o que estava errado. Nos interrogatórios seguintes, sugeriu que a arma do crime teria sido um macaco de carro, um aro de roda, uma pá, um machado de camping, um espeto, um pedaço de lenha ou um pontapé. Todas as sugestões estavam também erradas.

Durante quase um ano, Seppo Penttinen realizou catorze interrogatórios com Thomas Quick, além de uma busca por restos morais e duas reconstituições. Na segunda reconstituição em que Quick estivera presente, ele afirmou que a arma do crime fora um "pedaço de madeira".

— Você está vendo alguma coisa que se pareça, em termos de comprimento, com isto? — perguntou Penttinen, ao mesmo tempo que abria os braços e colocava as mãos, mais ou menos, à distância de um metro. Quick correu imediatamente e apanhou um pau com mais ou menos aquele tamanho, que estava caído por perto.

Christer van der Kwast considerou, no entanto, que a constante mudança de informações a respeito da arma do crime por parte de Quick não diminuía a sua credibilidade.

— As dificuldades se fixaram no fato de as imagens recordadas do crime surgirem fragmentadas e sem estrutura, o que, por vezes, gerou uma demora até que ele conseguisse juntar os diferentes fragmentos e formar cada imagem — explicou ele, como se estivesse ecoando as palavras do terapeuta de Quick no Hospital de Säter.

Depois de um ano e meio de terapia, de interrogatórios e repetidas reconstituições, Thomas Quick conseguiu estruturar suas recordações fragmentadas em uma história mais ou menos conclusiva. De acordo com essa história, primeiro Quick e o ajudante obrigaram Yenon Levi a sair da estação ferroviária de Uppsala e a seguir para um estacionamento, onde o obrigaram a entrar no carro. O ajudante manteve Levi quieto, ameaçando-o com uma faca no pescoço, enquanto Quick conduzia o carro até o local do crime.

Em 10 de abril de 1997, Christer van der Kwast entregou, no Tribunal de Hedemora, uma queixa-crime. A descrição foi resumida:

> Thomas Quick, em determinada oportunidade, entre os dias 5 e 11 de junho de 1988, em Rörshyttan, município de Hedemora, tirou a vida de Yenon Levi por meio de objeto arredondado, batido contra sua cabeça e seu ventre.

Esta foi a terceira vez em que Thomas Quick estava sendo acusado por um crime que ele afirmava ter cometido junto com um ajudante. E, pela terceira vez, faltava um réu na sala do tribunal. O ajudante foi mencionado na sentença com nome e sobrenome e sua participação no crime contra Yenon Levi foi descrita em pormenores, mas, como ele negou essa participação e faltavam provas para a sua acusação, a suspeita contra ele foi arquivada. "Um interrogatório com NN neste processo não acrescentaria nada de significativo", concluiu Christer van der Kwast.

O Tribunal de Hedemora sentiu-se obrigado a constatar que, durante o julgamento, "não foi apresentada qualquer prova que, diretamente, ligasse Thomas Quick ao ato criminoso". O tribunal considerou, no entanto, que a história de Quick sobre o crime fazia sentido e estava livre de contradições diretas. Ele havia declarado uma imensa quantidade de informações sobre o local do crime, sobre as roupas da vítima e as imagens dos ferimentos — detalhes que, segundo o tribunal, coincidiam em ampla medida com os dados da investigação sobre o local do crime e a autópsia.

Quick mencionou, também, outros detalhes específicos que confirmavam sua participação no assassinato de Yenon Levi, como, por exemplo, a descrição de uma faca de cortar mato com desenhos em baixo-relevo na bagagem da vítima, faca esta mencionada num cartão-postal que a vítima enviara para a mãe.

Seppo Penttinen explicou, no julgamento, que os desvios na história contada por Quick não eram tão marcantes. O caminho tortuoso até chegar à arma correta com que o crime foi praticado, por exemplo, poderia ser considerado plausível, segundo Penttinen, que "teve a impressão de que o tempo todo Thomas Quick sabia que a arma era um bastão de madeira, mas, por desespero, evitou contar". Penttinen testemunhou, também, a maneira como a história de Quick foi tomando forma e como os interrogatórios foram realizados, ao que foi dado muito peso no julgamento. Quick foi considerado como tendo oferecido informações muito exclusivas sobre o assassinato, das quais, plausivelmente, só mesmo o criminoso poderia ter conhecimento.

No dia 28 de maio de 1997, Thomas Quick foi condenado pelo crime de morte contra Yenon Levi:

No conjunto, para os juízes, a história contada por Thomas Quick é uma prova de alto valor. Através da confissão e das outras investigações feitas, está estabelecido, acima de qualquer suspeita, que Thomas Quick praticou o ato criminoso que lhe é apontado.

Thomas Quick será considerado, portanto, responsável por ter tirado, deliberadamente, a vida de Yenon Levi.

Thomas Quick foi levado para continuar seu tratamento psiquiátrico legal.

Foi condenado, então, pelo seu quarto assassinato em três ocasiões distintas e, segundo a definição estrita do FBI, já podia ser considerado um assassino em série.

Therese Johannesen

Durante a investigação do crime contra Yenon Levi, Thomas Quick continuou a se recordar de ter matado outras pessoas.

Uma das muitas confissões novas dizia respeito à morte de uma criança de 9 anos, Therese Johannesen, que, no domingo, 3 de julho de 1988, desapareceu, sem deixar pistas, da casa onde morava, na área de Fjell, perto de Drammen, na Noruega.

O desaparecimento de Therese Johannesen foi o caso criminal mais falado da Noruega e deu origem à maior investigação policial de todos os tempos até então. No momento em que a investigação foi mais intensa, estavam trabalhando no caso 100 policiais. Durante o primeiro ano, eles interrogaram 1.721 pessoas. Ao todo, chegaram 4.645 denúncias à polícia, registrando 13.685 observações e movimentos de carros e pessoas na área. Mas sem qualquer resultado.

Durante a primavera de 1996, a polícia sueca e a norueguesa deram início a uma colaboração intensiva em torno do assassinato de Therese Johannesen e de dois imigrantes africanos que desapareceram de um campo de refugiados em Oslo, em março de 1989. Quick tinha confessado ter matado todos os três.

A experiência mostra que um assassino em série, na maioria das vezes, segue um determinado *modus operandi*: alguns procuram as suas vítimas dentro de certa área geográfica, outros se mantêm fiéis a um tipo especial de vítima, por exemplo, rapazes jovens, prostitutas, pares amorosos e assim por diante. Existem também aqueles que matam suas vítimas de maneira original, como Ted Bundy, que as atraía — sempre mulheres brancas e de classe média — para dentro do seu carro, onde eram mortas com um golpe de pé de cabra na cabeça.

Por isso, muitos reagiram com ceticismo quando Quick rompeu com todas as suas preferências e suas maneiras de agir ao confessar o assassinato de uma garota, que, além disso, morava na Noruega. Até mesmo o seu advogado anterior, Gunnar Lundgren, que até então acreditara em Quick sem reservas, se mostrou descrente diante da nova confissão.

— É tão diferente e está tão longe da sua maneira normal de agir — disse ele.

O promotor Christer van der Kwast, concordou que o assassinato, sem dúvida, divergia dos padrões anteriores, mas que, por isso mesmo, os investigadores "devem considerar o alargamento das perspectivas" e reconhecer que o próprio ato de matar pode dar ao assassino em série uma satisfação sexual.

Em 26 de abril de 1996, Quick viajou na companhia de um grupo de policiais, de assistentes do Hospital de Säter, do perito em memória Sven Åke Christianson e da psicoterapeuta Birgitta Ståhle, além do promotor Christer van der Kwast.

Como suspeito, Quick foi levado à cena do crime em Fjell, onde descreveu para a polícia o lugar em que se encontrou com Therese, a maneira como a deixou inconsciente, batendo sua cabeça contra uma pedra, a maneira como ele a colocou dentro do carro e a conduziu para longe. Quick mencionou, ainda, que, em 1988, havia um banco no local do crime, tábuas largadas no chão e que as varandas tinham sido repintadas com uma nova cor. Essas informações foram dadas como válidas, e Quick foi considerado, então, suspeito do assassinato de Therese.

No dia seguinte, Thomas Quick saiu na frente de uma longa caravana de automóveis pela estrada E18, na direção da Suécia. Perto de um vilarejo chamado Ørje, a caravana entrou por uma pequena estrada na floresta. Quick prometeu guiar a polícia até um caminho de cascalho, onde teria escondido o corpo de Therese.

Durante a investigação, Quick contou que cortara o corpo em pequenos pedaços e jogara-os em uma pequena lagoa na floresta, chamada Ringen. Após um longo período de análise, os investigadores decidiram que a lagoa devia ser esvaziada para encontrar partes do corpo de Therese.

Durante sete semanas, ocorreu a mais cara de todas as investigações em cenas de crime já realizadas na história dos países nórdicos. A pequena lagoa foi esvaziada, e todas as camadas sedimentares, sugadas até uma faixa de 10 mil anos atrás. A água e os sedimentos foram filtrados e examinados duas vezes, sem que se tivesse encontrado um mínimo resquício de osso humano.

— Thomas Quick ou mentiu ou errou na indicação do lugar. Existem motivos para questionar a veracidade do que diz — afirmou o chefe de polícia da cidade de Drammen, Tore Johnsen, quando a última bomba de sucção foi desligada, no dia 17 de julho.

Quando os noruegueses fizeram uma revisão de todo o gigantesco material do caso Therese, não encontraram uma única observação relativa nem a pessoas nem a carros que tivesse alguma ligação com Thomas Quick.

Muitos ficaram convencidos de que esse seria o fim da investigação relativa ao assassinato de Therese por Quick. Talvez fosse até o fim de todas as investigações relativas a Quick.

Cerca de um ano mais tarde, porém, Thomas Quick estava de volta às florestas de Ørje, com seu séquito de investigadores e assistentes.

— Ele fez um esforço extraordinário. A reconstituição ampliada representou para ele uma terrível tensão — disse, depois, o advogado Claes Borgström.

— Agora, estou convencido de que foi Quick quem matou Therese — afirmou Ingelise Øverbyvid, da promotoria de Drammen. — Confirmamos que Thomas Quick esteve, realmente, nesta floresta. E notamos fortes indícios de que ele também esteve em Drammen quando Therese desapareceu.

A polícia tinha encontrado uma árvore em que Quick dissera ter desenhado um símbolo com uma faca. Uma lâmina de serra, que Quick informou ter deixado no local, foi encontrada, assim como uma roupa que teria pertencido a Quick.

Mas o achado mais importante feito pela polícia foram as cinzas de uma fogueira em que Quick disse ter queimado os pedaços do corpo de Therese. No lugar, o cachorro Zampo acabou farejando restos de cadáver humano. Entre as cinzas, os técnicos encontraram alguns pedaços queimados que, segundo os peritos, eram de ossos de uma criança.

"A vítima de Quick foi encontrada", foi a manchete do *Dala-Demokraten*, em grande estilo e em toda a primeira página do jornal, no dia 14 de novembro de 1997.

Christer van der Kwast relatou, triunfalmente, que, pela primeira vez, fora possível seguir a confissão de Quick até achar vítima. Ele considerou o achado do pedaço de osso de Therese como o verdadeiro início de toda a investigação.

"Restos de um ser humano da idade de Therese Johannesen foram encontrados numa localidade perto de Örje, onde Thomas Quick diz ter deixado, em 1988, os restos mortais da menina de 9 anos", concluiu Gubb Jan Stigson, no *Dala-Demokraten*.

O achado na floresta de Örje teve como consequência a concentração das atenções de todos os investigadores ligados aos crimes de Quick na solução do caso Therese. E, assim, em 13 de março de 1998, foi um promotor cheio de confiança que entregou, no Tribunal de Hedemora, uma queixa-crime contra Thomas Quick.

— Neste caso, temos uma forte concentração de provas técnicas — disse Kwast.

O estranho no caso de Therese é que o crime fora praticado na Noruega, a queixa-crime foi entregue em Hedemora e o julgamento foi realizado na sala de segurança do Tribunal de Estocolmo, por alegadas "razões de segurança".

Christer van der Kwast salientou que Quick havia confessado 30 detalhes isolados que o ligavam ao crime.

— Quick revelou informações exclusivas de alcance e direção tais que, definitivamente, o ligam aos locais indicados e à menina — afirmou ele, no seu pronunciamento final.

O advogado Claes Borgström não teve nenhum argumento para desviar seu cliente das conclusões apresentadas:

— Não existe nenhuma outra conclusão a tirar, a não ser a de que ele cometeu o crime do qual é acusado.

Ao fazer seu pronunciamento final no julgamento, Quick tentou dar uma explicação psicológica para o fato de ter assassinado Therese.

— Minha culpa é clara, pesada e sofrida, mas gostaria que entendessem que apenas dei forma a vivências próprias de um crescimento problemático — disse.

Como era de esperar, o Tribunal de Hedemora considerou que estava fora de qualquer suspeita que Thomas Quick havia assassinado Therese Johannesen e condenou-o à continuação do tratamento psiquiátrico. Quick fora, assim, condenado pelo seu quinto assassinato.

Os céticos

Aqueles que questionaram a culpa de Quick já durante a investigação do caso Appojaure obtiveram um sucesso muitíssimo limitado e, em pouco tempo, já tinham sido esquecidos. Durante a primavera de 1998, ao mesmo tempo que decorria o processo de Therese Johannesen, floresceu uma enorme controvérsia sobre Thomas Quick e, desta vez, essa controvérsia foi mantida, chegando a níveis de ferocidade tais que mais se poderia falar de uma verdadeira guerra.

A discussão começou com um artigo na página de opinião do jornal *Dagens Nyheter*, de autoria do jornalista Dan Larsson, um operário das minas de Malmberget que trocou de profissão e se transformou em repórter criminalista do jornal *Norrländska Socialdemokraten*. Ele cobriu os julgamentos dos assassinatos de Charles Zelmanovits e do casal Stegehuis e chegou à conclusão, pura e simples, de que Quick era inocente. No artigo, Larsson chamou atenção para uma série de dados estranhos, entre eles o fato de ter sido o mesmo grupo de policiais e peritos que dirigiu todas as investigações, em todos os processos. Também salientou o fato de, nos processos já fechados, Quick ter mencionado a existência de auxiliares nos crimes cuja participação devia ter sido questionada.

Quatro dias depois, na mesma página de opinião do *DN*, apareceu um artigo de Nils Wiklund, docente em psicologia processual. Ele escreveu:

> Os processos por assassinato contra Thomas Quick são únicos em muitos pontos. O sistema processual do Ocidente tem por base a existência de uma confrontação de duas partes, entre as quais o tribunal procura encontrar a verdade dos fatos. De um lado, os argumentos do promotor contra o acusado e, do outro, os argumentos da defesa pela sua inocência.

Nos julgamentos de Quick, esse confronto não existiu, segundo Wiklund, pois tanto o promotor como o advogado de defesa adotaram a mesma posição. A situação se confirmou no caso então em pauta, no qual o advogado de defesa Claes Borgström não apenas assumiu a posição de ser a favor da culpabilidade do seu cliente como ainda se dirigiu aos jornalistas, psicólogos e juristas que participavam do debate, aconselhando-os a "considerar as suas responsabilidades".

— As repetidas tentativas do advogado de defesa em silenciar o debate público são tão chocantes quanto irresponsáveis. O que ele devia fazer seria tentar promover a obtenção de um parecer independente dentro do âmbito do julgamento no tribunal — respondeu Wiklund.

O tom no debate aumentou ainda mais quando o pai de Johan Asplund, Björn, exigiu que Christer van der Kwast fosse processado por má conduta profissional, visto que, como funcionário do governo, não processou também o alegado ajudante de Quick no processo de assassinato de Therese Johannesen. Quick apontara um criminoso e descrevera sua participação no sequestro da menina, estuprando-a em um estacionamento. Björn escreveu ainda:

Se for verdade que o promotor-chefe Christer van der Kwast considera que Quick é digno de confiança, por que razão essa pessoa indicada pelo nome e conhecida da polícia (e de Kwast) não foi chamada para depor no julgamento?

Visto ter auxiliado na execução do crime e ser acusado de abusar sexualmente de uma criança, ele devia ser processado por conduta criminosa, considerou Asplund. Christer van der Kwast, porém, não cumpriu seu dever de promotor, acusando a pessoa em questão e, por isso, deve ser processado por ter falhado na sua função oficial.

Anna-Clara e Björn Asplund seguiram os julgamentos desde o início e ambos estavam convencidos de que as confissões de Quick eram inconsistentes. Por isso, eles lutavam, intensamente, para "tirar Quick do caso Johan".

Outras mídias se juntaram ao debate e novos críticos se pronunciaram entre estes, a advogada Kerstin Koorti, que, no programa *Aktuellt*, da SVT, dissera acreditar que Thomas Quick não era culpado de nenhum dos crimes e considerou os julgamentos de Quick como "um dos maiores escândalos jurídicos do século XX".

Críticas ainda mais sérias foram publicadas na página de opinião do jornal *Svenska Dagbladet*, no dia 12 de junho de 1998. Sob a manchete "Caso Quick — Uma derrota para nosso sistema jurídico", a psicóloga Astrid Holgersson, especializada na audição de testemunhos, criticou toda a equipe formada pelo promotor, a polícia e a psicóloga do caso, defendendo que tinham tomado "uma atitude parcial na procura de apoio para a tese de que Quick cometera o crime".

Astrid Holgersson passou em revista todos os relatórios das várias investigações e ofereceu exemplos concretos de como Christer van der Kwast, durante esses interrogatórios, "conduziu" Quick para dar as "respostas corretas". Já se sabia que Quick sempre dava, inicialmente, informações erradas, mas nenhuma análise sistemática das histórias confessadas jamais foi feita, escreveu Holgersson. Os juízes sempre foram convencidos a aceitar explicações psicológicas, de natureza não científica, para o fato de Quick apresentar informações inconsistentes. Ela deu o exemplo da condenação pelo assassinato de Yenon Levi:

> O tribunal relatou que "a versão final surgiu depois de vários interrogatórios", mas não produziu qualquer análise crítica de como surgiu essa versão final. Aceitou-se uma especulação psicológica de que isso era consequência das "dificuldades de Quick em se aproximar de certos detalhes".

Na linha de tiro das críticas de Astrid Holgersson, surgiu Sven Åke Christianson, cujas intervenções na investigação foram consideradas antiéticas e não científicas, no momento em que ele, "com sugestões e métodos manipulativos", tentou ajudar Quick a montar uma história que não fosse contrariada pelos fatos da ocorrência criminal. Holgersson salientou, também, que Christianson agia ao lado do promotor, embora fosse contratado para se pronunciar como "especialista do tribunal na análise do valor dos resultados investigativos apresentados". Aceitar essa dupla função, segundo Holgersson, era absolutamente antiético.

Além disso, segundo Astrid Holgersson, Christianson "influenciou unilateralmente a opinião pública — em conflito com os princípios que orientam o trabalho dos psicólogos em processos legais — através da propagação dos seus pontos de vista subjetivos sobre a questão de culpa, em palestras realizadas sobre o assassino em série Thomas Quick".

Na antologia *Recovered Memories and False Memories* [Memórias recuperadas e falsas memórias] (Oxford University Press, 1997), Christianson colaborou com um artigo em que define Quick como um assassino em série, definição que era objeto dos julgamentos ainda pendentes. Holgersson citou o artigo de Christianson a respeito das memórias reprimidas de Quick, mas recuperadas durante as sessões de terapia:

> As memórias dos assassinatos provocaram grandes estados de agonia já que representavam imagens recuperadas dos ataques sexuais e sádicos que o próprio assassino em série sofrera em criança.

Astrid Holgersson anotou ainda:

> Tal como foi mencionado, não existe, de fato, nenhuma base documentada para supor que Quick é um assassino em série, nem que ele tenha sofrido ataques sexuais na infância, muito menos que isso seja fundamental para a existência de assassinos em série.

Os membros do que Holgersson chamava "Time Quick" — o promotor Christer van der Kwast, o líder dos investigadores Seppo Penttinen, o perito em memória Sven Åke Christianson — preferiram se esconder e se calar durante o debate. Aquele que, no lugar deles, se apresentava como defensor das investigações era Claes Borgström. Ele próprio também recebera sua parte dos ataques, visto que vários críticos comentavam negativamente sua passividade durante as investigações e os julgamentos.

Borgström enfrentou as críticas de Holgersson, com a ajuda de sátiras e de muita ironia, no *Svenska Dagbladet*, com um artigo intitulado "Uma teoria conspiratória estranha e repulsiva":

> Temos de agradecer a Astrid Holgersson pelas suas considerações cientificamente bem sustentadas a respeito desses infames acontecimentos, que vão deixar aqueles diretamente afetados sem nenhuma paz pelo restante de suas vidas. Tudo o que ela precisa fazer é folhear alguns papéis e ver alguns vídeos. Depois disso, a verdade se mostrará, extensiva e pacificamente, para exame do público.

O mais alto ataque ao grupo "Time-Quick" apareceu em agosto de 1998 com o livro de Dan Larsson intitulado *O mitomaníaco Thomas Quick*, focalizando o duplo assassinato em Appojaure. Larsson afirma no livro que o crime de Appojaure foi cometido por um fisiculturista da região, viciado em anfetaminas, álcool e anabolizantes. Gubb Jan Stigson fez uma apreciação crítica do livro nas páginas do *Dala-Demokraten*, sob a manchete "Novo livro sobre Quick — uma obra dolorosamente malfeita". Apesar de ocupar uma página inteira do jornal, Stigson terminou o artigo com as seguintes palavras: "As falhas no material colhido e usado por Larsson são tantas que este espaço não é suficiente. A análise do livro continuará na edição do *DD* de amanhã."

No dia seguinte, a "crítica" continuou. Naquela altura, a comissão Quick convocou os elementos dos dois campos opostos, envolvendo-os em uma luta implacável e de prestígio, na qual não existia mais possibilidade para nenhuma das partes de recuo — nem um recuo milimétrico — em seus pontos de vista.

Trine Jensen e Gry Storvik

Thomas Quick continuou a confessar novos crimes. No verão de 1999, já ia em 25 casos, dos quais fora condenado por cinco. A quantidade enorme de casos confessados, embora não investigados, fez com que o *Dagens Nyheter* considerasse Quick "um dos piores assassinos em série do mundo".

Mas alguma coisa acontecera na chamada comissão Quick. Será que o debate plantara uma semente de dúvida que começou a brotar entre repórteres criminalistas? Ou será que eles e o público em geral começaram a ficar cansados de Thomas Quick?

De qualquer maneira, o arquivo da imprensa fala uma linguagem inquestionável: Thomas Quick não dava mais lugar a novas e grandes manchetes. Ninguém se espantava mais quando "o assassino de rapazes" chamado Quick, na primavera do ano 2000, foi processado por dois assassinatos, classificados como heterossexuais, contra duas jovens na Noruega: Trine Jensen, de 17 anos, encontrada estuprada e morta em agosto de 1981, e Gry Storvik, de 23 anos, morta em junho de 1985. Ambas viviam em Oslo, e seus corpos foram encontrados fora da cidade.

Os técnicos criminalistas encontraram sedimentos de esperma em Gry Storvik, e Thomas Quick confessou ter feito sexo com ela, antes do crime, apesar da sua evidente tendência homossexual desde os 13 anos. Esses dois novos crimes significavam que Quick já percorrera todo o caminho de assassino de rapazes até assassino em série sem nenhuma preferência, sem uma maneira específica de agir e sem limites geográficos.

Por meio de uma análise de DNA foi possível a hipótese de o esperma encontrado na vítima ser de Thomas Quick, mas nem isso despertou alguma atenção extraordinária. No *Expressen*, a condenação de Quick pelos crimes números seis e sete resultou em apenas uma pequena notícia.

O Tribunal de Falun constatou que havia falta de provas técnicas para ligar Thomas Quick aos dois crimes, mas isso não evitou que se caísse na mesma sentença dos outros julgamentos:

> Na sequência da análise dos fatos relativos ao que aconteceu, o tribunal acha que a confissão de Thomas Quick tem apoio na investigação, de tal maneira que está fora de suspeita ter ele cometido os crimes que lhe são imputados pelo promotor.

— Não há necessidade de especular se ele mentiu ou não. Ele tem conhecimentos específicos sobre o que aconteceu nos crimes cometidos — foi o comentário de Sven Åke Christianson sobre a sentença.

"Sem provas técnicas, Thomas Quick foi ontem condenado pelas mortes de Trine Jensen e Gry Storvik", salientou o jornal norueguês *Aftenposten*.

E ficou por isso mesmo.

Johan Asplund

A história de Thomas Quick começa e termina em Johan Asplund.

Em 1992, quando iniciou sua terapia, Quick lembrava-se do crime contra Johan, mas estava muito inseguro sobre o fato de estar ou não ligado ao desaparecimento do rapaz. E ainda mais inseguro sobre o fato de poder se recordar de quase trinta assassinatos.

Se Thomas Quick tivesse começado por confessar o crime contra Yenon Levi, o processo teria ido parar no distrito policial de Avesta. Mas foi o crime contra Johan que surgiu primeiro e, por isso, todo o processo contra Quick foi parar nas mãos de Christer van der Kwast e da polícia de Sundsvall, onde Seppo Penttinen era delegado-chefe e do departamento de narcóticos, sendo a ele confiada toda a investigação.

É fácil entender até que ponto Seppo Penttinen sonhava em ser aquele que solucionaria o crime contra Johan Asplund, o maior enigma na história da criminologia de Sundsvall. Durante todos os anos em que decorreu a investigação do caso Quick, a polícia local gastou enormes recursos para conseguir provas técnicas do caso.

Depois de conhecidas as sentenças nos casos de Gry Storvik e de Trine Jensen, a investigação no caso de Johan foi reaberta, tal como aconteceu muitas vezes antes.

— O caso Johan Asplund está ficando maduro — disse Kwast.

— De novo! — comentou o pai, Björn Asplund, amargamente. — Certamente, não surgiu mais nenhum crime na Noruega de que ele possa falar...

Mas, desta vez, os investigadores estavam dispostos a levar o caso Johan a tribunal, abrindo processo para chegar a uma sentença.

No Dia dos Namorados, que, na Suécia, é chamado o Dia de Todos os Corações, em 14 de fevereiro de 2001, Christer van der Kwast telefonou para Björn Asplund, dizendo que, no momento, já havia provas suficientes para processar Thomas Quick pelo assassinato de Johan.

Tanto Björn como Anna-Clara Asplund acharam boa a decisão e assumiram o processo:

— Queremos apenas dar um fim a esta situação que já dura vinte anos — disseram ambos. — Mas vamos questionar cada detalhe durante o julgamento.

— Os detalhes que Quick ofereceu mostram que ele esteve em contato físico com Johan — assegurou Kwast, durante uma entrevista coletiva para a mídia, no início do processo. — Até mesmo a descrição de certas coisas em Bosvedjan confirma que ele se encontrava lá naquela manhã.

Mas os pais de Johan cortaram a exibição do promotor.

— Ele não matou meu filho — disse Björn Asplund, bem seguro da sua opinião, salientando que também, neste caso, não existia nenhuma prova técnica. — Eu considero que ele não é culpado de nenhum dos crimes.

A grande falha em toda a história de Thomas Quick, considerava Asplund, estava no fato de nenhuma das condenações de Quick por assassinato ter subido a uma instância superior. Mas isso iria mudar no caso de Johan.

— Se, ao contrário do previsto, surgir uma condenação de Quick, nós vamos entrar com um recurso na instância superior. E, nesse momento, a bolha em volta de Thomas Quick vai estourar. É o que esperamos.

Durante o julgamento, o tribunal considerou que Quick teria contado detalhes a respeito do bairro Bosvedjan que indicavam ter ele estado ali na manhã em que Johan desapareceu. Ele também pôde descrever um rapaz que morava na mesma casa com Johan. O fato de Quick ter sido capaz de reproduzir os desenhos do pijama do rapaz foi de grande importância para o tribunal. Ele chegou a mencionar características específicas a respeito de determinadas partes do corpo de Johan.

O Tribunal de Sundsvall considerou, por unanimidade, que não existia qualquer dúvida razoável de que Quick havia cometido o crime em julgado. Em 21 de junho de 2001, Quick foi condenado pelo seu oitavo crime.

Só então os pais de Johan vieram a saber que, por terem apoiado o processo anterior, não tinham direito de entrar com recurso contra a condenação aprovada.

Com isso, o assassinato de Johan Asplund tinha chegado ao fim.

Time-out

Em novembro de 2001, registraram-se três acontecimentos.

No dia 10, foi publicado no *Dagens Nyheter* um artigo do historiador Lennart Lundmark, com o título "Circo Quick, um escândalo jurídico":

> As sentenças contra Thomas Quick constituem uma verdadeira desgraça não apenas para o sistema jurídico sueco como também para o jornalismo criminalista sueco. Não há dúvida nenhuma de que toda a história virá a ser refutada.

Alguns dias depois, especificamente no dia 14, o professor criminalista e perito em organização policial Leif G.W. Persson provocou toda a equipe de investigadores do caso Quick na Convenção de Älvsjö. Partindo de um conceito negativo sobre a capacidade de entendimento dos investigadores, Persson disse estar em dúvida se Quick de fato cometera qualquer um dos crimes pelos quais fora julgado e condenado.

E, no dia seguinte, 15 de novembro, saiu na página de opinião do *Dagens Nyheter* o terceiro artigo de Thomas Quick, com o título: "Thomas Quick, depois das acusações de mitomania: — Não participo mais das investigações policiais."

> A partir de agora, vou ficar em *time-out,* talvez pelo restante da minha vida, não pretendendo participar das investigações policiais que tratam das confissões que fiz, em relação a certo número de crimes.

Thomas Quick partiu para o ataque contra Leif G.W. Persson, Kerstin Koorti e todos os outros que questionaram a seriedade das suas confissões e tornaram impossível para ele a continuação da colaboração com os investigadores da polícia.

> Ano após ano encontrar pela frente afirmações descabidas de uma trinca de falsos donos da verdade, dizendo que sou mitomaníaco, e ver que esse pequeno grupo ocupa tamanho espaço na mídia, sem que, paralelamente, receba críticas, tudo isso se torna para mim cansativo. É trabalhoso demais.
> Assim, desisto de continuar a colaborar com a polícia, também por consideração para com os familiares das vítimas, aqueles que, à semelhança do que acontece com os tribunais, aceitam as provas materiais. Não quero que eles se sintam, de novo, repetidamente, inseguros a respeito do que aconteceu.

Três meses mais tarde, Thomas Quick voltou a adotar seu nome original, Sture Bergwall. O homem que surgiu havia quase dez anos não existia mais.

A época Thomas Quick tinha terminado.

O caso jurídico Thomas Quick, porém, continuou a sobreviver nas páginas de cultura, onde os investigadores e as condenações eram questionados cada vez por mais gente. Naquele momento, também os policiais criminalistas que tinham participado das investigações começaram a se apresentar e revelar suas dúvidas.

No Hospital de Säter, Sture Bergwall continuava enclausurado e sem dizer palavra, ano após ano.

Ao visitá-lo, em 2 de junho de 2008, o seu *time-out* já durava quase sete anos.

Por que Quick ficou em silêncio? Seria realmente porque sua credibilidade fora questionada por Leif G.W. Persson e outros céticos? Ou haveria outros motivos? Motivos escondidos?

Por que eles confessaram?

Eu me tornei jornalista tarde na vida — quando já tinha completado 37 anos —, mas consegui vender, imediatamente, uma longa série de histórias para um programa de variedades, *Strip-tease*, da estatal Sveriges Television, dedicado a novatos. O trabalho era divertido. Eu tinha uma energia ilimitada e achava que tudo estava correndo maravilhosamente bem e fácil. Logo fui contratado.

Meu interesse veio a se dirigir bem cedo para o jornalismo criminalista e investigativo e um par de anos mais tarde o repórter Janne Josefsson e eu cavamos um "furo" que eu jamais acreditei que poderia superar. Tratava-se do viciado Osmo Vallo, cuja morte calhou de acontecer ao mesmo tempo em que um policial que pesava 100 quilos resolveu pular em cima das costas do preso que jazia no chão, já dominado e algemado. Nenhuma relação foi encontrada entre a morte de Vallo e a maneira como foi tratado pelo policial, segundo os médicos-legistas responsáveis pela autópsia.

Nosso reexame do caso deu origem a duas novas autópsias do corpo de Osmo Vallo, de que resultou a fixação do motivo da sua morte como sendo consequência do pulo do policial em cima das costas do preso. Antes, porém, os médicos legistas responsáveis haviam estabelecido que não existia nenhuma ligação entre a morte de Vallo e a brutalidade do policial.

Janne Josefsson e eu recebemos o Grande Prêmio de Jornalismo pela reportagem sobre Osmo Vallo. Além disso, durante o primeiro ano como jornalista, recebi ainda um grande número de prêmios nacionais e internacionais, além de outras distinções. Os progressos feitos me deram grande liberdade de ação dentro da Sveriges Television, onde meus superiores viram em mim um profissional capaz de produzir boas matérias para irem ao ar.

Depois de dez anos na produção de matérias, durante os quais trabalhei alternativamente na equipe dos repórteres Johan Brånstad e Janne

Josefsson, em 2003 fui alçado à condição de repórter. E comecei pelo assunto mais polêmico e considerado até como tabu em que se poderia pensar: uma série de reportagens sobre o "Caso Ulf" — o de um homem condenado a oito anos de prisão, apesar de negar terminantemente o crime de abuso sexual contra a própria filha. Depois de a reportagem no programa *Uppdrag* (Missão) ter sido vista pelo condenado, este entrou com um recurso e solicitou a reabertura do processo. Após três anos de prisão, ele saiu do tribunal como um homem livre.

Provavelmente, foi este caso que motivou o telefonema que recebi em casa, em uma noite de setembro de 2007. Escutei, então, a voz de um idoso que me perguntava se tinha sido eu quem fizera a reportagem sobre antigos casos jurídicos na televisão. Isso eu não podia negar. E ele começou a me contar a história de uma onda de incêndios, "mais de cinquenta incêndios" que aconteceram entre 1975 e 1976, em Falun e arredores.

Achei que era mais um desses palpites extremamente repulsivos que eu recebia a toda a hora.

— A culpa pelos incêndios foi atribuída a um grupo de jovens e crianças — disse ele, acrescentando: — Nunca liguei muito para o caso durante todos esses anos que se passaram, mas agora, já no outono da vida, o assunto começou a me atormentar... Por isso, estou telefonando para você a fim de que me ajude a colocar as coisas nos seus devidos lugares.

— Como assim? — indaguei.

— Porque quem provocou esses incêndios... fui eu!

Os meus pelos dos braços ficaram em pé, tipo pele de galinha. Cheguei à conclusão de que jamais poderia resistir à ideia de verificar se aquilo que ele contava era verdade.

— Tudo bem — disse eu. — Estou disposto a procurar pelas sentenças e outras matérias a respeito de incêndios para averiguar o que você está contando. Como posso entrar em contato com você?

— Isso você não vai poder fazer — respondeu ele, o anônimo. — Tenho filhos, moro em um município longe de Falun e não estou preparado para revelar a minha identidade.

— Você acredita mesmo que vou dedicar várias semanas de trabalho contínuo para "colocar as coisas nos seus devidos lugares" para você, sem saber sequer quem você é?

— Eu telefono para você dentro de duas semanas. Se tiver lido alguma coisa a respeito desses incêndios, você poderá fazer as perguntas que quiser. Prometo que ficará convencido de que sou mesmo o verdadeiro "piromaníaco de Falun".

Assim, aconteceu como o denunciante decidiu. Ao fim de duas semanas, ele telefonou. Eu já lera as sentenças e as matérias nos jornais da época e pude lhe fazer perguntas a respeito dos incêndios, às quais ele respondeu com conhecimento de causa.

Restava apenas um problema: dos dez jovens suspeitos dos incêndios e interrogados pela polícia, nove tinham confessado sua participação. O caso estava dado como investigado, confessado e encerrado. Mas o informante anônimo confirmou: os jovens eram inocentes.

Portanto, procurei-os e ouvi a mesma história de cada um — que eles não tinham nada a ver com os incêndios e que essa história de piromania tinha estragado suas vidas. Tinham ido parar na prisão e foram submetidos a interrogatórios duríssimos. O chefe dos investigadores negou a eles o direito a um advogado e a telefonar para os seus pais. Mas, se confessassem, podiam ir para casa. Eles confessaram.

Tinham confessado para se livrar de uma situação insuportável. Mas, por outro lado, suas confissões serviram de base para que fossem colocados sob os cuidados do serviço social e em reformatórios. Já adultos, tentaram manter em segredo essa parte do seu passado, até mesmo dos filhos e das esposas. Ficaram desesperados ao saber que eu tinha chegado para reabrir todas as feridas. A possibilidade de colaborar em uma reportagem era impensável para vários deles.

Gubb Jan Stigson havia coberto o caso do piromaníaco de Falun 1975-76 e escrito incontáveis artigos sobre os incêndios. Quando entrei na sua sala, no *Dala-Demokraten*, num dia brilhante de janeiro de 2008, eu ainda não tinha pensado sequer em Thomas Quick.

Gubb Jan Stigson estava sentado atrás da sua mesa de escritório, abarrotada de papéis. Estava com tamancos nos pés e estes em cima da mesa. E recostado, com as mãos atrás da nuca. Não se levantou para me cumprimentar, fazendo apenas um pequeno sinal com a cabeça para indicar a cadeira de visita do outro lado da mesa. Alguns maços de papéis amarelados faziam supor que já estavam ali havia vários anos.

Fiquei examinando, por um momento, um diploma já também amarelado, sem moldura, visível por trás dos cabelos escuros de Stigson:
Grande Prêmio 1995 do Clube de Publicistas da Suécia para Gubb Jan Stigson. "*Pelo seu trabalho intenso e paciente como repórter criminalista durante mais de 20 anos.*"

Ao terminar de expor a razão da minha visita, assunto ligado ao caso do piromaníaco de Falun, ele fixou seus olhos castanhos diretamente nos meus e disse:

— Nós devíamos nos ajudar mutuamente para denunciar as gargantas que vivem espalhando mentiras a respeito de Thomas Quick — sugeriu ele, no seu dialeto cantante da Dalicárlia. — Aqueles que dizem ser Quick inocente não sabem do que estão falando!

Não fiquei surpreso. Stigson era considerado entre os jornalistas como o mais afeito a estatísticas em se tratando do caso Thomas Quick, e ele insistia nessa linha em relação à comissão Quick, dez anos depois do início do caso. Não era, também, a primeira vez que eu escutava os argumentos de Stigson. Ele já tinha tentado me convencer a verificar o caso Thomas Quick, que ele achava ser culpado de todos os oito crimes pelos quais tinha sido condenado. Eu já havia objetado, dizendo que o caso não tinha muito a ver com jornalismo e com o trabalho de revelar que as sentenças eram corretas. Que uma mão cheia de críticos achava que Quick era inocente, não mudaria esse fato.

Por acaso, uma semana antes, eu tinha discutido o assunto com o maior antagonista de Stigson, Leif G.W. Persson.

— Thomas Quick é apenas um pedófilo patético — me disse Persson, então. — Por meio dos julgamentos realizados, a polícia, o promotor e os psicoterapeutas estão empenhados em defender os verdadeiros assassinos. Realmente, é uma história lamentável. O maior escândalo jurídico de todos os tempos neste país. Lembre-se de que não existe nenhuma prova contra Thomas Quick, além das suas próprias confissões.

— Mas você não pode negar que Quick contou muitas coisas a respeito das vítimas, dos seus ferimentos e dos locais dos crimes, não é verdade? — objetei. — Como podia ele fazer isso?

Persson coçou a barba e sussurrou, à sua maneira inimitável:

— Isso aí é simples loucura. Uma espécie de lenda criminalista posta a circular pelos repórteres da corte de Quick, pelos investigadores e pelo promotor público. Quick, de fato, pouco ou nada sabia no início dos interrogatórios.

"Repórteres da corte" era a designação de Persson para Gubb Jan Stigson, visto que os outros "repórteres da corte" já tinham parado de escrever sobre Quick havia muitos anos. Não existe nada que provoque mais Stigson do que as considerações do professor de criminologia quando se refere aos crimes cometidos por Thomas Quick como bagatelas. É o caso, por exemplo, das linhas citadas a seguir. Em uma das suas crônicas, Persson escreveu:

> Muito antes de se tornar assassino em série, Thomas Quick já era conhecido da polícia. Ao longo dos anos, já tinha ido parar na delegacia por várias vezes por pequenos crimes, verdadeiramente patéticos, imbatíveis em termos de estupidez intrínseca.

Cada um desses exemplos ficou guardado, cuidadosamente, na memória de Stigson. Persson despertava a ira de Stigson, sempre pronto para atacar:

— Leif G.W. Persson chama de crimes pequenos e patéticos as repetidas violências cometidas por Quick contra crianças e os assassinatos.

O assunto fez com que a voz de Stigson soasse mais forçada do que habitualmente e subisse em falsete, à medida que continuava suas arengas havia muito tempo decoradas:

— Thomas Quick recebeu cedo um diagnóstico de pedófilo sadista — *pedophilia cum sadismus* — e foi considerado "não apenas perigoso, mas, em certas circunstâncias, um grande risco para a segurança pessoal de outros, um caso de vida ou morte". Isso foi escrito, portanto, já em 1970! Em 1974, ele esfaqueou um homem em Uppsala, deixando-o tão mal que só por milagre o homem conseguiu sobreviver. São essas ações criminosas que G.W. chama de "crimes pequenos e patéticos"! Você entende como são desonestas as pessoas desse tipo?

Gubb Jan Stigson cita muitas vezes manifestações de psicólogos forenses e sentenças. Com a força dos seus conhecimentos detalhistas, ele consegue agredir os seus contraditores, salientando os erros nas manifestações e nos respectivos artigos.

Além de Leif G.W. Persson, era o escritor e jornalista Jan Guillou a pessoa que Stigson mais desprezava. Naquele instante, ele acenava com duas folhas de papel. Eram artigos recusados, debatendo o assunto em pauta, artigos que ele havia mandado para jornais de amplitude nacional, na Suécia.

— No livro *Häxornas försvarare* [O defensor das bruxas], de Jan Guillou, encontrei, no capítulo dedicado a Thomas Quick, 43 erros! Durante muitos anos, tentei obrigá-lo a debater comigo o assunto. Mas ele não ousa fazê-lo! E os grandes jornais não aceitam os meus artigos — disse ele.

Foi com certo alívio que me despedi de Stigson e fui embora de uma Falun pouco hospitaleira e tremendamente fria, a fim de me dedicar à reportagem sobre o piromaníaco de Falun que, cada vez mais, passava a tratar do fenômeno das falsas confissões.

Como alguém, durante um interrogatório policial, pode confessar um crime grave que não cometeu? Isso é quase impensável. E as pessoas, na sua maioria, estão convencidas de que elas próprias jamais seriam capazes de fazer uma coisa tão idiota. Em Falun, nove jovens confessaram ter cometido uma quantidade enorme de incêndios, pelos quais, mais tarde, disseram ser inocentes. De início, tive muita dificuldade em acreditar nisso.

Ao começar a ler as pesquisas sobre confissões falsas, verifiquei o quanto é habitual esse tipo de atitude. E isso também não é, de modo algum, somente uma ocorrência dos nossos dias. Quando o primeiro aviador a fazer a travessia transatlântica num voo solo, o famoso Charles Lindbergh, teve seu filho primogênito sequestrado, em 1932, cerca de duzentas pessoas se apresentaram se dizendo culpadas. Mais recentemente, outras tantas pessoas confessaram ter assassinado o primeiro-ministro Olof Palme, da Suécia.

A organização norte-americana *Innocence Project* [Projeto Inocência], que, com a ajuda do moderno exame de DNA já conseguiu inocentar 282 condenados desde seu início, em 1992 constatou que cerca de 25% das pessoas inocentadas tinham confessado, inteiramente ou em parte, serem culpadas, durante a investigação da polícia. O fato de terem voltado atrás, na tentativa de anular suas confissões, não as ajudou em nada diante do tribunal.

Entre os inocentados, a maioria era de crianças, adolescentes, doentes psíquicos e viciados. Ao serem perguntados por que razão tinham confessado, a resposta mais comum foi: "Queria apenas voltar para casa."

Meus estudos sobre o fenômeno me ensinaram que os maiores escândalos jurídicos do nosso tempo tiveram como origem confissões falsas. A Suécia parecia ser um dos poucos países em que o problema das confissões falsas ainda era quase desconhecido.

Viajei para Nova York, a fim de entrevistar o professor Saul Kassin, considerado um dos mais avançados pesquisadores do mundo na área.

Saul Kassin não se admirou nem um pouco diante do fato de os jovens de Falun terem confessado ser os autores dos incêndios. O que mais o espantou foi a atitude da adolescente de 13 anos que, isolada na cela e exposta a interrogatórios duros, negou sua participação durante três dias.

— É muito raro que uma adolescente de 13 anos aguente a pressão durante três dias! — esclareceu Saul Kassin. — A maioria confessa já depois de algumas horas. No máximo, um dia.

O professor Kassin fez questão de fundamentar sua afirmação com uma série de casos chocantes em que adolescentes confessaram crimes graves, ainda que, provadamente, não tivessem nada a ver com eles.

Quando me encontrei com os "jovens" que confessaram os incêndios, eles já estavam na faixa dos 50 anos. Por fim, oito deles resolveram colaborar para o meu documentário. Sentiram grande alívio ao poder contar, finalmente, suas histórias. E os policiais que investigaram o caso concordaram que a investigação não fora feita da maneira correta e que eles não haviam conseguido chegar à verdade sobre os incêndios.

O documentário foi transmitido pela televisão sueca, a SVT, a partir do dia 30 de março de 2008, e terminou com as seguintes palavras, ditas por mim:

"Não posso deixar de me perguntar — quantos outros confessaram crimes que não cometeram?"

Carta para Sture Bergwall

Eu não fazia ideia de quem tinha razão, se Gubb Jan Stigson ou Leif G.W. Persson. Todo o debate em volta de Quick parece absurdo. Seis tribunais, unanimemente, condenaram Thomas Quick por oito assassinatos. Foi considerada acima de qualquer suspeita a culpabilidade de Quick por esses crimes. No entanto, várias pessoas racionais e sensíveis afirmaram que ele era inocente de *todos* os crimes pelos quais fora condenado.

Essa situação era, pura e simplesmente, insustentável, pensava eu. Se havia realmente provas suficientes para condenar Quick por oito crimes, devia ser, também, relativamente fácil mostrar que Persson, Guillou e os outros ainda em dúvida estavam errados.

Mas se Quick, por outro lado, era realmente inocente, então Leif G.W. Persson tinha toda razão em dizer que este é maior escândalo jurídico de todos os tempos na Suécia.

Eu próprio não tinha nenhuma ideia definida, nenhum entendimento definitivo, a respeito da culpabilidade de Thomas Quick. E muito menos qualquer ambição em desvendar a verdade de ele ser culpado ou inocente. Minha ideia foi a de fazer um documentário sobre o debate em si e sobre as personalidades fortes nele envolvidas.

Ao mesmo tempo, havia, provavelmente, uma ligação inconsciente entre os conhecimentos recém-adquiridos sobre falsas confissões e a minha vontade de estudar, o quanto antes, o caso Thomas Quick, que, havia mais de dez anos, era apontado como o pior criminoso do país, de crimes confessados em série que talvez não tivesse cometido.

Depois da transmissão do documentário sobre o piromaníaco de Falun, li vários livros publicados a respeito de Thomas Quick. Em 22 de abril, escrevi a primeira carta, ainda hesitante, para ele.

> Sture Bergwall,
> Por acaso, encontrei seu livro *Kvarblivelse* [Um ser por acontecer] em um sebo e estou lendo suas páginas com grande interesse, embora, também, com certo desconforto.
> [...]
> Sei que você, há muitos anos, virou as costas para os jornalistas, o que considero uma opção totalmente compreensível, mas, mesmo assim, vou ousar perguntar se será possível me encontrar com você. Devo salientar que isso *não* deve ser entendido como um pedido de entrevista! Nada do que viermos a discutir em um eventual encontro será publicado. Peço apenas por uma reunião sem preconceitos. Estou convencido de que uma reunião entre nós, nessas condições, será bem produtiva, não somente para mim como também para você.

A resposta chegou apenas alguns dias mais tarde: eu era bem-vindo a Säter.

Minhas conversas com Jan Olsson

Para me preparar, reli todas as sentenças e os artigos escritos a respeito do caso. O material era enorme.

Em 29 de maio de 2008 — três dias antes do meu primeiro encontro com Sture Bergwall —, telefonei para Jan Olsson.

O atualmente aposentado delegado criminalista Jan Olsson tem mais de trinta anos de experiência como investigador de crimes e técnico criminalista. Ele foi chefe-assistente do departamento técnico legal, em Estocolmo, e chefe do grupo de estudos do perfil do criminoso, grupo esse ligado diretamente ao Conselho Superior da Polícia Nacional. Aquilo que mais me interessava conhecer da parte dele era sua experiência do tempo que desempenhou a função de técnico criminalista, responsável pelas investigações relacionadas com o assassinato do casal holandês em Appojaure e com o assassinato do israelita Yenon Levi, em Rörshyttan.

Ele não fez segredo em dizer que achava a condenação de Thomas Quick errada e que escrevera vários artigos debatendo o chamado escândalo jurídico. Uma vez que ele era da polícia, foi alçado a uma posição de destaque entre o grupo heterogêneo que questionava a culpabilidade de Quick.

Eu queria escutar sua versão daquilo que o convencera de que Quick era inocente. Ele me recebeu amistosamente e se deu ao trabalho de me explicar, longa e detalhadamente, cerca de uma dezena de circunstâncias que provocaram suas dúvidas. O raciocínio partiu de ambos os casos em que ele trabalhou diretamente. Segundo minha interpretação, as críticas de Olsson podiam ser resumidas em três falhas, todas elas a serem consideradas como erros de sistema:

1. Os investigadores procuraram encontrar, exclusivamente, evidências que comprovassem as histórias contadas por Quick. Os dados que contrariassem a culpa de Quick eram logo descartados, e sua investigação era interrompida.

2. O mesmo promotor serviu como único chefe das investigações preliminares em todos os casos e foi apenas um interrogador aquele autorizado a questionar Quick. Depois do primeiro julgamento e da respectiva sentença, era quase impossível para os investigadores questionar aquilo que Quick dizia. E cada vez ficou mais difícil fazê-lo, após cada nova condenação. Os investigadores tinham se transformado em "prisioneiros do prisioneiro", segundo Olsson.

3. No processo judicial, a existência de duas partes confrontantes significa que o julgamento se fará como resultante da luta entre o promotor e o advogado de defesa, entre acusador e defensor. Pelo fato de o advogado de defesa, Claes Borgström, não questionar as provas contra Quick, todo o sistema ficou avariado.

Após duas longas conversas com Jan Olsson, li, na mesma noite, os textos do debate que ele manteve ao longo dos anos. Um dos artigos que ele mandou para a página de opinião do *Dagens Nyheter*, publicado em 3 de outubro de 2002, terminava da seguinte maneira:

> O próprio Thomas Quick diz que assassinou todas essas pessoas. Mas eu gostaria de dizer para ele: cale nossas bocas, as dos que duvidam e espalham pelo mundo as suas dúvidas. Não se importe com a nossa vergonha por ter errado com a nossa desconfiança. Você precisa apenas nos mostrar qualquer tipo de prova real para nos convencer. Basta um pedaço de corpo que você diz ter conservado consigo ou um objeto qualquer que tenha roubado de alguma das suas vítimas. Enquanto esperamos, sugiro ao promotor do nosso reino que leve o caso a novo julgamento.

Eu próprio cheguei a pensar em oferecer meus serviços e me transformar em um instrumento de Sture Bergwall para calar a boca de Jan Olsson, Jan Guillou, Leif G.W. Persson, Nils Wiklund e todos os outros que também disseram que Quick apenas inventava. Se Quick, realmente, tivesse "escondido" pedaços de corpos, ele poderia revelar tudo para mim, sem que precisasse "desistir deles", o que consistia, segundo muitos, em uma espécie de barreira psicológica que o impedia de indicar onde os corpos das vítimas se encontravam. Eu iria me oferecer para retirar o pedaço do esconderijo, deixar que fosse analisado, e a questão ficaria esclarecida.

Afundado nesses pensamentos ingênuos, fui acordado pelo toque do telefone. Olhei para o visor e vi que estava na hora de uma terceira conversa com Olsson.

— Olá, sou eu, Janne,* Jan Olsson. Quero apenas lhe apresentar uma ideia que acabei de ter. Um pequeno conselho para você.

— Muito obrigado — agradeci.

— Certamente, você está lendo a reprodução de todos os interrogatórios feitos com Quick. Pense no seguinte: será que ele disse, alguma vez, alguma coisa de que a polícia já não soubesse? É nisso que acho que você deve pensar.

---

* Em sueco, Janne é o diminutivo de Jan. [N. do T.]

Agradeci pelo conselho e prometi segui-lo. Sem dúvida, era um conselho muito bom.

No resto da noite, fiquei pensando em todas as informações que Thomas Quick oferecera durante os interrogatórios, das quais se disse que eram desconhecidas da polícia. A cicatriz no cotovelo de Therese Johannesen devido a um eczema, a indicação do lugar de uma fogueira com restos de uma criança, os pontos das facadas nas vítimas em Appojaure, a caminhada com a polícia até o local onde Gry Storvik foi encontrada morta, todos os detalhes sobre a morte de Thomas Blomgren, em 1964. E assim por diante...

Se "os céticos" sabiam como Quick podia conhecer todos esses detalhes, na verdade, eles ainda não tinham conseguido explicar isso para mim.

O eremita

Assim que os enfermeiros-assistentes nos deixaram a sós na sala de visitas, Sture Bergwall colocou em cima da mesa xícaras de café e uma garrafa térmica. "Pesquei" uns doces já meio adormecidos, comprados no Willy's, em Säter. Trocamos algumas palavras a respeito da minha viagem de carro, desde Gotemburgo, da primavera que estava chegando e de outras trivialidades.

Falamos do fato de ele estar instalado na instituição desde que Ingvar Carlsson era primeiro-ministro da Suécia e Mikhail Gorbatchov ainda mandava na União Soviética! Sture tinha chegado a Säter antes do primeiro site na internet ter sido criado.

— Ainda não sei o que é usar um celular — disse Sture, que, como telespectador inveterado, já tinha visto que todos andam com o fone no ouvido.

— Como é que se sobrevive a um isolamento desses? — perguntei. — O que você faz com todo o seu tempo livre?

A resposta veio como água corrente, como se ele havia muito estivesse contando com a pergunta para poder contar:

— Meu dia começa exatamente às 5h29. Na maior parte das vezes, acordo por conta própria; do contrário, pelo despertador. Em seguida, escuto o noticiário do programa *Ekot*, no rádio, e me levanto às 5h33. Depois dos procedimentos habituais, chego ao refeitório às 5h54 para buscar o café e o creme de leite. Sou tão pontual que os enfermeiros e assistentes dizem que acertam seus relógios por mim!

Quick deu uma mordida no seu doce, que ajudou a descer com um gole de café.

— Exatamente às 6h05 toco a campainha para me deixarem sair. Exatamente! É o único jeito de sobreviver aqui dentro — explicou. — Preciso ser incrivelmente rotineiro. Absolutamente rotineiro!

Acenei com a cabeça, em sinal de que havia entendido.

— Hoje é o dois mil, trezentos e sessenta e sétimo dia seguido que saio para um passeio no parque de exercícios. Todos os dias a mesma coisa.

Sture olhava educadamente para mim.

— Dois mil, trezentos e sessenta e sete dias — repeti, impressionado.

— O passeio no parque de exercícios dura, exatamente, uma hora e vinte minutos. Uma pista em forma de oito. Às 7h25, tomo uma ducha e, em seguida, bebo café e leio os jornais. Depois, dou início ao meu trabalho diário, de solucionar palavras cruzadas. Sou assinante de muitos folhetos de palavras cruzadas, dos mais difíceis, e nunca deixei um jogo por solucionar. Às vezes, pode demorar vários dias até preencher os últimos quadrados, mas sempre consegui. Muitas vezes, mando os jogos de volta — em nome de outra pessoa para não chamar a atenção — e já consegui, muitas vezes, ganhar pequenos prêmios. Um bilhete de loteria, coisas assim. É como se fosse um trabalho. As palavras cruzadas me mantêm ocupado desde as 8h30 até as 16h. Durante o dia, mantenho o rádio ligado. Sempre na mesma antena, P1. Os programas de que mais gosto são *Tendens* [Tendências], *Släktband* [Parentescos], *Lunchekot* [Noticiário do almoço], *Vetandets värld* [Mundo da ciência] e *Språket* [A língua]. No final da tarde, às 18h, volto para o meu quarto e, a partir de então, não quero mais ser importunado, seja por quem for. Nessa altura, começam as rotinas da noite, que, na maior parte das vezes, consistem em assistir à televisão. Às 21h30, vou para a cama e me deito. Às 22h, apago a luz e adormeço.

Era como eu tinha imaginado. Sture Bergwall não mantinha nenhum contato com qualquer pessoa fora do hospital. Nenhuma. Quase nem mesmo com os outros pacientes.

— Sture, você confessou uma grande quantidade de crimes. E foi condenado por oito deles. Continua a confirmar essas confissões?

Sture olhou para mim em silêncio antes de responder:

— As confissões continuam valendo, claro...

Ficamos os dois em silêncio, deixando que o nosso encontro voltasse à estaca zero. Enquanto isso, fiquei observando aquela figura enigmática, sentada na minha frente.

Ou ele era o pior assassino em série do norte da Europa ou era, possivelmente, um mitomaníaco que conseguira enganar todo o sistema judicial da Suécia.

Seu comportamento ali não me habilitava a saber qual era a alternativa mais convincente.

— Você vive sob o mais rigoroso sistema de segurança — comecei, enquanto Sture parecia escutar atentamente. — A clínica parece ser 100% segura contra qualquer espécie de fuga, com portas de aço, vidraças inquebráveis e alarmes por todo lado.

Ele acenou com a cabeça, confirmando o que eu tinha dito.

— Fico imaginando... O que aconteceria se você voltasse para o convívio da sociedade?

Nesse momento, Sture olhou para mim com ar de incompreensão.

— Você voltaria a cair na criminalidade, voltaria a matar e a esquartejar crianças?

Seu olhar já triste ficou ainda mais infeliz.

— Não, não, não!

Ele balançava lentamente a cabeça e permaneceu sentado, com o olhar baixo, dirigido para os joelhos:

— Não, isso eu não faria, de jeito nenhum.

Eu não desisti:

— Então, o que aconteceria se você fosse autorizado a viver no meio da sociedade, sob algum tipo de vigilância?

— Os médicos consideram que eu devo ficar aqui e receber assistência psiquiátrica legal...

— Eu sei — interrompi. — Eu li o que eles escreveram. Mas agora sou eu que lhe pergunto. Você tem um comportamento bem normal, bem sensível e equilibrado.

— É mesmo? — Sua voz subiu de tom em relação à maneira que lhe era característica. Sorriu e pareceu reagir como se eu tivesse dito um absurdo.

— Será que eu não devia ser assim? — perguntou ele, retoricamente.

— Não, claro que não. Você é considerado como o caso psíquico mais perigoso e mais louco da Suécia. Ainda não entendeu isso?

Sture pareceu não ficar zangado, mas, ainda assim, a pergunta permaneceu sem resposta.

Todavia, a pergunta tinha sua razão de ser.

O homem na minha frente se apresentava como uma pessoa sensível e amistosa. Era difícil fazer com que essa imagem se encaixasse com aquela do assassino em série, cruel e sádico, pela qual fora condenado.

Afinal, que conclusão eu poderia tirar?

Nenhuma, pensei.

O silêncio foi, então, interrompido pelos assistentes da enfermaria 36, que vieram para levar de volta à cela o assassino em série.

Nos despedimos, mas não sem antes combinar uma nova reunião.

O tio Sture

Dediquei o verão seguinte a ler todo o material das investigações preliminares e entrei em contato com vários policiais que trabalharam nas investigações relativas ao caso Quick, com parentes e amigos de Sture Bergwall, parentes das suas alegadas vítimas e aqueles que ele indicou como sendo seus ajudantes nos crimes. A lista parecia interminável.

Muitos foram hospitaleiros e generosos, mas, por razões naturais, foi difícil estabelecer contato com as pessoas que tratavam de Quick no Hospital de Säter. As minhas expectativas eram quase nulas, quando resolvi telefonar para o médico Göran Källberg, antigo chefe superior em Säter, em sua casa.

Göran Källberg não ficou muito entusiasmado quando lhe falei do documentário sobre Thomas Quick que eu planejava fazer. Eu lhe disse que não queria discutir a culpa, mas apenas a maneira como a investigação e a assistência médica foram executadas. Nessa altura, ele amoleceu notoriamente.

Dava para notar que o caso Quick preocupava Göran Källberg, mas não estava claro o motivo. Já criticara o promotor Kwast pela sua atitude em relação ao hospital em Säter e já fizera autocrítica em relação à sua participação no tratamento.

— De qualquer maneira, a questão do sigilo médico me impede de discutir problemas relacionados a determinado paciente — explicou.

Perguntei, então, como se ele falaria comigo, se Sture Bergwall o liberasse do sigilo. Ele não quis dar nenhuma resposta imediata, mas prometeu pensar no caso.

Sua ambivalência era notória. Alguma coisa existia que o pressionava, algo que ele gostaria de falar. Mas hesitava. Entendi que a minha conversa colocaria Göran Källberg diante de algum tipo de dilema.

— Sinto que devo lealdade irrestrita à clínica psiquiátrica legal de Säter e a todos aqueles que lá trabalham — disse ele. — Mas, por outro lado, não quero contribuir para manter em segredo um verdadeiro escândalo jurídico.

O que ele está dizendo?, pensei. Escândalo jurídico? Fiz o melhor que pude para não revelar minha excitação. Era então assim que o antigo chefe do Hospital de Säter considerava o caso de Thomas Quick — um escândalo jurídico.

Göran Källberg deu a entender que sua preocupação tinha a ver com os acontecimentos em relação à tal *time-out* de Quick. Contou que, por sua iniciativa, perguntou a dois juízes a respeito da possibilidade de se entrar com um recurso a favor de Quick, mas recebeu a informação de que, em princípio, isso era impossível. E com isso se deu por satisfeito.

Por muito que eu refletisse, não conseguia imaginar o que Källberg vira como sustentação razoável para entrar com um recurso.

Uma coisa que aprendi, durante os anos como jornalista investigativo, foi o poder das cronologias: analisar em que ordem as coisas aconteceram, a fim de evitar qualquer tipo de incongruência — certas coisas não podem acontecer ao mesmo tempo — e a fim de separar as causas das consequências.

Foi ao analisar, minuciosamente, todos os registros das descrições das testemunhas oculares no caso da morte de Osmo Vallo, ao longo de um período de tempo, que pude mostrar que a versão da polícia quanto à sequência do acontecido não era plausível. Da mesma forma, foi possível demonstrar que as acusações contra o homem condenado por incesto no "Caso Ulf" eram falsas, visto que ele se encontrava em outro lugar no momento mencionado como sendo aquele em que atacou a filha. Depois dos distúrbios em Gotemburgo, chegava a hora de analisar os horários dos acontecimentos, neste caso, registrados em uma grande quantidade de vídeos feitos durante a troca de tiros na praça Vasaplatsen. Janne Josefsson e eu pudemos revelar o que realmente tinha acontecido.

Por isso, a minha cabeça estava cheia de pensamentos em torno das investigações preliminares em relação ao crime contra Yenon Levi, em 1988. O assassinato acontecera na área do distrito policial de Avesta, onde os delegados criminalistas Lennart Jarlheim e Willy Hammar realizaram um imponente trabalho de análise cronológica dos passos de Thomas Quick desde o nascimento até a entrada no Hospital de Säter.

Em resumo, chegaram ao seguinte:

A família Bergwall, em 1956, mudou-se para um apartamento na rua Bruksgatan 4, em Korsnäs, perto de Falun. Ove, o pai, faleceu em 1977 e, daí em diante, Sture Bergwall assumiu a responsabilidade das despesas da casa e da mãe adoentada, Thyra, até que ela morreu, em 1983.

Durante esses anos, Sture esteve em casa, vivendo de subsídio de doença, em consequência de problemas psíquicos. Junto com a pensão da mãe, a economia da família manteve-se estável. Ele convivia assiduamente com os irmãos e as irmãs e suas respectivas famílias e, principalmente, com os filhos delas. Em casa, dedicava-se a entrelaçar e produzir pequenos tapetes do tipo "rya", a tratar da arrumação da casa e a conviver com a mãe e suas amigas.

A vida de Sture Bergwall parecia se endireitar quando, em agosto de 1982, ele abriu uma tabacaria em Falun, juntamente com seu irmão mais velho, Sten-Ove. Um ano mais tarde, morreu a mãe. A partir daí, ele passou a viver sozinho no apartamento dos pais.

Eram muitos os jovens que se reuniam à noite diante do quiosque, incluindo um adolescente de 11 anos a quem vamos dar aqui o nome de Patrik Olofsson. Ele começou por ajudar Sture em pequenos serviços e a tomar conta do seu cachorro, Peja. Dessa maneira, em pouco tempo, Sture ficou amigo de toda a família Olofsson.

Em 1986, os irmãos Bergwall desativaram a loja que tinham em conjunto e, na sequência, Sture ficou sem trabalho. Até que abriu um novo quiosque na praça Drottningplan, em Grycksbo, com uma sócia, a mãe de Patrik, Margit Olofsson.

O novo quiosque tornou-se, rapidamente, um ponto de encontro para os adolescentes da área, que em pouco tempo passaram a visitar, com bastante frequência, a casa de Sture. Sture já tinha começado a aprender a dirigir na autoescola e, em 27 de março de 1987, depois de muitas dificuldades, tirou a carteira de motorista. Seu primeiro carro foi um Volvo PV vermelho, modelo antigo, de 1965. A popularidade de Sture entre os rapazes foi às alturas quando ele, no seu carro já velho, de 22 anos, passou a organizar viagens a Estocolmo para ver concertos de rock. Eram concertos de bandas como Kiss, Iron Maiden, WASP, todos muito populares na Suécia, naquela época.

Depois de ter vivido muito tempo à custa de subsídio de doença, Sture passou a ser dono de um negócio. Durante os anos em Grycksbo, ele trabalhou, também, como funcionário de bingo e entregador de jornais, chegando a ser reconhecido como muito popular não somente entre os clientes e companheiros de trabalho, mas também como empregador.

Patrik Olofsson passava cada vez mais tempo na casa de Sture e até dormia lá de vez em quando, sempre com o consentimento dos pais. A ligação de Sture com a família Olofsson era agora tão forte que até pareceu natural ele festejar o Natal na casa deles.

A história, porém, terminou em catástrofe para a família Olofsson. O casal separou-se, Sture e a senhora Olofsson romperam a sociedade, o quiosque foi à falência e Patrik virou as costas para a família. O ponto final dos anos de Sture em Grycksbo aconteceu quando a situação econômica e social de Sture e Patrik os levou a roubar o Gotabanken.

O assalto ao banco foi, de fato, muito estranho pela falta de lucidez. Sture era cliente do banco, instalado ao lado da sua antiga tabacaria. Na manhã do dia 14 de dezembro de 1990, os assaltantes forçaram a entrada da casa do gerente da agência e fizeram seus familiares de reféns. Estavam mascarados e encapuzados. Por segurança, de início, Sture falou com sotaque finlandês, mas, quando já estava dentro da casa, se esqueceu desse particular. Evidentemente, ambos foram logo reconhecidos e apanhados pela polícia depois da tentativa de assalto.

Patrik tinha 18 anos e foi condenado a três anos e seis meses de prisão. Sture passou por um exame psiquiátrico legal e foi condenado a tratamento na clínica psiquiátrica de Säter. E foi lá que ficou desde então, fora os curtos períodos em que recebeu autorização para viajar para Estocolmo, Hedemora, e outras cidades nas províncias da Dalicárlia e da Norrlândia, no norte do país.

Mas foi o tempo antes do assalto ao banco que chamou mais a minha atenção.

Os adolescentes de Grycksbo contaram, durante longos interrogatórios, como Sture construiu para eles balizas de madeira para o jogo de hóquei sobre o gelo, como organizou passeios pelos arredores e como lhes preparou pipoca. Durante algum tempo, Sture alugou uma casa de campo, onde os rapazes dormiam de vez em quando, vários ao mesmo tempo. Mas em nenhuma oportunidade ele assediou sexualmente qualquer um deles. E nenhum dos rapazes disse ter sequer suspeitado de que Sture tivesse inclinações homossexuais. Em determinada ocasião, alguns deles foram para a casa de Sture a fim de ver um filme de fantasmas. Quando uma cena se tornou verdadeiramente horripilante, Sture segurou a mão de um dos rapazes. A caminho de casa, dois dos rapazes comentaram o acontecido:

— Que estranho, um homem adulto segurar a mão de um rapaz de 13 anos — comentaram.

As longas e inocentes relações com os rapazes em Grycksbo não se enquadram na imagem do assassino em série que muda de personalidade, violenta sexualmente, profana, mata e esquarteja adolescentes.

Entrei em contato com alguns dos rapazes de Grycksbo e me encontrei com um deles. Nenhum pareceu achar correta a imagem de Thomas Quick em comparação com aquela que tinham de Sture Bergwall, que achavam conhecer tão bem.

Revisando todas essas ideias, viajei de novo para Dalicárlia, a fim de me encontrar uma segunda vez com Sture.

A caminho de Säter, parei no Tribunal de Falun para folhear os protocolos das investigações preliminares relativas ao crime contra Gry Storvik. Ao virar uma página e ver a primeira fotografia tirada do corpo da vítima pelos técnicos criminalistas, senti como um soco no estômago. O criminoso tinha lançado o corpo, sem o menor cuidado, no meio de um estacionamento cheio de lixo. Era um corpo de uma mulher nua, ainda jovem, com o rosto colado no asfalto. O criminoso não se satisfez em matar Gry, fez também questão, consciente e agressivamente, de colocar seu corpo em um lugar público, para os olhares de todos.

O impacto da fotografia foi inesperada. Senti-me triste, confuso e constrangido diante da imagem. Era um vislumbre da incompreensível série de tragédias de que as confissões de Thomas Quick tratavam, independentemente de ele ser culpado ou inocente.

Caso Quick fosse considerado inocente, as sentenças na prática se tornariam anistias para cada um dos verdadeiros criminosos que fizeram isso contra Gry Storvik e as outras vítimas.

Era precisamente o que Leif G.W. Persson dissera, mas essa foi a primeira vez que eu realmente entendi o significado de suas palavras.

Olhei de novo para a fotografia de Gry no protocolo da investigação preliminar. Fora tirada em 25 de junho de 1985. Já estávamos, então, no dia 28 de agosto de 2008, e o crime ficaria prescrito um ano e nove meses mais tarde.

Dentro de 660 dias, o criminoso — caso fosse outra pessoa e não Thomas Quick — estaria definitivamente livre.

Hospital de Säter, quinta-feira, 28 de agosto de 2008

Assim que Sture e eu nos sentamos, mal pude esperar para lhe perguntar o que ele pensava do tempo que passara em Grycksbo.

— Ao ler os interrogatórios feitos com os rapazes em Grycksbo e todas as outras pessoas que conheceram você, fiquei com a impressão de que foi um período muitíssimo feliz da sua vida.

— Sim, foi mesmo um período muito bom — confirmou Sture. — De fato, foi o período mais feliz da minha vida.

Sture contou, então, vários episódios, recordações felizes, com os cachorros, seus e os de Patrik, e da festa natalina na casa da família Olofsson.

— Mas tudo terminou em uma grande catástrofe — lembrei.

— É verdade. Tudo acabou de maneira terrível — disse Sture, enquanto esfregava as mãos.

— E, no tocante à família de Patrik — continuei eu —, você se portou mal e feriu a todos terrivelmente. Não é verdade?

Sture acenou que sim. Calou-se. Vi como ele refletia. De repente, escondeu o rosto na palma das mãos e começou a chorar convulsivamente.

— Me desculpe, mas isso é terrível só de pensar — conseguiu dizer, entre os soluços.

Acho que nunca havia visto antes um homem chorar de maneira tão descontrolada. Como uma criança. Era a um só tempo comovente e assustador.

Fiquei com medo de ter estragado tudo o que tinha começado a construir, mas Sture logo se controlou, enxugou as lágrimas, levantou-se e dirigiu-se para a porta fechada.

— Espere aí. Logo estarei de volta — disse ele, enquanto apertava um botão.

Um enfermeiro chegou e abriu a porta para ele. Dois minutos mais tarde, estava de volta com uma grande caixa de plástico nas mãos, com centenas de fotografias da sua infância, adolescência e da sua vida adulta.

Ficamos um longo tempo vendo as fotos, muitas focalizavam um Sture em diversas poses e também fazendo caretas diante da câmera.

O produtor de televisão em mim tinha apenas uma ideia na mente: como vou convencer Sture a me emprestar esta caixa de fotos?

Uma das fotografias apresentava uma mulher de uns 35 anos. Estava numa cozinha e sorria para a câmera. Sture colocou a foto bem diante do meu nariz.

— Talvez seja um pouco estranho, mas esta é a única mulher com quem fiz sexo na vida — disse ele.

Senti que havia um pouco de orgulho nas suas palavras.

— A única? — perguntei, estupefato. — Em toda a vida?

— Sim, só com ela. Mas existe um motivo especial — disse ele, meio enigmático.

Muito mais tarde, vim a saber qual era o "motivo especial": durante certo período, ele sonhou em ter um filho. Talvez pudesse viver com uma mulher, apesar da sua inclinação homossexual. Mas não deu certo.

Para mim, a fotografia e aquilo que Sture me contara tinham outro significado. *Gry Storvik*, pensei. A prostituta na Noruega, assassinada e largada num estacionamento, com esperma de homem dentro da vagina. *A mulher na fotografia não era Gry Storvik. Você não afirmou ter feito sexo apenas com a mulher da foto?*

Por que Sture havia contado para mim um detalhe tão íntimo da sua vida? Será que ele falara demais? Ou queria, conscientemente, me guiar para esse pensamento? Não, nós nunca falamos nem de Gry Storvik, nem de qualquer outro assassinato; portanto, como ele poderia saber que eu teria conhecimento do ato sexual com Gry? As ideias atravessavam minha mente enquanto continuávamos a ver as fotografias.

Ao se aproximar do fim da visita, perguntei descontraidamente:

— Você poderia me emprestar algumas dessas fotos?

— Sim, é claro — disse ele. — Com todo o prazer.

Eu me contentei com cinco: Sture no quiosque; Sture e os rapazes na viagem para o concerto de rock; Sture olhando, aterrorizado, para a sua carteira vazia; Sture à mesa da cozinha; Sture fazendo pose diante da casa de campo da família Olofsson, onde Yenon Levi teria sido morto.

O fato de Sture ter me emprestado as cinco fotografias era um gesto nítido de confiança. Ao nos separarmos, eu sabia que Sture colaboraria com o meu documentário. De uma maneira ou de outra.

Uma descoberta

Antes do verão de 2008 terminar, tanto Gubb Jan Stigson como Leif G.W. Persson estavam irritados comigo.

— Se ainda não entendeu do que se trata, então, você é um idiota! — disse Persson, mordaz.

Também Stigson achava que eu não estava bom da cabeça, por não entender que Quick era exatamente o assassino em série por que tinha sido condenado.

— Considere o assassinato de Therese Johannesen, por exemplo. Therese tinha 9 anos quando desapareceu de casa, em Fjell, na Noruega, no dia 3 de julho de 1988. Sete anos depois, Thomas Quick confessa o assassinato. Está no Hospital de Säter e descreve o bairro de Fjell; indica para a polícia o caminho a seguir, conta que havia um banco em determinado lugar em 1988, sabe que as varandas haviam sido repintadas com uma nova cor — tudo muito correto! Conta ainda que havia um parquinho em construção e pranchas de madeira espalhadas pelo chão. Como Quick poderia saber de tudo isso? — perguntou ele, retoricamente.

— Se isso que diz é verdade, então certamente ele pelo menos deve ter estado nesse lugar — admiti.

— É claro que sim — disse Stigson, acrescentando: — E depois mostrou para a polícia uma área na floresta onde ele a matou e escondeu o corpo. Nesse lugar, encontraram pedaços de ossos que, analisados, foram considerados pertencentes a um ser humano de 8 a 15 anos.

Num dos pedaços de osso, havia um corte feito por uma serra! Thomas Quick mostrou onde escondeu uma serra de metal que se adaptou ao corte no osso.

Stigson balançou a cabeça.

— E depois eles dizem que não existem provas! As provas são inquestionáveis, exatamente como o chanceler da Justiça, Göran Lambertz, escreveu, depois de ter analisado todas as sentenças contra Quick.

— Claro, é impressionante — concordei.

Gubb Jan Stigson tinha uma visão tão fanática, implacável e única de Thomas Quick que eu evitava sequer argumentar contra ele. Apesar disso, eu lhe estava agradecido. Ele era para mim, pelos seus conhecimentos, um valioso interlocutor que, ainda por cima, me forneceu, generosamente, uma boa quantidade de material sobre as investigações feitas. Em determinada altura, mandou copiar para mim todos os trezentos artigos que escrevera sobre o caso.

Mas a sua ajuda mais importante foi, provavelmente, a de ter falado bem de mim para os seus comparsas simpatizantes — Seppo Penttinen, Christer van der Kwast e Claes Borgström. Não sei com quem ele falou, mas sei que me abriu muitas portas.

Penttinen não se mostrou hesitante quando lhe telefonei, apesar da sua grande desconfiança diante dos jornalistas que queriam falar sobre Thomas Quick. Ele deixou claro que jamais estaria disponível para uma entrevista — aliás, por princípio, nunca deu nenhuma entrevista —, mas enviou matérias que, segundo ele, eu devia ler, entre elas um artigo de sua própria autoria, intitulado "A visão do chefe dos investigadores sobre o enigma Thomas Quick", publicado na revista *Nordisk kriminalkrönika*, em 2004, no qual escreveu: "Para ilustrar o nível das provas que serviram de base para determinar as sentenças, a investigação sobre o assassinato de Therese Johannesen, em Drammen, pode constar como exemplo típico."

Até mesmo Kwast havia apresentado a investigação de Therese como aquela com as provas mais fortes contra Quick. E se Stigson, Penttinen e Kwast estavam de acordo, não havia mais qualquer dúvida sobre o caso, o que significava que eu deveria ir muito a fundo para pesquisar se existia ou não razão nas afirmações de que o caso Quick se tratava de um escândalo jurídico.

Thomas Quick contou coisas sobre suas vítimas que apenas o criminoso e a polícia podiam saber. Por vezes, chegou a contar dados que nem a polícia conhecia. Assim está escrito nas sentenças contra ele.

Em vários casos, era também inexplicável como ele sabia mesmo que certos assassinatos tinham sido cometidos. Era o caso, em especial, dos assassinatos cometidos na Noruega que, compreensivelmente, não eram considerados notícia importante na imprensa sueca. Como Quick podia estar no Hospital de Säter e contar detalhes dos assassinatos de Gry Storvik e Trine Jensen? Como podia indicar o caminho para os lugares afastados onde os corpos foram encontrados?

Achei que vários daqueles que duvidavam das lendas criadas por Thomas Quick tinham descartado, de maneira leviana, a questão de ele saber o que estava contando. Algumas das chamadas informações exclusivas de Quick podiam ser explicadas, enquanto outras permaneciam um mistério para mim, mesmo depois de eu ter pesquisado detalhadamente as investigações preliminares.

Quick relatara descrições de ferimentos nas vítimas, detalhes dos locais dos crimes e informações sobre as roupas e os pertences das vítimas que pareciam não ter sido sequer mencionados na mídia.

Como chegara ao conhecimento de Quick que uma menina de 9 anos, chamada Therese, havia desaparecido de Fjell em julho de 1988? Até mesmo o Tribunal de Hedemora achou a questão importante e tentou esclarecê-la.

Na sentença relativa ao caso Therese, o tribunal escreveu: "As informações sobre o acontecido que Thomas Quick poderia ter recebido através da mídia foram limitadas, segundo se provou." E Quick chegou a testemunhar sobre o assunto: "Ele não se lembra de ter lido nada sobre o acontecido antes da confissão." É o que está escrito na sentença.

O material das investigações do caso Thomas Quick somava mais de 50 mil páginas. Decidi, então, separar as partes que tratavam do caso Therese Johannesen ao longo de um determinado período de tempo.

Passei a ler todos os interrogatórios e documentos da época em que Quick começou a falar sobre o desaparecimento. Como ele e o pessoal da investigação foram parar na Noruega?

Na investigação da polícia, encontrei um relatório em que se mencionava o fato de Quick ter estado em contato com o jornalista norueguês Svein Arne Haavik. Thomas Quick, de início, não tinha nenhum interesse específico na Noruega, mas, em julho de 1995, Haavik escreveu uma carta para ele dizendo que trabalhava para o maior jornal da Noruega, *Verdens Gang*, que tinha acabado de publicar uma grande matéria sobre Thomas Quick. Por isso, Haavik pretendia agora fazer uma entrevista com o assassino em série. No relatório da polícia está escrito:

> Pouco tempo depois, Haavik recebeu um telefonema de Thomas Quick, em que este lhe pediu para mandar todos os recortes dos jornais noruegueses que falavam dele e de seus crimes.
>
> Haavik lhe mandou os jornais dos dias 6, 7 e 8 de julho de 1995.

A série de artigos começou no dia 6 de julho de 1995, com uma matéria de três páginas completas. Na primeira página, uma fotografia enorme de um Thomas Quick profético, olhando para a câmera. E uma manchete:

"Assassino sueco confessa: EU MATEI UM RAPAZ NA NORUEGA."

Na página par inteira, Thomas Quick posando de camiseta, jeans e sandálias *Birkenstock* com meias brancas. O repórter chama a atenção para o seu crime "cruel e animalesco" e revela uma novidade: "No maior sigilo, as polícias norueguesa e sueca estão investigando há vários meses pelo menos um crime contra um jovem na Noruega."

— Posso confirmar que uma parte da nossa investigação trata do caso de um rapaz norueguês de quem Quick confessou ter tirado a vida. No entanto, o problema está em encontrar sua identificação, mas nós já temos uma ideia de quem o rapaz possa ser — diz o promotor Christer van der Kwast, segundo o jornal *Verdens Gang*.

No dia seguinte, a série de artigos continua com Thomas Quick contando que o rapaz que ele matou na Noruega tinha "entre 12 e 13 anos e andava de bicicleta".

A série termina no dia 8 de julho, com um grande artigo sob a manchete: "Aqui desapareceu a possível vítima de Quick." Uma fotografia, ocupando metade da página, mostrava um campo de refugiados em Oslo. E, em uma fotografia menor, aparecem dois rapazes africanos.

> Foi deste campo de refugiados, já fechado, localizado na Skullerudsbakken, em Oslo, que, provavelmente, desapareceu sem deixar pistas o rapaz que o assassino em série Thomas Quick (45 anos) confessou ter matado.
> Em março de 1989, dois rapazes, entre 16 e 17 anos, em dias diferentes, desapareceram sem deixar pistas do campo de refugiados para menores, administrado pela Cruz Vermelha.

Portanto, a primeira vez que Quick mencionou a Noruega foi em conformidade com o assassinato de um rapaz. De onde veio essa informação?

Pesquisei o material mais antigo das investigações e achei que, em novembro de 1994, Quick fez referência, para Seppo Penttinen, sobre um menino com aproximadamente 12 anos, de "origem eslava", a quem chamou de "Dusjunka". Ele ligava esse rapaz a Lindesberg e a uma vila norueguesa que ele denominava "Mysen".

Penttinen escrevera para a polícia da Noruega, perguntando se eles tinham conhecimento de algum rapaz desaparecido cujas características coincidissem com as descritas por Quick. Não tinham, mas os colegas noruegueses enviaram informações a respeito de dois rapazes, de 16 e 17 anos, candidatos a asilo político, que desapareceram em Oslo.

Depois da reportagem no jornal *VG*, essa informação tornou-se uma profecia autoconvertida em verdade.

Após um longo período de insinuações, Quick confessou para Penttinen, em fevereiro de 1996, ter matado dois rapazes africanos em Oslo, em março de 1989. Penttinen começou a preparar, imediatamente, uma viagem à Noruega.

No interrogatório seguinte, pude ler como Thomas Quick negou ter lido qualquer coisa a respeito de crimes praticados na Noruega nos jornais, apesar de ter recebido, sem dúvida, toda a série de artigos publicados no *VG*. Ele garantiu também não ter visto nenhuma fotografia dos dois rapazes refugiados e desaparecidos.

Pude, então, constatar com absoluta segurança o seguinte: Quick tinha procurado, ativamente, receber informações a respeito de possíveis crimes acontecidos na Noruega. Ele usara essas informações no interrogatório. Depois, mentiu ao dizer que nunca tinha recebido informações sobre os crimes.

A série de reportagens que Thomas Quick recebeu da Noruega ofereceu a ele mais uma informação pertinente. Ao lado do artigo principal da reportagem, havia uma pequena notícia, quase insignificante, em que o *VG* especulava sobre a possibilidade de Quick estar envolvido no enigma criminal sobre o qual mais se escreveu na Noruega.

> Therese Johannesen, de 9 anos, desapareceu do bairro Fjell, da cidade de Drammen, em 3 de julho de 1988. Seu desaparecimento deu início à maior caçada humana na história da Noruega.
>
> Foi mais ou menos nessa altura que Quick disse ter estado em território norueguês e cometido o assassinato da menina.

Sem dúvida, a notícia não dava maiores detalhes sobre Therese, nem Fjell, mas continha certo número de informações decisivas: o nome completo da garota e a data do seu desaparecimento.

Essas informações foram usadas, certamente, por Quick em fins de julho de 1995. Não surpreende nem um pouco que ele, no primeiro interrogatório, tenha podido contar que a garota tinha 9 anos e que o seu desaparecimento tinha ocorrido em Fjell no verão de 1988.

Quanto aos detalhes não levantados na notícia do jornal *VG*, Quick se deu mal.

Assim como em grande parte das investigações por assassinato, a confissão de Quick em relação à morte de Therese Johannesen começou durante uma sessão de terapia. Haviam "decorrido muitos acontecimentos" para Birgitta Ståhle relatar, dissera ela. Quick tinha falado dispersivamente, e Ståhle desejou caracterizar a situação com uma palavra em inglês: *"twisted"*, anotou Penttinen.

Na quarta-feira, 20 de março de 1996, viria à tona toda a história, segundo se acreditava. Birgitta Ståhle e Thomas Quick entraram às 9h no salão de música de Säter, onde Seppo Penttinen e a detetive criminalista Anna Wikström já esperavam, sentados em belas poltronas vermelho-escuras.

Penttinen pediu a Quick que descrevesse o bairro de Fjell.

— Posso ver as construções — disse Quick. — Nada de prédios, e sim casas de família.

O nome do lugar, Fjell, talvez tenha levado Quick a fazer associações erradas. Ele o descreveu como uma vila do interior, idílica, pouco povoada, com pequenas residências familiares. Eventualmente, até a palavra norueguesa para bairro, *bydel*, o tenha levado a confessar uma imagem campestre. Chegou a dizer que chegara lá por uma estrada de terra batida.

— É um lugar muito pequeno — insistiu Quick no interrogatório.

Na realidade, Fjell era uma típica selva de pedra e concreto erguida na década de 1970, com altos edifícios de muitos andares, viadutos, um shopping center e 5 mil habitantes vivendo em uma área limitada.

Quick fala com uma voz cada vez mais baixa e, por fim, sussurra:

— Assim fica muito difícil!

Se Penttinen, na ocasião do interrogatório, já tinha conhecimento ou não de que a descrição de Quick não condizia com a realidade, esse foi um detalhe que ele escondeu muito bem. Na oportunidade, porém, ele continuou com suas perguntas:

> PENTTINEN: — Você sabe a que horas do dia, mais ou menos, isso aconteceu?
> TQ: — Deve ter sido, mais ou menos, às 12 horas.
> PENTTINEN: — O que significa 12 horas para você?
> TQ: — O meio do dia.

PENTTINEN: — Você se lembra de como estava o tempo nesse dia?
TQ: — Fazia um tempo relativamente bom, com nuvens bem altas. Era verão...

Therese desapareceu às 8h20 da noite. E a afirmação de Quick a respeito do tempo bom, de um dia de verão, correspondia muito mal à realidade do fato. Na hora do desaparecimento de Therese, a região de Fjell fora atingida pela pior tempestade dos últimos dez anos.

Após o interrogatório, Seppo Penttinen resumiu assim as informações dadas por Thomas Quick a respeito do aspecto físico de Therese e de suas roupas:

> Pelo que ele diz, ela tem cabelos claros que descem até os ombros, cabelos que esvoaçam quando ela corre. Usa calças e, possivelmente, uma jaqueta. Mais tarde, ele diz no interrogatório que existe alguma coisa na roupa dela que é rosa e que ele se lembra de uma espécie de pulôver com botões. A sua calcinha tem um desenho. Ela usa um relógio de pulso. Quick associa a imagem do relógio a uma correia estreita de fecho simples e que existe uma sensação de cor verde-clara ou de rosa em volta do relógio.

Incontestavelmente, todas as informações a respeito das roupas que Therese vestia estavam erradas. Pode-se dizer que Quick apostou na loteria e errou todos os números, como certos críticos salientaram.

Na investigação inicial da polícia, após o desaparecimento de Therese, deu-se especial atenção a todos os detalhes do seu aspecto físico e às roupas que usava no momento. Tudo foi muito bem descrito. Existe também a última fotografia dela, junto ao processo.

A garota na foto em cores está diante de uma parede de tijolos aparentes e olha direta e candidamente para a câmera. Os cabelos são negros, da cor de carvão, a pele é morena, e os olhos, castanho-escuros. Um sorriso de felicidade abre um buraco onde se nota a falta de dois dentes na frente e dá forma de arcos estreitos aos seus olhos pequenos.

Quick chegou a falar dos dentes da frente de Therese, dizendo que eram grandes. Talvez esses dentes tenham crescido desde que a fotografia foi tirada, não?

Telefonei para Inger-Lise Johannesen, a mãe de Therese, que me contou o seguinte: os dentes ainda não tinham nascido.

A versão loura de Therese dada por Thomas Quick era, simplesmente, o estereótipo da criança norueguesa, isto é, ele apostou e teve uma boa chance de acertar, do ponto de vista estatístico. Enfim, estava tudo errado, a não ser pelas informações que Thomas Quick colheu da pequena notícia que leu no VG.

Beco sem saída

No fim da tarde de 23 de abril de 1996, saiu um pequeno comboio de carros da polícia sueca via cidade de Örebro e Lindesberg, pela estrada E18, até entrar na pequena cidade de Ørje, já na estrada norueguesa Svenskvejen, na direção de Oslo. Em uma van branca estava sentado Thomas Quick, no assento intermediário, ao lado de Seppo Penttinen.

A intenção da viagem era Quick mostrar os locais onde teria assassinado os dois rapazes africanos e a menina Therese Johannesen, na Noruega.

Os dados que Quick havia informado correspondiam, exatamente, aos dos dois rapazes que tinham desaparecido do asilo da Cruz Vermelha, localizado a um dos extremos da capital norueguesa.

Durante a viagem para a Noruega, Quick indicou o caminho para o asilo. E antes da viagem já indicara ser o asilo uma construção em madeira — que até desenhou —, modelo antigo, muito original, com vários detalhes únicos no seu gênero.

À chegada, verificou-se que o casarão correspondia, exatamente, ao desenho que ele fizera.

Quick indicou, também, o caminho para a pequena cidade chamada Mysen, onde um dos rapazes teria sido assassinado. Os corpos dos rapazes foram levados, depois, por Quick, para a Suécia, canibalizados por ele, e os restos enterrados em Lindesberg.

O detetive criminalista Ture Nässén me contou que Thomas Quick e os investigadores da polícia seguiram posteriormente para um campo de futebol em Lindesberg. No local indicado por Quick, os técnicos da polícia fizeram um buraco enorme e levaram para lá o cão farejador Zampo. Apesar de tudo, não foram encontrados restos de corpos humanos. Foi então que Quick dissera ter se enganado, e que o pessoal devia procurar em outro campo de futebol, na cidade próxima de Guldsmedshyttan. Novas escavações, com a ajuda de Zampo. E nada.

Enquanto se faziam, a toque de caixa, as escavações em Guldsmedshyttan, aconteceu algo inesperado. O inspetor Ture Nässén recebeu a informação de que as duas vítimas, cujos corpos a polícia procurava, estavam vivas. Ambos os rapazes tinham ido para a Suécia, onde um deles permaneceu. O outro vivia no Canadá.

Dois dos crimes cometidos por Thomas Quick na Noruega, de repente, não existiam mais, mas a investigação em relação à terceira vítima continuou, cada vez com maior intensidade. E depois de dois anos de uma série de investigações e 21 interrogatórios a respeito de Therese Johannesen, em que Quick mudou suas versões vezes incontáveis, julgaram-se os seus conhecimentos sobre o crime tão exclusivos que o Tribunal de Hedemora o considerou culpado.

Com os meus conhecimentos sobre a psicologia das testemunhas e depois da descoberta dos esforços feitos pelo jornalista Svein Arne Haavik, cheguei à conclusão de que as indicações não tinham muita valia. No momento, faltava considerar outra prova: a indicação do local na floresta de Örje onde encontrar pedaços de ossos...

Eu precisava viajar para Drammen. Resolvi antes telefonar para o investigador da polícia Håkon Grøttland e convidei a mim mesmo.

— Seja bem-vindo — confirmou ele.

A caminho da floresta de Ørje

Em setembro de 2008, o fotógrafo Lars Granstrand e eu atravessamos a fronteira no mesmo lugar em que os investigadores de Quick passaram na sua viagem para a Noruega, doze anos antes.

Em Drammen, na delegacia local, encontramos Håkon Grøttland, que participou de todas as caminhadas com Quick na Noruega.

— Ele não é como nós. Ele não é racional, nem pensa logicamente, — disse Grøttland.

Ele explicou quais foram as dificuldades especiais que os investigadores enfrentaram no seu trabalho com Thomas Quick.

— Quick dizia "sim" e negava com a cabeça ao mesmo tempo! E dizia "esquerda" quando apontava para a direita. Não é a coisa mais fácil do mundo interpretar Thomas Quick.

Grøttland reclamou e disse que não conseguiu entender Quick nem um pouco, mas que Seppo Penttinen e Birgitta Ståhle entenderam o que Quick queria dizer.

Håkon Grøttland também acompanhou a investigação do caso Therese Johannesen desde o início, em julho de 1988. Depois, ingressou no grupo policial norueguês que investigou Thomas Quick e ficou, efetivamente, convencido de que Quick matara Therese.

— O que foi que o convenceu? — perguntei.

— Imagine você a seguinte situação: Quick está em um hospital psiquiátrico na Suécia e confessa detalhes sobre Therese, sobre Fjell e a floresta de Ørje. Depois, viajamos para averiguar o que ele disse e chegamos à conclusão de que o que foi relatado corresponde à realidade.

Tive de concordar ser difícil chegar a outra conclusão a não ser a de que Quick, de fato, era culpado.

Grøttland levou-nos a Fjell, onde Therese morava com a mãe. Passamos pelo centro de Fjell e pela loja de vídeos aonde Therese foi para comprar balas por 16 coroas e cinquenta centavos, dinheiro que tinha no bolso. Grøttland estacionou o carro e nos mostrou um grande tapete de grama onde estava localizado um edifício altíssimo apontado para o céu, na rua Lauritz Hervigsvei 74. Grøttland indicou o sétimo andar:

— Era lá que ela morava. E aqui estava Quick quando Therese veio de lá, caminhando — disse Grøttland, apontando para uma descida que levava para a rua por onde tínhamos acabado de passar. — Foi aqui que ele a recolheu.

Contei todos os oito andares do prédio. Havia 35 janelas por andar.

Thomas Quick teria levado Therese diante de 280 janelas enormes e diante dos olhos da mãe, que contou estar na varanda procurando pela filha o tempo todo.

— Meu Deus, é como sequestrar uma menina diante de um auditório cheio de gente, de um estádio de futebol como o Råsunda — sussurrou o meu fotógrafo no meu ouvido.

Thomas Quick nunca chegou a ser visto nos locais relacionados a nenhum dos seus quase trinta assassinatos confessados. Nunca deixou nenhuma pista. Portanto, conclui-se que ele sempre agiu com o máximo cuidado.

Na investigação do caso Therese, como já mencionado, foram ouvidas pela polícia 1.721 pessoas, mas nenhuma delas viu qualquer coisa que pudesse ser relacionada a Quick. Tampouco qualquer uma das 4.645 denúncias recebidas. Olhei para cima, para a varanda onde Therese morava, e constatei que, com toda a certeza, tudo devia ter acontecido como se fosse diante de um palco.

— Em seguida, ele bateu a cabeça dela contra uma pedra, foi buscar o carro e carregou o corpo para dentro da mala — explicou Grøttland.

— Correu um risco muito grande — constatei.

— Sem dúvida, concordo — respondeu o delegado.

No dia seguinte, me encontrei com um colega de Grøttland, Ole Thomas Bjerknes, que também participara das investigações sobre Thomas Quick. Ele me mostrou a Igreja de Hærland, onde Quick dissera ter matado Therese. Depois, fomos até a floresta de Ørje e avançamos vários quilômetros por uma estrada de terra batida, muito irregular, antes de chegar ao local onde Quick afirmara ter se desfeito do corpo de Therese.

Bjerknes dava aulas na escola da polícia norueguesa. Naquele mesmo dia, tinha apresentado para os alunos o caso de Quick e, por isso, estavam com ele três vídeos com material ainda bruto das caminhadas feitas com

Quick na Noruega. Tentei não me mostrar muito interessado, quando lhe perguntei se haveria alguma possibilidade de ver as imagens colhidas.

Para minha surpresa, ele me estendeu as três fitas VHS, que prometi devolver antes de deixar a Noruega.

Na mesma noite, procurei em Drammen uma produtora de televisão, onde consegui alugar o equipamento necessário para copiar as fitas. Comecei às 20h, no meu quarto de hotel. Havia cerca de dez horas de filmagens e, a cada três horas, eu era obrigado a trocar a fita da máquina para a qual copiava as imagens.

As gravações mais interessantes foram feitas com a câmera dirigida para Thomas Quick dentro do carro, enquanto outra câmera filmava o caminho através do para-brisa. No filme, via-se Quick e, por vezes, relances de Penttinen, sentado ao seu lado direito, enquanto, ao mesmo tempo, o caminho era mostrado em formato menor no canto esquerdo.

Os olhos de Quick rolavam nas órbitas. Por vezes, se fechavam, outras vezes, se fixavam em frente, com uma expressão de loucura. Ver aquelas imagens era extremamente desnorteante e desagradável. Aquele Thomas Quick que aparecia nas gravações era uma pessoa completamente diferente daquela que eu encontrara no Hospital de Säter, uma semana antes. Fiquei pensando o que poderia ter acontecido para que se efetivasse tal mudança de personalidade. Até mesmo sua maneira de falar era diferente.

Para me manter acordado a noite inteira, me obriguei a ver o filme enquanto o copiava. Muitas vezes, não acontecia nada, era muito entediante. Chegava a se passar meia hora sem que ninguém soltasse uma única palavra. Outras vezes, em longas sequências, o cameraman deixava a filmadora ligada em cima do assento. Mas, como eu estava copiando, tinha de copiar tudo. E, para isso, tinha de me beliscar para continuar acordado.

Já passava da meia-noite, segundo o relógio do meu quarto, quando passei a copiar uma nova fita.

As imagens eram de outra câmera, do carro que vinha atrás da van em que estava Quick.

Quick pedira para a van parar, mas a câmera continuou ligada. Na gravação, ouve-se a voz do enfermeiro entrando na van, para oferecer medicação a Quick.

ENFERMEIRO: — Você quer um Xanor?
TQ: — Huuum...
ENFERMEIRO: — Consegue tomar sem água?
TQ: — Tenho... Coca-Cola...

Na gravação, Thomas Quick fala com a voz arrastada, como se tivesse dificuldade em formar as palavras.

ENFERMEIRO: — Coloque na boca... Chega um comprimido?... Não será melhor tomar logo dois de uma vez?
TQ: — Sim, talvez...

A resposta de Thomas Quick é qualquer coisa entre fala e choro, a expressão sonora de uma pessoa que está se sentindo muitíssimo mal.

Escuto o momento em que Thomas Quick toma um segundo comprimido, e a viagem continua.

O remédio Xanor é classificado como narcótico do tipo benzodiazepina, muito conhecido como tranquilizante, causador de dependência e com efeitos colaterais muito graves.

Pelo que vi, fiquei convencido de que Thomas Quick estava tão drogado quanto parecia. Lembrei-me também do que me dissera Göran Källberg. Teria sido isso a que ele se referia, que Quick tomava medicamentos muito fortes, a ponto de haver todos os motivos para duvidar das suas confissões? Mas continuei vendo o material, cada vez com mais interesse. O cansaço tinha desaparecido.

Troquei mais uma vez a fita. Thomas Quick continuava sentado no primeiro carro de um cortejo de quatro ou cinco, a caminho das florestas de Ørje. Está guiando uma procissão composta por um promotor, um delegado-chefe, um advogado, uma psicoterapeuta, um perito em memória, motoristas, enfermeiros e vários policiais noruegueses e suecos. Quick tinha como obrigação mostrar o caminho para uma cova de areia onde o corpo de Therese Johannesen teria sido enterrado. A cova de areia estaria localizada na floresta de Ørje — ele sabe o caminho.

O cortejo segue agora para Leste pela estrada E18, na direção da Suécia, e Quick reclama de que, a toda a hora, surgem novas casas de habitação. Diz que isso o preocupava, também, na hora de matar Therese. Por fim, a situação começa a ficar crítica. As placas da estrada já começam a anunciar a aproximação da fronteira da Suécia, e Quick havia assegurado que o corpo de Therese fora enterrado na Noruega.

> TQ: — [...] estamos já perto da fronteira e eu tenho que achar um caminho antes...
> PENTTINEN: — Antes de chegar à fronteira?
> TQ: — Sim.
> PENTTINEN: — É verdade, justamente como você afirmou antes.
> TQ: — Sim.
> PENTTINEN: — Você está reconhecendo o local, Thomas?
> TQ: — Sim.

Aquilo que Quick diz estar reconhecendo é a Igreja de Klund. Depois de discutir um bocado, eles decidem virar à direita, onde há uma porteira. Quick diz que ela já estava lá antes, mas que "não foi problema passar por ela".

Seppo Penttinen ainda duvida um pouco de que esse seja o caminho certo e pergunta se realmente existe um local como aquele que foi descrito.

> TQ: — Deve ser uma superfície plana de... desta espécie e, depois, deve haver algo que, alguma vez antes, teve a forma de... Eu tenho tido muita dificuldade em descrever isso, durante o interrogatório também... Uma superfície de areia ou de terra ou...
> PENTTINEN: — Pelo que entendemos, seria algum tipo de areia, não?
> TQ: — Sim.

O cortejo de carros entrou por uma estrada de terra batida no coração da floresta, uma estrada que surpreendeu por ser muito longa. Os carros seguem de um lado para o outro, durante quilômetros e quilômetros. Já naquela altura ficava claro que era impensável que a estrada feita para caminhões pesados no transporte de troncos de árvores pudesse levar a um campo de areia.

Quick dissera que a igreja era uma marca que definia o quanto ainda teriam de percorrer até chegar ao destino, mas, naquele momento, a igreja já tinha ficado para trás e desaparecido havia muito tempo.

> TQ: — Hum... Acho que já avançamos demais, em comparação com a imagem que tenho na memória da distância que andamos.
> PENTTINEN: — Já avançamos demais ou não?
> TQ: — Não sei.

Quick diz que existia um "ponto de referência" ao longo do caminho, portanto era o caso de irem em frente. Notei que a imagem mostrava um Quick gravemente alucinado, mal pronunciando as palavras com correção. Diz que é muito chato andar de carro. Momentos depois, começa a gesticular com os braços.

> PENTTINEN: — Você está bracejando. O que quer dizer com isso?
> TQ: — Não sei.
> PENTTINEN: — Devemos continuar?
> TQ: — Sim, continuemos. A raposa tem que ser vermelha.
> PENTTINEN: — Não estou escutando o que você diz.
> TQ: — A raposa tem que ser morta.
> PENTTINEN: — Folhas?
> TQ: — O rapaz judeu.
> PENTTINEN: — O rapaz judeu tem que ser morto?

Thomas Quick parece perdido em uma neblina total, e Penttinen está preocupado.

> PENTTINEN: — Como é? Você está aqui comigo?
> TQ: — Hum...

Mas Thomas Quick não está ali. Mentalmente, está em outro lugar qualquer.

> Penttinen insiste: — Você está aqui, Thomas?

Quick, como resposta, volta a ficar nos seus huns, huns...

> Penttinen: — Agora, estamos chegando a uma bifurcação. Você tem que decidir qual é o caminho a seguir, Thomas. Devemos ir para a direita. Você está acenando para a direita, é isso?

Os carros viram à direita.

> Penttinen: — Aqui existe um desvio à esquerda.
> TQ: — Vamos mais um pedaço em frente.
> Penttinen: — Devemos continuar?
> TQ: — Hum...
> Penttinen: — Em frente.
> TQ: — Podemos ir até você encontrar... Então, podemos...
> Penttinen: — Voltar?
> TQ: — Hum...

A voz embaçada de Thomas Quick passou a emitir apenas os seus huns e logo a seguir ele fecha os olhos.

> Penttinen: — Você está de olhos fechados. O que há com você?
> TQ: — Pare um pouco. Ali em frente.

A caravana para. Quick fica sentado, de olhos fechados, em silêncio. O lugar em que os carros pararam não condiz em nada com aquele que Quick descrevera antes. Não existe nenhuma área plana, muito menos com chão de areia ou cascalho. A van estacionou no meio de uma longa subida, no interior da floresta norueguesa, em um terreno muito ondulado.

Quick lança a vista para uma colina, decide subir, e é seguido por Seppo Penttinen, Birgitta Ståhle, Claes Borgström e a detetive criminalista Anna Wikström.

> PENTTINEN: — Podemos ir a pé até onde Therese está?
> TQ: — Sim.

Quick está tão abalado que mal se sustém nas pernas. Ståhle e Penttinen têm de apoiá-lo, um de cada lado, segurando seus braços. É visível que não é a primeira vez que fazem isso.

Juntos, chegam ao cimo da colina onde todos se agrupam e ficam em silêncio. É Penttinen quem acaba por falar.

> PENTTINEN: — Você está olhando para a estrada lá embaixo, perto da curva. Você faz um aceno com a cabeça. Existe algo de especial lá em baixo? Tente descrever como é.
> TQ, SEM DECISÃO NA VOZ, QUASE SUSSURRANDO: — A curva conduz... à escada...
> PENTTINEN: — Você está dizendo o quê? O que a curva faz?
> TQ: — Conduz à escada.

É difícil conseguir alguma coisa que faça sentido da boca de Thomas Quick, que cada vez parece mais drogado.

> PENTTINEN: — Daqui, você está vendo o local?

Quick fica quieto, sem mexer. Fecha os olhos.

> PENTTINEN: — Você acena com a cabeça, mas fecha os olhos ao mesmo tempo.

Quick abre os olhos e vê alguma coisa lá em baixo, do outro lado da colina. Todos concordam que deve ser uma rocha.

— Vamos tentar descer até aquele pinheiro — sugere Quick por fim.

Todos descem até um pinheirinho e, ao chegar lá, param e ficam novamente em silêncio. Quick sussurra qualquer coisa que ninguém consegue ouvir, mas recebe ajuda para acender um cigarro.

— A curva está para lá? — pergunta ele, apontando com o braço.

— É para lá, sim — confirma Birgitta Ståhle.

— Vou lá dar uma olhada — diz Quick, começando a dirigir-se na direção antes indicada.

O chão está coberto de galhos velhos e pinhas e fica difícil avançar. Quick começa a bater com os pés no chão e a gesticular, sendo logo contido por Penttinen, mas, de repente, Quick entra em transe e grita:

— Maldito! Porco maldito! Raios te partam! Satanás!

Quick volta a bater com os pés no chão e a gesticular, bastante agitado, mas logo é dominado. Acaba desaparecendo sob um monte de policiais e enfermeiros. Seppo Penttinen vira para a câmera como se quisesse ter certeza de que o acontecido ficasse bem documentado. Nota-se um ar de triunfo na expressão de Penttinen quando ele olha direto na câmera que filmava o momento dramático.

Alguém avisou Christer van der Kwast dos acontecimentos dramáticos que estavam ocorrendo ali, na floresta norueguesa. Ele é visto se aproximando, correndo, apanhado pela câmera, de terno preto, luzidio. Quick está deitado no chão, ofegante.

Todos os presentes sabem que Quick passou por uma transformação, que adotou mais uma das várias personalidades que abriga. No momento, é uma figura a que ele e a sua psicoterapeuta chamam de Ellington — é a figura maldita do pai, do assassino — que assume a psique e o corpo de Quick.

— Thomas — diz Penttinen, querendo chamá-lo à realidade, mas Quick continua em transe.

Birgitta Ståhle faz uma tentativa para entrar em contato com o seu paciente.

— Sture! Sture! Sture! Sture! Sture! — chama ela.

Mas Quick continua a ser Ellington e a ressonar alto.

— Fora, fora para sempre — diz ele, em um tom de voz baixo, quase indistinto. — Fora para sempre!

Volta a ressonar.

— E o povo vai poder pisar nessa puta de merda! — ruge ele.

Ståhle faz uma nova tentativa para estabelecer contato com o seu paciente, que começa a ficar um pouco mais tranquilo.

Quick é ajudado na hora de se levantar, e todo o grupo se movimenta, lentamente, em silêncio, subindo a colina onde Quick se senta no chão, de costas viradas para a câmera.

Penttinen, Ståhle e Anna Wikström fazem-lhe companhia. Ficam sentados um bom tempo, em silêncio.

— Conta agora — pede Penttinen.

— Espere um pouco — reage Quick, irritado. — Preciso...

— O que você tem para nos contar? — pergunta Birgitta.

— Não, não! Não me incomode!

Quick ainda não está pronto para voltar a falar. Ninguém lhe perguntou a respeito da área de areia e cascalho que ele prometera indicar. Ou o que ele queria dizer ao mencionar que Therese devia estar em uma "área aplanada".

Quick começa a sussurrar, mal se ouve, dizendo que Therese "já tinha ido embora para sempre quando eu a deixei". Os rapazes tinham sido encontrados, mas ela, não. Já fora embora para sempre. O corpo de Therese está em uma área entre os pinheiros e o alto da colina, diz ele.

— Isso não é suficiente, Thomas — diz Penttinen. — É uma área grande demais.

A situação parece não ter saída. Quick não conseguiu apontar qualquer corpo, qualquer área de areia, qualquer superfície aplanada. E Penttinen não aceita a informação vaga de que Therese está em algum lugar na floresta. Ele exige mais.

Quick pede para falar em particular com o advogado Claes Borgström. A câmera é desligada. Quick e Borgström se afastam.

Quinze minutos mais tarde, a câmera volta a ser ligada. E Quick, desarticuladamente e com a expressão de quem pede desculpa, fala de "um rapaz atropelado por um caminhão carregado de terra". E diz que esteve no alto de uma colina e viu uma pequena lagoa no meio da floresta, com "algumas rochas". E acrescenta: "É perto desse lugar que está escondida a menina esquartejada."

Quick quer marcar com estacas um triângulo na floresta no qual o corpo de Therese poderá ser encontrado. Todos juntos marcam então o triângulo cuja base é formada por uma linha que vai de um abeto "até quase à margem da lagoa". Dessa base, a ponta do triângulo sobe até "dois terços da colina".

Assim que o grupo termina a demorada marcação do local, todos começam a descer em direção à lagoa. Penttinen explica por que precisa segurar Quick "se referindo ao que aconteceu antes".

Quick resmunga qualquer coisa como resposta.

— Você sente dificuldade em olhar para a lagoa, Thomas? — pergunta Penttinen.

Quick resmunga novamente.

— Fale de maneira que a gente entenda — insiste Penttinen.

Acabaram de chegar à margem da lagoa.

— Agora, junto da lagoa, você sente algum tipo de reação? — diz Penttinen. — Você sente que reconhece de alguma maneira o lugar? Sim, você acena que sim. O que significa esse gesto?

— Quero ir um pouco mais além, depois da lagoa — diz Quick. — Será que posso pedir um pouco de ajuda?

Quick está agora tão drogado que chega a ter dificuldade em andar. Nota-se que deve ter tomado mais algum tranquilizante.

— Eu não consigo levantá-lo. Você tem que entender isso — diz Penttinen.

Mas Quick parece entender, agora, muito pouco. Aquilo que ele diz é impossível de compreender. Mesmo com apoio e ajuda, ele tem muita dificuldade em se levantar e andar.

— Vamos esperar, Thomas, não temos pressa. Vamos em frente, até onde você puder chegar.

— Posso ver a lagoa? — pergunta Quick.

— Claro, mas você está de olhos fechados! — diz Penttinen. — Tente abrir os olhos. Nós estamos aqui ao lado.

Quick pergunta se é Gun que está ali. Gun é a irmã gêmea de Sture, que ele já não vê há anos.

Anna Wikström explica que ela não é Gun.

— Quem está aqui é Anna — diz ela.

Quick continua de olhos fechados.

— Tenho que ver a lagoa — diz ele.

— Nós estamos aqui — diz Penttinen.

— Tente abrir os olhos — incita Anna Wikström.

— Estou olhando — diz Quick.

— Por que você reage desse jeito? — pergunta Penttinen.

— Por causa daquelas rochas ali...

Mais uma vez, faltam as palavras na boca de Quick. Dali a pouco, ele pede para falar com Birgitta Ståhle, sem câmera e sem microfone. Quando a câmera de vídeo volta a funcionar, após vinte minutos de interrupção, Quick conta uma nova história. E diz que não aceita perguntas a respeito da nova revelação.

Penttinen parece tomado pela seriedade do momento, mas também um pouco preocupado pelo fato de Quick, em uma hora, ter dado várias versões do que aconteceu com Therese. Ele sabe que é parte da atitude normal de Quick fazer "desvios conscientes" a respeito de assuntos que são psicologicamente difíceis de abordar. No momento, ele quer se assegurar de que a versão a escutar seja a verdadeira história do caso.

— Antes de Claes falar, quero pedir uma elucidação — diz Penttinen.

Ao mesmo tempo, ele se dirige a Quick e fala confidencialmente com ele.

— Esses dois lugares que filmamos, e que você indicou sem vacilar, são para você 100% os corretos? Sem variações em termos de desvios futuros?

Quick fala com dificuldade, mas assegura que, desta vez, ele está dizendo a verdade:

— Os desvios consistem em parte, nesta história, do tipo...

No momento, é como se as baterias da câmera tivessem descarregado e provocado a ausência do final da frase.

— Tipo de solo? — interfere Penttinen.

— Sim, isso mesmo — diz Quick.

Assim que Quick deixa o local, é chegada a hora de Claes Borgström fazer uma declaração diante da câmera, tendo a lagoa como pano de fundo.

— O que aconteceu foi, portanto, o seguinte: neste ponto um, com a forma de uma forquilha, o corpo de Therese foi massacrado. Isso faz com que não se encontrem partes inteiras do corpo. Não existem grandes pedaços de ossos. Depois do esquartejamento, ele trouxe as partes do corpo, descendo, para aqui, nesta área rebaixada. E, depois, finalmente, nadou para o meio da lagoa e soltou todos os pedaços, indo e voltando. Umas partes do corpo foram parar no fundo da lagoa. Outras ficaram flutuando em diversas direções. Portanto, existe um ponto três na história que ele conta, que é a lagoa.

Isso foi tudo o que Claes Borgström tinha a informar sobre o seu cliente. A reconstituição na floresta de Ørje tinha terminado e a última fita de vídeo, também.

A guerra das formiguinhas surgiu no visor da televisão do hotel e eu me senti quase tão arrasado quanto Thomas Quick, quando me olhei no espelho à luz fraca do amanhecer, no meu quarto no First Hotel Ambassadeur, em Drammen. Fazer as cópias das fitas tinha demorado quase doze horas e o relógio já marcava 8h da manhã. Eu havia estado enfeitiçado por tudo o que vira nos filmes: uma extensa delegação de funcionários estatais da Suécia que se deixou liderar por um paciente psicótico totalmente drogado que, literalmente, não sabia nem mesmo onde se encontrava. Como eles deixaram de entender isso? Não, pensei eu. De fato, isso não devia ser possível. Seria possível eles acreditarem que Quick sabia onde Therese estava? Apesar de ele ter falado a respeito de uma área de areia e, na sua falta, de uma área junto de um pinheiro. Depois, ainda, dentro de uma área triangular. E, finalmente, a história do esquartejamento e dos pedaços lançados e afundados na lagoa.

Era difícil aceitar que esses representantes, altamente instruídos e formados em várias linhas do saber acadêmico, não pudessem ter entendido as cenas do teatro montado por Quick. Com falsa ou pura ingenuidade, todos aceitaram as informações de Quick com toda a seriedade e decidiram que a lagoa deveria ser esvaziada.

Muitos policiais, vindos de vários distritos da Noruega, ficaram, durante sete semanas, trabalhando no local, com a ajuda ainda da defesa civil e de peritos diversos. Primeiro, escavaram a terra na área indicada por Quick e, depois, peneiraram todo o material manualmente, deixando que os cães farejadores de cadáveres, assim como os arqueólogos, fizessem também o seu trabalho. Depois de todo esse serviço, que parecia não ter fim, e sem resultados positivos, passou-se a uma tarefa ainda mais espinhosa, a de esvaziar a lagoa. Foram bombeados e filtrados 35 milhões de litros de água. Os sedimentos do fundo da lagoa também foram filtrados, até um nível calculado em 10 mil anos de sedimentos acumulados. Não tendo achado nada, foi feita uma segunda filtragem de tudo, mas de novo nada foi encontrado, nem um mínimo fragmento de Therese.

A operação realizada, extremamente custosa, serviu para se chegar à conclusão inevitável de que aquilo que Quick contara não era verdade.

A falta dos restos mortais de Therese, depois de esvaziada a lagoa, exigia uma explicação de Quick. E assim, novamente, ele mudou a história e disse que tinha escondido o corpo da vítima em outra área arenosa.

Enquanto os noruegueses continuavam a procurar em terras e florestas, Quick respondia a novos interrogatórios feitos por Seppo Penttinen. E assim as pesquisas continuaram na floresta de Ørje até que — finalmente! — os técnicos encontraram restos de ossos queimados entre as cinzas de uma fogueira.

Um dos que examinaram esses restos foi o professor norueguês Per Holck que, em pouco tempo, chegou à conclusão de que alguns dos pedaços de ossos pertenciam a um ser humano com idade entre 5 e 15 anos.

Quem poderia objetar contra um professor da faculdade de anatomia da Universidade de Oslo, que dissera ter encontrado pedaços do corpo de uma criança em um lugar apontado por Quick como sendo aquele em que ele queimou uma menina de nove anos? Mas mesmo assim...

A história era estranha *demais* para que eu pudesse acreditar nela.

Era minha intenção analisar o pronunciamento do promotor relativo ao caso de Therese Johannesen, considerado o mais forte, e tentar chegar depois a uma conclusão a respeito da minha própria posição sobre o caso. Por aquilo que eu vira, fiquei deveras convencido de que não havia sido Quick quem matara Therese. Era uma situação preocupante e também muitíssimo pouco prática. Ficava cada vez mais difícil falar com as diversas partes envolvidas no caso.

Além disso, eu tinha descoberto uma coisa que ninguém parecia ter tido conhecimento: aquele Sture Bergwall que eu encontrara em Säter não tinha nada a ver com o paciente psicótico, drogado, que, usando o nome de Thomas Quick, ficou andando nas florestas norueguesas e falando quase indistintamente sobre a maneira como matara, esquartejara, profanara e comera a sua vítima. Descobri também a explicação razoável para esse comportamento de Quick: a de que ele fora forçado a tomar grandes quantidades de um medicamento classificado como narcótico.

Considerando todas essas minhas reflexões, cheguei à conclusão de que deveria me conter. Pelos meus conhecimentos e conclusões, por enquanto, eu só poderia falar em hipóteses. Muitas questões ainda estavam por esclarecer. Pensava, sobretudo, nos pedaços de ossos de uma criança, encontrados na floresta de Ørje, justamente no lugar em que Quick dissera ter acendido uma fogueira para queimar os restos mortais de Therese.

Mas foi com grandes dúvidas na cabeça que voltei para a Suécia, bastante convencido de que, a partir de então, já havia selado a minha participação no grupo dos céticos.

Logo à minha chegada, telefonei para Sture Bergwall, que estava muito curioso em saber como tinha corrido o meu trabalho. Contei-lhe toda a minha viagem a Fjell e à floresta de Ørje e como haviam sido os meus encontros com os policiais noruegueses.

— Quanto trabalho você teve! Você esteve na Noruega e em Ørje?

Sture ficou muito bem-impressionado com o meu trabalho realizado, mas pareceu ainda mais interessado em saber as minhas conclusões.

— O que você acha de tudo isso? — perguntou.

— Para ser sincero, devo dizer que a viagem à Noruega e aquilo que vi lá me deixaram bem pensativo.

— Sendo assim, quero que você me conte quais são os seus pensamentos da próxima vez que vier aqui — disse Sture.

Logo me amaldiçoei por ter batido com a língua nos dentes, o que, provavelmente, significaria que a minha próxima visita seria a última. Decidimos que eu voltaria a Säter dali a uma semana, no dia 17 de setembro de 2008.

Mas eu tinha de ser sincero. Se ele, depois, decidisse me colocar da porta para fora, paciência.

Hospital de Säter, quarta-feira, 17 de setembro de 2008

Quando nos encontramos pela terceira vez na sala de visitas do Hospital de Säter, Sture Bergwall falou:

— Agora, quero ouvir o que você pensa realmente de tudo isso.

Era uma pergunta bem desagradável.

Quick tinha dito que optara pelo *time-out*, ou seja, por ficar calado, pelo fato de muitas pessoas desconfiarem das suas confissões. O que aconteceria se eu também as questionasse?

Tentei dourar da melhor maneira a pílula amarga com uma dose extra de humildade.

— Eu não estava lá no momento dos crimes, nem estava lá durante os julgamentos. Eu não posso saber onde está a verdade. A única coisa que posso fazer é trabalhar com hipóteses.

Olhei para Sture e vi que ele seguira o meu raciocínio e aceitara as minhas premissas.

— Quando estive na Noruega, tive a oportunidade de estudar todas as gravações em vídeo de todas as reconstituições em que você participou. Vou descrever o que vi: você tomou um preparado narcótico que provoca dependência, um preparado muito forte, Xanor, em grandes quantidades. Durante as reconstituições, você parecia muitíssimo transtornado. E, quando chegou a Ørje e devia apontar o local onde Therese estava enterrada, você parecia não ter a menor ideia do que fazer.

Naquele momento, Sture estava muito atento, muito concentrado, mas a expressão não revelava em nada a maneira como havia recebido o que eu dissera.

— Você não conseguia indicar para a polícia o caminho para a área de areia e cascalho, como tinha prometido — continuei. — Você também não conseguia mostrar para eles onde estava o corpo de Therese. Você se comportou de uma maneira como se nunca tivesse estado antes naquele local.

Olhei para Sture e encolhi os ombros, em um gesto de insegurança.

— Ainda não sei como devo considerar a situação. Mas, como eu disse ao telefone, fiquei muito pensativo.

Sture permaneceu à minha frente, o olhar vazio, fixo. Durante um longo momento, ficamos sem dizer palavra, em completo silêncio. Em seguida, fui eu quem mais uma vez quebrei o gelo.

— Sture, você consegue entender que foi isso que vi nos filmes?

Sture continuava calado, mas murmurou um "hum" e acenou que sim com a cabeça. Não parecia zangado, pensei. Afinal, eu tinha dito o que devia dizer. Não dava mais para retirar o que eu dissera e também não havia mais nada a acrescentar.

— Mas... — disse Sture e ficou por aí. Esperou um pouco. E, então, falou lentamente, emocionado:

— Mas acontece que nunca cometi nenhum desses crimes...

E voltou a ficar em silêncio, apenas olhando para o chão. De repente, porém, inclinou-se na minha direção, abriu os braços e sussurrou:

— Sendo assim... O que devo fazer?

Contemplei o olhar desesperado de Sture. Estava completamente transtornado.

Por várias vezes, tentei tomar a palavra, mas estava tão compadecido que não conseguia sequer emitir um som. Por fim, ainda emocionado, falei:

— Se é assim, se não cometeu *nenhum* desses crimes, você tem agora a grande chance da sua vida.

A atmosfera na pequena sala de visitas estava tão pesada que dava para senti-la fisicamente. Ambos sabíamos o que estava por acontecer. Sture estava muito perto de me contar que mentira todos aqueles anos em que fora chamado Thomas Quick. Em princípio, ele já tinha dito isso.

— Nesse caso, você tem agora a grande chance da sua vida — repeti.

— Vivo em uma enfermaria onde todos acreditam que sou culpado — disse Sture, em voz baixa.

Eu acenei com a cabeça.

— Meu advogado está convencido de que sou culpado — continuou.

— Eu sei — disse eu.

— Seis tribunais me condenaram por oito crimes.

— Eu sei. Mas, se você é inocente e está disposto a contar a verdade, nada disso importa.

— Acho que devemos ficar por aqui — disse Sture. — É muita coisa para um só dia, para eu absorver e refletir, tudo de uma vez.

— Posso voltar aqui?

— Você é bem-vindo — disse ele. — Sempre, quando quiser.

Não guardo lembrança nenhuma de como saí do hospital. Lembro-me apenas de que, momentos depois, eu estava no estacionamento e falava pelo telefone com o meu chefe Johan Brånstad, da *SVT*. Presumo ter relatado, ainda tonto, meio desordenadamente, o meu encontro com Sture e o que resultou dele.

Em vez de voltar para casa, em Gotemburgo, como tinha pensado, resolvi dirigir o carro diretamente para o Hotel da Cidade, o Stadshotel, de Säter, e ficar num quarto por uma noite. Agitado, fiquei andando de um lado para o outro dentro do quarto. Tentei me concentrar no trabalho. Cheguei à conclusão de que não havia mais ninguém a quem eu pudesse telefonar e contar tudo o que me preocupava no momento.

Eu recebera ordens estritas para não telefonar para Sture depois das 18h. No momento, o relógio indicava que faltavam dois minutos para as 18h. Telefonei. Disquei para o telefone do paciente da ala 36. Alguém foi buscar Sture.

— Quero saber apenas como você se sente depois da nossa reunião de hoje — perguntei.

— Bem, obrigado — respondeu ele. — Me sinto realmente bem. Acho que são boas as coisas que me estão acontecendo.

Sture soou alegre e satisfeito e isso me deu coragem para lhe fazer uma pergunta:

— Ainda estou em Säter — confessei. — Vou ficar. Será que posso visitá-lo amanhã?

Sua resposta veio de imediato, sem a menor hesitação nem demora:

— Será muito bem-vindo.

A *virada*

— Não cometi nenhum daqueles crimes pelos quais fui condenado, assim como nenhum dos outros crimes que confessei. A verdade é essa.

Sture está com lágrimas nos olhos e sua voz não vai mais além. Ele olha para mim como se tentasse descobrir pela minha expressão se eu estava ou não acreditando nele.

A única coisa que eu sabia é que ele tinha mentido. Mas estaria mentindo agora para mim? Ou quando confessara os crimes? Ou, ainda, em ambas as ocasiões? Eu não poderia dizer. Mas as possibilidades de conseguir saber tinham melhorado, substancialmente, naquele momento dramático.

Então, pedi a Sture que tentasse se lembrar e me contar tudo desde o início para que eu pudesse entender.

— Ao chegar a Säter em 1991, eu tinha algumas esperanças de que a minha estada aqui iria me apontar o caminho a seguir, de que eu iria conseguir ganhar juízo e me entender melhor — começou por dizer, ainda hesitante.

Sua vida tinha desandado, sua autoconfiança estava lá embaixo. Ele procurava uma justificativa para sua existência. Queria ser alguém, integrar-se.

— Havia muito que eu cultivava uma paixão por psicologia e, em especial, por psicanálise. Por isso, era por esse caminho que eu esperava conseguir mais autoconhecimento — explicou ele.

Um dos médicos da clínica, Kjell Persson, que não era psicoterapeuta, teve pena dele, mas Sture logo percebeu que era um paciente muito desinteressante. Quando Persson lhe pediu que contasse sobre a infância, Sture respondeu que não tinha recordações especiais dessa época, que achava não ter acontecido nada que merecesse atenção.

— Em pouco tempo, entendi que era essencial ir buscar na infância recordações; em especial, recordações traumáticas, de acontecimentos dramáticos. E qual foi a reação obtida quando comecei a revelar essas lembranças — uma reação absolutamente inacreditável!

"Logo passou a se tratar de ter sido sexualmente violentado e maltratado. E como acabei me tornando um criminoso. A história foi sendo construída durante a terapia, com as minhas falas sendo facilitadas por doses de benzo."

Sture ficara dependente de benzodiazepina logo ao chegar a Säter, em abril de 1991, e a partir daí os preparados passaram a ser vários, e as doses cada vez mais elevadas, segundo Sture, por causa do que acontecia na sala de terapia.

— Quanto mais eu contava, maiores eram as doses de benzo. E, quanto mais benzo eu metia para dentro, mais eu conseguia contar. Por fim, na prática, eu tinha acesso livre aos medicamentos, aos narcóticos.

Sture afirmou que esteve permanentemente drogado com benzodiazepina durante todos os anos em que as investigações dos crimes duraram.

— Nem por um minuto sequer eu estava sóbrio. Nem por um único minuto!

A benzodiazepina é um preparado muito forte que provoca dependência e, em pouco tempo, Sture já não conseguia viver sem o medicamento. Passou também a "reinventar recordações" durante a terapia, confessava crime atrás de crime e colaborava em uma investigação atrás da outra. Em troca, recebia elogios de terapeutas, médicos, jornalistas, policiais e promotores. E recebia acesso ilimitado ao narcótico.

Então, pensei em todos aqueles que viveram em volta de Quick durante os anos das investigações — advogados, promotores, policiais. Será que estavam conscientes de que Sture agia drogado? Foi essa a pergunta que fiz ao próprio:

— Deviam estar! Em primeiro lugar, sabiam que eu estava ingerindo meus comprimidos de Xanor e de outros medicamentos, mas, acima de tudo, o meu comportamento mostrava que eu estava drogado. Como se poderia fechar os olhos a isso? Não podia ser!

Este fato era verdade. Eu próprio tinha podido constatar isso, ao ver as gravações na Noruega. Não dava para ignorar que ele estava drogado, de tal maneira que, às vezes, ele nem conseguia falar nem andar. Como se poderia fechar os olhos a isso? Quando até a medicação lhe era dada à vista de todos?

— Essa medicação foi uma coisa discutida entre você e o seu advogado?

— Não! Nunca!

— Ninguém chegou a questionar a sua medicação?

— Nunca! Jamais! Nunca escutei essa questão ser mencionada.

Segundo Sture, os médicos, os terapeutas e os enfermeiros, todos, faziam tudo para que ele tivesse acesso permanente aos preparados narcóticos.

— Isso mesmo. Hoje, essa situação é incompreensível, mas, naquela época, eu ficava até agradecido por a questão não ser levantada. Isso significava que eu podia continuar com o meu consumo das drogas.

Sture afirmou que esteve constantemente drogado durante quase dez anos. E foi durante esse tempo que ele foi condenado por oito crimes que não cometeu.

Depois, tudo terminou de repente.

— Um dia, deve ter sido em meados de 2001, chegou uma ordem do novo médico-chefe da clínica de Säter, Göran Källberg. Toda a medicação seria suspensa. Nada mais de benzo. Fiquei com um medo terrível da abstinência e dos seus efeitos colaterais.

Pensei no que me dissera o agora ex-chefe dos médicos, Göran Källberg, alguns meses antes: "Não quero contribuir para manter em segredo um verdadeiro escândalo jurídico." Foi, então, que comecei a suspeitar das razões que levaram Källberg a refletir sobre todos os acontecimentos em torno de Quick, seus crimes e a medicação.

Sture viveu achando que suas confissões de assassinato e a livre absorção de medicamentos eram parte de um acordo sigiloso entre ele e o Hospital de Säter, mas, naquele momento, esse acordo fora suspenso, de um dia para o outro, com Sture reagindo com raiva, amargura e medo.

— Como eu conseguiria viver sem medicação? O que isso significaria fisicamente para mim?

Sture chegara a tomar doses tão elevadas de benzodiazepina que a medicação tivera de ser diminuída, gradativamente, durante oito meses.

— Foram meses difíceis por que passei, totalmente fechado no meu quarto. A única coisa que eu conseguia fazer era ouvir rádio, o programa P1 da Rádio Suécia.

Sture lançou seus braços em cruz sobre o peito, deixando que as mãos agarrassem, convulsivamente, os ombros.

— Fiquei deitado na cama, desse jeito — disse ele, repetindo as convulsões violentas que sentiu na época.

— Quer dizer que, de repente, você estava de novo sóbrio e se sentia mais saudável. Mas, nessa altura, na prática, já estava condenado à prisão perpétua por oito crimes, não é verdade?

— Sim.

— E você colaborou para isso?

— Sim. Mas não consegui encontrar outra saída. Não havia nem uma única pessoa com quem eu pudesse contar em busca de apoio.

— Por quê?

Ele ficou em silêncio, olhou para mim, surpreso, soltou uma gargalhada e disse:

— Com quem eu poderia contar? Nem com os meus próprios advogados, que também faziam parte do contexto que produziu todas as sentenças. Portanto, estava só, totalmente só...

— Absolutamente ninguém com quem falar?

— Ninguém. Não consegui encontrar ninguém. Pode ser que tenham existido pessoas...

— Essas que estão à sua volta na enfermaria, você sabe como elas se situam diante da questão da culpa?

— De uma maneira geral, acho que essas pessoas me consideram culpado. É possível, porém, que eventualmente haja alguma exceção entre o pessoal. Mas isso é uma coisa que não se discute aqui.

Depois do artigo no *Dagens Nyheter* em novembro de 2001, no qual Quick proclamou o seu *time-out*, os interrogatórios da polícia foram interrompidos. Pouco tempo depois, o promotor Christer van der Kwast suspendeu todas as investigações preliminares em andamento. Quick parou de receber visitas de jornalistas e entrou em silêncio absoluto por longos sete anos.

O que não se sabia, entretanto, é que Sture, ao mesmo tempo, parara com a terapia. Sem a medicação, ele não tinha mais nada para contar. Também não quis insistir com as suas histórias de violências sofridas na infância e assassinatos na idade adulta. Aliás, *não podia* contar nada sem benzodiazepina. Era a medicação que fazia com que ele ficasse desinibido e pudesse agir durante a terapia e os interrogatórios da polícia.

— Durante alguns anos, não cheguei nem a me encontrar com Birgitta Ståhle. Em seguida, passamos a nos encontrar uma vez por mês, para uma "conversa social". Mas, maldição, um dia ela inseriu na conversa: "Por consideração aos familiares, você tem que continuar contando." Isso tem sido um pesadelo!

Outra situação penosa era o fato de Sture quase não ter recordações nítidas do que se passara enquanto foi Thomas Quick. É do conhecimento geral que as altas doses de benzo acabam com a capacidade cognitiva — os processos de memória simplesmente deixam de funcionar.

No início, suspeitei de que Sture simulava a perda de memória, mas logo descobri que ele realmente não fazia a menor ideia dos acontecimentos importantes que eram do seu interesse revelar para mim. Concluí que isso era uma circunstância que, praticamente, tornava impossível para ele a tentativa de cancelar suas confissões anteriores.

— Espero sinceramente que as medicações tenham sido anotadas, devidamente, nos diários da clínica — disse ele. — Não sei ainda se foram.

Aquilo que Sture dizia significava que Thomas Quick não seria apenas um gigantesco escândalo jurídico, mas talvez, também, um escândalo de assistência médica de amplitude fenomenal — um paciente de psiquiatria legal submetido a um tratamento errado, com uma terapia duvidosa e com medicação absurda.

As sentenças por oito crimes eram uma consequência desse tratamento feito equivocadamente. Quer dizer, se Sture estivesse falando a verdade. E como eu poderia verificar a veracidade das suas palavras?

— Seria de grande valor se eu pudesse ver os seus diários médicos — disse eu.

Sture pareceu ficar muitíssimo incomodado.

— Não sei se vou querer — disse ele.

— Por quê?

Ele demorou a responder.

— Acho que vai ser extremamente penoso deixar que alguém de fora leia o que eu disse e fiz durante todos esses anos.

— Mas, meu Deus, todas as pessoas já leram a respeito da maneira como você atacou crianças, como você as matou, as cortou em pedaços e comeu partes dos seus corpos! O que restaria para ser ainda penoso para você? Tudo já foi penoso ao máximo!

— Não sei — repetiu Sture. — Tenho que pensar no caso.

Fiquei desconfiado. Seria possível que Sture quisesse esconder os diários de mim, visto que eles revelariam outra verdade?

— Pense bem no assunto — eu disse. — Se você quer mesmo que a verdade venha a público, é necessário mostrar total transparência. A verdade e nada mais do que a verdade...

— Sem dúvida, é claro — concordou Sture. — Mas sinto vergonha, muita vergonha...

Despedimo-nos, depois de uma longa e exaustiva conversa. Já pronto para sair, Sture devia tocar para a enfermeira. De repente, me lembrei de uma coisa importante.

— Sture, você se importa de eu lhe fazer uma última pergunta, a respeito de uma coisa que me preocupa há mais de meio ano?

— O que é?

— O que você fez durante as licenças para ir a Estocolmo?

Ele abriu um largo sorriso, sem qualquer hesitação. Sua resposta também me fez rir.

Parte II

"Se você me diz que a polícia, junto a uma psicóloga, levou tribunais suecos a condenar um inocente, então, eu respondo, isso nunca aconteceu na história da Justiça. Aquele que demonstrá-lo terá realizado o maior furo jornalístico do mundo!"

Claes Borgström, advogado de defesa de Thomas Quick entre 1995 e 2000, em uma entrevista com o autor, no dia 14 de novembro de 2008

Uma vida de mentiras

Estou à porta da sala de visitas, aguardando que a enfermeira me deixe sair. Mas, primeiro, a resposta de Sture à minha pergunta.

No material das investigações da polícia, as licenças dadas a Thomas Quick para viajar a Estocolmo foram devidamente anotadas. Após o retorno de uma delas, ele declarou ter feito "uma viagem hipnótica na máquina do tempo". No momento seguinte, de repente, passou a dar detalhes surpreendentes sobre o assassinato de Thomas Blomgren, na cidade de Växjö. De qualquer maneira, foi assim que o seu terapeuta interpretou a repentina volta da sua memória.

— Sim, posso falar — diz Sture, com uma expressão de triunfo. — Nesse período, fiquei sentado numa biblioteca em Estocolmo e li todos os artigos de jornais sobre Thomas Blomgren. Oh, sim, foi onde eu estive, rolando microfilmes. Anotei todos os dados importantes e desenhei uma casa de campo. Depois, contrabandeei o material para dentro da clínica em Säter e o reli, antes de me desfazer das anotações.

Apesar de já suspeitar de como as coisas tinham ocorrido, tive uma sensação estranha ao verificar como fora infernal a esperteza de Sture. Por que ele se dera a todo esse trabalho para influenciar a investigação policial?

Segundo Sture, o motivo era enganar os investigadores. Tratava-se sobretudo de se destacar em face do seu terapeuta, tentar ser um paciente interessante.

— Fui levado até a biblioteca por Kjell Persson — explicou Sture. — Você tem que entender as incríveis pressões que eu sofria durante a terapia.

Ficávamos sentados lá três vezes por semana, umas duas horas cada sessão. E eu ficava contando e contando, sem poder mencionar quaisquer informações certas. Tratava-se também de saber que Kjell Persson e o médico-chefe Göran Fransson queriam dar alguma coisa para Seppo e Kwast. Então, por outro lado, falar sobre Thomas Blomgren parecia sem perigo. Era um crime já prescrito e eu não poderia ser condenado.

Escuto as palavras de Sture, mas, por muito que me esforce por entender, tudo me parece incoerente.

— Além disso — continua Sture, com uma expressão de grande expectativa. — Além disso, tenho um álibi para o assassinato de Thomas Blomgren! Um álibi perfeito, muito forte!

Eu ainda não tinha engolido por completo o que ele dissera em relação à biblioteca.

— Eu e minha irmã gêmea fizemos a crisma no feriado de Pentecostes, em 1964 — revela Sture, excitadíssimo. — A crisma leva dois dias! Lá em casa, em Falun! De trajes folclóricos! Fazíamos parte de um grupo de danças populares e recebemos a crisma todos ao mesmo tempo.

— Você tem realmente certeza? A data e o ano estão certos?

— Claro, certeza absoluta — diz ele, enfático. — Fiquei preocupado, o tempo todo, com receio de que eles descobrissem a crisma. Meus irmãos e irmãs sabiam disso. E os nossos companheiros de crisma, também. Não teria sido muito difícil descobrir!

Naquele momento, chegava o guarda para me deixar sair. Por isso, nos despedimos rapidamente.

Eu estava bastante perturbado ao retornar ao ar livre e à atmosfera outonal, a caminho do meu carro. Tinha tanta coisa em que pensar. Era suficiente para pensar durante toda a viagem para Gotemburgo.

O fato de Sture Bergwall ter se retratado de todas as suas confissões iria mudar, basicamente, todo o roteiro da minha planejada série de documentários para a televisão.

A recusa inicial de Sture em me deixar ver os registros diários da clínica a seu respeito esmoreceu rapidamente. Logo, ele me deixou acessar todo o material, coisa que eu já nem esperava. Em primeiro lugar, foram os seus diários como paciente, os registros de medicação recebida e coisas parecidas, mas ele me mostrou, também, tudo o que conservara em termos de correspondência, diários, anotações particulares e antigos protocolos das investigações preliminares.

Sture não só me deu tudo o que eu queria como, também, não fez questão de ler o que oferecia.

— Minha grande segurança está em saber que não existe nada contra mim nesse material. Pela primeira vez, não tenho nada a esconder. Nada!

— A verdade nos liberta — respondi, em tom de brincadeira, mas, ao mesmo tempo, com a mais profunda seriedade.

Se a nova versão de Sture é a verdadeira, então, isso significa para ele um renascimento.

Tempos depois da virada total de Sture, falamos muitas vezes a respeito das consequências devastadoras caso ele estivesse mentindo para mim. A mentira, por pequena que fosse, nos colocaria em desgraça. Meu coração me dizia que ele falava a verdade. Eu sabia disso. Mas, por puro senso de autopreservação, eu estava decidido a desconfiar de tudo o que ele me dissesse.

Aos olhos do mundo que o rodeava, ele era o maior louco do país, uma pessoa com total falta de credibilidade. O fato de afirmar agora que inventara tudo não necessariamente mudaria as coisas.

Todos os veredictos contra Thomas Quick aguardavam provas complementares. Senti que seria obrigado a verificar — e rejeitar — todas as provas. Se uma única dessas provas não tivesse uma explicação a não ser a de que Sture era culpado, todas as outras justificativas cairiam por terra como um castelo de cartas.

Junto com a pesquisadora Jenny Küttim, vou produzir um documentário em duas partes, com transmissão nos dias 14 e 21 de dezembro de 2008. Temos exatamente três meses para trabalhar.

Todos os dias, surgem perguntas a fazer a Sture, e fica impossível depender do telefone dos pacientes na enfermaria. Conseguimos um rádio telefone que mandamos para Säter e, de repente, já podíamos falar com muito mais facilidade e frequência.

Sture Bergwall não tinha dinheiro para pagar o apoio jurídico de que precisava, mas o advogado Thomas Olsson, que eu conhecera durante o trabalho sobre o Caso Ulf, aceitou a causa *pro bono*, sem custo para o cliente.

Jenny Küttim e eu nos dedicamos inteiramente à função de controlar todas as informações de Sture, trabalhando com uma quantidade colossal de documentos a que tivemos acesso. Os diários de Sture datam de 1970. Esses diários confirmam a imagem de um Sture dominado pela medicação estapafúrdia.

A leitura transforma-se em uma vivência estonteante. Aquilo que vemos é, praticamente, um incompreensível escândalo de assistência médica.

Chega o assassino em série

Depois do fracassado assalto a banco em 1990, na cidade de Grycksbo, Sture Bergwall foi analisado na clínica psiquiátrica legal de Huddinge. Na longa análise social de onze páginas, Anita Stersky resumiu a vida do seu paciente da seguinte maneira: violências contra rapazes jovens desde a década de 1960, a consequente sentença de tratamento psiquiátrico em regime fechado, uma passagem pelo Hospital de Sidsjön, em Sundsvall, liberação provisória e estudos na escola secundária de Jokkmokk. "Mas depois a situação piorou", escreveu Stersky. "SB passou a se associar com homossexuais, viciados em narcóticos e em álcool. Apesar de tudo, ele sentiu certa afinidade com o grupo que lhe deu, sem dúvida, uma identidade negativa, mas, de qualquer forma, uma identidade."

Sture foi internado no Hospital de Säter, pela primeira vez, em janeiro de 1973. De lá saiu, provisoriamente, para estudar em Uppsala, e parece ter se comportado bem até março de 1974, época em que resolveu atacar um adulto homossexual, que ele quase retalhou até a morte. A investigação social listou uma série de prisões em regime fechado, várias tentativas de liberação, "o desejo de morte", tentativa de suicídio, e, em 1977, uma alta definitiva e a saída de Säter. Anita Stersky descreveu a inclinação de Sture Bergwall por rapazes jovens, entretanto afirmou que ele "tinha entendido que não era permitido viver segundo as suas inclinações". "Um dos principais requisitos para que SB pudesse controlar suas inclinações era o de ter parado com o uso de narcóticos."

Em seguida, havia uma descrição de todos os anos em Grycksbo: o negócio do quiosque, a vida com Patrik, a retirada da pensão por doença, a falência, os problemas econômicos, o período como funcionário do bingo e, finalmente, a fracassada tentativa de assalto a um banco, o Götabanken.

A terminar seu relatório, Stersky escreveu: "SB, durante as nossas conversas, mostrou-se, na maior parte das vezes, muito angustiado e nervoso, chegando a ter ataques rápidos de choro. Ao falarmos de assuntos especialmente críticos, SB teve, às vezes, ataques de histeria, em que tremia de maneira quase convulsiva. Ou então ficava absolutamente quieto e de olhos fechados por vários minutos. Em minha opinião, SB sofre de alterações psíquicas muito sérias e necessita de tratamento psiquiátrico em regime fechado. Deve ser levado a um hospital, a fim de receber tratamento especial, tendo em vista sua periculosidade."

Para mim, Sture conta o que foi o quase infinito desespero sentido durante esse tempo:

— Eu tinha uma vida boa em Grycksbo. Muitos amigos e o trabalho como funcionário do bingo em Falun. As senhorinhas gostavam de mim. Muitas escolhiam ir ao bingo nos dias em que eu trabalhava. Era eu quem anunciava os números sorteados e vendia os cartões, tomava conta das senhorinhas, ia buscar café e brincava com elas. Fazia com que elas se divertissem. Era uma função divertida e que, de fato, me agradava muito. Ao ser preso pela tentativa de assalto ao banco, perdi os parentes, os amigos, o trabalho, tudo.

— Antes, já tinha feito coisas sérias. Mas já havia passado muito tempo, na adolescência, nas décadas de 1960 e 70. Depois do assalto, não conseguia mais encarar meus irmãos e irmãs. Estava completamente só e não havia lugar nenhum para onde voltar. Nada.

O período em Huddinge lhe ensinara duas coisas, contou ele.

— Na clínica psiquiátrica de Huddinge, aprendi que mesmo um terrível assassino em série, como Juha Valjakkala, podia provocar sentimentos de admiração entre alguns membros da equipe. Ele ficava em uma área de isolamento especial, sob vigilância permanente. Havia uma emocionante fascinação por Juha e seus crimes.

Juha Valjakkala, junto com a namorada, Marita, assassinara uma família inteira na cidade de Åmsele, na província de Västerbotten, em 1988. Após terem sido presos na Dinamarca, Juha passou por uma extensa avaliação psiquiátrica na clínica de Huddinge. Apesar de já se ter passado um bom tempo desde que deixara a clínica, Valjakkala continuava a estar bem presente entre o pessoal da enfermaria.

— Alguns dos assistentes falavam comigo, citando sempre o nome de Juha. E eu me tornei uma espécie de escape para suas necessidades de falar a respeito de Juha e seus crimes — diz Sture. — Notei que a pessoa podia ser admirada e popular até mesmo como abominável criminoso.

Esse era um lado da questão. O outro era — explica Sture para mim — aquilo que Anita Stersky lhe dissera a respeito da "forma fantástica de terapia psicodinâmica" que se desenvolvera no Hospital de Säter. Isso passou a ser para ele uma aspiração inquestionável.

O Volvo azul-escuro passou pelo clube de golfe de Säter, virou na avenida Jonshyttevägen em alta velocidade e seguiu ao longo da margem verdejante do lago Ljustern. Os passageiros no assento traseiro não faziam a menor ideia de que ele iria alcançar fama internacional e, em termos de número de crimes, superar figuras gigantescas como Jack, o Estripador, Ted Bundy e John Wayne Gacy.

Mas, por enquanto, ainda se estava na primavera de 1991. Havia montes de lenha prontos para arder e festejar sua chegada, na vigília do dia 1º de maio, Valborgsmäss. Nessa altura, Thomas Quick ainda se chamava Sture Bergwall. E não sabia que a história da sua vida, durante décadas, iria ocupar psicólogos, médicos, jornalistas e grande parte do sistema judicial da Suécia. Ele não fazia a menor ideia de que os maiores pesquisadores internacionais viriam a considerar seu caso como único no mundo e iriam seguir o seu raro destino com enorme interesse.

Quando Sture Bergwall chegou ao Hospital de Säter, em 29 de abril de 1991, o conceito de assassino em série era relativamente novo para os suecos em geral. Certo número de casos nos Estados Unidos fez com que a polícia federal americana, o FBI, cunhasse o termo e inventasse novos métodos, sobretudo o chamado perfil do criminoso, para perseguir e encontrar os delinquentes, sempre difíceis de apanhar. O fenômeno vinha sendo objeto de extensas pesquisas entre os criminologistas e peritos em comportamento na América, na segunda metade da década de 1980, e alguns anos mais tarde passou a ser explorado por roteiristas e diretores de cinema, na área da chamada cultura popular.

Nesta primavera, a cultura popular entrou em cena com o novo estilo do anti-herói, representado por Hannibal "The Cannibal" Lecter, na versão cinematográfica de *O silêncio dos inocentes*, do romance *Hannibal*, do americano Thomas Harris. No filme, o brilhante assassino em série ajuda os investigadores da polícia, com pistas infernalmente enigmáticas, a identificar o assassino em série "Buffalo Bill", que sequestra e mata mulheres com a intenção de costurar uma roupa com as suas peles. O Doutor Lecter vai deixando rastros de uma charada, cruciais e psicologicamente penetrantes, sob a forma de anagramas e questões pessoais feitas à agente do FBI Clarice Starling, muitas vezes com eruditas insinuações e citações do césar romano Marcus Aurélio. As pistas precisas do canibal são, no entanto, tão sofisticadas e enigmáticas que só com muita dificuldade podem ser decifradas.

Sture não podia ir ao cinema, mas alugava filmes e, como todo o mundo na Suécia, tinha aprendido como os assassinos em série funcionavam e como a caça deles se processava.

Ao mesmo tempo, saiu o romance de sucesso *Psicopata americano*, em que o sadista, milionário e assassino em série Patrick Bateman procura compreensão e cura para uma depressão profunda ao trabalhar, com estudada indiferença, sobre suas vítimas com uma furadeira e pistola de pregos. A biblioteca no Hospital de Säter encomendou o livro que Sture Bergwall, imediatamente, tomou por empréstimo e leu.

— O personagem principal do romance, Patrick Bateman, é muitíssimo inteligente, o que, acho eu, foi importante para mim. Vi que uma pessoa pode ser inteligente e assassino em série ao mesmo tempo. Os filmes O *silêncio dos inocentes* e *Psicopata americano* mereceram críticas elogiosas nas páginas de cultura dos jornais *Dagens Nyheter* e *Expressen*. Foi por isso que os assassinos em série ficaram interessantes também para mim — lembra-se Sture.

Para Sture Bergwall, a identificação como intelectual era importante, e ele logo notou que seu médico, bem como os psicólogos, se interessavam pelo novo fenômeno. E, por coincidência ou não, os sucessos populares de ficção recebiam o apoio de acontecimentos reais para confirmar suas histórias.

Em uma noite quente de fins de julho de 1991, dois policiais entraram cuidadosamente em um bairro perigoso de Milwaukee, no estado de Wisconsin, Estados Unidos, e um jovem negro veio correndo na direção deles, com um par de algemas dançando em volta de um dos punhos.

O nome do rapaz era Tracy Edwards, e ele contou, nervosíssimo, a respeito de um "cara estranho" que quis colocar algemas em seus punhos, antes de ele conseguir fugir do apartamento.

A porta do apartamento 213 abriu-se de imediato pelo dono, Jeffrey Dahmer, um homem bonito, louro, bem vestido, de 31 anos, que não demonstrou nenhuma espécie de nervosismo. Ele se ofereceu de imediato, sem ser obrigado, a ir buscar a chave das algemas do seu amigo no quarto de dormir. Os policiais viram que Dahmer era uma pessoa que inspirava confiança e que morava em um apartamento bonito e bem arrumado, considerando-se a área em que estavam. Alguma coisa, no entanto, fez com que um dos policiais insistisse em dar uma olhada no quarto onde estava guardada a chave.

No quarto, o policial descobriu a existência de uma caixa d'água com 300 litros, não de água, mas de ácido e, dentro dela, três corpos humanos em estágio de decomposição. Seu colega abriu a geladeira e encontrou quatro cabeças humanas, alinhadas em uma prateleira de vidro. Não havia comida nenhuma, apenas diversas partes de corpo humano congeladas. Havia ainda mais sete crânios guardados em um roupeiro. E, na cozinha, estava sendo grelhado um pênis, certamente de uma das suas vítimas.

O homem de aspecto agradável e sedutor tinha drogado suas vítimas, aberto buracos em seus crânios e jogado diversas substâncias químicas. Uma vez realizado esse procedimento, ele abusava sexualmente das vítimas, dilacerava os corpos e, finalmente, comia as partes que lhe pareciam mais saborosas.

Como se explica um comportamento desses? E como devemos designar uma pessoa culpada por tais ações criminosas? Os jornais tentaram e fizeram o possível por encontrar uma designação aceitável: "Satã", "O canibal de Milwaukee" e "Um monstro vivo" foram alguns dos nomes dados a Jeffrey Dahmer, mas as palavras continuavam a ser consideradas insuficientes.

Todos esses detalhes horríveis relatados a respeito de Jeffrey Dahmer seriam repetidos em relação a um assassino em série ainda pior — o Estripador Vermelho — culpado de, no mínimo, 52 crimes.

Mais uma vez, foi a figura de uma alma, aparentemente inofensiva e amistosa, que revelou a maldade personificada. Andrej Tjikatilo, de 55 anos, é descrito como um "discreto professor de línguas", que levava uma vida calma, com mulher e crianças em uma cidade do sul da Rússia, Novatjerkassk. Sua esposa, durante 27 anos de casamento, jamais desconfiou de que o marido guardava segredos inconfessáveis.

Enfim, o assassino em série podia ser qualquer um: você, eu, o vizinho ou o seu namorado.

Durante os doze anos que durou a caçada ao assassino russo em série, a polícia prendeu vários suspeitos. Um desses foi convencido a confessar e, infelizmente, foi condenado e executado por um assassinato que, mais tarde, foi imputado a Andrej Tjikatilo. Um dos outros suspeitos conseguiu cometer suicídio antes do julgamento.

Durante o primeiro outono de Sture Bergwall em Säter, um criminoso desconhecido atirou em várias pessoas, para ele desconhecidas, na área de Estocolmo. Antes de disparar, via-se sempre uma pequena luz vermelha em cima das vítimas, o que levou os tabloides da imprensa a batizar o criminoso de "Lasermannen".

No dia 8 de novembro, o Lasermannen atirou na sua quinta vítima, a única que acabou por morrer. O departamento criminalista do reino ficou sob forte pressão diante da possibilidade de que o Lasermannen continuaria a atirar em imigrantes até ser preso, o que criou uma situação especialmente comprometedora, visto que a polícia não fazia a mais remota ideia de onde nem em que meio tal criminoso deveria ser procurado.

A maneira de agir do "assassino do laser" condizia com muitos clichês sobre assassinos em série. Ele escolhia vítimas que vinham de países de fora da Europa. Agia numa área limitada. Não tinha nenhuma relação com nenhuma das suas dez vítimas. Era disciplinado e não deixava, em princípio, nenhuma pista. No entanto, o assassino do laser falhava na sua intenção de matar. De todas as suas vítimas, somente uma, a quinta, morreu dos ferimentos recebidos. Essas falhas foram atribuídas ao feliz acaso de o silenciador ter ficado mal montado na arma.

A frustração nos primeiros quatro casos em que todos sobreviveram fez com que o Lasermannen saísse do seu *modus operandi*. Na quinta tentativa, aproximou-se da vítima por trás, apontou a arma para a nuca de um homem de 34 anos e disparou. Nem mesmo um silenciador mal montado pôde salvar o homem.

Em Säter, Sture Bergwall foi colocado em uma enfermaria psiquiátrica com outros delinquentes. O status do paciente era decidido em grande parte segundo o nível de interesse pela história da vida do criminoso e pelo crime cometido. Nessa classificação, Sture não tinha concorrência.

Um paciente especial

Kjell Persson e Göran Fransson eram médicos-chefes no Hospital de Säter no início da década de 1990 e têm trabalhado juntos ao longo dos anos.

Já durante o tempo de investigação, antes de Sture Bergwall ser condenado a tratamento psiquiátrico em regime fechado, Göran Fransson recebera 650 coroas por uma análise psiquiátrica do assaltante fracassado.

A análise que normalmente é designada por P7 é feita para decidir se o condenado deve passar por uma observação maior das suas condições psíquicas. A análise de periculosidade do delinquente não faz parte do P7, muito menos uma especulação acerca de eventuais crimes ainda por descobrir perpetrados pelo acusado. Mas foi isso mesmo que Fransson se considerou como especialmente dotado para realizar:

> O crime pelo qual ele fora antes condenado indica um sinal de perversão sexual em que o risco de repetição é normalmente significativo. Por essa razão, é surpreendente que ele não tenha sido acusado de novo pelo mesmo crime.

Ao admitir que Sture Bergwall teria cometido crimes graves ainda por descobrir, Göran Fransson fez uma declaração quase profética. No entanto, o próprio Fransson considerou, mais tarde, que sua declaração nesses termos foi, no mínimo, extemporânea.

— Lamento ter escrito isso. Não devia ter ficado registrada essa informação num P7. Mas acabei por ter razão — disse ele, numa entrevista para o *Dala-Demokraten*, em junho de 1996.

A convicção de que haveria crimes por descobrir no passado de Sture ficou pairando sobre os responsáveis pelo tratamento de Sture Bergwall. E aquele que procura acaba por achar.

Os registros diários de Sture como paciente, as anotações diárias quanto à sua medicação e outros documentos me deram uma percepção profunda da sua vida em Säter, desde o primeiro dia. No início, Sture colaborou nos exames de rotina. Obedeceu às ordens de tirar a roupa e de se vestir. Ficou quieto quando o médico residente mirou a luz de uma lanterna nos seus olhos, quando bateu com um martelo de borracha nos seus joelhos e quando procurou na sua pele por ferimentos ou outros sinais que deveriam ser anotados.

No dia seguinte, encontrou-se com um médico que em algumas oportunidades viria a mudar a orientação da sua vida. O médico-chefe Göran Källberg teve uma conversa inicial com Sture e fez depois a seguinte anotação no seu diário:

> Estava calmo, equilibrado e entendeu, completamente, o que o tratamento iria representar. Já antes, tivera uma longa experiência do que era seguir um tratamento psiquiátrico em regime fechado. Falamos um pouco em geral a respeito da sua situação e das suas dificuldades. [...] Ele sofre, de vez em quando, fortes ataques de pânico e mesmo durante a conversa ficou muito tenso, prestes a chorar, e também com a respiração entrecortada. Ele se acalmou em pouco tempo. E, durante a conversa, de uma maneira geral, mostrou-se disponível para um bom contato formal.

Quando questionou o propósito da medicação em uso, Göran Källberg mostrou-se surpreso diante dos fortes protestos de Sture. Deixou que a medicação permanecesse a mesma, mas anotou no diário que Sture estava "obviamente dependente da pequena dose de Sobril que toma há muitos anos".

A vida de Sture no Hospital de Säter logo entrou num ritmo normal. Segundo os registros diários, ele se adaptou sem problemas, embora tivesse um comportamento distante.

Mas nos registros existem também anotações repetidas de contatos de Sture com a equipe para chamar a atenção dos enfermeiros de como ele se sentia mal e pensava em suicídio. No dia 17 de maio de 1991, Kjell Persson escreveu:

> Sture Bergwall chegou hoje de manhã, desejando falar com algum médico. Disse que passa as noites ruminando as suas ideias, fica agoniado, suando e com vontade de chorar. "Eu tenho que me abrir com alguém."

Apesar de não ser psicoterapeuta, Persson fica com pena de Sture e deixa que vá falar com ele algumas vezes. As conversas informais, com o decorrer do tempo, começam a tomar a forma de terapia. Um tema recorrente é a sensação de Sture de que não tem direito à existência, de que devia se suicidar. Está suportando uma tristeza profunda porque, depois da tentativa de assalto, perdeu quem era antes seu melhor amigo, o jovem Patrik, de 22 anos. Como o mais velho dos dois, ele se sente culpado por Patrik estar na prisão. E Persson anota no seu diário, em 24 de junho de 1991:

> Quando se fala desta e de questões semelhantes, o paciente fica com uma espécie de tique, a respiração entrecortada, e passa a emitir ruídos estranhos. Na ronda, hoje, notou-se que esse tipo de comportamento é cada vez mais raro na enfermaria. E não tem havido qualquer outro problema.

Sture Bergwall parece ter um desejo ardente de começar a psicoterapia, o que, no entanto, se mostra mais difícil do que ele pensava. Porque, independentemente de os seus ataques de pânico, tiques e ruídos serem atitudes teatrais ou reais, os médicos permanecem bastante frios. Acham, pura e simplesmente, que Sture não é um paciente interessante. No dia 2 de julho, Kjell Persson escreve no seu diário:

> Nos últimos dias, o paciente teve um aumento de indisposição por pânico, dificuldades para dormir durante a noite, enredado em pensamentos. Pensa em se suicidar, mas reconhece que, na realidade, não tem coragem para fazer mal a si mesmo. Estas ideias têm permanecido na sua mente, desde sempre, com intensidade oscilante. E ele conta que já esteve para se matar na noite anterior à tentativa de assalto. Conta que chegou a escolher um lugar para sair da estrada com o carro que conduzia, mas, na hora de fazê-lo, viu o seu cachorro no assento traseiro. Agora ele diz que gostaria de ter uma espécie de confirmação e saber se, realmente, é um ser humano tão ruim que deva morrer, sim, por suicídio.

Segundo o diário médico, Göran Fransson, que há muito trabalhava com Kjell Persson, manda interromper o remédio Somadril, que provoca forte dependência ("que girava tão bem no cérebro"). Os médicos passam a testar vários preparados para substituir o remédio anterior, mas Sture diz que os outros preparados o fazem se sentir ainda mais deprimido. E, assim, volta para o Somadril e a calma volta a reinar, temporariamente. Göran Källberg anota em 10 de julho:

> Uma análise mais extensa da ameaça de suicídio resulta na seguinte posição minha, segundo a qual não será preciso tomar nenhuma medida especial de segurança, pelo menos, por enquanto. Basta o paciente ter a oportunidade de falar e levantar o assunto e isso já é um alívio. Deve ser dito, também, que as ideias de suicídio têm por fundamento uma espécie de problemática existencial, ou seja, examinando como tem sido a sua vida pregressa, como sempre foi uma vida difícil e como se sente malsucedido. Não existe melancolia depressiva ou psicótica nas suas reflexões e raciocínios. De uma maneira geral, pode se dizer que o paciente se adaptou bem ao ambiente na enfermaria. Tem o desejo sincero de tentar melhorar sua situação, mas sente que não conseguirá nada sozinho. Na sua maneira de raciocinar, o paciente revela um bom nível intelectual e utiliza diversos termos teóricos. Ao mesmo tempo, está consciente de que essa é uma maneira de se distanciar dos outros.

Durante o verão, Sture recebe permissão para se ausentar por horas da companhia da equipe do hospital, o que acontece sem surgirem problemas. As conversas com Kjell Persson continuam, mas os médicos hesitam, não sabem se faz sentido continuar o tratamento psiquiátrico de Sture. No dia 9 de setembro, Persson escreve no diário:

> O paciente, desde que se mudou para a enfermaria 31, isto é, quase em seguida à sua chegada à clínica, procurou receber tratamento psicoterapêutico. A questão de saber se ele é um candidato apropriado para isso ainda é incerta e, neste caso, é preciso ter em consideração os nossos limitados recursos em psicoterapia. Como solução temporária, dei início a uma série de contatos com o paciente, sob a rubrica de conversas médicas. No entanto, acontece que o paciente utiliza todo o tempo com uma motivação genuína, a de refletir sobre si mesmo, suas atitudes e sua situação. As conversas parecem excitar muito o seu pânico e suas tensões musculares. Entretanto, o paciente pede ainda mais tempo de conversa, sentindo, obviamente, que assim recebe ajuda para analisar suas próprias ideias.

Sture é ambivalente durante as conversas. Em parte, diz precisar de contato. E, em parte, se fecha e não diz nada. "Ele se expressa muitas vezes em termos abstratos, em vez de falar sobre acontecimentos concretos da sua vida", escreveu Persson, acrescentando:

> Aquilo que parece ser central, de momento, é o sentimento de que não tem direito a continuar existindo. Na enfermaria, ele se comporta exemplarmente, mas não dá para lhe confiar maior liberdade. Até aqui, consideramos que ele se mantém demasiado fechado em si, sendo uma pessoa de difícil acesso, difícil de ser dominada.

Sture tinha passado antes pela psicoterapia e, tal como agora, lhe fora pedido que falasse da sua infância. Então, ele respondeu que não tinha nenhuma lembrança específica, e que o crescimento, em uma família de muitas crianças e bastante pobre, não lhe oferecera episódios interessantes, dignos de menção. Sture notou que Kjell Persson estaria "pescando" por acontecimentos traumáticos na infância e isso, juntamente com a sua sensação de ser um paciente muito desinteressante, fortalecia seu sentimento de insucesso. Ele não servia para nada, nem como caso clínico. Para mim, mais tarde, Sture se explicou:
— Eu tinha interesse intelectual, mas me faltava educação e persistia em mim um complexo de inferioridade em relação aos meus irmãos e irmãs. Eles estudaram em universidades e tinham carreiras acadêmicas, enquanto eu me considerava malsucedido e terrivelmente só. Por isso, tinha essa obsessão por passar por um tratamento psicanalítico e estava totalmente focado em poder começar essa terapia profunda. Não porque quisesse chegar a uma conclusão a respeito dos meus pensamentos e ideias estranhas. Era antes o contato social que eu procurava. Era ser considerado intelectual, me associar livremente, me sentar e falar com os meus iguais. Era isso que me atraía. Acima de tudo, tratava-se de ver confirmado que eu era um personagem intelectual.

A terapia em Säter partiu da chamada teoria das relações entre objetos. Esse desdobramento da psicanálise surgiu na década de 1930, dando grande importância aos primeiros anos de vida da criança. Em resumo, esse desdobramento diz, entre outras coisas, que muitas distorções de personalidade podem ter origem em tratamentos errados por parte dos pais. Pelo fato de os seres humanos, de uma maneira geral, terem fracas recordações dos seus primeiros anos de vida, torna-se importante para o psicoterapeuta estimular a "recuperação" dessas recordações ou interpretar eventuais sensações vagas que surjam, tornando-as compreensíveis e adaptadas ao padrão clínico. Além disso, um ponto central da teoria abrange a questão de as recordações dolorosas serem reprimidas ou até mesmo "descartadas", quer dizer, recordações que vão parar no lugar errado. Tudo isso obriga o terapeuta a partir à procura dos acontecimentos reais por trás das declarações metafísicas e simbólicas, das recordações e dos sonhos.

A principal defensora da teoria das relações entre objetos na Suécia chama-se Margit Norell, que saiu da associação dos psicanalistas do país na década de 1960 para fundar a própria associação de psicanálise "holística", da qual também acabou por se dissociar. Quando Sture Bergwall foi internado em Säter, era essa senhora, já uma veterana defensora da teoria das relações entre objetos, de 70 anos, que estava à frente como líder dos psicólogos e terapeutas da instituição. Segundo Sture, ela era reverenciada ao extremo por todo o pessoal. O próprio Sture chegou a chamá-la no seu livro de anotações de "a maior".

Na biblioteca de Säter, Sture leu tudo sobre as teorias por trás dos métodos de tratamento psicoterapeuta aplicados no hospital. Mais tarde, ele contou para mim:

— Eu ainda não estava havia muito tempo em Säter quando comecei a ler Alice Miller, que escreveu sobre crianças e seus pais. Segundo essa autora, as crianças eram sempre tão dependentes dos pais que mal sabiam manter na memória as recordações dos maus-tratos recebidos. Essas más recordações eram empurradas para longe, para um lugar onde ficavam inacessíveis. Logo descobri que as teorias de Alice Miller correspondiam muito bem àquelas aplicadas na clínica. Então, fiquei sabendo que era na infância que poderiam ser procuradas as explicações para os comportamentos das pessoas como adultas. E também que as más recordações eram esquecidas. Quando Kjell Persson e eu começamos as nossas conversas, eu já havia entendido quais eram as suas ideias e, assim, podia formular as minhas, de modo que fossem aceitas positivamente. Esta adaptação eu fiz para ter o que queria, isto é, contato humano.

Esse contato era utilizado por Sture para discutir tudo e mais alguma coisa, entre as quais o conteúdo dos best-sellers, muito debatidos, de Bret Easton Ellis.

— Para mim, era importante poder discutir o livro com Kjell, comparar as fantasias de Patrick Bateman com as minhas. O livro *Psicopata americano*, as teorias de Alice Miller a respeito das memórias reprimidas da infância, as ideias dentro da clínica — tudo isso criava um campo muito especial para qualquer assassino em série. Devemos ter em mente que são as pessoas violentas que devem ser tratadas aqui na clínica. E eu me encontrava nesse meio, convivia com essas pessoas. Passei a fazer parte de tudo isso. E queria, por fim, fazer parte desse mundo, já que não havia outro mundo para eu querer.

Vícios e terapia

Com a ajuda de Kjell Persson, Sture começou a "recuperar" as memórias traumáticas da infância, tão dolorosas que ficaram "fragmentadas" e reprimidas, escondidas. Sucessivamente, os fragmentos de memória foram sendo recuperados e acabaram por espelhar acontecimentos que, no seu conjunto, detalharam a história de uma infância terrível, cheia de violências, abusos sexuais e mortes.

Os esforços de Sture, durante a terapia, foram considerados positivos e, a partir de então, ele era apreciado como nunca teria sido antes na sua vida.

Uma das consequências das histórias contadas por Sture foi a de ele receber "premiações" sob a forma de liberdade condicional que, gradualmente, era aumentada. E as anotações feitas por Persson, de 2 de outubro, mostram um tom cada vez mais positivo:

Continuação das conversas com o paciente, uma vez por semana. Ele fica oscilando entre ficar mais aberto e mais fechado. Quando se fecha, assume uma máscara pétrea, ficando claro que, nessa altura, ele se cansa mais de si mesmo.

Mais tarde, no outono, Sture recebia em confiança três horas de liberdade condicional por dia e, segundo as anotações de enfermeiros e guardas, ele usava esse benefício cumprindo, rigorosamente, as suas obrigações. Persson escreveu que o tratamento do paciente "não oferece qualquer problema" e ele se mostra "sempre muito delicado e receptivo". De acordo com o desejo de Sture, as conversas passam a acontecer duas vezes por semana, anota Persson, no dia 4 de novembro. "E o que é central nas conversas é a sensação que ele tem de estar à margem, ser um forasteiro. Ele não ousa se mostrar e sente muito pouco o direito à existência."

Os boletins diários e julgamentos anteriores de Sture contam a história de uma vida na qual existiram os vícios do alcoolismo, das drogas e dos remédios, vícios que lhe causaram, repetidamente, graves problemas. Mas essa problemática jamais fora citada no seu diário pessoal.

Em contrapartida, aumentou-se a prescrição legal de narcóticos para Sture, mas esse bem documentado vício anterior jamais foi tratado em profundidade durante as conversas da terapia. Para qualquer leitor atento desses boletins médicos, a ausência de comentários sobre o assunto revela-se um mistério, assim como o fato de Sture gostar mais de falar de si mesmo como abusador sexual, assassino em série e canibal do que alcoólatra e narcótico.

Nos seus primeiros meses em Säter, Sture constata que tanto entre o pessoal como entre os pacientes existem pessoas de que ele gosta e outras que ele mal consegue aturar. Mas, em ambos os casos, tem gente de quem ele poderá se aproveitar. Um desses de quem Sture gosta e poderá tirar proveito é Jimmie Fagerstig, de 22 anos, um criminoso, várias vezes condenado, de corpo inteiramente tatuado, que um dia falou:

— Eu me lembro de quando Sture chegou à enfermaria. Ele não devia estar lá, pensei. Uma pessoa de raciocínio rápido, com muitas ideias. Ele também tinha pânico e vontade de morrer. Pediu-me que lhe batesse, acabasse com ele, com a madeira de algum dos móveis. Ele se deitava no chão e dizia: "Me bate até eu morrer, Jimmie!"

Dentro de pouco tempo, Sture cresceu na estima de Jimmie, não por vencer todo o mundo no jogo de palavras Alfapet, mas por ter contado que fora condenado por assalto. Aos olhos de Jimmie, Sture era um grande cara, mais velho e mais experiente.

— Sim, achei que era bastante engraçado vestir-se de Papai Noel para assaltar o banco! Mas ele se esgueirava — disse-me Jimmie quando eu me encontrei com ele.

Os dois se tornaram amigos devido a um interesse em comum: as drogas. Jimmie ficava impressionado com a surpreendente capacidade de Sture em obter doses extras de medicação.

— Ele se jogava no chão do centro de tratamento e gritava. Naquela altura, os enfermeiros chegavam, não com uma dose, mas com todo o pote da droga! "Sture, quantos comprimidos você quer?" Ele era esperto. Representava os seus ataques de pânico e recebia tantos comprimidos de Halcion e de Xanor quantos quisesse.

Os médicos entenderam logo que Sture não se contentava apenas com as medicações da enfermaria, mas também consumia drogas ilegais. E o fornecedor mais importante de Sture era Jimmie Fagerstig:

— Nós tínhamos tantos narcóticos à nossa disposição que até telefonavam de fora — conta Fagerstig. — Se não houvesse mais droga em Hedemora, eles telefonavam para mim. "Claro, cheguem às 9 horas", dizia eu.

A operação chamava-se "pesca no pote". Isso significava que os internos desciam um pote com drogas com uma corda, através de uma janela de ventilação. E, quando puxavam o pote para cima, o pagamento estava lá dentro.

Durante o outono e o inverno de 1991, Sture foi considerado tão estável e digno de confiança que recebeu autorização para sair sozinho e ir ao serviço religioso na Igreja de Säter aos domingos, e também para correr em volta do lago Ljustern.

Mas, no dia 18 de dezembro, ele fez uma surpresa para os seus guardas. Junto com outro paciente, não voltou. Anotação feita:

> Nós esperamos até as 18h, quando termina a liberdade condicional. Não chegaram. Mandamos um fax para a polícia às 18h19. A polícia de Falun está avisada.

Ao revistar o quarto de Sture, foram encontradas várias cartas de despedida destinadas a médicos e a guardas em que Sture dizia ter tomado a decisão de se matar.

> Portanto, o paciente e seu companheiro, também paciente, fugiram. O paciente deixou no seu quarto um monte de cartas de despedida, na maior parte, datadas de setembro e outubro deste ano, mas com um adendo escrito no dia da fuga. O paciente, entre outras coisas, pede desculpas pelo seu comportamento. Dá instruções relativamente detalhadas a respeito do que deve ser feito após a sua morte. E ele estava tremendo na hora de escrever a informação de que o seu corpo viria a ser encontrado em uma área próxima do hospital. Veio a se saber mais tarde que o paciente esteve duas ou três vezes na tesouraria do hospital, na manhã do dia da fuga, perguntando sobre o pagamento da sua pensão, que, então, ainda não tinha chegado. A equipe já procurou na área em volta do hospital, mas ninguém encontrou nada. Hoje, chegou uma informação da polícia de que o paciente e o seu companheiro provavelmente alugaram um carro na cidade de Sala.

No dia seguinte, Sture e o companheiro voltaram para Säter em um Volvo alugado. Sture confessou que tomou anfetaminas antes da fuga e que, entre outros lugares, esteve na pequena cidade de Åre. Disse, também, que a intenção com a fuga era a de cometer suicídio, dirigindo o carro por uma estrada montanhosa, mas não pôde executar seu plano por estar com um companheiro no carro. Para o seu médico, Kjell Persson, Sture explicou que a fuga foi motivada por sua consciência pesada diante do fato de ter comprado anfetaminas na área do hospital.

As anotações no diário do hospital, feitas depois da fuga, dão a entender que se suspeitava de Sture estar se automedicando e que ele teria outros fornecedores, além dos médicos. O pessoal ficou encarregado de revistá-lo sempre que voltasse das suas incursões em liberdade condicional. Depois disso, foi apanhado várias vezes tentando contrabandear remédios e preparados proibidos.

Nos horários da terapia, Sture começou a contar experiências horríveis, vividas na infância, dizendo para Kjell Persson que antes não tinha qualquer imagem desse tempo, mas que "agora surgem na minha memória, de vez em quando, recordações terríveis da infância". A começar pelo fato de os seus pais terem sido sempre frios e indiferentes às suas necessidades. Mais tarde, chegam imagens do pai ter abusado, sexualmente, dele, quando ele tinha apenas 3 anos.

A mãe de Sture, Thyra Bergwall, era bastante conhecida em Korsnäs como uma mulher carinhosa, sempre atenta, uma pessoa que conseguia manter a família unida, sustentando as sete crianças do casal. Durante as conversas com Persson, Sture diz se recordar agora de cenas familiares em que se sobressai a dupla personalidade da mãe. Conta que ela tentou afogá-lo em um buraco em um lago coberto de gelo quando ele tinha 4 anos. Sture chegou a perder os sentidos, mas foi salvo pelo pai no último segundo. Outra vez, a mãe tentou matar Sture, empurrando-o para a frente de um bonde que se aproximava. Também neste caso, ele conseguiu escapar da tentativa de assassinato ainda com vida.

As recordações de Sture em relação aos maus-tratos dos pais ficam cada vez piores e, por fim, toda a família é envolvida em atos repulsivos, como vítimas e praticantes. Quanto mais extremistas são as recordações de Sture na terapia, mais positiva é a consideração de Persson em relação ao seu paciente.

> Com o passar do tempo, Sture fica cada vez mais aberto nos contatos. Ousa falar sobre si mesmo e sobre suas perversões sexuais, de um jeito que, obviamente, dá a entender a interferência provocada por elas nas suas próprias ideias, entre elas, a de quanto têm sido "doentias" as

suas maneiras de agir. Isso é uma coisa que antes ele tentava reprimir na memória e não conseguia assimilar. Existe notadamente uma dupla natureza no paciente. Na enfermaria, ele tem um comportamento reservado e, ao mesmo tempo, participante, quase chegando ao desejo de agradar aos outros. Mas, por trás desta máscara, estão escondidos sentimentos explosivos que não mostra, dos quais ousa falar.

As anotações de Kjell Persson, no dia 9 de abril, registram uma atitude reservada e aderente na sua vida diária na enfermaria. Na terapia, segundo as conversas, reconheceu-se que a atitude era apenas uma máscara, por trás da qual a "dupla natureza" de Sture se esconde. É a essa dupla natureza que a terapia deverá dirigir seus esforços para desmontá-la.

No mesmo dia, Persson ainda anota:

> O paciente fez uma revisão dos acontecimentos que influenciaram sua infância, acontecimentos que, aparentemente, estavam escondidos na sua mente, mas que voltaram a renascer, cada vez mais, como recordações. Ele chegou mesmo a revisar seus sonhos. Em resumo, pode-se dizer que houve uma situação muito tensa na família, em que parece não ter havido nenhum espaço para as necessidades do paciente durante a infância.

Nas anotações diárias, Kjell Persson escreve como gato escaldado com medo de água fria, visto que quer conservar seu segredo o máximo possível. De acordo com suas ideias, durante a terapia ele conseguiu ajudar Sture a recuperar suas recordações havia muito relegadas ao passado, a respeito dos abusos que sofrera na infância.

Segundo as teorias em Säter, Persson conseguiu realizar seus intentos, demonstrando ser um terapeuta bom e inteligente.

Na primavera de 1992, Sture foi colocado na ala 36 do hospital, mais isolada, mas continuou a receber cada vez mais permissões para sair. Nas anotações cada vez mais raras, está escrito que Sture faz caminhadas, corre em volta do lago Ljustern e até viaja em liberdade condicional para a cidade de Avesta. Por vezes, tem ataques de pânico e, nessas ocasiões, recebe outra medicação, Stesolid ou vários preparados classificados como narcóticos, de preferência, vários tipos de benzodiazepina.

Com a aproximação do verão, os médicos consideram Sture tão estável a ponto de lhe conceder, em 6 de junho de 1992, o regime semiaberto. Isso significava que ele podia sair todos os dias para a cidade de Säter e ficar por lá durante o dia, apenas com a obrigação de voltar todas as noites para dormir no seu quarto, no hospital.

A imagem harmoniosa das poucas anotações diárias esconde, no entanto, os atos dramáticos representados três vezes por semana, com uma disparada de sentimentos e histórias sobre abusos e violências. Kjell Persson sabe que a verdade sobre Sture não vai sair às gotas, lentamente. A verdade vai rebentar como uma bomba. Nesse dia, os nomes do paciente e do seu terapeuta vão parar nas primeiras páginas de todos os jornais. Mas ainda não chegou a hora. A terapia terá de prosseguir por mais algum tempo.

Um passeio à praia

Na quinta-feira, 25 de junho de 1992, o dia nasceu quente e ensolarado. Era um dia perfeito para fazer uma excursão e dar um mergulho nas águas tépidas do lago Ljustern, junto com Therese, uma das enfermeiras favoritas de Sture. Therese era boa de conversa e parecia também gostar de estar com ele.

No momento, os dois estão deitados na beira do lago, tomando um banho de sol, enquanto falam, distraidamente, sobre a vida de Sture e sobre os crimes praticados por ele antes.

— Você gostaria de mim caso ficasse sabendo que fiz algo de terrível?

Therese olhou para Sture, tentando entender a razão da pergunta.

— Terrível como?

— Algo de muito sério, você entende? Enfim, nessa altura, como isso viria a interferir na sua consideração em relação à minha pessoa?

— Não estou entendendo nada, não sei do que você está falando. Muito sério? É melhor você dizer logo o que é.

— Vou lhe dar uma pista.
— Muito bem.
— A-S.
— As?

Therese olhou para ele com um sorriso de preocupação.

— Sture, continuo não entendendo nada.

Ela achou aquela conversa muito estranha, desagradável até, mas não queria deixar transparecer isso. Não seria muito difícil imaginar o que seria terrível e muito sério, vindo de um paciente da ala de psicologia legal que já tinha praticado um assalto, abusos sexuais contra crianças e violências várias. Ela conseguiu desviar a conversa, mas, na chegada ao hospital, resolveu relatar o que Sture tinha dito.

Göran Fransson e Kjell Persson eram ambos responsáveis por Sture Bergwall. Persson assumia a terapia, enquanto Fransson era o supervisor e responsável geral pelo tratamento. Ao chegar à enfermaria, no dia seguinte, Fransson recebeu o relatório do que se passara na praia do lago e pediu, imediatamente, o comparecimento de Sture na sala de música para uma conversa. Assim que Sture chegou, Fransson fechou a porta da sala.

— Sture, estou muitíssimo preocupado diante do que me contaram hoje pela manhã quando cheguei. Sua conversa com Therese, ontem, na praia — elucidou ele. — "As..."

Sture baixou a cabeça.

— Você tem tido direito a saídas temporárias, visto que julgávamos estar em um estágio de bom equilíbrio. Você se lembra do que falamos sobre o assunto anteontem?

Sture fez um sinal de assentimento, mas não tinha nada a acrescentar.

— Você deve entender que assim nós vamos ficar inseguros! Algo de *muito sério e grave*? O que isso significa? E a pista indicada: A-S?

Sture continuou a olhar para o chão.

— Você sabe, realmente, o que as letras A-S representam?

— Claro que sei. Naturalmente... Mas não posso explicar isso. Não agora.

— Mas por que você diz uma coisa dessas? Deve haver um motivo, não?

Sture concordou com um sinal. Fransson permaneceu calado.

— Tudo isso — começou Sture por dizer, gaguejando — é apenas minha maneira normal de afastar as pessoas que me estimam.

— Você não afastou ninguém! Therese colocou no relatório o que você disse, tal como era seu dever. Você tem de entender que isso causa problemas para todos nós. E a sua saída hoje... Você entende como é desagradável o que nós sentimos neste momento?

— Eu posso parar de sair. Posso fazê-lo. Tudo bem — sussurrou Sture como resposta.

— Vou cancelar todas as suas saídas daqui para a frente. Nada de saídas temporárias até que tenhamos a certeza de onde estamos pisando.

Sture continuou em silêncio, sem se mexer, de cabeça baixa.

— Somos obrigados a ter muito cuidado quando você fala desse jeito, por meio de enigmas, Sture.

Aquilo que Sture deu a entender durante a excursão no lago — "de que ele fizera uma coisa grave, muito séria" — confirmava as suspeitas de Fransson, levantadas desde que fizera um pequeno exame psicológico do paciente, chegando a anotar a suspeição de que Sture seria culpado de ações violentas entre abusos sexuais em rapazes, além da tentativa de assalto em 1990.

— Isso significa que, no futuro, não vou poder expor os meus sentimentos — disse Sture, em voz baixa. — Nem vou poder contar para o pessoal o que eu sinto.

Fransson procurou enxergar a expressão do olhar dele.

— Prometo uma coisa a você, Sture. Não há problema nenhum nisso, desde que você não fale por meio de enigmas. Por ora, vamos pensar no que aconteceu e, mais tarde, voltaremos a falar sobre o assunto. Tudo bem?

Com isso, Fransson deixou a sala de música.

Dez dias mais tarde, Sture voltou a adquirir o benefício da saída temporária. As preocupações levantadas durante a excursão pareciam esquecidas. Naquele momento, já se pensava em lhe dar alta do hospital.

Sture Bergwall entra então em contato com a administração dos registros da população sueca e solicita autorização para mudar seu nome para Thomas Quick. Solicitação aprovada. Ele pretende com isso esquecer todo o seu passado e começar uma vida nova, com um nome sem manchas. Conseguiu até um novo apartamento, um pequeno conjugado, na rua Nygatan 6B, em Hedemora, a partir de 15 de agosto. Ele se sente "muito bem, no momento". A única nuvem é a preocupação em saber se terá recursos para mobiliar o novo lar. Durante todo o verão, existem apenas anotações a respeito de como sua medicação está sendo aplicada, as corridas diárias em volta do lago e a maneira como ele se comporta em suas saídas temporárias, que lhe permitem viajar para Hedemora, Avesta e Estocolmo.

A mudança para o seu novo apartamento sofre vários adiamentos. Em setembro, fica claro que ele não vai conseguir pagar o aluguel. E ele desiste do contrato, continuando na clínica de Säter, só que, em novembro, fica instalado em um quarto na ala dos pacientes classificados para sair.

Enquanto, porém, os responsáveis no hospital preparam a saída definitiva de Thomas Quick, acontecem ações dramáticas em segredo.

O jogo fica sério

Na continuação da terapia com Kjell Persson, Thomas Quick lembra-se de que viajara para a cidade de Sundsvall, onde matou Johan Asplund. Acontece que o desaparecimento de Johan foi o assunto mais divulgado e comentado na imprensa sueca na década de 1980. E Quick não está absolutamente seguro de que a sua lembrança do ato é correta. Persson decide que os dois devem viajar para Sundvall no dia 26 de outubro de 1992, a fim de ver se lhe vêm à memória mais alguns detalhes.

Kjell Persson pegou o endereço certo, mas errou o caminho na primeira tentativa. Muitos anos mais tarde, ao testemunhar em tribunal sobre o assassinato de Johan Asplund, Persson admite ser "possível que tenha sido por sua iniciativa o desvio seguido pelos dois em direção ao bairro Bosvedjan".

E isso é mais do que possível, a julgar pelo seu próprio relatório e pelas informações que deu mais tarde no primeiro interrogatório na polícia. Quando chegaram ao cruzamento e viraram para a direita, onde a placa indicava Bosvedjan, foi Persson quem sugeriu que seguissem naquela direção. Quick não se opôs, mas não saberia dizer se estava certo ou errado.

Em determinado lugar no bairro, Quick tem uma crise de pânico tão forte que Persson se sente obrigado a suspender a reconstituição. E a reação de Quick é tomada como sinal de que foi ele quem assassinou Johan.

Após a curta visita a Bosvedjan, eles seguem ao acaso pela cidade de Sundsvall e chegam a um local chamado Norra Stadsberget, onde Quick tem uma nova crise de pânico, muito forte, e diz que foi ali mesmo que o assassinato ocorreu.

Após o regresso a Säter, Persson não faz nenhuma anotação do ocorrido. Mas continua a conversar com Quick sobre o assassinato de Johan, três vezes por semana, em segredo, sem comunicar nada, nem à direção do hospital, nem à polícia. Isso, apesar de Persson estar convencido de que seu paciente cometera um crime.

Se o médico Kjell Persson não tivesse partido de férias em fevereiro de 1993, talvez tivesse demorado muito mais para que as confissões de assassinato por parte de Quick fossem conhecidas.

Mas Persson se ausentou da clínica, e Quick, habituado a essas bizarras conversas três vezes por semana, virou-se para Birgitta Ståhle, uma psicóloga na época com 38 anos, que era também defensora da teoria das relações entre objetos.

"Nossos contatos vão funcionar como uma válvula de escape para Sture, visto que a terapia que ele segue é um processo que lhe traz à memória muito material e, portanto, ele precisa ter um ponto fixo, de referência, quando encontra alguém", escreveu Ståhle, no diário do paciente.

Mas Birgitta Ståhle não se tornou a válvula de escape que tinha pensado. Para usar sua própria metáfora, podemos dizer que a tambor de pressão explodiu logo no primeiro encontro. Ela ficou tão horrorizada diante do que Quick lhe contara, que em seguida entrou em contato com Göran Fransson, na qualidade de responsável principal por Quick.

— Sture me contou que já matou duas pessoas, dois rapazes — informou Ståhle.

Göran Fransson não quis reconhecer que seu parceiro, Kjell Persson, o mantinha informado sobre o processo psicoterapêutico do paciente. Teria sido muito grave se ele, como responsável por Quick, tivesse tido conhecimento das confissões criminosas do paciente e não as passasse adiante.

Devido à entrada de Birgitta Ståhle no circuito, o sigilo das confissões de Thomas Quick rebentou. Göran Fransson ainda pensou no assunto durante onze dias, antes de fazer qualquer coisa. No dia 26 de fevereiro, ele escreveu no diário médico de Quick:

> O terapeuta do paciente, no momento, está de férias. Durante este período, o paciente procurou o contato de duas pessoas-chave na enfermaria e ficou sob a atenção da psicóloga Birgitta Ståhle, a quem informou ter cometido dois crimes, um quando tinha 16 anos e outro, há dez anos. Trata-se de dois rapazes, declarados como desaparecidos, mas cujos corpos não foram encontrados. Eu expliquei para ele que, evidentemente, as suas confissões vão ter consequências legais e que ele vai ter de enfrentar a polícia se quiser ter a possibilidade de uma reconciliação com o passado. Ele aceita e concorda com isso, mas, naturalmente, está cheio de medo.

A anotação dá a entender que Thomas Quick, de repente, confessou ter cometido esses dois crimes, antes desconhecidos em Säter, apesar de ele já ter falado de um deles — o assassinato de Johan Asplund — em outubro de 1992, e de seu médico ter começado uma investigação do crime por conta própria. Mas agora que o segredo fora revelado, Fransson obviamente reconheceu como indevido uma clínica psiquiátrica forense, em segredo, começar a investigar os crimes confessados de um paciente, sem comunicar nada à polícia.

A situação apanhou Quick de surpresa. Tudo tinha sido excitante, simples e sem perigo, enquanto o assunto não passava de conversas entre ele e Kjell Persson. Ele considerava essas conversas como um estimulante jogo intelectual. E, de repente, Göran Fransson falava em levar o caso para a polícia, sujeito a apuração, julgamento e eventual condenação. Tendo soltado a língua diante de Birgitta Ståhle, a "caixa de Pandora" se abriu e suas próprias palavras voaram para longe, ameaçadoras e horríveis, totalmente fora de controle. Era impossível girar para trás os ponteiros do relógio ou colocar todas as palavras ditas, de volta, entre as quatro paredes da sala de terapia.

De regresso de férias, Kjell Persson reassumiu a sua posição de terapeuta e escreveu, depois, no diário médico de Quick:

> Apareceram também recordações terríveis, muito estranhas, relacionadas com alguns episódios da infância do paciente, episódios em que ele esteve para morrer pelas mãos da mãe. O mais sério dos episódios foi aquele em que a mãe tentou afogá-lo no lago Runn, em um dia de inverno. Os acontecimentos mais dramáticos ocorreram, ao que parece, quando o paciente tinha entre 3 e 5 anos. Os abusos sexuais, porém, continuaram mesmo depois dessa idade, embora com menor intensidade.

Todavia, o que tornou Thomas Quick o grande tesouro, de valor inestimável para a clínica, não foram esses abusos, mas a relação entre eles e as violências praticadas por Sture na idade adulta. Segundo a teoria das relações entre objetos, as violências do adulto Sture não eram mais do que representações das violências por ele sofridas na infância. Ou como Persson escreveu no diário médico:

> Paralelamente à descoberta dessas imagens bizarras da infância que, de vez em quando, surgem claras como água pura, as imagens recordadas do assassinato de Johan Asplund se tornam, também, mais nítidas. De início, as imagens recordadas do crime do Sture adulto apareciam na terapia mais como fantasias sonhadas. E só depois surgiram cada vez mais claras e isoladas. À medida que ele trabalhava essas imagens do ataque a Johan Asplund e do seu assassinato, mais elas ficavam ligadas às imagens horríveis da sua infância. E o crime se apresentou, então, como uma representação psicológica das situações infantis, vistas sob vários ângulos.

Em fevereiro de 1993, Göran Fransson resolveu um dia bater à porta do quarto de Sture e entrar. Queria saber como Quick encarava suas próprias confissões. Quick respondeu que, naquele dia, suas sensações não estavam tão nítidas como haviam estado antes. Ele se sentia hesitante e inseguro em relação a tudo.

— Quero lhe dar uma chance para se entregar à polícia por iniciativa própria. Se você não se entregar dentro de duas semanas, vou ser obrigado a fazê-lo eu mesmo — disse Fransson.

Quick entendia que a polícia precisava ser informada, mas dissera que, de fato, ainda estava muito inseguro a respeito de poder contar, realmente, tudo o que acontecera a respeito do assassinato de Johan.

— Você tem que se preparar por escrito para o interrogatório que a polícia fará — disse Fransson. — E, evidentemente, você estará acompanhado pelo nosso pessoal quando for interrogado.

A pedido de Fransson, Quick tentou fazer o seu melhor ao contar tudo de novo sobre o assassinato de Johan Asplund. E Fransson pôde constatar que a versão não era a mesma contada na sessão da terapia. O caso ficou anotado no diário médico do paciente:

> Ele descreve tudo quase como fantasias suas, onde há falta de clareza e onde há dúvida em relação ao acontecido. Mas considerou agora as suas fantasias confirmadas como uma consequência da atual psicanálise. Então, eu o confrontei com as respostas que deu na semana passada, respostas evasivas em duas ocasiões, diante de perguntas diretas, feitas por mim, se havia outras dúvidas. Eu próprio acho estranho que tenham decorrido quinze anos entre os dois crimes. Nessa altura, ele conta que tem fantasias ou imaginações em relação a dois outros casos, com nomes de Peter e Mikael. A ordem envolve uma sequência cronológica. No entanto, ele não tem a certeza de que, nesses casos, as vítimas sejam suas ou não.

Para mim, Sture conta como ficou angustiado quanto ao que fazer durante as duas semanas de liberdade temporária que lhe foram concedidas por Göran Fransson. Se dissesse que tinha mentido em todas as ocasiões durante a terapia, talvez pudesse sair da situação precária em que se encontrava. Mas será que alguém iria acreditar nisso? O que diria Kjell Persson? E Göran Fransson? Ele ficou pensando em várias alternativas, mas nenhuma delas lhe pareceu realista. Por fim, contatou Göran Fransson e pediu a ele para telefonar para a polícia. Em seguida, tudo poderia acontecer.

O policial-assistente Jörgen Persson chega ao Hospital de Säter, por volta das onze horas da segunda-feira, 1º de março de 1993. Meia hora mais tarde, liga o gravador de voz em uma improvisada sala de interrogatórios, faz as devidas anotações sonoras e saúda o suspeito. Kjell Persson é testemunha do interrogatório. O policial verifica se o gravador está funcionando direito e, então, recosta-se na poltrona.

— Muito bem, Sture. Já podemos começar a falar um pouco. Eu venho da polícia de Borlänge e, na realidade, não sei nada de especial a seu respeito, a não ser que você começou a falar aqui no hospital de uma série de coisas das quais gostaria de voltar a falar para mim. Portanto, não sei nada a respeito de investigações anteriores, nada, a não ser alguma coisa que talvez tenha aparecido na imprensa. Enfim, estou sem qualquer tipo de antecedente.

O interrogatório avança com dificuldade, apesar das tentativas esforçadíssimas por parte de Jörgen Persson. Por fim, ele faz a pergunta muito simples que coloca Quick em movimento:

— Afinal, o que aconteceu? Do que você se lembra, Sture?

— Pedi emprestado o carro de um conhecido — diz Quick. — E dei uma volta de noite, acabando por chegar a Sundsvall. Parti, portanto, já de noite, de Falun, e cheguei a Sundsvall ainda na mesma noite.

— Muito bem — diz o policial Persson, encorajador. — O que você fez depois? Para onde foi?

— Foi uma viagem ao acaso, a não ser que... Quer dizer, eu não tinha nenhum destino certo. Mas, de qualquer forma, acabei por chegar a um dos extremos da cidade.

— Quem era o dono do carro? De quem pegou o carro emprestado?

— Não me lembro agora do sobrenome, mas o primeiro nome é Ljungström.

— E como, de que maneira você conheceu Ljungström? Era um parente? Ou apenas um conhecido?

— Não. Era apenas um conhecido. Nós costumávamos nos encontrar no balneário Lugnet.

Quick conta para Jörgen Persson como ele, no Volvo de Ljungström, chegou a um estacionamento no bairro de Bosvedjan, no lado norte de Sundsvall.

— Você sabe como eram as fachadas dos imóveis, as cores ou que tipo de material era usado; enfim, detalhes assim?

— Nessa altura, sou obrigado a dizer que eu mais a testemunha do interrogatório aqui presente estivemos lá no outono passado, portanto pode ser também essa a imagem lembrada... Saber qual é a imagem lembrada é um pouco difícil — explica Quick.

— Você esteve lá e observou o lugar, certo? Portanto, você deve se recordar de como eram os imóveis, não é?

— Claro.

Depois deste esclarecimento, sob vários pontos de vista muito estranhos, o policial resolveu não insistir na mesma questão e seguiu em frente:

— O que você fez quando chegou ao estacionamento?

— Vou tentar ser um pouco mais direto e usar a técnica que está ao meu alcance. Procurei encontrar um rapaz, e já tinha notado que havia uma escola por perto. E lá vinham dois meninos, andando, e logo se separaram, cada um indo para o seu lado. Eu chamei, então, quando eles se separaram. Não sei se eles vieram em companhia um do outro, mas, de qualquer maneira, chegaram ao mesmo tempo. Um deles, digamos, veio em direção a mim. Vestia uma jaqueta aberta e eu gritei que me ajudasse. Tinha acabado de atingir e matar um gato. Ele veio até o meu carro, entrou e saímos dali. E fomos para... Stadsberget, em Sundsvall, onde eu o matei, portanto. E esse rapaz era Johan Asplund.

Quick fica em silêncio.

O policial-assistente Persson parece não saber como continuar. Acabara de receber uma confissão completa, relativa ao assassinato mais comentado em Sundsvall em tempos modernos. O assassinato de um menino de 11 anos que desaparecera no dia 7 de novembro de 1980.

— Então é isso — diz Jörgen Persson, suspirando. — E você ficou guardando tudo isso dentro de si durante todos esses anos?

— Eu posso ter convivido com isso, durante todos esses anos, mas não o fiz em sã consciência — responde Quick, enigmaticamente.

O interrogatório continua com perguntas sobre as roupas de Johan, mas Quick consegue se lembrar apenas de que o menino vestia uma jaqueta azul-escura.

Naquele momento, o policial Persson se dá conta de que está realizando o interrogatório de um suspeito de assassinato sem a presença de um advogado de defesa. A questão é tão importante e séria que ele precisa resolvê-la de alguma maneira. E diz:

— Olhe aqui, Sture, só para que a gente prossiga da maneira correta, eu preciso dizer que, confessando que matou o rapaz, você vai ser dado como suspeito de assassinato, entendeu?

— Evidentemente — diz Quick.

— E com isso tem direito a um advogado, você deve saber, assim como tem direito a um advogado durante a investigação por parte da polícia, certo?

Quick diz que nem pensou nisso. O policial Persson explica que ele próprio precisa seguir os regulamentos e falar disso.

— É claro — concorda Quick.

— Muito bem — diz Jörgen Persson. — E como você vê a questão do advogado? Posso continuar a conversa com você e discutir a questão do advogado mais tarde? Em que momento você quer inserir o advogado?

— Bem, essa é uma questão difícil — constata Quick. — Nem sequer pensamos nisso.

— Não — confirma a testemunha Persson. — E eu não posso responder por isso.

— Não, nós não pensamos nisso — diz Quick.

— E eu não sou advogado — diz Kjell Persson.

— Não é, não — concorda Quick. — Acho que, se quisermos cumprir as formalidades e fazer a coisa certa, nesse aspecto, talvez tenhamos que recomeçar tudo desde o início.

Ao verificar que não havia obtido a concordância do médico, nem do policial, Quick resolve prosseguir na sua argumentação:

— Um advogado poderá ser uma boa presença, no sentido de que será, certamente, uma força neutra no caso. Imagino que essa é, realmente, uma boa ideia.

Mas não é isso o que acontece. Jörgen Persson resolve desligar o gravador e "discutir um pouco sobre o assunto", como ele vem a escrever no seu protocolo. E, quando a gravação recomeça, o interrogatório prossegue mesmo sem advogado.

Quinze anos depois desse interrogatório, ao ler para Sture Bergwall como ele argumentou bem e por boas razões, visto que devia ter sido acompanhado de um advogado desde o início, ele diz:

— Fico muitíssimo afetado ao escutar como as coisas se passaram. Indignado. E recordo muito bem a situação e a minha vontade de dar uma satisfação a Kjell Persson. Se tivesse confessado que tudo o que contei na terapia era pura invencionice, eu teria constrangido Kjell Persson. E eu mesmo não queria me constranger diante de Kjell.

Durante vários meses, três vezes por semana, tinha falado sobre o assassinato com o seu médico, que, de repente, se tornara testemunha do interrogatório e de quem ele, como paciente recluso, estava em dependência total.

— Era absolutamente impossível para mim, naquela situação, dizer que tinha mentido todo o tempo, durante centenas de conversas na terapia — diz Sture.

Peço a Sture que explique o que ele tinha em mente durante o interrogatório de 1993, ao dizer que um advogado poderia ser "uma força neutra" na situação.

— Achei que um advogado poderia ser uma força equilibradora entre mim e Kjell Persson. O advogado poderia ter perguntado: "Isso é realmente verdade, Sture?" E explicar que era melhor nós falarmos com um pouco mais de calma.

Quando o interrogatório recomeça, Quick tem a chance de contar, detalhadamente, como conseguiu enganar Johan e atraí-lo para o carro, jogar a cabeça dele contra o painel, de modo a deixá-lo inconsciente.

— O que aconteceu depois? — pergunta o policial Persson.

— Partimos daquela área, embora eu não soubesse ainda, por assim dizer, para onde devíamos ir. Mas dali a pouco estávamos em Stadsberget, em Sundsvall, onde estacionamos. Tirei Johan do carro e entramos um bom bocado na floresta próxima. Foi então que aconteceu: eu o estrangulei.

Um pouco depois, durante o interrogatório, o policial Persson lhe pergunta o que ele fez com o corpo.

— Está debaixo de uma pedra grande, num pequeno monte de pedras — diz Quick.

— E quando o corpo foi parar lá? — pergunta Jörgen Persson.

— Na mesma manhã.

— Hum! — exclama o interrogador. — Vamos fazer uma parada agora para almoçar, está bem?

Na parte da tarde, o interrogatório continua de onde terminara, em Stadsberget, onde Quick dissera ter estrangulado Johan e escondido o corpo.

— Como você fez para estrangulá-lo? — pergunta Persson, o policial.

— Usei as mãos, claro.

— Aconteceu alguma coisa antes de você estrangulá-lo?

— Não, nada de especial.

Mas, ao receber novas perguntas a respeito da intenção de enganar Johan e atraí-lo para o carro, Quick lembra-se de ter abusado sexualmente de Johan antes de estrangulá-lo.

— E, depois, quando o rapaz já estava morto, você fez mais alguma coisa. Se me lembro bem, você disse que ele foi parar em cima de um monte de pedras. É nisso que estou pensando.

Aqui, mais uma vez, a conversa toma um novo rumo:

— Eu tirei os sapatos dele e as calças. E aqui não me lembro bem. Quer dizer, acho que... Não tenho certeza, mas acho que escondi as roupas dele em algum lugar por perto. Enrolei as roupas e coloquei-as embaixo de algumas pedras. Depois, fui buscar um cobertor no carro e enrolei o corpo nele. E acho que não escondi o corpo em Stadsberget. Acho que parti de lá com o corpo. E seguimos pelo mesmo caminho pelo qual viemos. E fomos na direção norte, ou seja, saímos de Sundsvall de novo, seguimos um pouco para o norte, na direção de Härnösand. Acho que, depois dessa estrada, encontrei outra, menor, pela qual entrei e onde encontrei o lugar onde escondi o corpo do menino.

Quick menciona um lugar com "um acesso curvo para o interior da natureza", onde encontrou algumas pedras que podiam ser afastadas. Depois de afastá-las, colocou o corpo nesse lugar e voltou a pôr as pedras na posição anterior. Jörgen Persson escutou, pacientemente, todas as versões de Quick a respeito do que aconteceu ou, talvez, do que devia ter acontecido, mas volta a citar alguns detalhes:

— Digamos o seguinte, Sture: você falou "acho que" quanto ao corpo. Você tem certeza de que colocou o corpo dentro do carro antes de partir ou você não tem certeza disso?

— Não tenho certeza.

— Portanto, o corpo pode estar ainda em Stadsberget, naquele mesmo terreno, não é?

— Sim — diz Quick.

Em seguida, o policial Persson fica pensando num outro detalhe do interrogatório que lhe pareceu muito estranho.

— Como você sabe que partiu em direção a Stadsberget? Como você sabia do nome do bairro? É sobre isso que estou curioso.

Quick vira-se, então, para Kjell Persson e responde nessa direção.

— Isso eu soube na viagem que nós fizemos. Que o lugar tinha o nome de Stadsberget. Foi isso. Antes, eu não sabia, acho que não sabia, não.

— Você deve contar como tudo ocorreu — diz Kjell Persson.

Mas Jörgen Persson não deixa que Quick conte como foi a viagem. Em vez disso, vira-se para a testemunha ocular do encontro e diz:

— Quer dizer que vocês dois já estiveram lá, em Sundsvall, não é?

— Já estivemos lá, sim. Confirmo.

O interrogador não se preocupa em saber o que o terapeuta e Quick fizeram em Stadsberget e por que viajaram até lá.

Em contrapartida, uma questão muito importante do ponto de vista policial é o fato de Quick revelar que o carro ficou manchado de sangue por dentro. Em seguida, conta detalhadamente o que fez para limpar o carro e as manchas de sangue num posto de gasolina, no caminho de volta. Durante a parada, ele chegou a telefonar para a sua mãe, com quem vivia, para tranquilizá-la, para dizer a ela que não precisava se preocupar.

Quick virou-se, então, para o seu terapeuta e disse:
— Sei que sou muito chato, Kjell, mas, por favor, vê se eles já fizeram o café?

Kjell Persson deixa a sala para buscar o café, e o policial Persson prossegue perguntando a Quick sobre o que aconteceu durante a viagem a Sundsvall que ele o terapeuta fizeram. Para que o policial possa entender os motivos de uma viagem daquelas, Quick precisa esclarecer como funciona a memória em relação a acontecimentos tão traumáticos.

— Este acontecimento tem permanecido escondido de mim mesmo. Foram encontrados detalhes do evento na minha memória. Depois, eu e o meu terapeuta discutimos durante muito tempo e intensivamente o assunto. Nós nos encontramos três vezes por semana e só depois as barreiras começaram a desaparecer. O improvável pode ser verdade. Viajamos, então, para Sundsvall e eu não sabia aonde devíamos ir, não sabia mais nada. O terapeuta conduzia o carro e eu ficava sentado ao seu lado. E foi assim que chegamos a Sundsvall, sem eu saber qual caminho seguir.

— Isso está correto — confirma Kjell Persson, que acabara de voltar com o café.

— Mas eu vou voltar, dentro em pouco, a me lembrar de novo desse lugar — diz Quick.

— Posso acrescentar que eu sabia para onde devíamos ir — salienta Kjell Persson.

— É, isso mesmo — reforça Quick.

— Mas eu não queria isso. Eu queria que você me indicasse o caminho, o nosso caminho. Eu tinha procurado saber com antecedência onde Johan morava. Era para lá que eu queria que você nos levasse. E deixei que você fizesse isso até certo ponto, com uma pequena ajuda da minha parte — acrescenta Kjell Persson

Quick conta, então, como reconheceu um lugar junto de um supermercado "Obs!" e, a partir daí, pôde indicar, mais ou menos, o caminho a seguir. Em contrapartida, não conseguiu encontrar, exatamente, a pequena estrada de terra batida onde entrara. Desse detalhe, é Kjell Persson quem lhe refresca a memória.

— Ah, sim, sim — atalhou Quick.

— Notei logo que estava errado — disse Kjell Persson.

Por fim, eles acabaram chegando à casa de Johan. Nesse ponto, Quick interferiu, querendo contar como ele reagiu ao ver a casa.

— É... Nessa altura, eu desconfiava que tinha falhado, que o improvável não era verdade. Mas, quando chegamos lá, eu vi tudo claro, que tudo era verdade.

— Isso foi o que você sentiu?

— Sim, precisamente.

— Você tem agora a certeza de que é verdade?

— Sim. Depois daquela viagem, sim. Foi aquela viagem que fechou, fechou...

O policial Jörgen Persson escutou todas as interpretações de Quick, tentando entender as suas metáforas sobre falhas e buracos e sobre como a viagem a Sundsvall, obviamente, concluiu tudo. Ao mesmo tempo, reconhece que faltam informações concretas nas histórias contadas a respeito de Quick ter estado em Sundsvall e assassinado Johan. Ele acha muito estranho que a confissão do ato tenha surgido só então, doze anos e meio depois do acontecido.

— Sture, você fez alguma coisa para tentar falar para aqueles à sua volta que tinha sido você quem fez tudo isso? — perguntou ele.

— Eu ainda não sabia que tinha sido eu — respondeu Quick.

— Você não sabia mesmo?

— É isso que torna tudo difícil.

Quick contou, então, que, como todo mundo, leu todas as matérias escritas nos jornais a respeito do assassinato de Johan e que, na época, pensou que *podia* ter sido ele quem cometera o crime. Mas ele reprimiu esses pensamentos. Chegou a descrever o longo processo nas sessões de terapia em que as imagens recordadas do assassinato de Johan, pouco a pouco, começaram a surgir.

— Mais como fantasias, de início — elucidou Kjell Persson.

— Sim, precisamente — concordou Quick.

— Isso. Foi isso o que entendi e que você parece ter vivido, pelo que entendi — esclarece Kjell Persson.
— Sim, precisamente — insistiu Quick.
— Hum — sussurra o policial Jörgen Persson. — Portanto, você nunca mais esteve nesse lugar depois. Nem mudou nada, nem procurou encontrar as roupas, nem mudar o corpo?
— Não — afirmou Quick, com determinação.
— Tem certeza? Ou existe ainda alguma possibilidade de você ter estado lá?
— Não, acho que essa possibilidade não existe, não.
— E, durante a nossa visita, isso podemos afirmar, nós paramos ao entrar em Stadsberget. Foi lá que se cometeu o crime. E por aí ficamos. Depois, voltamos para casa — esclareceu Kjell Persson.
— Exatamente — confirmou Quick.
— Sim, você não aguentava mais — disse o médico.
— Quer dizer... — interveio o policial. — Quer dizer que vocês não chegaram a entrar na floresta, nem tocaram em nada.
— Apenas um pouco, sim — confirmou Quick.
— Isso mesmo. Você reconheceu a entrada do caminho e logo resolvemos voltar — insistiu Kjell Persson.

Nesse primeiro interrogatório, Thomas Quick confessou também o assassinato de um rapaz, crime cometido antes de 1967, em algum lugar na província de Småland, talvez na cidade de Avesta.
Quick contou que ele viajava de carro com outro homem, dez anos mais velho, que nós, aqui, vamos chamar de Sixten Eliasson. Sixten era homossexual, mas, como membro do Exército da Salvação, foi obrigado a esconder suas tendências atrás da fachada de um casamento.
— Ele tinha um carro preto... Como é mesmo a marca daqueles carros? — refletiu Quick.
— Studebaker — sussurrou Kjell Persson.
— Isso. Isso mesmo — reagiu Quick.
— Um carro bastante raro — salientou o médico-chefe.
— Sim, — confirmou Quick que, de repente, se lembrou do carro que Sixten realmente tinha. Era um Isabella.

— Borgward Isabella — corrigiu Kjell Persson.

— Exatamente — disse Quick.

— O que aconteceu, então, com o rapaz?

— Ele, ele ficou escondido. Eu o escondi.

— Você se lembra de onde o escondeu?

Nessa altura, Quick virou-se para o terapeuta:

— Sobre isso, eu já falei antes para você, não? Aquela escada já meio carunchada, com a madeira podre, que eu levantei e que, por baixo, havia um espaço?

— Uma escada, diz você, certo? — inquiriu Jörgen Persson.

— Era uma escada grande, por assim dizer, que em parte estava coberta de grama e terra e toda esburacada por carunchos e cupins. E, quando eu a levantei, a terra veio junto.

— Ah, sim, uma escada não usada havia muito...

— Exatamente. Já devia estar ali fazia muitos anos, no chão.

O policial assistente Persson quis saber, então, se Quick conhecia bem o rapaz. Como se chamava? De onde veio? Que idade tinha?

— Sim, ele tinha mais ou menos a minha idade ou, talvez, um ou dois anos menos. E ele se chamava Thomas, presumo eu.

— O corpo do rapaz foi encontrado depois do crime?

Quick não se lembrava mais se haviam falado disso durante a terapia e se virou para Kjell Persson, que também não se recordava de Quick ter falado sobre o assunto. Quick disse, então, acreditar que o corpo não fora encontrado por muitos anos.

Apesar de Quick ter confessado, sem hesitações, o assassinato de Johan em Sundsvall e de Thomas em Småland, o policial Jörgen Persson não estava satisfeito.

— Eu penso, principalmente, na possibilidade de você ter feito... De você ter matado mais alguém, da mesma maneira, além dos dois casos já mencionados.

— Não — disse Quick, que prosseguiu: — Pensando bem na maneira como esses dois casos ficaram esquecidos, eu não posso garantir, é claro, uma resposta categórica. A única resposta que eu posso dar é "não, acho que não". Esse é bem o modo como eu posso responder a essa pergunta.

— Mas será que existe uma época na sua memória em que você sente que pode ter acontecido algo mais? Existe alguma imagem, alguma coisa em você que lhe esteja dizendo que...

— Não, nenhuma imagem — responde Quick, pacientemente. Mas Jörgen Persson não desiste:

— Mas não será possível existir algo nos seus pensamentos que lhe esteja dizendo que pode haver mais casos semelhantes?

— Não. Nada além do que já disse. Tudo ficou tão escondido, tão bem reprimido, mas agora não pude deixar de reconhecer que aconteceu.

— Mas existe mais alguma coisa, alguma imagem de qualquer coisa?

— Não — respondeu Quick.

Talvez o médico-chefe Göran Fransson tenha falado sobre as "fantasias ou concepções de Quick em torno de... Peter e Mikael". De qualquer forma, o policial Persson voltou a insistir, tentando convencer Quick a confessar mais crimes.

— Pensei na possibilidade de haver alguma coisa posta de lado — tentou ele. — Alguma coisa de que você tenha apenas uma vaga ideia ou fracas reminiscências?

Mas não deu em nada. Quick se recusou a aceitar a hipótese de ter cometido mais crimes, de modo que, por fim, Jörgen Persson resolveu sugerir o encerramento do interrogatório.

A inquirição durou três horas, e Quick tornou-se suspeito de assassinatos.

Na delegacia em Borlänge, o promotor-chefe Lars Ekdahl recebeu um relatório falado do interrogatório. E essa foi a última vez que a polícia de Borlänge teve alguma coisa a ver com Thomas Quick.

Divagações e desvios

Como o assassinato de Johan Asplund ocorreu na província de Västernorrland, o caso foi parar nas mãos do promotor-chefe Christer van der Kwast, da promotoria regional da cidade de Härnösand.

Christer van der Kwast tinha na época 48 anos, nascido e criado na capital do país, Estocolmo. Ao terminar os estudos jurídicos, foi ser notário junto ao tribunal regional de Södertörn, durante os últimos anos da década de 1960 e, depois, desempenhou a função de aspirante a promotor nas cidades de Umeå e Östersund, no norte da Suécia.

Após um curso estrategicamente importante de administração de empresas, ele foi nomeado, em 1986, promotor distrital em Härnösand, especializado em crimes financeiros. Em 1990, o Partido Social-Democrata anunciou que os crimes financeiros seriam uma área prioritária da Justiça e, no mesmo ano, Christer van der Kwast foi nomeado promotor-chefe. Seu caso mais importante, durante os anos como promotor distrital — a chamada herança Leasing Consult, com vinte processados e uma longa série de julgamentos, na década de 1980 — acabou, no entanto, por ir parar, após uma sequência de recursos, num tribunal superior, com sentenças menores e com a inocência proclamada numa instância irrecorrível. Além disso, os crimes de colarinho branco na província de Västernorrland, no interior da região nordeste do país, não eram tantos assim, de modo que ele acabou por dedicar grande parte do seu tempo a outros tipos de crime. Mas a única investigação por assassinato em que ele tinha entrado até então fora o caso de Eva Söderström, que terminou sem definição. Em 1992, Christer van der Kwast acabou por se dedicar, exclusivamente, a transgressões imobiliárias.

A conversa na câmara da promotoria em Borlänge, em 1º de março de 1993, deve ter sido para ele uma boa oportunidade de mudança de hábitos profissionais. Evidentemente, já havia, no mínimo, uma série de dez gargantas frouxas a confessar terem matado Johan Asplund, além daquela, agora, de um paciente do Hospital de Säter.

Ao mesmo tempo, a confissão teria de ser controlada, e isso significava que Christer van der Kwast precisava de um investigador. Sua escolha recaiu em Seppo Penttinen, do departamento de narcóticos de Sundsvall, que depois de 23 anos de profissão continuava a ter apenas o título de policial-assistente e, tal como Kwast, estava habituado a um tipo de criminalidade totalmente diferente. Na realidade, estava habituado a uma vida em ambiente praticamente anônimo.

Nesta questão, pelo menos, a situação viria a mudar em breve.

Os novos investigadores mal tinham terminado o primeiro interrogatório em Säter e Anna-Clara Asplund já era entrevistada pelo jornal

Expressen e contava que "um cara lá em Falun" confessara ter matado seu filho Johan.

Depois, não demorou muito para que o repórter criminalista Gubb Jan Stigson recebesse de uma fonte confidencial — "um dos investigadores", segundo o artigo — a maior história da sua vida. Seu primeiro artigo sobre Thomas Quick foi publicado no jornal *Dala-Demokraten* no dia 10 de março de 1993, com a manchete "Morador de Falun confessa assassinato de rapaz desaparecido".

"Confirmada a confissão, isso significa que um dos casos judiciais mais falados da Suécia está resolvido", escrevera Stigson. "Um dos investigadores" lhe contara que a prova final ainda não tinha sido encontrada. O corpo de Johan continuava desaparecido.

Apesar de a história ser bastante questionável e de se saber que "pessoas com conhecimento do caso tinham expressado suas dúvidas a respeito da história contada pelo homem", Stigson não se conteve em revelar a identidade do suspeito. Escreveu que aquele que confessou o assassinato era "um morador de Falun, de 42 anos, conhecido como o sequestrador de um gerente de banco em Grycksbo". A partir daí, a questão de saber quem era o "morador de Falun" que matara Johan estava respondida, pelo menos para aqueles que já conheciam Sture Bergwall.

No dia seguinte, Gubb Jan Stigson continuou com suas reportagens, anunciando que "o morador de Falun havia indicado o lugar onde Johan estaria enterrado".

— Ele entregou informações cabíveis sobre o corpo — disse o chefe das pesquisas preliminares, Christer van der Kwast, para o *Dala-Demokraten*. — Isso é tremendamente importante para nós. Antes, este caso estava paralisado pelo fato de não ter sido encontrado nenhum corpo.

O artigo apareceu ilustrado com uma grande fotografia de Sture Bergwall, de corpo inteiro, ao lado do seu cachorro "Upfold", de raça escocesa, certamente o único da sua raça em Falun. Por "motivo de ética jornalística", o rosto de Sture estava coberto. Alguns dias depois, Stigson conseguiu obter outra fotografia de Sture, andando de bicicleta de corrida. Mais uma vez, o jornal tampou o rosto dele para que não fosse identificado.

Quando as notícias da investigação se espalharam, Stigson entrou em contato com o assaltante de bancos Lars-Inge Svartenbrandt, que também estava recluso no Hospital de Säter, junto com Quick.

— Ele fala a verdade, certamente — disse "Svarten" ao *Dala-Demokraten*.

No sábado, 13 de março, Kjell Persson viajou com Quick, pela segunda vez, para Sundsvall. No carro, seguiram também Göran Fransson e um enfermeiro especializado em psicologia, do Hospital de Säter. Perto de Myre, em Njurunda, eles se encontraram com Christer van der Kwast, o advogado Gunnar Lundgren, o inspetor da polícia CG Carlsson e o assistente criminalista Seppo Penttinen.

Penttinen assumiu o volante do Volvo onde estava Quick. E a viagem continuou em direção a Norra Stadsberget, em Sundsvall. A viagem decorreu bem, com exceção de alguns ataques de forte inquietação por parte de Quick diante do que estava para acontecer. À chegada, Quick foi levado para a trilha que já tinha percorrido com Kjell Persson.

Desta vez, o passeio provocou uma grande crise de pânico em Quick, que chegou a ser sustentado pelos braços por Fransson e Persson. Quick indicou que queria ir um pouco para a direita, mas isso provocou sintomas de pânico tão fortes que, naquela altura, ele praticamente "se recostou nos braços dos dois médicos acompanhantes".

Por fim, eles chegaram ao lugar onde Quick dissera ter matado Johan. Quando pararam, Quick sentou-se em uma pedra, ergueu os braços em um ângulo de 45 graus e afirmou que era ali, naquela área, que ele tinha escondido as roupas de Johan e o "revestimento dos pés". Ao ser instado a indicar o lugar com mais precisão, Quick tornou-se vago e não conseguiu definir o quanto os policiais deviam entrar no terreno e procurar, tampouco conseguiu definir o aspecto do esconderijo. Novamente muito angustiado, ele contou que, em seguida, carregou Johan de volta para o carro.

No seu relatório, Göran Fransson escreveu:

O paciente passou agora por um interrogatório da polícia, depois de ter confessado o assassinato do rapaz Johan Asplund, um crime que havia muito estava por esclarecer em Sundsvall. Havia uma reconstituição sendo preparada para a próxima semana, mas em função de vazamentos de informações por parte da polícia e dado o grande interesse por parte da imprensa, nós realizamos a reconstituição hoje, sob o maior sigilo. [...] Durante a movimentação [na floresta, em Norra Stadsberget], o paciente ficou muito angustiado e, por vezes, chegou a perder contato com a realidade. Nessa altura, pediu-nos que o levássemos de volta, o que aconteceu sob exclamações concretas para marcar o tempo e o lugar. No último pedaço da marcha, o paciente precisou receber apoio de Kjell e de mim. Sofria de pânico muito forte, chegando a precisar de oxigênio para se recuperar.

"Após um período de descanso e de uma ida ao toalete, além de tomar café e comer um sanduíche, Quick se disse em condições de aguentar a continuação da pesquisa", anotou Seppo Penttinen no seu relatório policial. A viagem continuou ao acaso, por caminhos muito incertos. Quick disse que ele "provavelmente fez um percurso por estradas menores" até o supermercado "Obs!", o que se provou impossível. Ele "queria se lembrar" de ter seguido por aqui, mas "sente" que foi por ali.

Os policiais foram obrigados a fazer certas "correções de percurso". Na reconstituição, Quick se mostrou obviamente inseguro e "tentou calcular como ele, pela lógica, devia ter escolhido o caminho". Göran Fransson explicou no diário como a procura prosseguiu:

O paciente como que procurou calcular os efeitos e recebeu ajuda de Kjell [Persson] na interpretação das sensações. No momento em que sentia reconhecer determinado trecho de terreno, ele tinha também uma crise de pânico muito forte, com dores no peito. Passou a ter ainda fortes dores de cabeça, recorrendo então, de novo, ao balão de oxigênio. Além disso, recebeu mais 5 mg de Stesolid e dois Citodon contra as dores de cabeça.

Depois de duas horas de caminhadas em várias direções, seguindo as instruções de Quick, consegue-se entender pelo diário que se decidiu parar de ouvir o paciente:

> A polícia sugere outro caminho diante do qual ele reage e, após ter dirigido por cerca de dez minutos nessa pista, chegamos a uma área que ele antes havia descrito durante o interrogatório. Novamente, ele sente forte pânico, mas ainda assim aparenta estar mais equilibrado do que em ocasiões anteriores.

Os carros entram em uma área livre, onde estacionam. Seppo Penttinen anota no memorando da reconstituição:

> Às 16h15, Quick sai do carro e diz que reconhece o lugar. No carro, mostrava fortes sintomas de pânico e não conseguia olhar para a direita, onde havia uma formação rochosa com blocos de pedra aparentes. Ele avança para a direita, com a intenção de tentar apontar o lugar onde escondeu o corpo de Johan Asplund. A esta altura, está rodeado por seus médicos e pelo enfermeiro-assistente especializado em psicologia. Ele tem dificuldade em virar o olhar para a formação rochosa.

Thomas Quick revela agora como esquartejou o corpo de Johan Asplund. Aponta o lugar onde escondeu a cabeça "com alguma segurança" e onde a polícia deverá procurar outros pedaços do corpo. Após três horas e meia de buscas, ele parece completamente esgotado, e Christer van der Kwast considera que o suspeito já entregara todas as informações que tinha. A reconstituição está encerrada.

Na primavera de 1993, ainda havia muito otimismo entre os policiais com cães habilitados a procurar por cadáveres, entre os técnicos criminalistas e outros membros da equipe que procurara a pente fino os lugares indicados por Quick. E os leitores do *Dala-Demokraten* puderam acompanhar, dia a dia, as buscas feitas ao corpo de Johan Asplund, por meio das reportagens de Gubb Jan Stigson.

No dia 19 de março, o jornal publicou o sétimo artigo sobre Quick em dez dias: "O resultado foi zero", escreveu Stigson. O desapontamento é geral.

— Nós estamos em um ponto de partida muito estranho — explica Christer van der Kwast no artigo. — Pela primeira vez, temos uma pessoa que confessa um crime grave. Depois, vamos procurar confirmar se aquilo que ele diz está certo.

Nos interrogatórios realizados, paralelamente com as buscas, Thomas Quick apresenta consecutivamente novas versões do acontecido. No dia 18 de março, ele diz que, com uma serra de arco, dividiu o corpo em vários pedaços. Seppo Penttinen chega a perguntar se ele conseguiu mesmo separar a cabeça do corpo.

— Foi difícil de alguma maneira usar a serra e fazê-la correr na carne do pescoço?

— Sim — concorda Quick. — Foi muito *repugnante*.

Ele diz que a cabeça foi deixada no topo de um rochedo em Åvike, perto de Sundsvall. Depois, dirigiu o carro para outra formação rochosa, chegou ao cume e de lá jogou o corpo de Johan Asplund, montanha abaixo.

No dia 21 de abril, Quick conta uma nova versão. Diz que enrolou o tronco de Johan em uma manta do carro. A cabeça ficou em Åvike, enquanto os outros pedaços do corpo foram colocados em uma caixa de papelão de uma marca de pão, Korsnäs Bröd. Daí, ele seguiu de carro para Härnösand e parou em uma ponte, Sandöbron, de onde jogou a caixa, com o seu conteúdo, num rio, o Ångermanälven. O interrogatório, então, teve de ser interrompido por causa de novos e fortes ataques de pânico de Quick.

O carro que Sture Bergwall usou no assassinato de Johan lhe foi emprestado por um conhecido seu, homossexual, contou ele. Nada de estranho nisso. Até que os investigadores começaram a averiguar a informação.

Para o dono do carro, vamos chamá-lo Tord Ljungström, o telefonema foi um choque. Ele não conseguia entender por que um policial criminalista queria falar e se encontrar com ele. Entretanto, conseguiu que a audiência fosse feita em campo neutro e discreto, no quarto 408 do Scandic Hotel, em Falun.

— Não conheço ninguém de nome Thomas Quick, nem de nome Sture Bergwall — assegurou Ljungström.

Somente quando Seppo Penttinen descreveu a fisionomia de Sture Bergwall é que a memória de Ljungström começou a clarear.

— Será possível que esse Sture seja aquele que, atualmente, está internado no Hospital de Säter?

Oh, sim, Ljungström se lembrava desse Sture. Contou, então, que ambos se conheceram uns dez ou doze anos antes.

— Nós nos encontramos talvez umas sete ou oito vezes e tivemos um convívio sexual — confirmou ele. — Nós nos encontrávamos sempre no hall de esportes, na área do balneário, do lago Lugnet. Nos víamos às terças-feiras, pois era o meu dia livre. Nessa época, eu trabalhava numa mercearia.

Os encontros aconteceram sempre do mesmo jeito, segundo Ljungström. Ele chegava no seu carro, enquanto Sture ia de bicicleta de sua casa, em Korsnäs, para Lugnet.

Será que ele teria então um Volvo azul-claro, modelo 1980? — perguntou o policial líder do interrogatório.

Ljungström respondeu que já tivera muitos carros, na maioria Volvos, mas nunca de cor azul-clara. Talvez azul-escuro?

A ata da audiência dá a impressão nítida de que Ljungström responde corretamente às perguntas e tenta esclarecer a situação. Mas, quando o policial-assistente Carlsson declara que ele teria emprestado seu Volvo a Sture Bergwall, termina por aí a boa vontade de Ljungström.

— Isso não é verdade, absolutamente! Sou muitíssimo cuidadoso com meus carros e nunca emprestei nenhum deles para ninguém. A não ser, é claro, para a minha esposa — disse ele.

Tord Ljungström respondeu a todas as questões, mesmo às mais íntimas, mas negou, categoricamente, que tenha emprestado seu carro para Sture. A audiência terminou sem que os investigadores conseguissem derrubar sua versão, nem sequer um milímetro, nesse ponto.

No dia seguinte, Christer van der Kwast contou para os jornalistas que Thomas Quick tinha indicado a pessoa que lhe emprestara o carro usado no crime. Mas, pela sua descrição, a pessoa em questão, o "emprestador do carro", se apresentou como uma verdadeira enguia escorregadia, na tentativa de fugir da rede.

— A pessoa negou, primeiro, que conhecesse nosso homem de 43 anos, mas depois confessou conhecê-lo. Eles tiveram um tipo de relacionamento cujas características, se reveladas hoje, poderiam ser muito prejudiciais para a pessoa em questão.

No dia seguinte à audiência com Tord Ljungström, Seppo Penttinen dirige-se a Säter para uma audiência com Quick, com Göran Fransson ao lado.

— Vamos começar falando um pouco sobre a questão da sua carteira de motorista — diz Penttinen de início. — Quando você tirou sua licença?

— Em 1987 — responde Quick.

Todos na sala logo notam que a resposta é muito estranha.

— Em 1987? — insiste Penttinen, com genuíno espanto.

Faz uma lisonja e pergunta de novo, mas a resposta é a mesma. Sture tirou sua primeira carteira de motorista em 1987. E, antes, nunca teve a oportunidade de conduzir um automóvel.

— Mas então a condução do carro para a região de Sundsvall deve ter oferecido grandes dificuldades, com você sozinho no veículo, não? — pergunta Penttinen.

— Não, de jeito algum! Não tive nenhum problema — assegura Quick.

No dia seguinte, Eva, a irmã mais nova de Quick, recebe a visita de Penttinen.

— Eva, você acha que Sture poderia ter conduzido um carro na época, em 1980?

— Não, imagina, nunca vi o Sture conduzir nenhum carro antes de 1987 — responde ela. — A primeira vez foi em 1987, logo depois de ter tirado a carteira de motorista.

Eva lembra-se até mesmo de que Sture era um motorista muito ruim, com problemas na hora de trocar a marcha, mesmo depois de tirar a carteira.

Com urgência, o dono do carro, Tord Ljungström, convoca uma nova audiência ainda na mesma noite. Apesar da insistência por parte dos interrogadores, ele continua intransigente.

"Ljungström não muda sua versão. Está 100% certo de que nunca emprestou seu carro para Sture Bergwall", anota Seppo Penttinen no protocolo.

No dia seguinte, 18 de março, ele volta ao Hospital de Säter para esclarecer o caso do carro. Leva uma paleta de cores. Quick aponta para uma indicando a cor Tintomara 0040-R90B.

— Assim tão clara? — irrompe Penttinen. — É esta a cor do carro?
— Hum...
— Bem, agora, vou lhe dar outra informação: nós falamos com Ljungström na noite passada e pudemos constatar que ele nunca teve um Volvo desta cor na época em questão.
— Hum...
— O que você tem a dizer sobre isso?
— O que posso dizer? Nesse caso, é como é.

Pelo registro do Departamento de Viação e Transportes, Seppo Penttinen recebeu mais tarde a informação de que, duas semanas antes do desaparecimento de Johan, Ljungström comprou um novo Volvo 244, modelo 1981, da concessionária Falun Motors AB. E a cor do carro não era azul, como Quick dissera, mas vermelha.

A história contada por Quick significava que o balconista Tord Ljungström tinha comprado um Volvo novo, último modelo, a prestações, por uma importância equivalente ao salário de um ano, para logo em seguida emprestá-lo ao desempregado Sture Bergwall, que ele mal conhecia, uma pessoa que ainda não aprendera a conduzir e que não tinha carteira de motorista.

Quick contara ainda que Johan estava sangrando e sujara o assento do carro e que, mais tarde, o corpo em pedaços passou a ser transportado no bagageiro, dentro de uma caixa de papelão ensanguentada, cujo fundo acabou caindo. O velho carro de Ljungström foi, então, localizado e recolhido pela polícia na casa do novo proprietário. Se a história de Quick fosse verdade e um cadáver em pedaços tivesse sido transportado dentro do carro e no bagageiro, era de se esperar que houvesse pistas na forma de manchas de sangue. Mas o laboratório técnico e criminalístico do governo (SKL) examinou os assentos e o tapete do bagageiro, além de todas as outras superfícies expostas do carro, sem encontrar qualquer vestígio de sangue.

Ljungström manteve até a morte sua versão de nunca ter emprestado o carro para Sture. Ele não era suspeito de nada, do ponto de vista criminal, a não ser de emprestar seu carro. E era difícil encontrar qualquer razão para ele defender um assassino. Diante da polícia, contou a verdade a respeito dos seus instintos sexuais e de outras questões sensíveis, enquanto Quick, a toda hora, foi considerado como mentiroso e, constantemente, mudava suas histórias. Mesmo assim, os investigadores resolveram acreditar que Quick estaria dizendo a verdade, enquanto Tord Ljungström teria sido convencido a mentir.

No dia 26 de abril, Thomas Quick, Kjell Persson, Seppo Penttinen e o inspetor policial Björn Jonasson partem de carro para um povoado chamado Ryggen, a cerca de 10 quilômetros de Falun, à procura de uma das mãos de Johan Asplund.

Primeiro, Quick precisa se orientar e fazer um passeio na área, junto com Persson. Depois de uma hora de passeio no entorno, os dois retornam para junto dos investigadores policiais, apenas para informar que precisam de mais tempo. Depois de dar voltas durante uma hora e meia, Quick tem um ataque de pânico tão grande que precisa "descansar", e o carro de serviço avança. Depois de mais uma conversa com o seu médico — e uma eventual medicação — Quick se diz preparado para mostrar onde a mão se encontra.

No entanto, ele acaba não encontrando o riacho onde dissera ter escondido a mão. Na área, existe apenas um pequeno dique. Quick fala sem nexo, descreve a lanterna de bolso que usou na hora de esconder a mão, conta a respeito das pedras que usou para o trabalho realizado, lembra-se da faca que escondeu e de uma porteira que estava fechada. Mas Quick não consegue liderar os acompanhantes e levá-los a encontrar qualquer mão.

Os técnicos criminalistas voltam ao lugar um pouco mais tarde e investigam toda a área, não encontrando nada de interesse. Mais uma vez Quick promete indicar o lugar onde escondeu as partes do corpo de Johan. Os policiais vão ao local mais tarde, procuram e não encontram nada.

Kjell Persson faz uma anotação de desapontamento no seu diário e escreve que a história de Quick "foi considerada pelos policiais e pelo promotor com variável credibilidade e, pelo fato de não se encontrar nada, as dúvidas naturalmente aumentam".

No dia 5 de maio, o advogado de Quick escreve uma carta para Christer van der Kwast. Nessa carta, Gunnar Lundgren destaca que teve "negociações" ampliadas com Quick e que este permanece com vontade de solucionar o crime contra Johan. O advogado encerra a missiva com as seguintes linhas:

> No entanto, ele me passou o recado de que não pode contribuir com mais informações. Prefere que você assuma uma posição e abra processo com base nas investigações feitas ou, então, encerre o caso.

Depois de refletir durante duas semanas, Christer van der Kwast convoca a imprensa e a mídia em geral para uma entrevista coletiva na qual informa que lhe faltam bases para abrir um processo contra Quick. Apesar disso, as suspeitas permanecem, bem como as investigações. Na realidade, porém, as investigações ficam adormecidas, tranquilas e serenas, durante todo o verão.

Ao ler o protocolo das investigações preliminares, verifico que, efetivamente, Thomas Quick não pôde revelar nem uma única informação que demonstrasse ele saber algum dado a respeito do desaparecimento de Johan. E, ao mesmo tempo, existem muitas indicações que apontam para o fato de ele ter inventado tudo.

Mas, no Hospital de Säter, Thomas Quick continua recebendo tratamento psicoterapeuta e, na clínica, ninguém tem dúvidas a respeito da sua culpabilidade.

Em fins de maio, Kjell Persson escreve que Quick não hesita em dizer que o assassinato de Johan é uma verdade absoluta, sendo lamentável que não se tenha encontrado nada no local do crime. Ele salienta ainda que Quick "também tem pensamentos e fantasias em relação a outros atos criminosos".

Os diários de Thomas Quick dão testemunho de muitos e fortes ataques de pânico e depressão durante as investigações, com sucessivas ideias de cometer suicídio. Assim que os interrogatórios param, na primavera e no verão, a agonia se retrai e Quick volta a receber o benefício do regime semiaberto em julho. No dia 2 de agosto, a medicação com Stesolid é interrompida, e uma semana mais tarde os médicos resolvem parar também com as outras benzodiazepinas, retirando-as da lista de medicamentos tomados por Quick. Ao mesmo tempo que estas decisões são tomadas, Quick também é transferido para outro setor mais aberto da clínica.

"Sua periculosidade é considerada bastante reduzida e, de momento, ele se encontra em excepcional boa forma física", escreve Kjell Persson. Esta harmoniosa anotação termina com uma mensagem negativa em que Seppo Penttinen informa, nesse mesmo dia, que as investigações sobre o crime vão continuar como antes.

Mas, apesar de as suspeitas por assassinato contra Johan Asplund persistirem e apesar de a prisão declarada pelo tribunal ser obrigatória, Thomas Quick é dispensado da prisão e continua sem restrições quanto à leitura de jornais, telefonemas e visitas.

As anotações médicas relativas à época seguinte versam quase exclusivamente sobre licenças temporárias concedidas a Quick para visitar as cidades de Borlänge, Avesta e Hedemora. Mas não só isso. Também foram permitidas várias viagens a Estocolmo. Sobre a finalidade dessas viagens, nada consta nos diários.

Não há dúvida nenhuma de que, pelos corredores, continuam as conversas a respeito do que a continuação das investigações devia tratar.

Existem investigações a completar sobre Johan Asplund, mas nem mesmo Kjell Persson acredita que Quick tenha mais alguma informação a dar sobre o caso. Aquilo que se discute entre os médicos e a polícia é agora a existência de um crime já prescrito — o assassinato de Thomas Blomgren, na cidade de Växjö, em 1964.

Mergulhos profundos no tempo

Após uma reunião de trabalho entre Seppo Penttinen e os médicos de Quick, fica decidido dar início a novos interrogatórios policiais, nos quais Göran Fransson e Kjell Persson também estarão presentes.

No dia 22 de setembro de 1993, Thomas Quick viaja para Estocolmo, com permissão temporária, mas sem a companhia de qualquer vigilante. Göran Fransson, que autorizou a viagem, não anota nada no diário médico a respeito da finalidade do deslocamento. Tudo conforme a ordem habitual.

Durante o primeiro interrogatório policial em relação ao assassinato de Johan Asplund, Thomas Quick confessou outro crime, "antes de 1967, em algum lugar na província de Småland, talvez em Alvesta". Falou ainda do ajudante Sixten e seu carro muito estranho, além de que a vítima, presumivelmente, se chamaria Thomas. Sete meses após esse primeiro interrogatório policial, estava na hora de Quick saber dos fatos. Na Biblioteca Real de Estocolmo, ele requisita os jornais da época.

O crime contra Thomas Blomgren foi um dos mais falados e descritos da década de 1960.

Eram 21h40 da noite de Pentecostes, em 1964, quando Thomas Blomgren abriu a porta da vila da família, na rua Riddaregatan, em Växjö. Antes, virou-se para dentro e disse para os pais:

— Não fiquem preocupados! Logo estarei de volta.

Pelo tom de voz, a afirmação valia metade como brincadeira, mas a outra metade era, definitivamente, a sério. Nos últimos tempos, quando Thomas Blomgren ia se divertir no parque popular Folkets Park, os pais costumavam mimar o filho, indo buscá-lo de carro. Naquela altura, porém, ele descia a avenida Dackevägen, passando por outros habitantes da cidade menos apressados e todos a caminho do parque. Vários já tinham notado a presença de um homem no bosque da esquina da Dackevägen com a alameda Ulriksberg.

Durante os interrogatórios da polícia que se seguiram, as testemunhas viriam a descrever o homem como tendo cerca de 45 anos, bem constituído, 1,75 metro de altura, rosto redondo, cabeça descoberta e cabelos escuros, penteados para trás. Vestia um paletó escuro, camisa branca e gravata também escura. Não era pessoa conhecida da redondeza, disseram as testemunhas que ficaram, muitas delas, curiosas, dando olhadas mais prolongadas para o homem que permanecia sozinho e parado naquele lugar esquisito. O homem, no entanto, parecia não se incomodar com os olhares curiosos, permanecendo entre as árvores do bosque e dando a impressão de estar esperando por alguém ou alguma coisa.

Às dez horas e quinze, o homem vê um rapaz descendo a Dackevägen. Era Thomas, que saíra da Dackevägen e seguira na direção do bosque, direto para o lugar onde estava o homem. Era seu atalho habitual para o Folkets Park.

Depois de ter assistido ao show da cantora popular Ing-Britt, Thomas não fora direto para casa como prometera ao pai e à mãe. Em vez disso, ficara passeando pelo parque e, ao passar em frente da barraca de tiro ao alvo, o dono, Peter Törnqvist, pediu a ele que lhe comprasse um cachorro-quente. Pelo favor, Thomas recebera algumas fichas para atirar, e foi isso o que ele fez em seguida.

Quando Thomas, finalmente, resolveu deixar o parque, já era bastante tarde. Ele estava atrasado uma hora e teria alguns minutos mais de vida.

Àquela altura, o mecânico Olle Blomgren e sua mulher, Berta, já estavam tão preocupados que resolveram ir procurar pelo filho. À 1h30 da manhã, Olle telefonou para a polícia, mas, após persistente procura, inclusive com a formação de batidas organizadas, não conseguiram encontrar o rapaz.

Às 10h30 da manhã do dia seguinte, o porteiro Erik Andersson saiu para buscar um saco plástico com cebolas no depósito de lenha e ferramentas do seu cunhado, na Dackevägen 21. Quando abriu a porta, encontrou imediatamente dentro do depósito um rapaz sem vida, deitado e com a cabeça enfiada entre bicicletas e ferramentas. Suas roupas estavam em desordem, o cinto das calças, solto, botões arrancados e sangue no rosto.

Thomas Blomgren, obviamente, tinha sido vítima de abuso sexual, brutalmente realizado e seguido de morte.

Após a viagem de Thomas Quick a Estocolmo, Kjell Persson escreve no seu diário médico que seu paciente "deu verdadeiros mergulhos em profundidade no tempo" e que "todas as recordações voltaram". Antes, Quick nem sequer sabia contar em que cidade o assassinato acontecera, mas, agora, de repente, conseguia fazer uma descrição surpreendentemente detalhada do crime em Växjö, em 1964.

Na segunda-feira, dia 27 de setembro de 1993, Penttinen volta a Säter.

— Vamos começar pela época: você poderá precisar em que ano da década de 1960 aconteceu o crime? — pergunta Penttinen, com o gravador ligado.

— Sessenta e quatro — responde Quick, sem hesitar.

— Você está certo disso?

— Sim.

— De que maneira você consegue marcar esse ano?

Quick diz que liga esse ano a um acontecimento na primavera de 1963.

— Mostre lucidez — interfere Kjell Persson, sentado ao lado.

— Sim — reage Quick.

— Eu não acho que você precise entrar em... Isso não deve ter nada a ver com o que aconteceu em Småland — continua Persson. — Isso tem a ver com aquilo que você sofreu antes.

Kjell Persson se referia a algo que Quick tinha contado durante o tratamento terapêutico. Na realidade, seu pai o teria atacado sexualmente na floresta em 1963. O crime contra Thomas Blomgren seria uma representação atualizada do último abuso cometido pelo pai contra Sture, segundo as teorias vigentes no Hospital de Säter. Do abuso cometido na floresta pelo pai, foi "apenas um passo" — como explicou Quick mais tarde — até aquilo que aconteceu no parque de Växjö, na noite de Pentecostes, em 1964.

Em termos de época, Quick coloca o acontecido no final da primavera e recorda imagens de "lilases e abrunheiros".

Seppo Penttinen também leu o que se escreveu sobre o crime contra Thomas Blomgren. Testemunhas viram um rapaz de cabelos cortados à moda dos Beatles no Folkets Park.

— Nessa época, estavam na moda os cabelos *à la* Beatles — começa Penttinen. — Você foi alguma vez admirador fanático do grupo e usou cabelos longos como os deles?

Não, Quick nunca foi desses.

— Você sabe se ainda tem alguma fotografia sua dessa época?

Quick não sabe.

— Uma fotografia da crisma ou de outra ocasião semelhante? Eu me lembro, quando estivemos na casa da sua irmã, de ver várias fotografias, inclusive suas, mas não sei se eram da mesma época.

— Não, também não sei — diz Quick, sendo econômico na resposta.

Ele prefere falar da pista de dança e do quiosque lotérico no parque. Tudo isso está absolutamente certo. Mas o nome da cidade é um problema na hora de pronunciar.

— Posso dizer que é uma cidade em Småland e que começa com um "V" — diz ele.

— Não resta nenhuma dúvida de que, neste caso, você quer dizer Växjö.

Quick acena que sim com a cabeça.

Na audiência de 1º de março, Quick dissera que o crime teria acontecido em Alvesta ou Ljungan. Kjell Persson explica agora para Penttinen que Quick deve ter dado o nome errado da cidade, visto que o nome Växjö provoca nele dolorosas sensações.

— Trata-se agora de dar o dito pelo não dito — explica ele. — É o mesmo mecanismo psicológico que está por trás de Quick indicar o caminho errado quando estão fazendo suas investigações e reconstituições ao ar livre — continua Persson. — Isso porque Quick "não ousa falar direto do que se trata".

Penttinen interrompe a argumentação psicológica, perguntando a Quick como ele chegou a Växjö, visto que na época tinha apenas 16 anos e morava em Korsnäs, perto de Falun, a 550 km de Växjö.

— Viagem de carro para Växjö — respondeu ele.
— Com quem, então? — indaga Penttinen.
— Isso eu não quero dizer.

Na audiência de 1º de março, Quick dissera que tinha viajado com Sixten Eliasson, soldado do Exército da Salvação, no seu Borgward Isabella. Mas, desta vez, Quick explica que não vai falar sobre a questão de com quem viajou. Nem agora, nem no futuro. E do motivo para essa atitude ele também não iria falar.

Em vez disso, Quick revela como chegou ao Folkets Park, naquela noite, onde ele se lembrava de ter encontrado Thomas na barraca onde se lançavam bolas ou disparavam tiros ao alvo.

Kjell Persson está insatisfeito. E fala para Penttinen como é na terapia. As imagens chegam muito claras, tão nítidas que quase se poderia dizer que Quick volta a reviver tudo, todas as experiências, sensações e cheiros.

— É quase como se fosse uma viagem hipnótica na máquina do tempo — diz ele.

Há uma sensação de proximidade que ele não consegue reviver nos interrogatórios policiais com Penttinen. Ele explica a diferença pelo fato de, na terapia, eles não seguirem um sistema de perguntas e respostas, como é o caso quando se trata de Penttinen.

— Eu deixo que ele fale livremente — explica Kjell Persson. — E eu fico escutando e acompanho o que ele diz. Tudo entremeado com sentimentos muito fortes, naturalmente.

— Seria possível chegar a esse nível em uma conversa como esta, em que somos quatro pessoas em volta de uma mesa? — indaga Penttinen.

— Não, isso é impossível — diz Quick.
— Não funciona — confirma Kjell.
— Vamos continuar dentro desta forma regular de conversa — constata Penttinen, desapontado.

Kjell Persson, mesmo assim, não quer dar a batalha como perdida.

— Acho que, no entanto, ele pode descrever bem o que aconteceu na ocasião.

Persson vira-se para Quick e esclarece:

— Quando você viajou de volta no tempo...

Penttinen pergunta a Quick se é isso o que ele está fazendo no momento.

— É isso o que estamos fazendo agora — confirma Quick.

E, então, Quick fala de Thomas, que era pequeno e magro, pelo menos uma cabeça mais baixo do que ele, corado e vestido com uma jaqueta de náilon. Quando Thomas sai do Folkets Park, Sture pede ao seu motorista secreto que o siga.

Ao se afastarem cerca de 100 metros do parque, o motorista vai ao encalço dos dois. O motorista segura, então, as mãos e os braços do rapaz, enquanto Sture vem por trás e, com a mão direita, prende o nariz e tapa a boca de Thomas, que começa a sangrar pelo nariz e, rapidamente, fica sem vida.

O motorista fica surpreso com a sequência brutal dos acontecimentos e corre para apanhar o carro.

— Eu levanto o rapaz e levo-o para dentro de um depósito onde o deixo deitado, fechando a porta em seguida. E logo chega o carro. Nós partimos o mais rápido possível e, ao deixar o local, o motorista secreto não se cansa de falar:

— Isto não aconteceu. Isto não aconteceu...

O que Quick contou a respeito do crime cometido 29 anos antes era, na realidade, surpreendentemente detalhado. E correspondia tão bem aos fatos conhecidos que Seppo Penttinen sequer duvidou, nem por um momento, de que as recordações de Quick não fossem autênticas. Quick pôde até desenhar com detalhes um retrato do depósito de ferramentas onde escondera o corpo do rapaz. Isso apesar de ele ter estado no local por, no máximo, um minuto e de estar muitíssimo escuro no momento. Ainda mais estranho era o fato de ele ter confessado meio ano antes ter escondido o rapaz Thomas Blomgren debaixo de uma escada de madeira carunchosa numa floresta. Naquela altura, afirmara que teria estrangulado o rapaz, e não asfixiado, o que fora, de fato, a causa da morte.

Mas era como se a força da nova versão apagasse de uma vez as informações inexatas anteriores, todas elas.

Até mesmo um cético consumado de Quick, como Leif G.W. Persson, oscilou em sua opinião, ao tomar conhecimento, mais tarde, da descrição de Quick sobre o crime contra Thomas Blomgren. Quick chegou a falar que o sangue do nariz de Thomas escorrera pela sua mão direita e que, depois, chegou a sentir o peito do rapaz com a mão por cima da camisa de dentro. Os técnicos vieram a encontrar a mancha de uma mão sangrenta nesse lugar, como se o assassino tivesse desejado se certificar de que o coração parara de bater. Leif G.W. Persson comentou esse dado de Quick sobre a mão sangrenta, dizendo que "isso aí é o que se chama de mão venenosa".

Pouco tempo depois, Göran Fransson emitiu mais uma autorização para Thomas Quick viajar sem vigilância. Na terça-feira, 19 de outubro, ele voltou a Estocolmo. E, no dia seguinte, foi ouvido, novamente, a respeito do crime em Växjö e, mais uma vez, respondeu corretamente a todas as questões do líder dos interrogadores.

No diário médico sobre Sture, é possível ler a descrição de Kjell Persson em relação a uma revolução na terapia. No dia 22 de outubro, ele escreveu:

> Esses mergulhos profundos têm estado interligados, de modo que todas as recordações têm vindo à tona, a partir da sequência real dos acontecimentos, incluindo os pensamentos do paciente na época do crime. Surgem várias sensações mentais, inclusive cheiros, memória do que o paciente disse e do que pessoas por perto disseram e assim por diante.

Kjell Persson estava convencido de que ele, por meio dos seus métodos de tratamento psicoterapêutico, conseguira recuperar as recordações reprimidas de Sture em relação ao crime contra Thomas Blomgren. Infelizmente, fora obrigado também a constatar que "o material em relação a Johan Asplund continua à espera da sua definitiva solução, dado que muitos detalhes permanecem demasiado difíceis para o paciente aguentar. São sensações muito fortes, acima de tudo em termos de exposição e de agressividade implicadas nos acontecimentos".

Os conhecimentos de Thomas Quick em relação ao crime contra Thomas Blomgren foram considerados como um avanço tão importante para as investigações que Christer van der Kwast não hesitou em classificar Quick como ligado, definitivamente, ao seu primeiro crime. Por isso, as suspeitas se fortaleceram, também, em relação ao crime contra Johan, segundo o promotor.

A prisão do suspeito dos dois crimes, no entanto, não foi considerada como necessária e atual. Apesar de Quick estar condenado a reclusão em clínica psiquiátrica para tratamento e ser, posteriormente, suspeito de, no mínimo, dois crimes, o promotor e os médicos de Säter estavam de acordo sobre ele poder continuar a sair livremente e até viajar, com licenças temporárias e sem vigilância.

O álibi de Sture

Quando a pesquisadora Jenny Küttim e eu encomendamos os antigos recortes das matérias sobre o assassinato de Thomas Blomgren, verificamos que todas as informações corretas mencionadas por Quick em relação ao crime constavam nos jornais. Para mim, Sture falou que ele se lembrava especialmente de uma fotografia aérea sobre Växjö, onde estava marcado o trajeto entre o Folkets Park e o depósito de ferramentas. Até mesmo a casa da família de Thomas Blomgren estava marcada. Nós encontramos a fotografia na edição do vespertino *Aftonbladet* do dia 19 de maio de 1964, sob a manchete "ESTE É O CAMINHO DA MORTE".

O policial Sven Lundgren, de Växjö, tem hoje 85 anos, mas sua memória permanece clara ao falar sobre o já antigo — 44 anos! — crime contra Thomas Blomgren. Ele trabalhou no caso até sua prescrição em 1989.

— Sei que Thomas Quick é inocente do assassinato de Thomas Blomgren — diz para mim o envelhecido policial ao telefone.

A voz é fraca e a audição deficiente. Sou obrigado a falar uma palavra de cada vez, para que ele entenda minhas perguntas.

Sven Lindgren está seguro das suas afirmações, visto que sabe quem foi o verdadeiro criminoso. Diz ainda que o seu então colega, o criminalista Ragnvald Blomqvist, poderá falar mais sobre o assunto. E logo eu estou sentado no meu carro, a caminho da província de Småland.

Blomqvist me recebe em uma bela vila da década de 1960, em Växjö. Até mesmo ele descarta a possibilidade de Thomas Quick ter alguma coisa a ver com o crime em questão:

— Conseguimos mapear todos os passos de Thomas Blomgren na noite do crime, desde o momento em que saiu de casa até o instante de ele abandonar o Folkets Park. Em princípio, trata-se de uma corrente sem interrupção de acontecimentos e de encontros com pessoas no parque. Simplesmente, não houve espaço para um rapaz estranho como Thomas Quick entrar na história.

Uma das provas mais fortes de que não foi Quick quem matou Thomas Blomgren está no testemunho de uma senhora "digna da maior confiança" que estava sentada no seu carro, diante do portão do parque, na hora de fechar. Faltavam uns trinta minutos para a meia-noite quando ela viu Thomas Blomgren sair do parque na companhia de um homem de mais ou menos 40 anos. Eles se dirigiram para o bosque, onde o mesmo homem foi visto antes, ao anoitecer.

Quick afirmara que tinha estado com Thomas Blomgren no Folkets Park e que os dois saíram juntos de lá. Isso, simplesmente, é impossível, segundo Ragnvald Blomqvist.

A mesma coisa disse Sven Lindgren aos jornalistas quando ele ouviu falar, pela primeira vez, da confissão de Quick, segundo o jornal *Dala-Demokraten*, edição de 3 de novembro de 1993:

— Se tivesse sido um rapaz, forasteiro na cidade, nós teríamos conseguido apanhá-lo na investigação. Por isso mesmo, não acredito nessa versão.

Ragnvald Blomqvist conta que a polícia, por fim, conseguiu identificar "o homem do bosque" e que ele foi preso no Dia de Reis, 6 de janeiro de 1971, como suspeito, prisão autorizada pelo Tribunal de Växjö. Segundo a testemunha principal, o preso era idêntico ao homem que saiu do parque na companhia de Thomas Blomgren. O homem ficou preso durante muito tempo, mas o advogado de defesa entrou com um recurso junto ao Tribunal Superior de Göta, que decidiu pela libertação do acusado, embora pela margem mínima de três votos contra dois. Os investigadores aceitaram a decisão do tribunal superior e consideram ainda hoje que o caso está "criminalmente resolvido".

Ao ler os recortes dos jornais de 1964, fica claro que a investigação da polícia no caso de Thomas Blomgren vazou desde o primeiro dia. Em princípio, todos os dados obtidos pela polícia a respeito do crime e dos ferimentos infligidos ao rapaz foram parar, imediatamente, nos jornais. Em muitas matérias, dá-se como certo se tratar de um "crime homossexual", mas não se diz em que se baseia essa afirmação. A polícia já tinha conseguido obter bases técnicas que apontavam nessa direção, mas, nessa altura, ainda nada fora mencionado nesse sentido.

Sigo de carro com Ragnvald Blomqvist para o Folkets Park, onde ele me mostra onde as diversas testemunhas estavam e qual o caminho que Thomas Blomgren tomara ao deixar o parque na companhia do tal "homem do bosque". Blomqvist me mostra também onde ficava o bosque e, como o homem preso pelo crime já falecera, Blomqvist acha que já pode falar do único segredo que a polícia conseguiu manter durante anos.

— Nós colhemos provas de terra do solo e da vegetação no citado bosque e mandamos analisar. O cinto de Thomas Blomgren estava aberto e, nas suas calças e cuecas, havia vegetação. A investigação técnica indicou não só a existência de vestígios de vegetação, mas ainda de terra e de outros elementos iguais aos encontrados no bosque. Portanto, as calças devem ter sido abaixadas naquele local onde havia aquele tipo de vegetação.

A informação de que as calças e cuecas de Thomas Blomgren tinham sido abaixadas e de que o rapaz teria estado deitado no solo do bosque, antes de o assassino ter jogado seu corpo dentro do depósito de lenha, foi mantida em segredo até Ragnvald Blomqvist ter me feito tal confidência. Por isso, Thomas Quick não pôde ler nos jornais sobre esse detalhe, nem falar sobre o mesmo. Segundo seu testemunho, ele e Thomas Blomgren seguiram direto para o depósito.

Várias testemunhas ouviram um grito na área na hora do desaparecimento de Thomas. O que a polícia também não revelou antes foi o fato de uma senhora estar passeando com seu cachorro na hora, perto do bosque. O cachorro parou e ladrou na direção do bosque, não querendo sair do lugar. Os policiais estão convencidos de que foi Thomas quem gritou, e que o assassino tentou, então, mantê-lo em silêncio. Ao notar que a senhora e o cachorro continuavam no mesmo lugar, o homem não quis se arriscar e acabou por asfixiar Thomas até a morte.

Os policiais de Växjö nunca chegaram a entender como Christer van der Kwast poderia afirmar que Thomas Quick estava atrelado ao crime de Thomas Blomgren. E mais estranho ainda foi constatar que Kwast não quis a ajuda dos policiais que conheciam o caso a fundo. Ragnvald Blomqvist e Sven Lindgren ficaram frustrados por não participar do interrogatório de Quick.

— Sabíamos muito sobre o caso e coisas que não tinham sido nem anotadas. Se tivéssemos podido ouvir Quick, seria fácil refutar suas mentiras.

A esse respeito, Blomqvist e Lindgren estavam de acordo. Mas Christer van der Kwast, presumivelmente, não quis lhes dar essa oportunidade.

O mistério fica ainda mais nebuloso ao verificarmos a veracidade da informação de que o crime ocorreu num dia em que Sture tinha um álibi perfeito para não ser implicado nele. Jenny Küttim conseguiu encontrar vários dos colegas que fizeram a crisma junto com Sture e que confirmaram sua versão. Eu próprio telefonei para Sven-Olof, que mora hoje em Svärdsjö, na Dalicárlia:

— Oh, sim, é verdade — diz ele. — Nós fizemos a crisma na Igreja de Kopparberg, no feriado de Pentecostes, em 1964. Foram dois dias. A prova da crisma ocorreu na tarde de sábado. Uma prova oral com uma quantidade enorme de perguntas feitas aos crismados. O sacramento da confirmação foi realizado durante a missa de domingo. Lembro-me perfeitamente de ver Sture junto da pia batismal.

O motivo da crisma residia no fato de que a família Bergwall era membro da Igreja Pentecostal e, por consequência, o batismo não teria sido feito na chamada Igreja Sueca. Por isso, Sture e sua irmã gêmea, Gun, foram batizados junto com as cerimônias de confirmação. Sven-Olof chegou a me mandar, via internet, uma fotografia em que Sture aparecia carregando a pia batismal.

Fiquei espantado. Thomas Quick tinha um álibi perfeito para aquele que talvez fosse seu crime mais importante. Na realidade, foi em função dos detalhes da história sobre Thomas Blomgren que Quick fundamentou sua credibilidade como assassino. O fato de ele ter começado a matar já aos 14 anos foi, também, uma ótima base para a criação do mito do louco assassino em série Thomas Quick.

— Naqueles dois dias de feriado, ele disse que esteve no sul e assassinou alguém em Växjö — diz Sven-Olof, com uma gargalhada.

— Você acompanhou a história?

— Sim, claro — respondeu ele, com seu sotaque cantado da Dalicárlia. — Não é de espantar que uma pessoa acompanhe, mesmo de longe, a vida dos seus companheiros. Sem dúvida, daquele crime ele não pode ser culpado... Pelo menos, nós não acreditamos nisso.

Portanto, essa foi uma história em que Sven-Olof e muitos outros, na Dalicárlia, ficaram pensando durante muitos anos. E sempre acharam que não podia corresponder à verdade.

Até mesmo Gun, a irmã gêmea de Sture, confirma a versão de Sven-Olof. Além disso, conta que foi inquirida pelos investigadores de Quick. Eles sabiam o que tinha acontecido.

É mais uma informação espantosa. Pedimos todos os protocolos das investigações e inquéritos preliminares do processo de Quick, até mesmo aquelas partes consideradas "lixo" — aquele material descartável que não precisava constar dos memorandos, mas que é conservado por se tratar de referências públicas. Em lugar nenhum, nas mais de 10 mil páginas de documentos, se encontra qualquer referência à inquirição feita com Gun, a irmã de Sture.

Em vez disso, acabei encontrando o endereço de Sixten Eliasson, na Dalicárlia, e para ele mandei um ramo de flores. Poderia ser um ato precipitado e talvez antiético, mas foi o que fiz. Encomendei e mandei entregar as flores no endereço com uma mensagem e um pedido:

> *Por favor, me telefone!*
> Hannes
> 0708-84xxxx

Quando meu celular tocou, pedi desculpas pela minha intromissão e expliquei o assunto. Sixten soa muito perturbado por uma questão já tão antiga ser novamente levantada, e minha consciência chega a pesar, mas a curiosidade acaba suplantando isso.

— Tudo o que eu tinha a dizer já disse para a polícia.
— Como? Você foi ouvido no inquérito?
— Sim, sim. Três vezes.
— E o que tem a dizer diante da afirmação de Quick de que foi você quem o levou de carro até Växjö, em 1964?
— Tudo o que tinha a dizer já disse para os investigadores da polícia. Não estou bem de saúde e toda essa situação já prejudicou, suficientemente, a minha vida.
— Você não pode nem ao menos falar para mim se conduziu ou não Quick até Växjö?

Fui obrigado a aceitar o fato de que Sixten não planejava dizer uma palavra sequer a respeito do seu papel no caso, mas ele já me tinha dado uma informação mais valiosa do que eu esperava obter. Existiam três protocolos de interrogatórios feitos com Sixten e era apenas uma questão de tempo antes de eu conseguir tê-los nas minhas mãos.

Todavia, também os relatos dessas audiências não se encontravam entre o material das investigações preliminares. Falamos com Christer van der Kwast e Seppo Penttinen, mas eles desconheciam haver relatos sigilosos no processo. Jenny e eu voltamos a consultar todos os recortes e protocolos, mas sem resultado.

Em compensação, ficamos sabendo que várias outras pessoas estiveram à procura do mesmo material.

No dia 24 de novembro de 1995, o *Dala-Demokraten* fez rufar os seus tambores, mais uma vez. Uma página inteira dedicada ao último "furo" de Gubb Jan Stigson:

REPÓRTER DO DD REVELA QUEM CONDUZIU QUICK
"Tenho certeza acerca da identidade do homem"

Segundo Stigson, o homem que conduziu o carro "protegeu um assassino durante mais de 31 anos". Stigson chegou a comunicar aos investigadores que ele sabia quem havia conduzido Quick. Incompreensivelmente — para Stigson — Christer van der Kwast não estava nem um pouco interessado em receber essa informação. Simplesmente, se recusava a atender Stigson ao telefone.

— É extremamente irritante telefonar para Kwast a respeito de assuntos pertinentes e receber a informação de que ele não atende a nenhuma chamada — disse Stigson para um colega no jornal.

Gubb Jan Stigson apresentou queixa contra Kwast à ouvidoria da Justiça, escrevendo que "o promotor usa um escudo que impede a investigação de receber informações essenciais".

Em carta ao ouvidor da Justiça, Christer van der Kwast respondeu que a identidade do chofer era desconhecida dos investigadores.

Em matéria sobre o assunto, Gubb Jan Stigson pondera sobre o que ele próprio devia fazer da sua informação exclusiva:

— É uma questão extremamente difícil. Na situação em que o homem se encontra, o risco de um colapso psíquico é, naturalmente, muito grande. O essencial é que o homem dê todas as informações que possui para esclarecer a maior quantidade de crimes possível.

Para este jornalista, Sixten Eliasson ofereceu uma explicação tardia a respeito de toda a discussão — Christer van der Kwast não queria de forma alguma revelar para Stigson, ou para quem quer que fosse, que o homem indicado fora ouvido três vezes e que foi convincente na demonstração de que Quick havia mentido para a promotoria.

Em vez disso, Kwast continuou a afirmar que Quick estava envolvido no crime contra Thomas Blomgren.

A batalha entre médicos

Após o sucesso no crime em Växjö, Thomas Quick confessou ter matado o jovem Alvar Larsson, de 13 anos, que, em 1967, desapareceu na ilha de Sirkön, no município de Urshult, depois de ter saído para apanhar lenha. Além disso, Quick também confessou ter matado Olle Högbom, de 18 anos, que desapareceu depois de uma festa na escola em Sundsvall, no dia 7 de setembro de 1983. Com isso, Quick voltou a receber medicação pesada. Os investigadores não sabiam se deviam acreditar nessa corrente de novas histórias de assassinatos. Será que ele é "o primeiro assassino em série da Suécia"?, divagava o *Dala-Demokraten*, em 8 de novembro de 1993.

Gubb Jan Stigson escrevia, então, que, além dos já confessados crimes contra Johan Asplund e Thomas Blomgren, estava sendo investigado se Quick seria o culpado de mais três crimes: "Caso isso seja comprovado, esse homem de 43 anos ficará para a história criminal da Suécia como o primeiro assassino em série do país."

Quando "o primeiro assassino em série da Suécia" foi descoberto no Hospital de Säter, seguiu-se um verdadeiro jogo de gato e rato, bem semelhante àquele do livro *O silêncio dos inocentes*, sem, no entanto, a sofisticada elegância da edição norte-americana. Um exemplo aconteceu quando Thomas Quick quis dirigir as investigações para o desaparecimento de Olle Högbom, conduzidas pela polícia de Sundsvall, distrito policial de Seppo Penttinen. Em um interrogatório relativo a Thomas Blomgren, Quick quis indicar outras datas importantes na sua vida. Penttinen anotou no seu protocolo:

> Entre outras datas, ele indica o ano de 1983. Diz que, durante esse ano, sua mãe morreu e, na mesma semana, ocorre "um acontecimento, sob vários aspectos, muito dramático". Quick tem tendência a ficar angustiado ao descrever essa situação e se nega a esclarecer o que pretende com essa declaração. Em vez disso, pede para deixar uma pequena pista sob a forma de um versículo de uma conhecida canção infantil. E logo recita "mors lilla Olle" (O pequeno Olle da mamãe).

Seppo Penttinen não teve nenhuma dificuldade em interpretar o pequeno enigma de um simpático assassino em série. O desaparecimento de Olle Högbom foi o segundo caso mais comentado depois do desaparecimento de Johan, no seu distrito policial, em tempos modernos, um enigma policial no qual a polícia não encontrou nem uma única pista, nem a sombra de qualquer suspeito.

Os novos nomes Alvar e Olle foram colocados, então, na lista das vítimas em potencial de Thomas Quick.

Alguns meses antes, Göran Källberg entrara como novo médico-chefe e diretor do Hospital de Säter e, com isso, era o responsável superior pelo tratamento de Thomas Quick. Escrevera-se muito sobre as confissões relativas aos crimes cometidos contra Johan Asplund e Thomas Blomgren e, por isso, quatro dias depois de entrar em serviço, Källberg levantou a questão com os médicos de Quick. Göran Källberg explicou que ele estava em dúvida quanto às licenças temporárias concedidas a um suspeito por dois crimes sob investigação. Göran Fransson asseverou que ele e Kjell Persson tinham tudo sob controle. E salientou, ainda, que todas as medidas estavam sendo tomadas por acordo com o promotor e a polícia.

O que Fransson, especificamente, deixou de mencionar era que ele e Kjell Persson, sob o maior sigilo, continuavam realizando suas investigações paralelas. Junto com Quick, os dois médicos haviam decidido voltar por conta própria a Ryggen, à procura da mão escondida de Johan. E, num momento de descuido por parte dos médicos, Quick se afastou para um lugar, um "esconderijo", onde afirmou ter encontrado dois dedos. Quando os médicos lhe perguntaram o que ele tinha feito com os dedos, Quick respondeu que os tinha comido. Depois do acontecido, Persson e Fransson combinaram com Quick em não mencionar nada sobre o caso para os investigadores. Alguns dias mais tarde, eles voltaram mais uma vez a Ryggen à procura do corpo de Johan, mas nada encontraram. Nem os pedaços que poderiam estar espalhados por outros lugares.

No início de 1994, Göran Källberg soube que Quick tinha confessado mais um assassinato durante a sessão de terapia. Suas anotações:

No dia 14 de janeiro, fui informado por meu pessoal que o paciente acabara de revelar ter assassinado seis rapazes e que as imagens começavam a retornar.

Seis assassinatos constituíam, obviamente, o limite da tolerância por parte do médico-diretor Källberg. E ele confessou de novo suas preocupações a Kjell Persson:

> Informei-lhe que eu não podia apoiar as saídas temporárias [do paciente] e que não viria a apoiar, a ele ou a Fransson, caso acontecesse alguma coisa. Fransson me contou antes que seria uma catástrofe para ele se acontecesse alguma coisa. Kjell fica satisfeito em concordar que seria uma catástrofe, mas insiste para que eu não interfira no assunto.

Depois desta conversa, Kjell Persson pediu licença médica, e Källberg ficou agoniado diante da situação. Ao telefonar para Göran Fransson, a fim de discutir sua decisão de suspender as saídas temporárias e as autorizações para viajar de Thomas Quick, ele recebeu a informação de que também Fransson estava afastado por doença.

Thomas Quick ainda estava na ala aberta 37, contígua à "ala gêmea" 36, onde ficavam os pacientes mais violentos. O refeitório para ambas as alas estava localizado na ala 36, aonde Thomas Quick se dirigiu, como de hábito, bem cedo pela manhã, para tomar café, na manhã de sexta-feira, 21 de janeiro de 1994.

Após uma rápida reunião com o seu pessoal, Göran Källberg foi até Thomas Quick e lhe informou a respeito da decisão de suspender suas saídas. Com isso, Quick foi levado de volta para a ala 36, a dos criminosos mais perigosos.

Kjell Persson, mesmo licenciado por doença, ficou imensamente insatisfeito com isso e, uma semana mais tarde, entrou em contato com Källberg. Estava preocupado com a decisão tomada, que, segundo ele, podia levar o assassino em série Thomas Quick a cometer suicídio, antes mesmo de ser julgado culpado pelos seus crimes. Persson considerou a situação "um escândalo nacional".

Göran Källberg desconsiderou o raciocínio por julgá-lo contraditório, mas ficou tão preocupado com a conversa que logo telefonou para a ala 36 e perguntou como o paciente vinha reagindo. Anotou, então, que, segundo o pessoal, "não se notara nada de especial no paciente e que este, durante a nossa conversa, está jogando Alfapet com os enfermeiros".

A notícia de que no Hospital de Säter havia um assassino em série criou certa tensão, não só internamente, na clínica, mas, também, entre os policiais encarregados das investigações e os enfermeiros. Göran Källberg logo tomou conhecimento de que a decisão de enquadrar Thomas Quick em regime fechado tinha preocupado o pessoal encarregado das investigações. Nesse mesmo dia, Christer van der Kwast ligou para ele, explicando que a suspensão das autorizações de saída arriscava sabotar todas as investigações futuras.

Thomas Quick "tem de receber alguma coisa em troca" pelas suas confissões, reagiu Kwast, mas não recebeu nenhuma resposta positiva para os seus argumentos. Em contrapartida, Källberg ficou irritado pelo fato de um promotor querer se meter no tratamento de um dos seus pacientes. Licenças temporárias e autorizações para viajar em troca de confissões de crimes? "Esse é o tipo de raciocínio que jamais aplicarei", anotou ele no seu diário médico.

O conflito com Kwast era algo com que Källberg podia muito bem conviver. O pior era ver que cada vez havia mais gente na clínica contra ele. Que Thomas Quick ficasse desapontado era uma coisa que Källberg podia entender, mas o grande problema eram as reações dos seus dois médicos-assistentes, Fransson e Persson.

Kjell Persson já antes planejava sair de Säter para um novo emprego na clínica psiquiátrica de São Lars, em Lund, no sul da Suécia, e agia com toda a sua força para levar consigo seu paciente. Quick pôs ainda mais lenha na fogueira, ameaçando interromper a colaboração com a polícia caso não continuasse a fazer terapia com Persson. Källberg considerou a situação como pura chantagem.

Em fevereiro de 1994, Kwast voltou a telefonar para a diretoria de Säter, apresentando suas ideias de como o tratamento de Quick devia ser conduzido e "chamando a atenção para a importância do prosseguimento do contato com o médico Kjell [Persson] para a boa continuação da investigação".

Os esforços para levar Quick para Lund não resultaram em nada. Kjell Persson conseguiu um lugar na clínica de psiquiatria legal em Växjö. O diretor local era Ole Drottved, que agradeceu, mas, no entanto, declinou da oferta de Persson para continuar a terapia de Quick. Essa terapia devia ser conduzida pelo pessoal da sua própria clínica.

Christer van der Kwast, que achava que a investigação da polícia estava funcionando bem com a terapia de Kjell Persson, resolveu intervir mais uma vez no tratamento, telefonando para Drottved e convencendo-o a deixar Persson continuar como responsável pela terapia de Quick.

Mais uma vez, o diretor Göran Källberg foi colocado diante de um *fait accompli*, sem sequer ter sido consultado ou informado. "Isso aconteceu assim pelo fato de a ação ter partido de um pessoal sem habilitações médicas e sem comprovada prática medicinal", escreveu um Källberg magoado no seu diário médico, com óbvio endereçamento a Kwast.

Mas havia muita gente que queria participar da confusão gerada no período anterior à transferência. Göran Fransson continuava de licença médica, mas manteve contato com Thomas Quick por meio do telefone do paciente existente na ala. Havia uma estudante de psicologia que trabalhou durante as férias como terapeuta de Quick, que também entrou na briga. Em carta dirigida a Quick, ela tentou fazê-lo entender a decisão de Göran Källberg de isolá-lo na ala 36:

> Ao se suspeitar que você cometeu seis assassinatos e ao se saber que você está passando por um momento difícil ao recordar imagens da sua vida pregressa, me parece razoável que esteja em um "ambiente mais restrito". Infelizmente, acho que seria uma confusão enorme se um assassino em série fosse visto, livremente, na sociedade. Você deve saber como são as pessoas e os meios de comunicação...

Quando a licença médica de Kjell Persson se aproximava do fim, ele se recusou a trabalhar mais de 25% do horário normal e queria tratar exclusivamente de Thomas Quick. Nada de fazer plantões, nada a ver com outros pacientes. Caso contrário, ele pediria nova licença médica de horário integral.

A mensagem foi apresentada a Källberg durante uma reunião no dia 7 de fevereiro, depois da qual Persson telefonou para Kwast, a fim de planejar o próximo interrogatório policial. A seguir, ele abandonou a clínica e foi para casa.

No meio de tantos conflitos, a investigação continuou com novos interrogatórios.

Pelas anotações de Göran Källberg, depreendia-se que ele começava a duvidar dos efeitos da terapia em Quick. Källberg e Kjell Persson encontraram-se por acaso durante uma viagem de trem, e a conversa entre eles versou sobre a maneira de transferir Quick de Sundsvall para Växjö.

> Kjell fala também que está assumindo uma grande responsabilidade em relação à terapia adotada. Questiono um pouco, porém, se o problema é da terapia. [Kjell] comenta que ele próprio fica a maior parte do tempo em silêncio, enquanto o paciente começa a se lembrar do passado, assim que ele se senta, na sala.

Göran Fransson, que continuava de licença médica, informou no dia 21 de fevereiro que não tinha intenção de voltar a trabalhar na clínica, uma vez que "se sentia sujeito a uma espécie de complô e que havia alguém que lhe queria fazer mal".

Depois da conversa que teve com seu subordinado, Göran Källberg escreveu no seu livro de anotações que Fransson lhe parecera "claramente paranoico". Em resumo, o ambiente na clínica regional de Säter não era dos melhores.

Kjell Persson nunca mais voltou a trabalhar no Hospital de Säter, se dedicando com todo o entusiasmo à transferência de Thomas Quick. Ele próprio ficou trabalhando no Hospital de São Lars, em Lund, mas viajava duas vezes por semana a Växjö para conversas com Quick, em função terapêutica.

Antes da saída de Quick de Säter, Persson foi informado a respeito das regras seguidas em Växjö; entre elas, a de que estavam proibidas na clínica todas as formas de benzodiazepina. Isso era um problema inesperado. Estaria Quick de acordo com isso? E, mesmo que ele aceitasse, era preciso que ele fosse desintoxicado antes da transferência para Växjö.

Em 28 de fevereiro, Göran Källberg escreveu:

> Início do processo de desintoxicação por benzodiazepina de TQ. Infelizmente, jamais fiz ideia da quantidade dessa substância que, efetivamente, ele ingeriu. Ele próprio concordou com um processo rápido de desintoxicação.

Sture Bergwall disse para mim que tudo não passava de teatro para as massas:

— Foi de fato um choque a informação de que em Växjö não se aplicava benzodiazepina. Kjell falou primeiro que isso se arranjaria, que ele conversaria com o diretor Drottved. Mas, se eles não concordassem em ceder, Kjell disse que ele resolveria o caso assim que chegassem.

Thomas Quick sofreu durante o processo de desintoxicação que se prolongou por duas semanas, mas estava disposto a vê-lo terminado o mais depressa possível. Quando chegasse ao lugar, tudo "se resolveria".

Em 3 de março, Göran Källberg anota que "TQ apresenta sintomas de abstinência, mas continua a querer uma rápida desintoxicação".

Duas semanas depois, realizou-se a transferência de Thomas Quick para a clínica regional psiquiátrica de Växjö, que logo de início mostrou ser muito diferente do Hospital de Säter. A esperança de que o problema da benzodiazepina "se resolveria" foi logo descartada. A clínica de Växjö apostava "nos aspectos de segurança, no estabelecimento de limites e no julgamento de periculosidades" — foi o que Quick ficou sabendo.

A transferência foi também uma decepção para Kjell Persson, que pretendia continuar sua precedente terapia de sucesso em Quick. Segundo Sture Bergwall, Persson aparecera duas vezes para conversar, mas ambas as vezes em vão.

— Não consegui pronunciar nem uma palavra. Sem a benzodiazepina, eu não conseguia falar. Portanto, ficamos apenas sentados — diz ele, soltando uma gargalhada ao relembrar a situação.

O famoso paciente de Säter também não satisfez as expectativas que existiam entre o pessoal em Växjö, conforme anotado:

> O paciente encontra-se na nossa ala de recepção há duas semanas. Foi considerado pelo pessoal como um paciente reservado e de difícil contato. Através do seu terapeuta, Kjell [Persson], deixou claro que não consegue se adaptar às formas de tratamento praticadas na nossa clínica. Kjell [Persson] também é da opinião de que não vai poder aplicar sua terapia sob as condições aqui impostas.

Thomas Quick comunicava-se com o pessoal apenas através de Kjell Persson, o que levou a diretoria da clínica a concluir que restava apenas constatar ser impossível combinar as diferentes ideologias de tratamento que vigoravam em Säter e em Växjö, "o que significa que não podemos aceitar as opiniões do paciente e satisfazer seus desejos de liberdade, de medicação especial etc.".

Quando esta anotação foi feita, Thomas Quick havia telefonado para a ala 36 do Hospital de Säter e dito que já não aguentava mais. Queria voltar.

— Nós vamos buscar você amanhã — foi a mensagem recebida.

Já no dia seguinte, chegaram três enfermeiros a Växjö para buscá-lo. Sture conta, bem-humorado, sobre a viagem de carro, de volta a Säter:

— Foi maravilhoso! Assim que nos sentamos no carro, logo me ofereceram um Stesolid! Enfim estava em casa de novo!

Eles pararam na cidade de Gränna para comer num restaurante e, perto de Svampen, em Örebro, para comprar guloseimas. Ao chegarem à ala 36 da clínica de Säter, todo o pessoal recebeu Quick de braços abertos. Na primeira fila, Birgitta Ståhle.

Foi então que tudo começou a ficar sério.

Birgitta Ståhle assume

Após a chegada ao Hospital de Säter, em 30 de março de 1994, Thomas Quick foi colocado no seu antigo quarto, e os médicos receitaram uma medicação moderada, incluindo a benzodiazepina. Em seguida, pairou uma calma libertadora sobre a clínica, que por tanto tempo passara por desgastantes conflitos.

Para Quick, no entanto, a perda do terapeuta Kjell Persson foi algo difícil de suportar. Birgitta Ståhle, porém, escreveu no seu diário médico que Quick, depois da temporada em Växjö, estava disposto a continuar a terapia e decidido a seguir as regras impostas na clínica de Säter, onde ele se sentia seguro e em casa. Pediu, então, a Birgitta que o ajudasse, o que foi logo aceito por ela.

Uma vez que os médicos Fransson e Persson tinham saído de cena, foi Birgitta Ståhle quem avançou como uma vencedora inquestionável de uma briga na qual ela nem precisou entrar.

Às 15h do dia 14 de abril de 1994, reúne-se o novo núcleo da investigação Quick na sala de música da ala 36. Nas quatro poltronas vermelhas e pretas, estão sentados Seppo Penttinen, Thomas Quick, Birgitta Ståhle e o advogado Gunnar Lundgren. O quinto elemento a reforçar o conjunto, em uma cadeira isolada, é o docente em psicologia da Universidade de Estocolmo, Sven Åke Christianson. Ele estava ali na condição de perito em memória, com grande interesse por assassinos em série.

Diante do interrogatório previsto, Thomas Quick redigiu uma mensagem, dizendo que tinha uma informação importante para dar sobre o assassinato de Johan Asplund. Durante o dia, tomou grandes quantidades de benzodiazepina. A história contada por ele foi longa e pacientemente escutada por Seppo Penttinen, que fez as perguntas e ainda tentou, em alguns momentos, apressar o interrogado.

No final do longo interrogatório, porém, a situação ficou verdadeiramente problemática, visto que Quick, através de Ståhle, revelou para a polícia que os médicos tinham realizado por sua conta uma investigação própria.

TQ: — Acho que... Acho que fizemos, também, descobertas concretas.
Penttinen: — O que vocês descobriram?
TQ: — Dois... Dois... Um deste e um deste...
Penttinen: — Hum. Você está indicando para o seu dedo grande. Foram dois pedaços de dedo. E onde estão esses achados?
TQ: — Birgitta vai dizer onde, mas eu tenho que sair primeiro...

Thomas Quick deixa a sala, e Birgitta Ståhle pede a palavra para reproduzir a conversa que teve com Quick na sessão de terapia a respeito dos dois pedaços de dedo de Johan encontrados:

— É isso que é difícil — começou ela, hesitante. — Foi o que ele me contou. Bem... Ele me contou que achou os pedaços de dedo no riacho e que os mostrou para Göran e Kjell, mas, em seguida, engoliu-os, de modo que não existem mais.

Seppo Penttinen ficou em silêncio.

O fato de dois médicos terem realizado investigações por conta própria e decidido reter a informação diante dos investigadores da polícia já era por si bastante chocante. Pior ainda, no entanto, era saber que Quick havia comido a única prova técnica encontrada na investigação.

A curta colaboração de Birgitta Ståhle estava gravada em fita magnética, seria reproduzida por escrito e tornada pública no dia em que Quick seria indiciado pelo assassinato de Johan Asplund. Seppo Penttinen já tinha ouvido o suficiente.

— Muito bem — disse ele, curto e grosso. A sessão foi interrompida às 16h06.

Birgitta Ståhle, a substituta de Kjell Persson, nunca passara por uma situação semelhante de procedimentos investigativos, de modo que resolveu colaborar com a polícia. Pelo menos três vezes por semana, ela tinha uma conversa com Thomas Quick, o que fazia parte da terapia. E, a partir de então, sempre que Quick dissesse alguma coisa de interesse para a polícia, ela relatava tudo para Seppo Penttinen.

A maior dificuldade residia em Quick, ao chegar ao Hospital de Säter, em 1991, ignorar por completo o fato de ter cometido crimes. As recordações a esse respeito tinham sido totalmente reprimidas, assim como todos os abusos sexuais a que ficara exposto durante a infância.

Sob a liderança de Birgitta Ståhle, Quick foi convencido a regressar mentalmente à infância em Falun, na década de 1950. No horário da terapia, parece que ele conseguia voltar a ser o pequeno Sture, que, com uma linguagem infantil, contava detalhes das suas experiências de vida, enquanto Ståhle anotava, continuamente, todas as suas histórias e reações.

Situações semelhantes foram consideradas antes por Kjell Persson como "viagens hipnóticas na máquina do tempo". O termo psicológico para essas "viagens" é "regressão", o que significa que o paciente volta para estágios anteriores da sua vida, muitas vezes para reviver e recordar experiências traumáticas. A denominação escolhida por Thomas Quick foi "queda no tempo", e ele parecia mesmo que, na hora da terapia, "caía" para trás no tempo, não somente na época da sua infância tenebrosa como, também, nos momentos em que, como adulto, praticou os crimes.

Segundo as teorias em vigor no Hospital de Säter, crimes graves de violência eram tentativas de "recriação" de traumas da infância e de punições que envolviam tanto a vítima como o transgressor. A conexão entre a vítima e o transgressor na mesma pessoa fazia com que as recordações revividas de um abuso sexual na infância pudessem ser usadas para desvendar abusos sexuais praticados na idade adulta. Sture Bergwall tinha recriado, recorrentemente, os abusos dos seus pais por meio da violência e do assassinato de rapazes ainda jovens.

Com o tempo, a terapia de Birgitta Ståhle desenvolveu-se com Thomas Quick e se transformou em um "berço" de recordações reprimidas, várias das quais se recriaram como histórias que levaram, diretamente, à formação de sentenças por assassinato.

A crença em recordações reprimidas recuperadas pela terapia é vista, atualmente, com ceticismo, sobretudo pela Justiça no mundo inteiro, mas, na década de 1990, essas teorias orientaram o tratamento de Thomas Quick e de outros criminosos, internados na clínica psiquiátrica legal de Säter.

Nem os médicos, nem os psicólogos em Säter questionaram sequer o fato de Quick não se recordar nunca dos seus assassinatos; no entanto, era considerado o pior assassino em série da Suécia. Havia um consenso amplo de que as vivências desse tipo eram tão insuportáveis que as recordações "se dissociavam" e se escondiam em algum recanto no cérebro. Também nunca se questionou a capacidade de Birgitta Ståhle em recuperar recordações por meio de regressões.

Posteriormente, à medida que os fragmentos de recordações voltavam, sobreveio um estimulante processo intelectual em que os fragmentos foram combinados — "integrados" —, enquanto Birgitta Ståhle e seu notável paciente observavam, consternados, uma imagem do assassino em série Thomas Quick, cada vez maior diante dos seus olhos.

Eu sabia que Ståhle, todas as semanas, recebia apoio da guru da teoria da relação entre objetos, Margit Norell, na terapia com Quick, mas aquilo que as duas conversavam é um bem guardado segredo, assim como a maneira como a terapia se processava. A esse respeito, não havia nenhuma documentação, além das imagens recuperadas, débeis e sem confirmação, de Sture Bergwall.

Birgitta Ståhle fez anotações completas de todas as sessões de terapia, mas, assim que, para mim, Sture deu como canceladas todas as suas confissões, ele solicitou o direito de ler todas essas anotações que, juridicamente, fazem parte do seu diário médico.

Surpreendentemente, a resposta foi a de que Ståhle tinha destruído tudo.

Sture chamou a atenção para o fato de Margit Norell e Birgitta Ståhle terem escrito um livro sobre Thomas Quick. As autoras chegaram a dizer que o livro sobre a terapia usada com Quick era uma obra pioneira do mesmo nível de dignidade do estudo sobre neuroses infantis de Sigmund Freud, com o título *O homem dos lobos*. Mas, por motivos desconhecidos, o livro nunca chegou a ser publicado. Sture e eu reconhecemos existir a possibilidade de jamais termos acesso ao manuscrito.

Provavelmente, Sture Bergwall seria a minha única fonte de informação sobre os dez anos de terapia realizada por Birgitta Ståhle com o assassino em série Thomas Quick. E Sture era, na época, a pessoa da mais baixa credibilidade em toda a Suécia.

Depois de Sture Bergwall ter anulado suas confissões, a diretoria do hospital assumiu uma série de represálias contra o teimoso assassino em série. Entre elas, os médicos cancelaram suas saídas temporárias, também chamadas de permissões para respirar ar livre. Decidiu-se também que as persianas que protegiam seu quarto do sol e da visão intempestiva de outras pessoas fossem desmontadas, assim como as prateleiras onde estavam os livros e CDs acumulados em quase duas décadas de permanência no local.

Ao empacotá-los em caixas de papelão, na última prateleira, Sture encontrou, bem longe da vista, debaixo de uma grande quantidade de antigos discos do tipo LP, uma velha pasta sem etiqueta. Ao abri-la, Sture pôde ler, maravilhado, as primeiras palavras da primeira página:

> **PRÓLOGO**
> A intenção deste livro é descrever um processo terapêutico muito difícil e inusitado que eu, na qualidade de instrutora, acompanhei no período de 1991-95...

Sture não podia acreditar no que via: acabara de encontrar o manuscrito do livro de Margit Norell e Birgitta Ståhle que considerávamos perdido. Ele prossegue a leitura:

> Antes de o processo terapêutico começar, Sture Bergwall não tinha nenhuma recordação da fase anterior aos 12 anos de idade. O contato com os assassinatos cometidos — com início na idade de 14 anos — só surgiu durante o processo terapêutico. Em nenhum caso ele foi objeto de suspeitas ou alvo de investigações policiais em relação a esses crimes.

> Quando um assassinato e os detalhes em relação a esse assassinato se tornavam suficientemente claros na terapia, o próprio Sture pedia que a polícia fosse chamada para realização dos interrogatórios e das investigações.

Alguns dias mais tarde, eu próprio recebi em mãos o desejado manuscrito. Eram 404 páginas de texto não revisto, em algumas partes ilegível na sua prosa especializada, psicológica e truncada. No entanto, era sem dúvida uma descrição, feita pelos terapeutas, da terapia aplicada em Thomas Quick.

Durante minhas pesquisas anteriores sobre o caso Thomas Quick, eu me deparei, frequentemente, com o conceito de "ilusão Simon". Deu para entender que era um tema central na terapia, mas difícil foi compreender o que essa ilusão representava. Assim que surgiu uma chance, pedi a Sture que explicasse:

— Simon entrou na conversa durante a terapia com Birgitta Ståhle. Ele nasceu em conexão com um abuso sexual sofrido por mim, por parte do meu pai e da minha mãe. Neste momento, não me lembro de como contei a história, mas ele foi morto por decapitação. A cabeça foi cortada. Depois, o recém-nascido foi embrulhado em papel de jornal e colocado na cesta de uma bicicleta. Papai e eu fomos, então, de bicicleta para o cabo de Främby, onde enterramos o bebê.

Sture tinha 4 anos no dia em que testemunhou a morte do seu irmãozinho, e surgiu a ideia de que Sture seria capaz de "consertar Simon", fazê-lo voltar à vida. De alguma maneira, esta ideia se transformou na noção de que Sture seria capaz de "ganhar vida" ao causar a morte. Na terapia com Birgitta Ståhle, esses pensamentos foram considerados como uma explicação para o fato de Sture ter se transformado em um assassino de rapazes.

Ninguém tinha ouvido falar de Simon antes de Thomas Quick o ter mencionado para Birgitta Ståhle. Segundo Sture, isso foi mais uma das fantasias inventadas na sala de terapia.

No momento, estou com o manuscrito nas mãos. Nele, Ståhle descreve, com suas próprias palavras, como, na terapia, Thomas Quick "regressou" aos seus 4 anos de idade e testemunhou a maneira como seus pais mataram e retalharam o bebê Simon.

> O rosto fica retorcido, boca bem aberta, com medo da morte. Eu, Birgitta, posso me comunicar com Sture, o que demonstra que ele, sem dúvida, está em regressão profunda; no entanto, tem contato com o momento atual.
> O primeiro golpe da faca acertou o lado direito do tronco e foi dado pela mamãe. A seguir, o papai pegou a faca. O espírito retornado de Sture diz repetidas vezes: não no pescoço, não no pescoço, levanta o pescoço. A faca entra no tronco e, depois, corta e separa a perna direita.
> M [mamãe] pega a carne de Simon e enche a boca bem aberta de Sture.
> O espírito de Sture diz: "Não estou com fome." Sture diz que a M e o P se abraçam e exclamam que ele acha repugnante. Então, ele estende a mão para pegar a mão de Simon. Descobre que a mão está solta, foi cortada. E diz: "Eu tive na minha mão a mão do meu irmãozinho Simon."

Na terapia, o nascimento de Simon e a morte dos pais são entendidos por Sture como verdades. As imagens recordadas da morte da criança são para Sture revividas mais tarde por meio dos assassinatos de Johan Asplund, Charles Zelmanovits e de outros rapazes. As recordações foram reprimidas, mas o Sture adulto "falou" das suas vivências através dessas mortes e por meio da profanação e do esquartejamento dos corpos, tal como seus pais esquartejaram seu irmão recém-nascido.

No livro, a mãe de Sture é indicada como M ou "Nana", eufemismos para um ser tão maligno que seu verdadeiro nome seria demasiado assustador para ser pronunciado. Birgitta Ståhle volta a contar no livro vários dos malfeitos da odiosa mãe.

> Sture começa a falar aos soluços. A Nana acabou de apertar suas mãos em volta do pescoço de Sture. "Ele sente as mãos dela. Agora, ela vai para Simon", onde Sture existe por trás dos seus olhos fechados. Ela

está lá diante do rosto de Simon. O corpo está cortado, mas Sture se concentra no rosto para evitar ver o corpo retalhado. Sture vê a mão fechada e ensanguentada da Nana. Cala-se e diz: "O vermelho talvez seja de algum suco, não?"...

O fato de Thomas Quick acreditar que o sangue espalhado pelo corpo massacrado do seu irmão recém-nascido era suco foi considerado como prova de que ele estava falando a verdade, segundo Margit Norell. Ela escreve no manuscrito:

> Como podemos saber se Sture está falando a verdade?
> Em se tratando de experiências da infância: a fala infantil, as reações típicas das crianças, como as regressões acontecem, a expressão dos sentimentos — e, acima de tudo, a apresentação das imagens recordadas.
> Em se tratando de experiências reprimidas de adultos: as reconstruções e sua similitude com o material da polícia e, por fim, a ligação entre ambos os casos.

Os investigadores da polícia procuraram em vão pelo corpo enterrado de Simon no cabo de Främby. No Hospital de Falun, pediram os registros da maternidade, nos quais se constatou que Thyra Bergwall não deu à luz nenhuma criança por essa época, nem teve nenhum aborto registrado. Ninguém em contato com a família deu por essa gravidez, o mesmo acontecendo entre os seis irmãos e irmãs de Sture. Entretanto, ninguém entre os investigadores levantou a mínima dúvida de que as histórias de Sture eram autênticas. Nem entre os policiais, nem o promotor, nem os juízes e nem mesmo Margit Norell:

> Sture tem tentado manter, como todas as crianças, uma imagem positiva dos seus pais. Em especial, em relação ao seu pai, que, às vezes, podia mostrar seu lado bom, ainda que sob uma forma sentimental. Mas, acima de tudo, para Sture, era a mãe aquela que mais o amedrontava, o que, entre outras coisas, se expressava através do fato de ele, durante muito tempo, nem sequer se lembrar do seu rosto, nem sequer querer vê-lo.

> Quando não era mais possível — em conexão com a morte do recém-nascido Simon e seu esquartejamento — a imagem do pai de Sture chegava sob duas formas, como P ou Ellington, em que Ellington significava o lado terrível e maligno do seu pai.

Thomas Quick fala durante uma regressão — "uma queda no tempo para o nível de 1954" — e conta que o P deixa a sala depois do assassinato de Simon e volta em seguida de camisa lavada. "Foi um titio que emprestou a camisa do papai", pensou Sture como criança e deu ao gênio maligno do pai o nome de Ellington. Durante a terapia, Quick utiliza muitas vezes os eufemismos "Ellington" e "P" para o pai, mas consegue pronunciar a palavra "papai" sem grandes problemas. Já dizer "mamãe" quando fala sobre a mãe, isso é impossível.

É uma história esquisita. Mas o mais esquisito é a evolução da figura Ellington.

Na terapia, Ellington mudava de alter ego maligno do pai até uma personalidade que, muitas vezes, assumia o comando sobre o corpo de Thomas Quick. Birgitta Ståhle testemunhou a transformação muitas vezes e uma delas está descrita no manuscrito:

> Posso assegurar que a transformação que vi era a do Diabo personificado, literalmente falando. E vi a resposta de Sture. Ele clareou sua garganta e, em seguida, veio a negação por palavras: não, não é o papai, é um disco de gramofone que saltou dele.
>
> Aquilo que o Diabo disse para ele foi: tu vais ter que saborear a morte.

Os vários papéis de Ellington na história de Thomas Quick é um dos muitos exemplos de como as figuras nas histórias de Quick, constantemente, mudam. Nenhuma personalidade permanece para sempre, logo simbolizando outra pessoa. Ellington é a figura do pai em que Quick se transforma para praticar seus crimes.

Nos primeiros tempos da terapia com Birgitta Ståhle, os casos em pauta eram os de Alvar Larsson, Johan Asplund, Olle Högbom e um rapaz que, de vez em quando, era chamado de "Duska". Outras vezes, por outros nomes também. O último nome que entrou na lista, no tempo de Kjell Persson, fora o de Charles Zelmanovits, e foi nesse caso que Ellington entrou como assassino de rapazes.

Charles tinha 15 anos quando desapareceu a caminho de casa, saindo de uma festa em Piteå, na noite de 13 de novembro de 1976. Depois do retorno de Thomas Quick de Växjö, o crime contra Charles assumiu a primazia e tornou-se o caso prioritário para a terapia e a investigação policial.

Perguntas fechadas

Durante o verão de 2008, ainda muito longe da dramática reunião em Säter na qual Sture, conversando comigo, anulou todas as suas confissões, fui visitar o Tribunal de Falun para copiar seus documentos sobre as ofensas cometidas por Sture Bergwall na juventude e sobre os assassinatos de Gry Storvik e Trine Jensen. Ao chegar lá, eles não só foram receptivos como até exagerados. Um jovem arquivista contou que uma produtora encomendou as cópias das duas investigações preliminares dos crimes de Thomas Quick.

— Quando receberam a fatura de 40 mil coroas, eles se recusaram a pagar — contou ele.

Fiquei curioso e um pouco preocupado diante da hipótese de uma produtora de televisão da Noruega estar concorrendo com a minha pauta na Suécia, mas logo soube que se tratava de um programa sobre perfis de criminosos. Um dos mais importantes criadores de perfis do mundo, o antigo agente do FBI Gregg McCrary, estava trabalhando sobre os perfis do criminoso ou dos criminosos que mataram Therese Johannesen, Trine Jensen e Gry Storvik.

McCrary não conseguiu consultar os interrogatórios, nem outras informações sobre Thomas Quick. Apenas os protocolos técnicos e criminalistas, inquéritos com parentes e material semelhante. Evidentemente, também não recebeu a informação de que a mesma pessoa acabou sendo condenada pelos três crimes.

Com a maior cara de pau, decidi consultar, oportunamente, os meus colegas noruegueses e marcar uma entrevista com Gregg McCrary, no estado de Virginia, nos Estados Unidos.

Em fins de setembro, ele me recebeu na sua grandiosa propriedade em um condomínio fechado, vigiado por guardas armados. Para McCrary, está claro que são três e diferentes os culpados pelos crimes na Noruega pelos quais Thomas Quick foi condenado. Nenhum dos seus perfis de criminosos tem qualquer semelhança com Thomas Quick e, em dois desses perfis, além disso, os culpados revelam um conhecimento muito preciso dos locais escolhidos para os crimes.

Ao contar para McCrary a respeito da minha própria pesquisa, ele diz:

— A única coisa que sabemos com segurança é que ele é um mentiroso. Ele confessou antes os crimes e agora resolveu anular as confissões feitas. Trata-se de saber e decidir qual é a versão verdadeira. Talvez tenha cometido alguns dos crimes. Talvez seja culpado de todos. Dos três crimes que estudei melhor, estou convencido de que ele não cometeu nenhum. E, dos restantes, estou muitíssimo desconfiado que também não.

E ele continua:

— Fui chamado muitas vezes para conferir os interrogatórios em que havia a suspeita de se tratar de uma falsa confissão. A primeira coisa que costumo fazer é folhear, rapidamente, todo o protocolo do interrogatório para ver quem falou mais. Tem que existir uma forte vantagem por parte do suspeito, caso contrário há o grande risco de o interrogador estar passando informações para o suspeito.

Gregg McCrary fala de um caso em que ele próprio trabalhou, no qual houve falsas confissões, apesar de o suspeito ter fornecido dados que só podiam ser do conhecimento do criminoso ou da polícia. Os interrogadores estavam seguros de que não tinham revelado tais dados, mas, depois de terem verificado, minuciosamente, as gravações, descobriram que foi isso, exatamente, o que acontecera. Essas coisas podem acontecer por meio de pequenas insinuações ou por meio da maneira como são colocadas as perguntas.

O inquiridor deve fazer perguntas diretas: "O que aconteceu? Conte!" Se, em vez disso, o interrogador faz perguntas fechadas que podem se respondidas por um "sim" ou um "não", o interrogatório estará sendo realizado da maneira errada.

O conteúdo dos conhecimentos de Gregg McCrary era uma espécie de eco daquilo que me dissera antes o policial Jan Olsson, um dos críticos do caso Thomas Quick: "Pense numa coisa — alguma vez ele forneceu uma única informação de que a polícia já não soubesse? É nisso que você deve pensar."

O *desaparecimento de Charles Zelmanovits*

Charles Zelmanovits estava deitado no chão enquanto o irmão mais novo o ajudava a meter o corpo magro dentro de um jeans apertado da marca Wrangler.

Fredde teve de fazer força para enfiar o cinto nas calças. Charles encolheu a barriga e conseguiu, por fim, passar o botão pela respectiva abertura. Com as pernas rígidas e sem flexibilidade, ele conseguiu ficar de pé com muita dificuldade. Passou a mão pelo tecido que cobria a coxa como se fosse a pele de uma enguia. Embaixo, as pernas das calças se abriam e cobriam os pés por completo.

Frederick Zelmanovits tinha apenas 12 anos, mas lembra-se bem daquela noite de 12 de novembro de 1976, pouco antes de o incompreensível acontecer.

Vou ao seu encontro no seu restaurante em Piteå, bairro onde o irmão mais novo de Charles cresceu, perdeu cabelo e o que restou ficou grisalho. Casou, teve filhos e em pouco tempo chegará aos 45 anos de idade. Ele fala sobre o desaparecimento de Charles, que deixou para sempre um vazio em seu peito:

— Foi o meu melhor amigo que desapareceu.

Charles era aquele a quem Frederick recorria quando havia discussões e problemas na família. Aquela última noite com Charles começara da maneira habitual. Fred lembra-se de ter atirado a vasilha de água do cachorro na direção de Charles. Depois, ajudou-o a vestir o novo jeans. E a vasilha do cachorro foi esquecida.

Charles e Frederick tinham sangue espanhol e sueco e já eram próximos antes de deixar o lar da infância na Espanha, de onde toda a família se mudou para Piteå, para o frio e a escuridão do norte da Suécia. Foi a mãe Inga quem insistiu na mudança de Fuengirola, na Espanha, para que os rapazes tivessem uma educação melhor. Alexander, seu marido espanhol, era cirurgião e aceitou um emprego de médico de empresa numa serraria de Munksund.

Inga Zelmanovits sempre havia falado sueco com seus filhos, portanto Charles não teve problema nenhum com a língua quando começou na escola de Piteå, a não ser com uma ou outra palavra. Foi bem recebido pelos outros alunos e logo passou a ser um dos mais populares da classe, o que, possivelmente, foi facilitado pelos seus longos cabelos castanho-escuros que batiam nos ombros, seus belos olhos também castanhos e um sorriso que deixava à mostra duas fileiras de dentes perfeitos.

Apesar de todos os seus antecedentes, ele ainda era considerado um pouco como estrangeiro, um forasteiro, aos olhos de algumas pessoas. Essa era a situação em Piteå, no ano de 1976.

Naquela noite, mais uma vez, Charles se defrontou com a ideia de que seu lugar entre os colegas não estava garantido. Sua colega de classe, Anna, ficara sozinha no feriado, numa bela casa de executivo de empresa, e resolvera dar uma festa. Todos estavam lá, mas ninguém se lembrara de convidar Charles.

Uma última olhada para o jeans, outra para a sua longa jaqueta de couro, especialmente encomendada da Espanha. No bolso, uma pequena garrafa de Bacardi de que nem o seu irmão de sangue conhecia a existência — mas de que a posteridade tomará conhecimento graças às investigações precisas da polícia, feitas nessa última noite da sua vida.

Charles tomou coragem e discou o número. Anna atendeu e Charles ficou sabendo que a festa já estava em andamento, embora ainda fossem somente 19h. Evidentemente, ele era muito bem-vindo, não havia problema nenhum.

Em pouco tempo, Charles estava batendo na porta. Os outros caras bebiam cerveja, vinho e destilados e convidavam as garotas para a bebida. Charles puxou seu Bacardi e se sentou num banco.

Às 20h30, todo mundo já estava bêbado. Alguém telefonou, chamando um táxi. E, logo em seguida, a festa teve um repentino e caótico fim. Charles e os outros que não couberam no táxi saíram a pé pelos três quilômetros que os separavam da Escola Pitholm.

Charles viu Maria assim que entrou no refeitório da escola. E ela olhou para ele. Dançaram e se beijaram antes de ela sair do local com ele. Levavam o rum e foram para um lugar escondido. Fazia apenas 6 graus do lado de fora, e o sexo foi rápido, mal começou já tinha terminado. Maria estava obviamente zangada quando eles retornaram à escola.

Mas Charles logo voltou para o ar livre, onde estavam todos os rapazes de 17 e 18 anos que não entraram na escola. O rum estava quase no fim e Charles já estava bem bêbado. Ele não fazia a menor ideia de onde Maria estava.

— Charles!

Era Leif quem o chamava. Charles achava que Leif era um cara muito bacana, nos seus 19 anos. E sabia que ele era colega de Maria.

— Está servido? — perguntou Charles, oferecendo a garrafa, com as últimas gotas do rum.

Leif balançou a cabeça e disse:

— Maria me contou tudo. Ela ficou muito magoada. Aliás, cheia de raiva.

Charles bebeu o último gole da garrafa e não reagiu. Mas Leif não desistiu:

— Você não pode, simplesmente, dar em cima dela e, depois, não ligar para ela o resto da noite. Você devia ficar com ela a noite toda! Depois você faria o que quisesse...

Charles não conseguia achar as palavras certas para responder e continuou em silêncio, com a garrafa vazia na mão. Leif repetiu ter sido muito errado o que Charles tinha feito e afastou-se sozinho em seguida, deixando-o no escuro da noite.

O rumor espalhou-se rapidamente: "Charles fodeu a Maria."

Maria era a garota mais bonita da escola. Isso também era o que os rapazes mais velhos achavam.

Lars-Ove tinha 18 anos e tinha se mantido sóbrio para ser o motorista da noite. Assim que viu Maria, foi até ela e sugeriu dar uma volta le carro. Ambos seguiram de carro para o centro da cidade, mas nem udo correu como Lars-Ove tinha pensado. Maria estava triste e só falava de Charles.

Charles voltou para o refeitório da escola à procura de Maria e esperou até que só restasse ele na festa. Resolveu, então, voltar para casa a pé. E saiu apressado uns dois quilômetros pela rua Järnvägsgatan, uma reta bastante longa, até que viu um grupo grande de colegas e correu para chegar até eles, mas Maria não estava junto.

Charles trocou apenas algumas palavras com a rapaziada da festa e seguiu em frente. Os últimos a vê-lo dizem que foi quando ele passou por um poste no cruzamento no final da Järnvägsgatan. Ninguém lembra se Charles virou para a direita ou para a esquerda na rua Pitholmsgatan que cruzava.

Mas ele jamais chegou em casa.

Enquanto Charles desaparecia no escuro daquela noite, seu irmão mais novo, Frederick, dormia, ignorando o que acontecera até o momento de acordar na manhã seguinte.

— Havia uma quantidade enorme de policiais em frente de casa e logo fiquei sabendo por que eles estavam lá. De início, pensamos que Charles voltaria logo, mas o tempo foi correndo e nada.

Frederick descreve o desaparecimento de Charles como uma catástrofe familiar. Ele tenta traduzir em palavras o sofrimento interminável da incerteza. Destaca a maneira como os pais ficaram arrasados. O telefonema de alguém que disse: "Olá, sou eu, Charles", e desligou. Descreve ainda a absurda esperança do impossível, de que Charles chegaria um dia, não estaria morto e tudo seria como antes.

— É claro que a gente queria que ele estivesse em algum lugar. Mas o tempo corria. Era uma situação verdadeiramente caótica.

Frederick jamais acreditou nas teorias de suicídio, de que Charles estaria doente ou de que ele não queria voltar para casa. Frederick diz que é impensável a versão de Charles ter desaparecido voluntariamente.

— Alguém fez alguma coisa contra ele... Essa sempre foi a minha tese.

* * *

Em 19 de setembro de 1993, fazia uma bonita manhã de domingo em Norra Pitholmen. A família do jovem caçador detinha o direito de caçar naquela área e ele planejara passar a maior parte do dia na floresta.

Com a espingarda sempre em posição de alerta, ele apressou o passo para não ficar muito atrás do cachorro, que já se encontrava quase junto de uma clareira colina acima, dando sinal de haver caça. O caçador tentava olhar contra a luz do sol, quando tropeçou em alguma coisa. O objeto parecia um enorme cogumelo esbranquiçado, mas era duro, como se fosse pedra. Era grande demais para ser o osso de um animal, redondo demais para ser a cabeça de um animal. Com um dos pés, arrastou-o para o lado na turfeira, pegou no objeto e endireitou o corpo para verificar que estava com um crânio na mão.

O achado deixou-o perplexo. Um corpo humano jamais poderia jazer naquele lugar por muito tempo sem ser descoberto. Ali era costume passarem grupos de caçadores, e ele próprio já tinha passado incontáveis vezes pelo lugar. Além disso, dois anos antes, seu pai mandara fazer um corte de madeiras, não muito longe dali. O caçador olhou mais uma vez para o crânio, antes de colocá-lo, com todo o cuidado, novamente, no solo. Memorizou o lugar e foi atrás do seu cachorro.

Seus pensamentos, todavia, continuavam no crânio encontrado. Depois de uma hora de caça sem resultado positivo, ele voltou ao lugar do achado para dar uma olhada mais acurada no estranho objeto. Lembrou-se do rapaz que desaparecera, sem deixar pistas, dezessete anos antes, e chegou à conclusão de que deveria voltar para casa e telefonar para a polícia.

A patrulha policial constatou que havia vários outros ossos e pedaços apodrecidos de roupa. Uma manga parecia ser parte de uma jaqueta de couro marrom.

"A quem este crânio pertence é, no momento, completamente desconhecido", escreveu o detetive criminalista Martin Strömbäck no seu relatório, apesar de não ter a mínima dúvida quanto à identidade do morto.

O pai de Charles já não estava vivo, mas Frederick e sua mãe, Inga, logo receberam a mensagem de que Charles fora identificado pela arcada dentária.

— Enfim, era uma informação... — diz Frederick. — Muitas pessoas dizem que é um descanso para a alma quando se encontra o corpo de um desaparecido, mas eu não senti isso. O que significa um corpo? Eu queria era saber o que tinha acontecido. Depois de tantos anos, já estava claro para nós que Charles não existia mais. Ao ser encontrado o corpo, a incerteza permaneceu. Muito bem, por que o corpo foi encontrado naquele lugar? O que realmente aconteceu?

Passaram-se três meses até que, numa sexta-feira, 10 de dezembro, os jornais noticiassem que os restos mortais de Charles Zelmanovits tinham sido encontrados.

O enigma do rapaz de 15 anos desaparecido estava, portanto, resolvido. Pelo menos, em parte. A família Zelmanovits recebeu uma confirmação por escrito de que Charles estava morto. Como morreu ou por que foi parar no meio da floresta em Norra Pitholmen, os investigadores não conseguiram saber, mas os técnicos criminalistas não encontraram nada que indicasse ele ter sido vítima de crime.

Alguns dias depois de publicadas as matérias sobre Charles Zelmanovits, Thomas Quick, durante uma sessão de terapia com Kjell Persson, diz que "acabou de entrar em contato com material novo". Conseguira recordar imagens da maneira como ele matara um rapaz moreno em Piteå, na década de 1970.

Kjell Persson reage, dizendo que acabara de ler no jornal uma notícia a respeito desse caso. Que a polícia tinha acabado de encontrar os restos mortais de Charles numa floresta, perto de Piteå.

— Ah, é... — diz Quick, espantado. — Eu não fazia a mínima ideia.

Já passava das 8h da manhã do dia 9 de fevereiro de 1994 quando o advogado Gunnar Lundgren deixou seu magnífico sítio Dalagård, do século XVIII, e entrou no seu Honda para percorrer os quase 50 quilômetros que o separam do Hospital de Säter.

Lundgren tem 61 anos e é o advogado criminalista mais famoso da Dalicárlia, desde que defendeu os piores criminosos da província, entre eles o assaltante de banco Lars-Inge Svartenbrandt, o assassino Mattias

Flink e agora o suspeito de assassinato em série Thomas Quick. Lundgren é uma pessoa segura, que não hesita em apresentar ideias controversas em público como, por exemplo, naquela matéria no *Aftonbladet* em que desenvolveu sua missão a cumprir como defensor de Thomas Quick:

— Quick já confessou cinco crimes, mas a polícia ainda não está convencida de que ele diz a verdade. Eu estou. Por isso, a minha missão em muitos aspectos é convencer a polícia de que o meu cliente matou mesmo.

Quase uma hora mais tarde, Gunnar Lundgren entra na sala de música da ala 36 do hospital, cumprimenta seu cliente e o interrogador-chefe, Seppo Penttinen, antes de se sentar na sua habitual poltrona vermelha e preta em frente a Thomas Quick. Na última vez em que eles se sentaram em volta daquela mesa foi para tratar da prescrição do crime contra Thomas Blomgren.

Mas, no momento, a situação é mais difícil. Se existir substância na última confissão de Quick, este poderá ser processado pela morte de Charles Zelmanovits.

Penttinen aciona o pequeno gravador. Depois, volta a se sentar e, então, vira-se para Quick, que tenta se concentrar diante da declaração a fazer.

— Para começar, Sture, os motivos: por que você estava naquela área, naquela hora em que encontrou aquele rapaz?

— Bem, é a mesma coisa que aconteceu com as outras viagens. É uma viagem não plan... [...] plan... [...] planejada. Opa...

Quick conta que ele chegou ao lugar de carro.

— É interessante saber qual foi o carro que você usou nesse caso — diz Penttinen.

Sture me contou que se lembrou de ter tido problemas com o carro que disse ter tomado emprestado de Ljungström no caso de Johan Asplund. Nesse caso, porém, ele queria evitar a todo o custo os mesmos problemas. Por isso, resolveu responder que não revelaria qual carro tinha usado. Não por enquanto.

Penttinen desliga o gravador enquanto Quick conversa com o seu advogado. Quick diz para Lundgren que sabe qual foi o carro que usou, mas, por um motivo secreto, não vai dizer nada hoje a esse respeito.

Outro problema surgiu durante uma sessão de terapia, explica Quick, a respeito do nome do "rapaz moreno". Depois, "me lembrei" do primeiro nome.

O "rapaz moreno" não foi exatamente uma descrição correta. Charles não era moreno. Ele tinha a pele bem branca e os cabelos eram louros, acastanhados. Isso estava confirmado, também, pela descrição que a polícia fez do procurado, logo depois do desaparecimento de Charles, em 1976. Ele foi descrito como "louro-escuro".

Quick também disse que Charles não tinha cabelos compridos, o que não condizia com a verdade, visto que seus cabelos desciam até os ombros.

— E as roupas? — pergunta Penttinen.

— Hoje, eu diria que ele usava uma jaqueta forrada, de tecido jeans.

Mais tarde, durante o interrogatório, Quick se resguarda de um possível erro, dizendo que a imagem recordada da jaqueta era de tecido brilhante, alegre. Mas acrescenta que sua imaginação também o leva a acreditar que a jaqueta era acolchoada e preta.

Quando desapareceu, Charles usava uma jaqueta longa de couro, daquelas de encher os olhos e que dificilmente se confundiria com uma jaqueta jeans ou uma jaqueta acolchoada e preta.

Quick também não se lembra das calças jeans de Charles, extremamente justas, apesar de ter dito que foi ele quem as tirou da vítima.

— Umas calças bem finas, por assim dizer. Não sei qual é o nome do material...

— Não será jeans?

— Não — responde Quick.

— É de tecido mais fino?

— E com um colchete aqui — diz Quick, apontando para o cinto das suas calças.

Thomas Quick parece tentar descrever calças de um tecido semelhante a gabardine. Depois diz que Charles calçava botas, quando, na realidade, usava sapatos de cor marrom e do tipo mocassim. Ele diz ainda que enterrou o corpo de Charles, embora a cova não fosse muito profunda. Até mesmo neste ponto, os técnicos criminalistas puderam fornecer uma informação clara, depois de terem pesquisado o local.

"Não existe nenhuma indicação de que os pedaços achados tenham sido enterrados", é o que está anotado no relatório dos técnicos. Mas o método supostamente usado por Quick para matar Charles é tão estranho que só levanta novas perguntas.

— Eu utilizo, portanto, um, um, um desses pequenos... Opa... Opa... Uma calçadeira de metal — conta Quick.

O instituto médico-legal estudou os restos mortais de Charles e não conseguiu encontrar nenhum sinal de o rapaz ter sido vítima de violências.

Os pedaços do corpo de Charles foram encontrados em uma área bastante grande, e os técnicos constataram que os ossos do corpo foram retirados das roupas que os envolviam por animais selvagens. Alguns dos ossos maiores do corpo nunca chegaram a ser encontrados.

Pensando naquilo que Quick contou antes a respeito de ter cortado Johan Asplund em pedaços, a pergunta seguinte de Seppo Penttinen tem toda a lógica:

— Também aconteceu alguma forma de esquartejamento do corpo de Charles?

— Não, de jeito nenhum. Nada de separar desse jeito qualquer parte do corpo — explica Quick.

Seppo Penttinen volta à questão de um eventual esquartejamento num interrogatório realizado no dia 19 de abril. As novas informações de Thomas Quick sobre este ponto vêm a ser a prova mais forte da sua culpa.

Antes de começar o interrogatório propriamente dito, os dois discutem a questão de um eventual esquartejamento e o fato de Quick ter retirado do local algumas partes do corpo da vítima. Esta conversa acontece, como tantas outras vezes em circunstâncias semelhantes, sem gravador, sem testemunhas e sem advogado. Quando o gravador está ligado, a questão se processa da seguinte maneira: Penttinen sugere uma linha de pensamento que Quick confirma.

> PENTTINEN: — Você estava lembrando um assunto durante a pausa antes de começar este interrogatório, chegando à conclusão de ter tirado do local e levado algum pedaço do corpo e, mais tarde, durante

a conversa, você disse que teria acontecido alguma coisa com a perna dele. Você confirma ou não o que eu acabei de falar? Estou certo ao dizer que você removeu um osso?

TQ: — Sim.

PENTTINEN: — Como foi... A que parte do corpo pertencia o osso retirado? Você mostrou para mim durante a conversa que era de algum lugar abaixo do joelho?

TQ: — Sim.

PENTTINEN: — Tratava-se de ambas as pernas ou de uma perna só?

TQ: — É, acima de tudo, uma.

PENTTINEN: — Como devo interpretar a sua fala, ao dizer que, acima de tudo, era uma?

TQ: — Opa... Trat... Tratava-se de ambas, mas... É...

PENTTINEN: — Você retirou do local ambas as pernas, é isso?

TQ: — Sim.

PENTTINEN: — Você acena que sim, novamente, como resposta.

A resposta combina, precisamente, com o resultado da investigação preliminar da polícia. De qualquer forma, os técnicos criminalistas voltaram ao local alguns meses mais tarde para uma investigação ainda mais precisa. Nos dias 6 e 7 de junho, eles vasculharam uma área maior e encontraram uma das pernas que Quick disse ter levado para casa, em Falun.

Penttinen estava no local, em Piteå, quando foi achada a nova perna e com isso resolveu imediatamente marcar um novo interrogatório com Quick, realizado em 12 de junho de 1994.

Ao ler o protocolo desse interrogatório, verifico com espanto que Seppo Penttinen, apesar de Quick já ter respondido qual a parte do corpo que levou para casa, age como se nunca antes tivessem falado do assunto.

PENTTINEN: — Existe alguma parte do corpo que você esteja 100% certo de não existir no local?

TQ: — Sim.

PENTTINEN: — Você pode dizer qual é essa parte?

TQ: — A perna.

PENTTINEN: — Uma perna. A direita ou a esquerda, você poderá constatar isso com alguma certeza?
TQ: — Com toda a certeza, não, claro.
PENTTINEN: — Mas é uma perna com a panturrilha e a coxa?
TQ: — Sim, sim...
PENTTINEN: — Isso não vai ser encontrado no local, é isso?
TQ: — Não.
PENTTINEN: — Você tem alguma dúvida?
TQ: — Não sobre a coxa, certamente não a coxa...

A ordem foi restabelecida. A soma das pernas inferiores de Charles, desaparecidas e encontradas, volta a ser duas. Mas existem motivos para questionar os métodos de interrogatório usados quando Quick consegue corrigir suas declarações antes consideradas erradas.

Penttinen não pergunta se faltam algumas partes do corpo. Em vez disso, pergunta se é *alguma* parte do corpo que falta. Na pergunta, já existe a resposta — a resposta certa deve ser *uma* parte do corpo.

Quick responde, cautelosamente, "perna", sem precisar se é singular ou plural.

"Uma perna", elucida Penttinen, que pergunta se a perna é a direita *ou* a esquerda. Depois, insiste na pergunta: uma perna composta de coxa e panturrilha?

Já na primeira investigação feita no local, os técnicos constataram a existência de uma série de tocas de raposas ao sul da área do achado. Os ossos de Charles, em sua maioria, tinham sido mudados de lugar e foram encontrados em uma superfície bastante ampla, sob a forma de um leque, na direção das tocas de raposas, ao sul. Os técnicos que vasculharam o local escreveram a respeito de um osso de um dos braços encontrado: "Tudo indica que algum animal retirou o tecido e o osso dos braços, antes revestidos de couro."

Ao falar com os técnicos envolvidos, verifiquei que, ainda hoje, eles entendem o seguinte: tudo indica que foram raposas ou outros animais selvagens que espalharam as partes do corpo de Charles por essa grande área e que certas partes do corpo podem ter sido arrastadas para dentro das tocas.

Quick contou que cortou o corpo com uma serra de arco, daquelas que se usa para cortar troncos de árvore e preparar lenha. Os médicos legistas não encontraram nenhum sinal de dentes de serra nos ossos. Em contrapartida, muitas pistas de dentes de animais.

Segundo as palavras de Quick, o jeans que fora quase impossível para Charles vestir, quando ainda vivo, deve ter sido tirado antes do esquartejamento. E, por isso, ele teria trocado esse jeans apertado por calças de tecido gabardine.

— Qual das pernas foi aquela retirada do lugar, considerada como perna inteira? — pergunta Penttinen. — Seria a perna esquerda?

— Sim — responde Quick.

Mas, se Quick levou consigo uma das pernas de Charles, só pode ter sido a direita. Segundo os médicos legistas, a coxa encontrada no local foi a esquerda.

Os técnicos da polícia fizeram um mapa dos dezoito lugares onde foram encontrados ossos e pedaços de roupa que, presumivelmente, foram arrastados por animais selvagens. Os ossos encontrados mais afastados do lugar original onde o corpo foi achado são os maiores, isto é, os ossos da bacia, das coxas e as tíbias.

Se estudarmos os interrogatórios a partir do método de Gregg McCrary, o resultado é espantoso.

Nos casos em que Quick conta ter cortado e levado ossos para casa, as respostas foram dadas diante de perguntas fechadas, que já incluíam a resposta "certa". Nas duas partes decisivas dos interrogatórios sobre os restos mortais de Charles, a fala de Penttinen representa mais de 90% (142 palavras no original) do total das frases trocadas, e a fala de Quick, os 10% restantes (15 palavras no original). No segundo interrogatório, a partilha é de 83% para Penttinen contra 17% para Quick. Mas o pior, o mais grave, é a maneira errada de Penttinen de fazer as perguntas, que já incluem, uma atrás da outra, as respostas que pretende ouvir.

Quick precisa apenas dizer "sim", acenar afirmativamente com a cabeça ou ainda ficar no indefinível "hum" de praxe. E é isso o que ele faz.

O próprio Sture raramente é de alguma ajuda para esclarecer o que realmente aconteceu durante as investigações. A lembrança das reconstituições não existe, segundo Sture, por causa da forte medicação com benzodiazepina. Uma pequena luz se acende quando eu lhe pergunto como ele soube do desaparecimento de Charles Zelmanovits em Piteå, em 1976. Sture fica entusiasmado em, finalmente, poder contar a respeito de um acontecimento concreto na investigação.

— Eu me lembro bem — disse ele — de estar sentado na sala de estar da ala 36, lendo o jornal *Dagens Nyheter*, quando vi a notícia de que os restos mortais de Charles tinham sido encontrados.

Fui procurar o nome de Charles Zelmanovits no arquivo de dados do jornal, mas fiquei desapontado. Não encontrei a matéria que Sture afirmou ter lido.

Abatido, liguei para ele e lhe disse não ter encontrado a tal notícia no *Dagens Nyheter* sobre Charles. Essa lembrança estaria errada?

— Não, não! Eu me lembro até de que a notícia estava ocupando a coluna da esquerda do jornal — diz Sture, muito seguro de si.

Por fim, Jenny Küttim conseguiu achar a matéria, manualmente, no arquivo de imprensa da televisão sueca, a SVT. Fora publicada no *Dagens Nyheter* do dia 11 de dezembro de 1993, em uma coluna da esquerda, precisamente, como Sture contara.

"Enigma de assassinato cometido há 16 anos resolvido" era o título da matéria.

Notei que o autor da matéria errou na contagem por um ano. No dia em que a matéria saiu, não se tinham passado 16 anos, mas 17, desde o dia em que Charles desaparecera. Interessante o fato de o ano de 1976 não ter sido indicado na notícia.

Se Thomas Quick teve por única fonte de informação essa matéria, antes da confissão, ele deve ter tentado fazer a conta do ano do fato, recuando 16 anos, e chegado ao outono/inverno de 1977. E foi exatamente isso o que ele fez.

Quick já falava com seu terapeuta sobre o assassinato de Charles havia três meses, antes do primeiro interrogatório policial sobre o caso. Seppo Penttinen perguntou se Quick se lembrava de quando o fato ocorrera.

— Dez anos depois do episódio com Alvar — disse Quick, referindo-se ao assassinato de Alvar Larsson, na ilha de Sirkön, em 1967.

— Dez anos depois — reagiu Penttinen. — Nesse caso foi em 1977.
— Sim — confirmou Quick.

Thomas Quick fez outra ligação com o ano de 1977, dizendo que seu pai morrera em setembro do mesmo ano em que o crime fora cometido. O fato de apoiar sua recordação em um acontecimento real aumentava sua credibilidade, mas, por muito bem que fosse construída sua história, Penttinen sabia que Quick tinha errado por um ano.

— Essa informação é definitiva? Foi mesmo em 1977? Será que não existe alguma alteração?

— Quando isso aconteceu, vem à minha memória o caso de Alvar. E, então, eu me lembro de que tinha 17 anos naquela época. Agora, estou com 27 — insistiu Quick.

Nesse momento, o advogado Gunnar Lundgren interferiu na conversa e salvou a situação propondo que essa questão do ano voltasse a ser discutida em outra oportunidade.

— Há incerteza hoje — disse Lundgren. — Acho que você e eu, nós dois, podemos chegar a uma conclusão, de uma maneira ou de outra, mais tarde.

Na realidade, eles nunca voltaram ao assunto do ano do crime, nem sequer questionaram o fato de Quick ter dito que o crime acontecera no mesmo ano da morte do pai e dez anos depois do crime contra Alvar.

É claro que Seppo Penttinen estava consciente de que a confissão de Quick tinha surgido pouco tempo depois de a mídia ter noticiado a descoberta dos ossos em Piteå. Daí, a pergunta inevitável:

— Você leu alguma coisa nos jornais sobre o assunto?

— Não que eu me lembre. Acho que Kjell [Persson] mencionou, ao falar do sobrenome, que havia uma notícia nos jornais.

O conhecimento que Thomas Quick tinha sobre Charles Zelmanovits já não causava tanta admiração. Ele falara do crime somente depois do *Dagens Nyheter* ter publicado o artigo sobre a descoberta dos ossos. Ele usara a informação errada do jornal sobre o ano do crime e, depois, fizera a ligação com o ano da morte do seu pai e com o assassinato de Alvar Larsson.

Essa foi a primeira indicação de que um dos crimes pelos quais Thomas Quick seria condenado tinha como base uma confissão falsa. Mas ainda restavam mil e uma perguntas a fazer e a responder, antes de eu estar preparado para acreditar que, em seis julgamentos, um inocente paciente psiquiátrico tinha sido condenado por oito assassinatos que não cometeu.

Ao continuar o estudo dos interrogatórios, fico espantado diante do fato de que, em princípio, todas as informações fornecidas por Thomas Quick em relação a Charles Zelmanovits estavam erradas.

Quick informou que se encontrou com Charles a sudoeste da cidade de Piteå, quando sabemos que Charles desapareceu em Munksund, a nordeste do centro de Piteå. Após a reunião inicial, Quick falou que ele e um ajudante atravessaram o centro da cidade, a caminho do local do crime. Os fatos indicaram que Charles desapareceu perto de sua casa e que o lugar em que encontraram seus ossos está situado a quatro quilômetros na direção leste, em Norra Pitholmen.

Segundo Quick, eles tinham visto Charles já no fim da tarde ou no começo da noite. Como sabemos, Charles esteve com seus amigos durante toda a noite e desapareceu em hora incerta, mas certamente depois da 1h da madrugada.

Quick declarou que nevava em Piteå, mas, justamente no dia 9 de novembro de 1977, não havia neve nem mesmo no solo, depois de vários dias de chuva e de temperaturas positivas.

Os técnicos criminalistas também concluíram que o corpo nunca chegou a ser enterrado, ao contrário do que dissera Quick.

Thomas Quick afirmou que Charles concordara, voluntariamente, em fazer sexo com ele, o que parece quase inacreditável diante do fato conhecido de que ele fizera sexo com a colega Maria umas duas horas antes.

Como Seppo Penttinen e Christer van der Kwast raciocinaram diante dessas incongruências? Quick também afirmou que teria conseguido convencer um homem casado, sem passado criminoso, a aceitar conduzi-lo por 1.500 quilômetros de estrada escorregadia, para ele se encontrar com um rapaz — será que eles não pensaram no irrealismo da proposta? E não seria mesmo irreal ir de carro até Piteå, no extremo norte da Suécia?

O que o líder das investigações preliminares, Christer van der Kwast, pensou a respeito dessas questões não está registrado no material disponível. Em contrapartida, sabe-se que Kwast se dirigiu ao psiquiatra Ulf Åsgård para receber orientação sobre as questões psicológicas. Åsgård, que trabalhava na administração central da polícia do país, declinou o convite por estar ocupado na investigação do caso do assassinato do primeiro-ministro Olof Palme. Em vez dele, Kwast teve de se contentar com um então desconhecido docente e pesquisador de mentes da Universidade de Estocolmo, que nada mais queria na vida do que pesquisar a psicologia de um verdadeiro assassino em série.

Métodos cognitivos de interrogar

Na época, em março de 1993, quando se realizaram os primeiros interrogatórios de Thomas Quick, o jornal *Dagens Nyheter*, na sua página de opinião, publicou um artigo de Sven Åke Christianson, docente em psicologia, que, implacavelmente, considerou a Suécia como "um país subdesenvolvido em termos de investimentos feitos em pesquisas psicológicas e de uso de conhecimentos psicológicos nos serviços policiais e judiciais".

O artigo de Christianson prometia soluções para vários dos problemas enfrentados na investigação do caso Thomas Quick.

> Atualmente, estão em andamento pesquisas psicológicas acerca da maneira como criminosos violentos e psicopatas entendem e reagem em situações carregadas de emoção. Estão sendo feitos estudos especiais também sobre assassinos em série para averiguar os tipos de personalidade, fatores do passado, o perfil das vítimas escolhidas e os métodos de ação. Esta pesquisa deve ser de grande interesse para os policiais, atendendo ao fato de a violência ter aumentado nos últimos tempos.

Para qualquer leitor atual, o artigo se apresenta como uma espécie de pedido de trabalho na investigação de Quick. Christianson atraiu atenção com o artigo para todas as perguntas que sua experiência poderia sugerir e ajudar a responder:

> O conhecimento psicológico de como se comportar diante de pessoas psiquicamente perturbadas ou pessoas sob o efeito de grandes emoções seria de grande ajuda tanto para o líder dos interrogatórios como para o promotor.

Apesar de a Suécia, até então, não ter tido nenhum caso de assassino em série do tipo aqui descrito, Christianson fez questão de se manifestar acerca deste fenômeno extraordinário.

> Já existem pesquisas feitas sobre homens violentos e assassinos em série, quanto à maneira como eles se comportam, sobre os seus motivos, como reagem diante dos crimes cometidos e do que se recordam. Uma parte deles é constituída pelo que chamamos de psicopatas, como, por exemplo, Jeffrey Dahmer, dos Estados Unidos. Dahmer tinha pedaços de corpos de 15 pessoas em casa. Quais são as necessidades a satisfazer dessas pessoas psiquicamente perturbadas?

Sven Åke Christianson chegou ao Hospital de Säter no dia 14 de abril de 1994 e encarou de imediato a pesquisa das funções de memória de Thomas Quick. Sture Bergwall ainda se lembra da sua primeira reunião com Christianson.

— Eu tinha dificuldade em acreditar que aquela pequena e magra figura pudesse ser docente em psicologia. Não dava para não notar o entusiasmo de Christianson com o seu engajamento em uma investigação que iria exigir todos os seus conhecimentos especiais. Além da pesquisa sobre memória, cultivava um ardente interesse por crimes de grande violência e por assassinos em série. Paralelamente à sua função judicial, Christianson passava um bom tempo em Säter conversando com Thomas Quick, sem que essa fosse sua obrigação. As conversas entre os dois duravam às vezes sete ou oito horas, tempo suficiente para penetrarem juntos o campo dos comportamentos especiais de um assassino em série. Nessas conversas, Christianson era o teórico, enquanto Quick era o prático, de quem se esperava que desse respostas para as perguntas profundas do docente em relação à bizarra vida interior dos assassinos em série.

Sven Åke Christianson era um verdadeiro tarado por assassinos em série, pronto para escrever livros muitíssimo grossos sobre Thomas Quick e outros assassinos em série, conta Sture para mim, indicando a lombada imaginada do livro com os braços abertos.

— Jeffrey Dahmer era um dos temas favoritos das nossas conversas, o assassino em série que guardava as cabeças cortadas das suas vítimas no apartamento. Eu me lembro de quando Sven Åke Christianson me perguntou como Jeffrey Dahmer devia se sentir ao esquartejar suas vítimas. E me pediu que descrevesse a sensação de comer a carne da vítima. *Se era uma sensação sensual e erótica.* Sven Åke dizia que Jeffrey Dahmer devia ter uma sensação sensual. E queria que eu a descrevesse.

Sture conta ainda que Christianson fazia vários exercícios com ele. Antes de seguir para Piteå, onde Quick devia mostrar para os investigadores como matara Charles Zelmanovits, Christianson levou-o para uma área externa do Hospital de Säter e, já dentro de um bosque, atrás do museu hospitalar, instigou-o a fingir que levava o corpo de Charles nos braços e a fazer uma "caminhada de prova" da beirada da floresta até o lugar onde encontraram os ossos.

— Ele me pediu que lembrasse o estágio dos meus sentimentos. Eu devia sentir que estava excitado e tenso, mas também cheio de tristeza diante do corpo morto. Até mesmo raiva eu devia sentir. "Pensa que está levando nos braços um corpo pesado", dizia ele.

Enquanto Quick subia a encosta da colina e fingia levar nos braços o corpo e a tristeza da morte, Sture lembra-se de que Christianson andava ao seu lado com o relógio na mão. Christianson também contava os passos dados em voz alta.

— Quando eu já tinha andado trezentos passos, Sven Åke Christianson disse: "Já chegamos!" Depois, me perguntou se o exercício tinha acordado em mim novas recordações de Charles Zelmanovits. "Sim, realmente acordou", disse eu. Dessa maneira, confirmei tudo, lembra-se Sture Bergwall.

Do mesmo período, Sture lembra-se de uma saída de carro numa estrada na floresta, em direção a Björnbo, a algumas dezenas de quilômetros de Säter.

— Seppo Penttinen e eu saímos de carro, junto com três enfermeiros. Ainda sentados no carro, olhamos para vários tipos de valas até chegar ao fim da estrada e, na área de retorno, paramos. Logo, encontramos uma vala muito larga, comparável àquela que deveria existir em Piteå.

Sture afirma que Penttinen fez com que ele entendesse que esse seria o tipo de vala a encontrar — não declaradamente, mas com certa suavidade.

— É aí onde está o segredo. Ele disse: "Talvez a vala seja deste tipo, não?" Então, entendi que esse era o tipo certo de vala. "É, a vala era assim mesmo", disse eu.

Tanto o exercício na área do hospital como a iniciativa de levar Thomas Quick para uma floresta à procura de uma vala eram consequências das novas ideias conhecidas por "métodos cognitivos de interrogar", dos quais Sven Åke Christianson era o porta-voz. Por meio da recriação de "ambientes internos e externos" que existiam na hora do crime, seria possível levar Quick a recordar novas imagens do assassinato. Até mesmo perguntas orientadoras, nesta situação, são defensáveis, segundo Christianson.

Em ambos os casos revelados por Sture, existiu o risco óbvio de terem fornecido a Quick informações decisivas, de tal maneira que sinto dificuldade em acreditar no que ele diz. Tudo aquilo ia, radicalmente, contra os métodos aceitáveis de investigação. Poderia ser verdade?

Ainda que eu acreditasse em Sture, acho que, ao me deparar com informações tão fantásticas, às quais faltam valor real, me senti obrigado a procurar maior comprovação.

Na tarde de sábado, 20 de agosto de 1994, aterrissou no aeroporto de Piteå um avião a hélice alugado. Os passageiros eram Thomas Quick, Birgitta Ståhle, Sven Åke Christianson, investigadores da polícia e enfermeiros do Hospital de Säter.

O Hospital de Piteå-Älvdal colocou uma ala inteira à disposição dos investigadores do caso Quick. Não era muito confortável, mas a vantagem estava em todos ficarem no mesmo lugar, onde não só a segurança de Quick como a de todos os acompanhantes podiam ser garantidas. No dia seguinte, todo o grupo, ao qual se juntaram Christer van der Kwast e o médico-legista Anders Eriksson, de Umeå, se dirigiu ao edifício da polícia de Piteå, onde o chefe da polícia local, Harry Nyman, ofereceu a todos um café da manhã.

Pouco depois, Thomas Quick entrou num carro particular da polícia, com Christianson, Ståhle, Penttinen e um enfermeiro de Säter, todos excitados diante da perspectiva do suspeito assassino em série lhes mostrar o lugar onde matara e escondera o corpo de Charles Zelmanovits.

Os documentos de diversas origens ligados à viagem de carro mostram que Quick não fazia a menor ideia para onde seguiam.

— Como eu disse no interrogatório, estou muito inseguro em relação à orientação do lugar — desculpa-se ele.

Como Seppo Penttinen sabia que direção seguir, eles se consideram no caminho certo. O carro deixa o centro da cidade e segue ao longo da avenida Timmerleden, depois, mais alguns quilômetros pela avenida Norra Pitholmsvägen e logo a seguir já estão no campo.

Apesar de não faltar muito para chegarem ao destino, Quick continua sem poder se orientar, de modo que Penttinen resolve seguir em frente. Quando chegam a 500 metros do lugar onde foram encontrados os restos mortais de Charles, Quick assume e mostra o caminho.

— Estamos em uma área interessante — diz Penttinen para Quick.

No pedaço de caminho que resta percorrer, existe um cruzamento, no qual Quick terá que decidir para onde devem seguir. Ele escolhe a esquerda. O carro continua por dois quilômetros até que Penttinen revela que a escolha foi errada. Eles voltam e tentam a estrada para a direita. Logo Quick observa que se encontram vários policiais no lugar, entre as árvores.

Eles seguem em frente, passam pelos policiais e andam mais uns dois quilômetros até chegarem a um povoado. Quick diz que já andaram demais. Mais uma vez, voltam atrás, passam pelo local onde foram encontrados os ossos e estacionam perto do cruzamento. Quick sabe agora que está muito perto do lugar certo. Diz que quer prosseguir a pé. Anda mais 15 a 20 metros pela estrada no meio da floresta e para.

— Este é o tipo de vala que nós procuramos em Säter, quando saímos e fomos fazer uma reconstituição — diz ele.

Era essa a prova de que tudo acontecera, exatamente como Sture me contara. Um único comentário despretensioso após horas e horas de idas e vindas na floresta de Piteå, completamente incompreensível para todos, menos para os mais próximos intervenientes, e, portanto, tão facilmente simples de perder.

Ao chegar à vala mais próxima do lugar da descoberta, Quick vê que se formou uma trilha em virtude da passagem dos policiais e técnicos criminalistas que investigaram o lugar nas últimas semanas.

— Acho que devemos seguir por aqui — diz Quick.

Dois passos à frente, ele hesita.

— Eu não vou conseguir avançar até o lugar.

Ele é conduzido para dentro da floresta e, no vídeo feito, ouve-se a voz de Quick:

— Deve ser tão longe quanto a distância que andei com Sven Åke. Trezentos passos...

Os métodos cognitivos de interrogar tinham funcionado mais uma vez.

Quick levantou-se e foi dirigido por Seppo Penttinen para dentro da floresta. Depois de andados trezentos passos, o lugar onde foram encontrados os restos mortais de Charles ficou à vista. Os técnicos tinham cavado o terreno à procura de ossos que as raposas e outros animais selvagens podiam ter espalhado na área. Uma grande superfície fora escavada.

Durante a reconstituição, Penttinen nota que Quick "fica muito perturbado pelo fato de o terreno estar escavado e a turfeira ter sido retirada".

Em interrogatórios anteriores, Quick contou que tinha ficado em cima de uma pedra ou de um toco de árvore. Já no lugar, ele encontra uma grande pedra, perto do local dos ossos. Ele tenta mostrar onde estava quando Charles foi assassinado.

Não houve nenhum problema durante a noite escura de novembro, diz Quick. Na época, o sol não passava acima do horizonte, mas ele via clara e nitidamente tanto o ajudante como Charles.

Todos os que já estiveram na floresta em noites de inverno perto do Ártico sabem do problema. Aquele que se encontrar em uma floresta de Norrbotten, às duas horas de uma madrugada de novembro, não consegue ver a própria mão à frente. Quick, no entanto, deu a entender que podia ver a superfície do solo e a diferença entre as diversas espécies de pinheiros. Como isso seria possível, ninguém fez questão de perguntar.

De acordo com os métodos cognitivos de interrogar de Sven Åke Christianson, a polícia preparou e levou para o local um boneco representando a figura de Charles Zelmanovits. Penttinen pede a Quick que coloque o boneco no lugar em que deixou o corpo de Charles.

A parte escavada do terreno mostra onde o corpo jazia, mas não a direção em que a cabeça apontava. Quick tem 50% de chance de adivinhar certo. O boneco acaba numa posição 180 graus errada.

Penttinen pergunta se o corpo, realmente, ficou deitado naquela direção.

— Sim, acho que sim. Acho que sim — responde Quick.

No momento, Sven Åke Christianson entra na conversa e mostra, com as mãos, como Quick deve fazer para recuperar as imagens das suas recordações.

— Vamos comprovar a colocação inversa também? Assim, você poderá sentir melhor a situação.

Quick se recusa, no entanto, a mudar a posição do boneco, de modo que foi o próprio Penttinen que fez a mudança, de acordo com a sugestão de Christianson. Por fim, o boneco fica na posição correta.

— Não sei se a gravação em vídeo apanhou o momento em que Quick acena que sim com a cabeça — elucida Penttinen diante da câmera.

Anders Eriksson faz algumas perguntas em relação ao esquartejamento do corpo, às quais Quick tem dificuldade de responder. Está inseguro se cortou um dos braços, mas, se fez isso, o braço ficou no lugar.

— Aconteceu alguma coisa com as mãos? — pergunta Penttinen.

Mas Quick não quer mais continuar.

— Não posso, não aguento. Não aguento mais.

Quick chora convulsivamente, soluça e estremece.

— Por favor, me deem um Xanor. Não me importo se exagerarem na dose...

Várias vozes na sua companhia repetem "sim".

— Ele já foi medicado há bastante tempo — diz Birgitta Ståhle.

Uma enfermeira de Säter chega com o remédio e Quick tem o que deseja. Começa a escurecer na floresta, e Quick chora, um choro monótono que passa em seguida para um estranho rugido gutural.

Assim que o choro de Quick se acalma, o grande grupo de acompanhantes da reconstituição deixa a floresta com um sentimento de triunfo. Harry Nyman mostrou ser uma pessoa precavida e reservou uma mesa no único restaurante do mundo que serve *blodpalt*,* o Paltzerian, na cidade de Öjebyn, ao norte de Piteå. Sture Bergwall lembra-se da visita a esse restaurante com sensações diversas.

— Todos estavam satisfeitos e alegres! E o mais alegre de todos era Seppo Penttinen. Na mesa, muitas travessas de diversos tipos de *blodpalt*, que nós provávamos e comíamos sob alegres suspiros de satisfação. Estava na hora de festejar o assassino depois da feliz reconstituição! Que situação repulsiva e macabra...

Até mesmo Christer van der Kwast estava encantado e, depois da volta para casa, escreveu uma carta dirigida à polícia de Piteå:

> Gostaria de apresentar meus calorosos agradecimentos pela extraordinária ajuda prestada pela polícia de Piteå, sob a liderança do delegado de polícia Harry Nyman, na reconstituição de Thomas Quick em Piteå, no dia 21 de agosto, e pela assistência que nos foi prestada em coligação com a reconstituição.

---

* *Blodpalt* é um cozido de purê de batata com farinha, com recheio de pedaços de carne de porco frita na cebola. [*N. do T.*]

Um show macabro

Durante esse verão, as reportagens sobre Thomas Quick fizeram com que a imagem arquetípica do cruel assassino em série ganhasse contornos mais definidos.

Peritos recém-formados na questão expressaram sua certeza sobre Thomas Quick ser o assassino dos cinco rapazes, conforme suas confissões. O professor de psiquiatria legal, Lars Lidberg, contratado como competente na matéria pelo promotor Kwast, definiu a questão da culpa no caso de Zelmanovits por sua conta, mesmo antes de o tribunal proclamar a sentença.

— Em minha opinião, Thomas Quick é culpado dos crimes contra rapazes que confessou. Não existe nada que indique ser uma invenção, um exagero, uma vontade de se mostrar importante, ou uma vontade de impressionar — disse Lidberg ao *Expressen*, do dia 3 de novembro de 1994.

Naturalmente, um assassino em série como Thomas Quick deve ficar atrás das grades. Mas a prisão não seria suficiente, segundo Lidberg.

— Se não aceitar, voluntariamente, a castração, existe a possibilidade de ele ser obrigado a isso — disse.

Nenhuma punição seria por demais rigorosa, nenhuma medida de segurança por demais garantida, para o assassino em série Thomas Quick.

— Tipos como ele se tornam cada vez piores, não param jamais — explicou Christer van der Kwast para o *Expressen*, do dia 18 de outubro de 1994.

No diário médico de Thomas Quick dessa época, as anotações são extremamente falhas, mas revelam que a medicação com benzodiazepina aumentava regularmente, e que o tratamento estava a caminho de sair do controle.

> *2 de maio de 1994*
> Thomas teve hoje de tarde um forte ataque de pânico, foi ao encontro do pessoal e disse "vou ficar louco, ajudem-me". Recebe um comprimido de Xanor e é levado para a sala de música, onde fica deitado no chão a gritar. O pessoal o segura de vez em quando. Ao fim de uns 45 minutos, a crise passa.

6 de junho de 1994
Durante uma conversa terapêutica, Thomas teve um forte ataque de pânico. Nós conseguimos segurá-lo por momentos e lhe demos mais um comprimido de Xanor. Assim que a ansiedade diminuiu, continuamos a conversa. Thomas tem mais um ataque por volta das 13h e vamos encontrá-lo na sala de terapia. Tinha tirado as roupas e estava no auge da crise de pânico. Decidimos colocá-lo numa camisa de força.

Os enfermeiros têm de ser chamados para medicá-lo com frequência e precisam segurá-lo para que ele não se machuque durante as sessões de terapia. As anotações no diário médico do paciente, que precisa tomar grandes quantidades de narcóticos e tem de ficar deitado e amarrado, poderão levar os leitores de hoje a apontarem uma falha do tratamento. Esta é, no entanto, uma conclusão posterior. As reações de Quick ao tratamento de Birgitta Ståhle foram vistas, ao contrário, como um testemunho real de que a terapia estava certa e era bem-sucedida. Seu estado de espírito, de extremo pânico, era entendido como uma consequência lógica de que ele estava regredindo graças à terapia. Birgitta Ståhle escreveu no diário:

> A regressão significa que o paciente está em contato, em parte, com os precoces acontecimentos traumáticos da infância e, em parte, com a maneira como esses acontecimentos são recontados por ele na sua vida adulta, através de excessos e de assassinatos de que fala durante a presente investigação policial.

No tribunal que ajuizou o processo por assassinato de Charles Zelmanovits, o advogado Gunnar Lundgren escreveu aos juízes para explicar os pré-requisitos psicológicos e medicinais que valiam para o seu cliente:

> Ao se confrontar com detalhes dramáticos e atrocidades e falar de tudo isso ao longo do presente processo, existe o risco de ele ser assaltado por fortes ataques de pânico, o que poderá exigir várias pausas. Além disso, ele poderá sofrer fortes câimbras, que lhe provocam grandes dificuldades em falar. No entanto, estas situações podem passar rapidamente após um breve momento de calma e com alguma medicação.

Havia muita coisa em jogo nesse julgamento, visto que uma sentença de inocência, provavelmente, provocaria o fim das investigações sobre Thomas Quick. Muitos representantes da sociedade se juntaram para ver com os próprios olhos o monstro e escutar os detalhes dos seus crimes.

Quando os espectadores foram autorizados a entrar no recinto do tribunal, no primeiro dia de novembro, eles se depararam com uma visão macabra que dificilmente decepcionaria os mais fanáticos por sensacionalismo entre os visitantes. Christer van der Kwast colocara vários objetos em cima de uma mesa, os quais os juízes, os participantes do processo e os espectadores poderiam ver durante todas as negociações. Havia uma serra de arco, restos de uma jaqueta de couro meio esfarrapada e um sapato velho da marca Playboy.

A mãe de Charles Zelmanovits, Inga, e o irmão mais novo, Frederick, passaram pela mesa sentindo um arrepio, desviaram os olhos, mas acabaram por reconhecer o sapato e os pedaços da jaqueta de Charles, que ele usava na ocasião do seu desaparecimento, dezessete anos antes. E a serra...

Durante todo o julgamento, os objetos foram uma lembrança horrível e concreta daquilo que estava em causa, mas também uma fraudulenta impressão de que se tratava de provas técnicas.

De fato, a serra de arco foi encontrada a cerca de 100 metros de distância dos restos mortais de Charles, mas o instituto médico-legal, nas suas pesquisas, não conseguiu encontrar nenhum efeito da serra nos ossos da vítima. Quick nem sequer chegou a afirmar ter deixado qualquer serra na floresta. O mesmo em relação aos pedaços da jaqueta, que Thomas Quick, apesar de todos os interrogatórios, nunca chegou a indicar, com exatidão, o tipo que Charles usava no dia. O sapato Playboy na mesa do promotor era outro detalhe difícil de entender. Quick tinha dito em todos os interrogatórios que Charles usava botas.

Na demonstração curiosa de objetos fatais de Christer van der Kwast, faltava, no entanto, aquilo que poderia constituir uma forte prova contra Quick que, por várias vezes, falou no uso por parte de Charles de um cinto largo, com uma grande fivela de metal. O irmão de Charles foi convocado durante julgamento para falar da fivela. O tribunal escreveu na sua sentença:

Frederick Zelmanovits declara que não poderá dizer com segurança se o seu irmão possuía ou não esse tipo de cinto. Em compensação, lembra-se com certeza de que ele próprio tinha um cinto com fivela desse tipo, na época em que seu irmão desapareceu.

O tribunal acabou por constatar na sua sentença que "os irmãos poderiam ter trocado de cinto" na ocasião.

Se Quick falasse a verdade, o cinto de couro teria sido encontrado entre os restos mortais de Charles. Os técnicos criminalistas, porém, procuraram, minuciosamente, com um detector de metais, pelo cinto em toda a área perto de Piteå. Encontraram tanto os botões quanto os rebites da calça jeans, mas nenhum cinto apareceu.

Por isso mesmo, o cinto não estava entre os objetos expostos na mesa do promotor.

De tudo o que foi exposto no tribunal em Piteå, o que mais causou uma indelével impressão nos presentes na sala foi a passagem do vídeo gravado durante a reconstituição do crime na floresta.

Pelle Tagesson, o repórter especial do *Expressen* enviado para a cobertura do julgamento, ainda se lembra das suas impressões dos dias passados em Piteå.

— Eu me encontrei com Quick durante o julgamento e achei que ele era um tipo normal de pessoa. Depois, vi o filme da reconstituição. Foi um verdadeiro choque! Lembro-me até de ter tido uma sensação desagradável por ter apertado antes a mão de Quick.

Apesar da falta de clareza existente no processo, Pelle Tagesson ficou totalmente convencido da culpa de Quick quando o promotor mostrou o vídeo da reconstituição e seus rugidos guturais. Todas as dúvidas foram para debaixo do tapete:

— É impossível ser uma representação aquilo que aconteceu durante as reconstituições.

Antes do julgamento, o promotor Christer van der Kwast escreveu para o tribunal, antecipando que os juízes deviam ter acesso a conhecimentos psicológicos especializados. Chegou mesmo a recomendar os serviços de Sven Åke Christianson.

Como Christianson já trabalhava, havia muito tempo, nas investigações, a serviço do promotor, ele estava, naturalmente, impossibilitado de aceitar a indicação, a de julgar, por conta do tribunal, o resultado do seu próprio trabalho. Mas isso não o impediu de aceitar a função.

Para o tribunal, Christianson fez dois memorandos de sua especialidade, um deles "a respeito da condição das afirmativas de Thomas Quick do ponto de vista psicológico":

> Em relação ao que o criminoso se recorda, eu me concentrei nos padrões de ação e nas recordações do assassino em série, bem como nos fatores antecedentes para este tipo de crime.

A enunciação acima mostra que ele já partia da assertiva de que Quick era um assassino em série. Até mesmo antes do julgamento, Christianson já se pronunciara em público, acusando Quick de ser um assassino em série e um canibal.

— É uma maneira primitiva... Sua forma de agir é a de uma criança dentro do corpo de um homem. E, quando ele come pedaços de carne humana, isso pode ser a ilusão de que a vítima persiste dentro dele, a de que as crianças continuam a viver no seu corpo — explicou Christianson em uma entrevista para o *Expressen*, no primeiro dia do julgamento.

Todos parecem ter esquecido que Thomas Quick, de fato, ainda não fora condenado por nenhum crime.

O professor Lars Lidberg, no seu testemunho verbal, foi claro e transparente em relação à questão da culpa e quanto aos motivos que justificavam o comportamento do assassino em série:

— O que é importante no caso de Thomas Quick é que ele sofreu diante dos ataques do pai e da mãe e daí surgiu a ligação entre sexualidade e agressividade.

O professor não revelou como podia saber que o réu teria sofrido com as violências e os abusos sexuais dos pais, mas foi a partir desse pressuposto que chegou ao seu raciocínio científico.

A repetição compulsiva das mortes também condiz com o fato de "Quick esconder pedaços de pessoas mortas e conservá-los como se fossem talismãs", considerou Lidberg.

Como Quick já tinha confessado o assassinato de Charles Zelmanovits, o julgamento decorria mais no sentido de decidir se se tratava ou não de uma confissão falsa.

No seu testemunho, Sven Åke Christianson apresentou vários tipos de confissões falsas conhecidas, para chegar à conclusão:

— Nada disso acontece no caso de Quick.

Ao chegar a hora de Quick testemunhar, a defesa exigiu que sua fala fosse pronunciada a portas fechadas, o que o tribunal aceitou. Assim que os espectadores saíram, Quick confirmou ao tribunal que não tinha lido nada a respeito do desaparecimento de Charles Zelmanovits.

Essa era uma informação importante. Infelizmente, também era uma grande inverdade. Quick só confessou o crime depois de ter lido nos jornais a respeito da descoberta dos restos mortais de Charles. Visto não estar impedido por quaisquer restrições, ele pôde continuar a leitura das reportagens sobre o assunto. Além disso, no manuscrito de Margit Norell e Birgitta Ståhle sobre Quick, acabei descobrindo uma passagem que revela que ele teve acesso a uma fonte de informação sobre o caso Charles ainda mais afinada. Elas citam Quick:

> Ao ler o relatório das investigações preliminares, eu vi, eu senti, pela primeira vez, toda a vida de Charles. Ele não seria apenas alguém que eu matei. Com esforço, eu teria uma imagem completa da pessoa Charles, assassinada por mim.

Quando chegou ao tribunal de Piteå, Quick já tinha lido, portanto, todo o protocolo das investigações preliminares, com o relato das pesquisas técnicas e uma enorme quantidade de inquéritos. No conjunto, o protocolo deu a Quick "uma imagem completa da pessoa Charles". Até mesmo no diário médico, encontrei uma anotação, dizendo que Thomas Quick "durante o outono, estuda o protocolo das investigações preliminares acerca de Charles Zeke".

Por isso, não admira que Thomas Quick, atrás das portas fechadas do tribunal, tenha feito com que muitos detalhes condissessem com a realidade.

Mas, mesmo assim: como o tribunal poderia condenar Quick por assassinato, apesar de quase tudo o que ele contara à polícia estar errado? Por que a sentença não menciona que Quick não conseguiu encontrar o local onde foram achados os restos mortais do rapaz?

A resposta simples está no fato de os juízes do tribunal não terem conhecimento do que, em princípio, se passou durante as investigações. Eles não leram nem um único dos interrogatórios feitos com Quick.

O fato de a Justiça não tomar conhecimento do material das investigações preliminares é um dos pilares de ordem dos tribunais suecos, o chamado Princípio de Imediatismo, no Código da Justiça, cap. 17, § 2. Segundo este princípio básico, os juízes do processo devem prestar atenção, apenas, àquilo que, diretamente, possam apreciar durante a decorrência do pleito no tribunal.

O advogado Gunnar Lundgren podia — e muitos diriam que devia — ter invocado parte dos interrogatórios com Thomas Quick. Podia ter lido em voz alta parte desses textos, mostrando que Quick não conhecia nada a respeito de Charles Zelmanovits ou de Pitholmen, no início da investigação. Podia ter informado o tribunal de que Quick deu informações contraditórias e que recebeu a ajuda de perguntas dirigidas.

Mas essas iniciativas não estavam de acordo com o ponto de vista de Lundgren que considerou, pura e simplesmente, que o tribunal devia condenar Quick por assassinato, o que ele chegou mesmo a falar em tribunal, apesar de ser o advogado de defesa.

Foi isso o que o psicólogo legal Nils Wiklund e o delegado de polícia Jan Olsson, mais tarde, criticaram: a falta de confrontação entre as duas partes que prevaleceu desde o primeiro processo contra Thomas Quick.

O processo por assassinato de Charles Zelmanovits foi o único em que Lundgren atuou como defensor de Quick. Mais tarde, numa entrevista, ele definiu o papel do advogado nesse tipo de processo em que a defesa se alinha na mesma posição do promotor.

O repórter do *Aftonbladet* perguntou se Lundgren tinha ajudado seu cliente a "ser preso por tantos crimes quantos possíveis". E Lundgren concordou, dizendo:

— Claro. Meu cliente queria confessar tudo o que fez. Daí o meu compromisso em ajudá-lo ao máximo nesse propósito.

Formou-se, portanto, uma frente bem unida no Tribunal de Piteå, composta de promotor, investigadores policiais, advogado de defesa, suspeito, terapeutas, médicos, especialistas convocados e jornalistas. Todos puxando para o mesmo lado. E, portanto, como a sentença poderia ser diferente do que foi?

O tribunal, na sua sentença de 16 de novembro de 1994, escreveu:

> Quick confessou o crime e sua confissão está apoiada nas informações fornecidas por ele próprio. Não existe, porém, nenhuma prova técnica da ligação entre Quick e esse mesmo crime.

O que foi mencionado constituía, naturalmente, uma fraqueza encontrada no processo, assim como a ausência de qualquer testemunha que tivesse visto Quick em Piteå na época do crime. Mas isso foi considerado pelo tribunal como compensado por outras circunstâncias:

> As informações de Quick a respeito de quais haviam sido os pedaços do corpo da vítima que ele levara consigo correspondem àqueles considerados desaparecidos do local onde foram encontrados os restos mortais de Charles. Essas circunstâncias constituem um apoio muito forte para a exatidão das declarações de Quick.

Os técnicos criminalistas que investigaram o local e os restos mortais da vítima escreveram no seu relatório que não existia nenhum sinal de que tivesse havido crime, muito menos de que o corpo tivesse sido cortado em pedaços. Os investigadores concluíram que o corpo de Charles fora arrastado em direção a uma toca de raposas, situada ao sul do local. O fato de algumas partes do corpo não terem sido encontradas não constituía, portanto, nenhuma prova de que o corpo tivesse sido esquartejado.

O ponto de vista dos técnicos criminalistas, no entanto, não chegou a ser considerado no tribunal. Ao contrário, a falta de certas partes do corpo de Charles constituiu, segundo o tribunal, "um apoio muito forte" à culpabilidade de Quick.

Thomas Quick, que voltou para Säter depois de ter testemunhado, recebeu a sentença por fax, enviada para a expedição do hospital. Ele folheou o documento recebido, ansiosamente, até o final, onde leu o essencial:

> Ao julgar o processo, o tribunal considera estar fora de qualquer dúvida de que foi Thomas Quick quem cometeu o ato em questão. As circunstâncias do ato cometido foram tais que o crime pode ser considerado como assassinato.

Na falta de provas técnicas, as análises dos peritos psicológicos e psiquiátricos pesaram muito na sentença. O professor Lidberg não hesitou em destacar sua influência no resultado final do processo numa entrevista no *Aftonbladet*, de 15 de abril de 1997:

— Thomas Quick foi condenado em função do meu testemunho, em Piteå. Estou profundamente convencido de que ele é culpado no caso. Assim considerou, também, o tribunal.

A conclusão de Lidberg de que ele sozinho definiu o processo representa, provavelmente, um exagero da sua própria importância no caso, mas, sem dúvida, a sentença foi um sucesso para ele e para Sven Åke Christianson.

Christer van der Kwast estivera preocupado com o fato de ter sido muito difícil encontrar qualquer prova real dos assassinatos confessados por Quick. Por isso, tinha todos os motivos para estar satisfeito:

— Através desta sentença, recebi a comprovação de que uma investigação pode ser realizada da maneira como esta foi. As confissões, as reconstituições feitas e um perfil do perpetrador podem ser suficientes para uma condenação, apesar de faltarem as tradicionais provas técnicas.

O futuro iria demonstrar que Kwast tinha feito um julgamento correto. O fato de não serem mais necessárias as "tradicionais" provas técnicas iria preocupar os envolvidos em outros processos, mas, com uma sentença bem fresquinha em mãos, Kwast demonstrava estar cheio de autoconfiança:

— Conto com o fato de esta sentença ter um significado positivo para a continuação das investigações.

Dúvidas noturnas

Você gostaria de mim caso ficasse sabendo que fiz algo de terrível? Foi com essa pergunta que tudo começou, durante um banho de sol com uma jovem enfermeira da ala 36, em junho de 1992.

Quick ainda se chamava Sture Bergwall e era considerado tão inofensivo que já estava quase pronto para voltar à sociedade, para um apartamento próprio na cidade de Hedemora. A pergunta enigmática e sinistra levantou justificadas preocupações entre os responsáveis pelos tratamentos no Hospital de Säter. E, em pouco tempo, Quick estaria confessando seu primeiro assassinato e dando a entender que confessaria em seguida mais dois.

O fato de inocentes confessarem, falsamente, crimes não cometidos, não é uma questão totalmente incomum — sobretudo entre pacientes mentais, tratados em clínicas psiquiátricas — mas se um assassino em série, que nunca foi nem sequer suspeito de um único crime, começa a confessar uma série de assassinatos, isso é, segundo os pesquisadores, um caso único no mundo. Isso, de fato, nunca acontecera antes.

A produção de um perfil do criminoso é um dos poucos instrumentos existentes a que é possível recorrer na caça a um assassino em série. Quaisquer conhecimentos mais profundos a respeito desta questão, no entanto, não existiam na organização policial da Suécia, quando Quick começou suas confissões.

Mas, durante a caçada ao Lasermannen, o psiquiatra Ulf Åsgård, que desde cedo se interessou pela criação de perfis, iniciou uma colaboração com o delegado criminalista Jan Olsson, que, na época, era o assistente-chefe do departamento técnico da polícia em Estocolmo.

O perfil do Lasermannen foi o primeiro a ser criado na história da criminologia sueca. O perfil não teve importância decisiva no aprisionamento do criminoso, que foi resultado do trabalho competente e paciente da polícia tradicional. O perfil criado por Jan Olsson e Ulf Åsgård foi considerado, no entanto, como um progresso, ao ser classificado, mais tarde, como "75% semelhante" com John Ausonius, o tal homem do laser. A análise do trabalho da polícia, pelo prisma da segurança, era o grande tema da época e, por isso, a criação de perfis dos criminosos veio para ficar.

No outono de 1994, o repórter criminalista Lennart Håård, do *Aftonbladet*, foi um de uma série de jornalistas que visitaram o Hospital de Säter. No meio da entrevista, ele fez uma pergunta curiosa:

— Está em andamento alguma investigação preliminar contra você por um crime duplo nas montanhas suecas?

Era óbvio que o jornalista estava pensando no assassinato do casal Stegehuis, mas Quick respondeu com poucas palavras:

— Não, sobre isso ainda não falamos.

Depois do julgamento do crime contra Charles Zelmanovits, existia uma grande preocupação diante da possibilidade de Thomas Quick ficar em silêncio. Birgitta Ståhle chamou a atenção para o fato de ser fundamental que ele prosseguisse "seu importante trabalho". A instrutora de Birgitta, Margit Norell, também escreveu uma carta, apelando para Quick: "Siga em frente, Sture!"

Situação complicada.

Dos cinco crimes confessados contra rapazes, Quick já tinha sido condenado por um. Dois estavam prescritos — contra Thomas Blomgren e contra Alvar Larsson —, e as investigações nos casos Johan Asplund e Olle Högbom estavam paradas. Portanto, como é que ele poderia "prosseguir" nas suas revelações?

A pergunta de Lennart Håård, a propósito de Appojaure, voltou então ao pensamento de Quick e, no dia 21 de novembro de 1994, ele telefonou para Seppo Penttinen, falando da questão que surgira durante a entrevista.

— Tenho refletido sobre esse caso — disse Quick. — Acho que seria bom se eu pudesse ser confrontado com informações sobre o crime.

Penttinen perguntou por que ele achava que seria bom.

— É... Porque eu sei que estive nessa área na época em que ocorreu o crime — respondeu Quick.

Dito isso, parou.

— No momento, não aguento aprofundar meus pensamentos sobre o assunto — finalizou.

Apesar de as informações sobre a possibilidade do assassino de rapazes Thomas Quick ter atacado um casal com cerca de 30 anos irem contra toda a lógica dos assassinos em série, Penttinen informou, no dia seguinte, Christer van der Kwast, que, por uma questão de segurança, entrou em contato com a polícia criminalista do reino. Recebeu então a informação de que já existia uma investigação em andamento sobre o crime de Appojaure. Eles já tinham, também, um potencial criminoso, Johnny Farebrink, de 31 anos, nativo de Jokkmokk, viciado em narcóticos e homem reconhecidamente violento. Farebrink já estava na prisão de Hall, onde cumpria uma sentença de dez anos por assassinato. A polícia central do reino ainda não tinha conseguido nada que pudesse ligá-lo também ao assassinato do casal Stegehuis e nem sequer o teria ouvido sobre o caso.

Christer van der Kwast reconheceu que havia o risco de ter duas investigações policiais paralelas e concorrentes sobre o caso, cada uma com o seu candidato a assassino. É difícil saber como o promotor pensou, mas foi ele quem lançou a ideia ousada de que Quick e Farebrink, juntos, talvez tivessem assassinado o casal.

Segundo um registro, Johnny teria nascido como Johnny Larsson-Auna, mas vivia agora sob o nome Johnny Farebrink. Em função disso, Kwast telefonou para Penttinen para que ele perguntasse a Thomas Quick se conhecia alguém com o nome de Johnny Larsson-Auna. Ou Farebrink.

No dia seguinte, Seppo Penttinen foi a Säter para realizar o primeiro interrogatório em relação ao crime de Appojaure, na presença do advogado Gunnar Lundgren. Depois da condenação em Piteå, Penttinen foi promovido a detetive criminalista, um título usado também, a partir de então, nos interrogatórios e inquéritos, conforme o regulamento da polícia. Enquanto era policial-assistente, tanto ele como seu chefe Christer van der Kwast, por algum motivo, eram menos meticulosos em termos de títulos. Antes, Penttinen era chamado, na maior parte das vezes, como "líder dos interrogatórios".

— Muito bem, Thomas, eu gostaria que você falasse das questões centrais deste acontecimento e não se demorasse tanto nas questões periféricas. Comece a contar a partir do momento em que as imagens recordadas focalizam o momento do ato criminoso— diz ele.

— Hum — reage Quick.

— Pode se explicar um pouco melhor.

Os três homens sentados na sala de música da ala 36 permanecem em silêncio por um longo momento.

— É... Foi brutal... — diz Quick.

Depois, parou, não disse mais nada, não prosseguiu.

— Qual era a pergunta mesmo? — indaga ele.

— Eu não gostaria de orientá-lo, Quick — explica Penttinen. — Conte tudo como achar melhor.

Novamente, um longo silêncio.

— Muito bem; primeiro, a questão da faca.

— O que você se lembra, então, em relação a isso?

— O tamanho.

— Ok...

Quick clareia a voz.

— Tente descrevê-la um pouco melhor.

Todos concordam que Quick poderá tentar fazer um desenho da faca segundo a imagem recordada.

A faca, segundo o desenho, é impressionante, com um comprimento de 35 centímetros. A lâmina é levemente curva como a de um sabre, com o lado superior terminando em uma ponta levantada.

Quick escreve "lado afiado" sobre o que seria o lado contrário ao do fio da faca. Debaixo deste fio, o lado afiado da faca, ele anota "lado rombo".

Seppo Penttinen diz que não entende por que a faca é afiada desse jeito. Segundo ele, provavelmente, nunca se produziu uma faca desse tipo que Quick desenhou e pede que ele reflita melhor e imagine como uma faca se apresenta, simples e robusta. Quick faz um novo desenho de uma faca e mostra qual é o lado afiado da lâmina e qual é o lado rombo.

Mas isso não é suficiente. Quick insiste e diz que é justamente na maneira como foi afiada que sua faca difere de uma faca Mora.

Penttinen, porém, continua a questionar sobre o desenho da faca e pergunta se, por acaso, Quick não está vendo a imagem da faca como se estivesse refletida em um espelho.

Por fim, Quick concorda com Penttinen quando este lhe diz que vai colocar um ponto de interrogação nos desenhos por não se saber ao certo qual é o lado rombo da faca.

Tudo isso em função do fato de Penttinen já saber, pelo resultado da investigação médica, que a faca desenhada por Quick, de lâmina bem larga, não corresponde aos ferimentos provocados nos corpos das vítimas.

— Você não tinha outro tipo de arma com você?
— Não.
— Você poderá descrever como decorreu o acontecido?
— Bem... Foram facadas profundas. Não foram pequenos cortes superficiais.
— Então, descreva como você agiu com a faca, de cima para baixo.
— De cima para baixo.
— Hum...

O interrogatório prosseguiu por um bom tempo, sem que Penttinen conseguisse uma única informação real sobre o crime, além da discussão sobre o tipo de faca.

— Quais eram as circunstâncias que vigoravam nesse lugar aonde você diz que chegou?
— Cheio de mosquitos.
— É mesmo? Cheio de mosquitos?
— Isso mesmo.

Quick diz que o camping ficava à beira de um pequeno lago, no meio da floresta.

— Ah, sim, era um camping, uma barraca, isso nós dois já sabemos — completa Penttinen.

— Sim.

— E isso você leu nos jornais entre outras coisas, não?

— Sim.

— Onde estavam as pessoas quando você chegou?

— Sim, elas estavam acampadas. Ah... Embora... Ah... Uma parte de uma delas... Ah... Uma parte do corpo de uma delas estava fora da barraca.

— Totalmente fora?

— Hum... Sim.

— Mas você aponta apenas para a parte de cima do corpo.

— Sim.

Segundo Quick, a mulher tentou fugir, saindo da barraca, mas ele deu uma facada nela e obrigou-a a voltar.

Thomas Quick faz um novo esboço de desenho, desta vez da barraca. Vistos pela abertura, Quick coloca a mulher do lado esquerdo, e o homem, à direita.

As descrições de Quick divergiam em todos os pontos dos fatos já conhecidos. O homem estava do lado esquerdo, e a mulher, à direita. O fecho da barraca estava fechado. E Janny Stegehuis foi encontrada deitada dentro da barraca, não havia sinais de que tivesse estado pouco antes do lado de fora.

Seppo Penttinen continua a perguntar:

— Afinal, por que você foi parar por lá?

— Eu estava por lá e... Eu estava por lá. E não cheguei de carro, não, ao... Ao lugar...

— Ah, bom. E como é que você chegou lá?

— Foi de bicicleta... Cheguei de bicicleta.

— Como? Você chegou de bicicleta mesmo?

— Sim.

— E você estava só?

— Sim.

Thomas Quick conta que foi de trem de Falun para Jokkmokk, um dia antes do crime e, depois, percorreu os oitenta quilômetros que faltavam de bicicleta, até Appojaure.

— A bicicleta, eu roubei.

— E que espécie de bicicleta era essa?

— Ah... Era uma... Ah... Uma... Era uma bicicleta de homem, com três marchas... Mas... Mas as duas mais pesadas funcionavam e uma saltava a toda a hora...

Quick teria roubado a bicicleta em frente ao Museu da Lapônia, em Jokkmokk, e então fora a uma loja de conveniência, onde comprara refrigerantes, antes de começar o trajeto para Appojaure. Quick não conseguiu dar nenhum motivo específico para essa viagem de bicicleta e disse até que iniciou o percurso sem ter um destino determinado.

— Você levava algum tipo de mala ou sacola?

— Sim, eu tinha levado meias e ceroulas, enfim, o tipo de roupa para trocar, tinha sim.

Quick teria feito paradas ao longo do percurso e dormido ao relento.

— E como estava o tempo?

— Muito bom.

Mais tarde, no interrogatório, a questão do tempo foi levantada e falou-se em tempo encoberto, com chuvas ocasionais, mas preponderantemente seco. Foi uma descrição preocupante. Já se sabia que naquela noite chovera muito e, de madrugada, caíra uma tempestade.

Penttinen sabia que o assassino roubara uma bolsa e um aparelho de rádio de dentro da barraca. E perguntou:

— Você estava necessitando de algo que existia no lugar? Tinha algum motivo para roubar algo?

— Não.

— Por que você está baixando a cabeça quando pergunto isso? — tenta Penttinen, mas não consegue levar Quick a confessar ter roubado qualquer coisa da barraca.

> PENTTINEN: Por favor, eu gostaria de voltar um pouco... Ao acontecimento propriamente dito... Falar um pouco... Sobre as facadas dadas por você...

TQ: Hum...

PENTTINEN: [...] você diz que foram dez ou doze facadas. Você acha que é isso mesmo? Tem certeza desse número? Você pode...

TQ: Foi uma boa quantidade, sem dúvida... Como descrito...

PENTTINEN: Você poderia apontar um número máximo e um número mínimo, até certo limite, para termos uma ideia?

TQ: Hum...

PENTTINEN: [inaudível]

TQ: Foram mais de dez.

PENTTINEN: — Hum...

TQ: Portanto, podemos fixar a coisa por aí... Não foram menos de dez...

Quanto ao número de facadas aplicadas, Quick não só é vago como fica bem longe da resposta certa. O casal Stegehuis foi assassinado com cerca de 50 facadas cada um, das quais várias seriam fatais.

Durante todo o interrogatório, Penttinen apresenta as perguntas que Christer van der Kwast lhe pedira que fizesse. Por isso, as perguntas surgem desarticuladas, depois do resumo do que Quick dissera no interrogatório.

PENTTINEN: — Se eu entendi direito, você tomou o trem para Jokkmokk. Roubou, depois, uma bicicleta e, no mesmo dia do roubo, seguiu pedalando para aquela área de que você falou...

TQ: — Hum...

PENTTINEN: — Passou a noite em... Ou dormiu, digamos, umas duas horas em algum lugar.

TQ: — Sim, precisamente.

PENTTINEN: — E já era noite, então, na hora de dormir.

TQ: — Sim.

PENTTINEN: — E, depois do que aconteceu, você abandonou o lugar e voltou de imediato, pedalando para Jokkmokk...

TQ: — Depois, voltei de bicicleta, sim.

PENTTINEN: — Direto para Falun?

TQ: — Sim, foi uma longa viagem.

PENTTINEN: — Hum... Você conhece uma pessoa chamada Johnny Larsson?

Quick é apanhado de surpresa pela pergunta. Entende que existe alguma circunstância especial em torno do crime de Appojaure que ele desconhece.

— Não é para mim um nome totalmente desconhecido — responde Quick, evasivamente.

— Estamos falando de uma pessoa com um nome duplo, Johnny Larsson-Auna.

— Hum...

— Você o conhece?

— Estou associando o nome a uma pessoa, mas acho que a associação está errada.

— Será que ele pode se chamar também de Farebrink?

Quick suspira profundamente, mas, por muito que pensasse, não conseguia adivinhar qual seria o papel que esse tal Johnny poderia representar na história.

Penttinen pergunta de novo:

— Você sabe de quem se trata?

— Não — diz Quick.

Na noite de sábado, 9 de dezembro de 1994, Thomas Quick sentou-se à sua escrivaninha e ficou tentando descobrir que tipo de pessoa esse Johnny poderia ser e qual era o papel que desempenhara no crime em Appojaure. Quick costumava anotar as imagens e as histórias que lhe vinham à memória, material que, depois, passava adiante para Birgitta Ståhle e Seppo Penttinen, para futuro uso na terapia e nos interrogatórios. Nesse dia, ele escreveu:

> *9/12/1994*
> Mais palavras.
>   Estive em Norrbotten. No crime da barraca, participou um homem moreno, da região, uns 15 a 20 cm mais baixo do que eu e com óbvios

problemas de alcoolismo. Eu estava sóbrio, ele estava bêbado. Nós já tínhamos nos encontrado antes, não me lembro quando, onde e como.

Eu achei que tivesse algum tipo grave de paranoia. Talvez tivesse dez anos a mais do que eu. E apresentava um aspecto "desgastado".

A barraca era pequena, baixa. Se me lembro bem, nas proximidades da barraca havia um carro pequeno, um pequeno Renault ou Peugeot — de qualquer maneira, o carro era pequeno. Segundo me lembro, meu companheiro tinha tido antes algum tipo de disputa com o holandês. Eu próprio não troquei nem uma palavra com eles.

Após o crime, meu companheiro me pressionou para irmos beber — eu me abstive.

Ao se deitar, Quick apagou a luz e adormeceu, mas foi por pouco tempo.

— Mikael, Mikael!

O som que veio do quarto de Thomas Quick fez com que o enfermeiro Mikael se levantasse da poltrona, na sala de estar da ala 36. Quick estava sentado na cama com um saco plástico enfiado na cabeça e as mãos em um elástico colocado no pescoço.

Mikael correu para ele e retirou o elástico e o saco plástico.

Quick deslizou para o lado, os membros enfraquecidos, e ficou sentado, encolhido na beirada da cama, meio tonto, afagando com as mãos o dolorido pescoço e a nuca.

— Thomas! — exclamou Mikael. — Por quê? Por que você queria tirar a própria vida?

Mikael procurou o olhar de Quick, mas não conseguiu entender nada de especial. Por fim, fez com que ele vestisse uma roupa, sugerindo fumar um cigarro na sala de fumo.

Um cigarro e meio mais tarde, Quick sussurrou:

— Já estava decidido. Tentaria forçar a chegada do material. O material para a investigação e a terapia...

Tragou mais uma vez, de olhos fechados, e pensou bastante antes de prosseguir:

— Fiz isso, consegui. Mas agora estou chegando à conclusão de que não vai dar certo. Eu não vou aguentar.

Os dois já estavam juntos na sala de fumo havia bastante tempo quando Mikael saiu e foi telefonar para Birgitta Ståhle. Quick conversou com ela durante uma hora. Depois da conversa, conseguiu voltar para o seu quarto, onde o médico de plantão o examinou à procura de eventuais ferimentos. Nada constatado, Quick deitou-se de novo.

No dia seguinte, Quick não saiu da cama o dia inteiro e permaneceu sob vigilância especial por causa da ameaça de suicídio.

Mikael anotou no diário médico:

> O esforço para levantar material para a investigação foi tão grande e deixou-o tão tenso que o levou a se considerar verdadeiramente incapaz de aguentar a situação. A única saída para evitar o confronto, com todas as sensações e pensamentos, foi procurar o suicídio. Nesta altura, está psicótico.

No entanto, a investigação policial continuou normalmente e, dois dias depois, Seppo Penttinen estava de volta para novos interrogatórios.

No dia 12 de dezembro de 1994, Penttinen estava pronto para o segundo interrogatório sobre Appojaure, no qual Quick contou uma história completamente diferente. A longa distância percorrida de bicicleta entre Jokkmokk e Appojaure não havia acontecido. Em compensação, sabia agora que tinha sido ajudado por Johnny Larsson-Auna na execução do crime, e os dois tinham saído de Jokkmokk para Appojaure na picape Volkswagen de Johnny.

O surpreendente era ver que Quick, apesar dos muitos dados específicos oferecidos, não sabia se Johnny estava ou não comprometido no crime. Aliás, Penttinen também compartilhava dessa dúvida.

> PENTTINEN: Você está absolutamente seguro de ter feito isso?
> TQ: Nããããoooo...
> PENTTINEN: O que faz você estar em dúvida?
> TQ: (suspirando) Hum... O que me faz ter dúvidas... Bem... Em parte... Ah, sim, o caráter da violência... Antes de tudo...

PENTTINEN: Tem mais alguma coisa, no entanto, em que você pensa e que lhe causa um pouco de espanto?
TQ: Ah, sim, havia uma mulher.

O fato de Thomas Quick ter matado uma mulher afasta-se, inegavelmente, do seu perfil como assassino de rapazes. Mas no caso havia uma mulher dentro da barraca e, por muito que Quick hesitasse, continuou a contar suas recordações de Appojaure.

No início da investida, a mulher tentou se arrastar e sair da barraca, afirmou Quick, que disse tê-la visto já com meio corpo de fora. Estava nua da cintura para cima. E seus cabelos eram longos e escuros.

A descrição de Quick, mais uma vez, estava errada e bem longe do que era a realidade. Os cabelos de Janny eram grisalhos e não tinham mais de cinco centímetros de comprimento. Ela nunca chegou a tentar sair da barraca e estava com o corpo todo coberto com roupa.

Penttinen pediu a Quick para fazer um esboço do lugar onde estava montada a barraca. Ele colocou a barraca mais perto do lago, e o carro, mais longe. Deveria ser o contrário.

No interrogatório seguinte, estão juntos e conversam Thomas Quick, Birgitta Ståhle e Seppo Penttinen, aparentemente sem pensar que a conversa está sendo gravada e será transcrita no protocolo da sessão.

— Eu já telefonei para você e lhe disse que não dá para acreditar nisso — diz Penttinen para Quick.

Portanto, o líder dos interrogatórios já tinha telefonado para o suspeito e avisado que certas descrições estavam erradas. Segundo Sture Bergwall, estes contatos informais eram muito frequentes durante a investigação, mas esta foi uma das poucas oportunidades em que eu descobri haver prova incontestável de como eram importantes esses contatos.

Entre o material das pesquisas preliminares, procurei pela anotação feita de memória por Seppo Penttinen em relação a esta chamada telefônica. Segundo ele, Quick disse pelo telefone que tinha dado três informações erradas durante o interrogatório: que a mulher estava nua da cintura para cima, que havia linhas esticadas no lugar, para estender roupa a secar, e que a barraca era amarela. Penttinen escreveu que Quick ofereceu as informações erradas, conscientemente, na esperança de que a investigação sobre Appojaure fosse arquivada. A explicação está no "plano psicológico".

As anotações dão a impressão de que Penttinen recebeu, passivamente, as informações que Quick quis dar, não aquelas que o líder dos interrogatórios disse por telefone estavam erradas.

Na sala de música, em Säter, os interrogatórios continuaram:

> PENTTINEN: Esse nome, você recebeu de mim há cerca de uma semana...
> TQ: Sim, é verdade.
> PENTTINEN: É dessa pessoa que, na realidade, você está falando? Ou é de alguma outra pessoa?
> TQ: Mas, agora, eu quero designar a pessoa por Johnny, não por John.
> PENTTINEN: Mas o sobrenome, nesse caso, está ligado ao de Johnny?
> TQ: Bem, é Johnny Larsson.
> PENTTINEN: Johnny Larsson-Auna?
> TQ: Farebrink, esse eu não conheço.

Infelizmente, Seppo Penttinen perguntou por Johnny Larsson-Auna. Este sobrenome era o que Johnny Farebrink tinha anteriormente, tendo feito a mudança já em 1966. Desde então, nunca mais usou nem Larsson, nem Auna. Nem mesmo o detetive criminalista Ture Nässén que, profissionalmente, teve muito a ver com Johnny desde a década de 1960, sabia da existência desse sobrenome, Larsson-Auna.

As próprias dúvidas de Thomas Quick a respeito da sua participação no crime contra o casal Stegehuis não evitaram que ele ficasse furioso por Seppo Penttinen ainda não o ter dado como suspeito. No dia 14 de dezembro, telefonou para Penttinen:

— Eu não sirvo para ser ouvido como "informante" em relação a esses crimes! Falei de tantos detalhes que vocês já deviam me designar como suspeito.

Quick acrescentou que não tencionava participar mais das investigações e desligou.

Mas não demorou muito para que voltasse a telefonar e se dizer disponível para continuar. Por muito que pulasse para dentro e para fora das investigações, na verdade Quick sofria tanto com suas angústias que mal conseguia suportá-las.

Uma vez, por esta época, o enfermeiro Mikael estava de serviço à noite e sentado na expedição quando escutou um som estranho. Inicialmente, o ruído era tão fraco que chegou a duvidar de ter ouvido alguma coisa. Suspendeu a respiração e aguçou os sentidos no silêncio. Mais uma vez, escutou o estranho som, que mais parecia um grunhido.

Ainda não tinha passado das 23h30 quando Mikael deixou o local da expedição. Bem longe no corredor, divisou uma figura alta que gemia e murmurava palavras indistintas e que, no momento, se virava e vinha em direção à expedição. Quick tinha voltado aos seus passeios noturnos.

— Thomas, o que está fazendo aqui no meio da noite? — perguntou Mikael, sem esperar qualquer resposta.

Quick, ainda gemendo, foi, lentamente, na sua direção, sem parar de gemer e de sussurrar, alheio e, ao mesmo tempo, com medo.

Mikael entendeu, então, que os murmúrios diziam respeito a "Ellington". Quick disse que estava em processo de regressão e com medo de que Ellington voltasse a aparecer.

Este Ellington era um fenômeno difícil de entender. Às vezes, era a representação do seu pai que lhe fizera tanto mal. Outras vezes, era uma identidade desconhecida que assumia o corpo de Quick quando este matava. Não era uma coisa fácil de entender, pensou Mikael que, cuidadosamente, pegou Quick pelo braço e levou-o até a sala de fumo, onde tentou falar com ele e trazê-lo para a realidade. Quando viu que nada adiantaria, foi buscar um comprimido de Xanor, que logo conseguiu acalmar Quick, tanto que este, em breve, por iniciativa própria, voltou para o seu quarto.

Às duas e meia da madrugada, Mikael escutou gritos de angústia vindos do quarto de Quick. Era doloroso ouvir esses gritos, mas, segundo o desejo expresso do próprio Quick, o pessoal estava impedido de entrar no seu quarto quando ele gritasse durante as madrugadas.

Realmente não era fácil cumprir esta instrução. Mikael, por exemplo, sentia uma forte compaixão pelo assassino em série que parecia sofrer um verdadeiro inferno já na vida terrena.

No dia 19 de dezembro, Seppo Penttinen chegou a Säter e realizou um novo interrogatório de Thomas Quick. Desta vez, ele foi direto para o cerne da questão:
— Bem, para começo de conversa, Thomas, gostaria de perguntar a você se continua a confirmar a confissão feita em relação ao crime de Appojaure em 1984?
— Sim — respondeu Quick.
O assassino em série estava de volta. A ordem, restabelecida.

Uma situação diferente nos interrogatórios

Assim que Thomas Quick decidiu que tinha matado o casal Stegehuis, junto com Johnny Farebrink, a investigação em curso tomou um novo impulso.

Já no dia seguinte, Jan Olsson viajou para Sundsvall, a fim de se encontrar com Seppo Penttinen e Christer van der Kwast para uma revisão do caso. Penttinen fez uma descrição dos interrogatórios levados a efeito com Quick, mas evitou falar da mais estranha de todas as intervenções da sua história.

Até então a investigação sobre Quick tinha sido feita por Seppo Penttinen e Christer van der Kwast. A partir dali, os dois investigadores foram integrados a uma comissão denominada Quick para investigar o caso Appojaure, sob a poderosa organização da polícia criminalista do reino.

O responsável pelas pesquisas preliminares, Kwast, recebeu recursos ilimitados na qualidade de chefe da investigação sobre o primeiro assassino em série da Suécia, e Penttinen ficou comissionado ao serviço da polícia central do reino na qualidade de delegado criminalista. A polícia central preparou imediatamente um plano de operação, segundo o qual os detetives criminalistas Jan Karlsson e Stellan Söderman seriam os operadores responsáveis.

Do grupo especializado em criar os perfis dos criminosos, foram buscar o delegado criminalista Jan Olsson, encarregado, junto com o psiquiatra Ulf Åsgård, da análise dos eventos ligados ao crime. Olsson tornou-se, ainda, o perito técnico criminalista da Comissão Quick.

Para chefe de reconhecimento foi nomeado Hans Ölvebro, chefe do Grupo Palme, que investigava a morte do primeiro-ministro sueco. De lá veio também um especialista bem experiente, Ture Nässén. Além disso, foram empossadas na Comissão Quick as detetives criminalistas Ann-Helene Gustafsson e Anna Wikström e ainda o técnico criminalista Lennart Kjellander, da administração policial do reino, em que funciona o Grupo de Trabalho de arqueologia forense.

Em resumo, a Comissão Quick passara a ter os investigadores de crimes mais habilitados do país para apreciar a investigação sobre Thomas Quick segundo todos os métodos profissionais e científicos que estavam disponíveis.

Seppo Penttinen chega ao Hospital de Säter pelas 10h da manhã do dia 17 de janeiro de 1995. Thomas Quick aguarda-o na sala de música e já tomou tanta benzodiazepina que coloca em risco o planejado quarto interrogatório sobre Appojaure.

Penttinen começa por tentar saber a razão de Quick e Johnny Farebrink estarem naquele lugar de um camping tão afastado, onde o casal de holandeses resolveu acampar.

— Foi Johnny quem se sentiu injuriado por aquelas duas pessoas — diz Quick.

Farebrink dissera que o homem assumira uma atitude abusada e Quick achou que os dois o tinham insultado de alguma maneira.

A afirmação de Thomas Quick de que Johnny Farebrink teria encontrado o casal Stegehuis antes do crime era problemática. A viagem do casal holandês tinha sido reconstituída em detalhe, desde a Holanda até a Suécia. E a polícia tinha reconstituído, hora a hora, os últimos dois dias da vida do casal.

No dia 12 de julho, pouco depois das 10h da manhã, o casal Stegehuis percorria a estrada E45, na direção sul, rumo a Gällivare. Encheram o tanque do carro no posto Shell, na cidade de Skaulo, às 11h15, e continuaram em direção ao Parque Nacional Stora Sjöfallet.

De Stora Sjöfallet, eles voltaram e fizeram uma última parada para fotografar, a quarenta quilômetros a oeste de Appojaure. Sabemos, pelo diário de viagem, que eles montaram a barraca às 16h30.

Portanto, o encontro de Johnny Farebrink com os holandeses antes de eles chegarem a Appojaure não podia ter acontecido. Nessa altura, Penttinen desviou o interrogatório do assunto e perguntou, então, a respeito das facas utilizadas no crime.

Quick mantém-se firme, dizendo que utilizou uma faca de caça, muito estranha, de lâmina larga, que ele desenhou no primeiro interrogatório, enquanto a faca de Farebrink era um pouco menor e tinha um cabo feito de corno de rena.

No entanto, estava já comprovado que os ferimentos nos corpos das vítimas não correspondiam em largura às lâminas das facas indicadas. Esses ferimentos teriam sido feitos por uma faca de lâmina significativamente mais estreita, de no máximo 20 milímetros.

Foi justamente uma arma desse tipo, a faca de filé do casal, que a polícia encontrou no local do crime. O protocolo da autópsia veio a confirmar que foi uma arma assim a utilizada para provocar todos os ferimentos. Para acreditar em Quick era preciso incluir na sua história contada, justamente, esse tipo de faca. Na continuação do interrogatório, vemos como Penttinen consegue isso, por meio de perguntas fortemente indicativas:

— Existe, por acaso, uma terceira faca?

— Acho que eram três facas, mas a minha mente está indefinida a esse respeito.

— E de onde viria essa terceira faca, nesse caso?

— De Johnny — responde Quick.

Essa é uma resposta que Penttinen não quer ouvir. Por isso, insiste:

— O que foi que disse?

— De Johnny — repete Quick. — Ou da barraca.

— Você fica muito perturbado quando fala que esta terceira faca teria vindo da barraca — diz Penttinen.

Falar que Quick "está perturbado", em termos de interrogatório, significa que ele está se aproximando de material psicologicamente sobrecarregado, oferecendo dados verdadeiros que muitas vezes são dolorosos demais para se falar deles.

— Sim, está bem claro — responde Quick.

Quick sente-se mal só de pensar na faca do casal, de tal maneira que Penttinen interrompe o interrogatório para descanso e medicação.

Após a pausa, Quick conta que encontrou a faca dentro da barraca.

— Por que você precisou usá-la? — pergunta Penttinen. — Vocês dois já tinham cada um a sua faca na mão, não é verdade?

Mas, nessa altura, Quick já não aguenta mais. Já recebeu medicação a mais e está completamente fora de órbita.

— Parece até que você, simplesmente, desaparece — diz Penttinen.

Ele quer saber se Quick poderá explicar para onde os dois foram depois do crime. Nova insegurança.

— Isso complica as coisas para mim, mas acho que ele me deu uma carona até Messaure ou sei lá como é que se chama o lugar. Chegamos, ele me deixa e, depois, vai embora de carro.

O fato de ter sido deixado em um pequeno lugar chamado Messaure era uma informação decisiva que Quick ainda não tinha mencionado. Ao pronunciar o nome do lugar, ele simplesmente tem um novo colapso e não fala mais nada. Mas Penttinen insiste:

— Vejo que você já deve ter recebido medicação demais e já não aguenta continuar. Ou será que está passando mal?

— Estou passando mal, sim — diz Quick. — Mas não é problema da medicação, não há perigo...

O interrogatório foi retomado depois do almoço.

— Estávamos falando de Messaure— diz Seppo Penttinen. — Como é que esse pequeno lugar entrou no esquema?

— Nós chegamos a Messaure ao amanhecer — declara Quick. — Lembro que, mais tarde, ainda antes do meio-dia, tomei um ônibus de Messaure, com ligação ao trem.

Tanto Quick quanto Penttinen hesitam. Não sabem se Messaure tem tráfego de ônibus ligado com trem. Durante o almoço, os dois ficaram falando sobre a investigação, como de hábito.

— Nós já falamos que vocês chegaram a visitar lá uma pessoa, mas você tem dificuldade em falar sobre o assunto, não é?

Quick confirmou que, de fato, era assim.

No interrogatório seguinte, Seppo Penttinen diz que já viu o mapa das estradas de ferro do país e ficou sabendo que não há ligação de ônibus especial entre Messaure e a estação de trem mais próxima. Mas Quick persiste:

— Ele me deixou em Messaure e de lá eu tenho a impressão de que, mais tarde, ainda durante a manhã, tomei o ônibus ligado à ferrovia, mas aqui eu...

— Você está inseguro — completa Penttinen. — E, então, você assumiu a alternativa da bicicleta, não era isso que queria dizer?

— Não tenho lembrança nenhuma de ter saído de Messaure de bicicleta — diz Quick.

Os interrogatórios tomam muitas vezes esse caráter de negociação, onde Penttinen e Quick, juntos, tentam encontrar uma solução que não contrarie os dados já conhecidos do acontecido.

No dia 23 de janeiro, a comissão Quick se reúne e Stellan Söderman faz um resumo da situação:

— Atualmente, existe uma sentença dada por um crime ocorrido no distrito policial de Piteå — explica ele. — O período desse crime é de cerca de 30 anos. O número atual de processos a considerar são sete. Dois já estão prescritos e um ocorreu na Noruega.

Depois, a discussão enverada para a questão sensível do papel de Seppo Penttinen na investigação. Todos os participantes da reunião estão de acordo a respeito da decisão inadequada de nomear um único interrogador para atuar junto de Thomas Quick em todos os processos. Penttinen explica, então, o que considera "circunstâncias muito extraordinárias" que ocorrem no momento de serem feitos os interrogatórios. Os presentes concordam, então, em esperar que seja feita uma pesquisa entre candidatos a serem integrados no grupo como interrogadores.

Uma semana mais tarde, a Comissão Quick se reuniu uma segunda vez nas instalações da polícia criminalista do reino, em Estocolmo. Jan Olsson, que fez uma análise dos crimes em Appojaure, apresenta uma proposta, a de realizar uma reconstituição em que Quick irá descrever como o ato violento se processou. Era preciso, também, estudar todo o caso com a participação de Quick e do médico-legista Anders Eriksson para que os dados apresentados por Quick pudessem ser confirmados ou refutados.

Foi discutida na ocasião a marcação de uma eventual reconstituição em Appojaure na primavera seguinte. Depois disso, Seppo Penttinen voltou a explicar para o grupo "a situação especial em que ocorrem os interrogatórios" com Quick:

— Quick tenta recuperar imagens de um passado profundamente enterrado na sua memória e, em seguida, tenta amarrar essas imagens, esses fragmentos de recordações, para produzir uma sequência do acontecido que mereça ser digna de credibilidade. Segundo os psicólogos, este processo interrogatório é parte de um trabalho feito para que Quick possa ir em frente.

Penttinen descreve, também, a interferência do perito Sven Åke Christianson na investigação e revela que este tem reuniões regulares com Quick. Após quatro anos no Hospital de Säter, Thomas Quick perdera seus últimos contatos fora da clínica psiquiátrica e do aparelho judiciário. Os contatos humanos estavam reduzidos aos encontros dos interrogatórios policiais e às conversas tidas com psicoterapeutas sobre os crimes e as violências. Ele estava totalmente desligado do mundo normal.

As anotações diárias, esporádicas e dificilmente acessíveis, mostram que Quick, no início de 1995, sentia-se cada vez pior, ao mesmo tempo que consumia doses cada vez mais altas de benzodiazepina, com efeitos colaterais cada vez piores como consequência.

Alguns extratos ao acaso do diário:

Dia 26 de janeiro de 1995
Novo ataque de pânico na sala de fumo, não sai de lá. Hiperventilação. O corpo fica rígido. Respira com máscara. Com a ajuda do pessoal, é levado para o quarto em cadeira de rodas e se deita na cama. Toma dois comprimidos de Stesolid, de 10mg.

Dia 18 de fevereiro de 1995
Às 16h, Thomas Quick tem um ataque de pânico. Está na sala de fumo e grita: "Eu não aguento mais, não aguento mais..."

De repente, Thomas pula da cadeira e sai para o patamar da escada onde se joga de cabeça contra a parede.

Thomas tenta bater várias vezes a cabeça contra o chão. [...]

Ele está tonto que mal consegue se manter de pé. Como não consegue andar, volta para a sala de fumo engatinhando. Ao terminar mais um cigarro, quer voltar para o seu quarto, mas ainda não consegue andar e cai no chão diante da porta da expedição. Eu e outra pessoa fomos buscar a cadeira de rodas, onde ele se senta.

Dia 21 de fevereiro de 1995, o médico-chefe Erik Kall
O paciente passou bastante mal nos últimos dias. Recebeu ontem uma carta dos pais de uma das vítimas, querendo saber o que aconteceu com seu filho. O paciente tem se perguntado se vale a pena o trabalho. No entanto, resolve prosseguir com o processo.

A existência de Thomas Quick tinha se tornado um ciclo de ataques de pânico, de vontade de morrer, de medicação permanente e de conversas sobre crimes e violências — dia após dia, mês após mês, ano após ano.

No dia 2 de março, Birgitta Ståhle escreveu um resumo da terapia aplicada, na época em que, no diário, as citações anteriormente apresentadas foram feitas.

> Depois do julgamento em Piteå, nós prosseguimos com o nosso trabalho em descobrir no passado aquelas imagens que viriam a espelhar a vida adulta. Isso acontece, paralelamente, aos interrogatórios da polícia. Surgiram novas recordações de violências cometidas contra adultos. Essas informações são entregues à polícia e ao promotor para investigações futuras.
>
> Thomas é considerado agora como suspeito do chamado "crime da barraca", perto de Gällivare, em 1984.
>
> O livro do irmão Sten-Ove sobre Quick levantou muitas reações. Ao mesmo tempo, isso provocou em Quick um aumento do contato com recordações em que o irmão exerce fortes violências durante todo o seu período de crescimento.

Durante o outono, Thomas fez duas tentativas de suicídio. Os fortes ataques de pânico levavam-no a pensar na morte, a fim de escapar aos grandes sofrimentos que lhe produziam as sessões de terapia e os interrogatórios da polícia.

Birgitta Ståhle salienta que ela, como terapeuta, tinha "uma colaboração estreita com o pessoal da ala 36 em relação ao seu status psíquico do dia". Apesar dos fortes ataques de pânico que Quick tinha, da sua tendência suicida e da medicação recebida, Ståhle ainda insistia que o processo psicoterapêutico estava em uma evolução positiva.

> As imagens e as recordações fragmentadas que surgem nas sessões de terapia estão cada vez mais claras e por conseguinte os acontecimentos em volta dos crimes ficam mais nítidos. Tem se registrado uma evolução no sentido de uma maior capacidade de aprofundamento de contatos, tanto no que diz respeito à história da sua própria vida quanto à maneira como na idade adulta passou a funcionar. Verifica-se ainda uma evolução no contato mais profundo com sentimentos difíceis como ódio e raiva, assim como desespero e culpa, diante do que ele fez contra outros seres humanos. [...]
>
> Pelo fato de Thomas conseguir agora se abrir mais e se expor melhor, na sequência de uma situação extremamente difícil, os nossos contatos nas sessões de terapia se fortaleceram enormemente.

Cerca de duas horas mais tarde, depois de Birgitta Ståhle ter descrito este quadro positivo de avanços na terapia, uma enfermeira anotava no diário médico outras palavras mais condizentes com o estado atual do paciente:

> 19h30: Ao anoitecer, Thomas sofre violentos ataques de pânico.
> Recebe Stesolid 10mg, dois supositórios *pro retum*.
> Fala que não aguenta viver mais.
> Vigilância reforçada.

Já tarde da noite, no dia 12 de março, tocou o telefone na casa do delegado-assistente Bertil Ståhle. Logo ficou claro para ele que se tratava de um dos pacientes da sua esposa, que — inconvenientemente — conseguiu seu número residencial. Ele acabou gritando para o quarto de dormir:

— Há um louco no telefone que quer falar com você. Diz que se chama Ellington.

Bem acordada, sua mulher esticou o braço para apanhar o telefone.

— Sture, aqui é Birgitta — disse ela.

Ouviu-se, então, ao telefone uma gargalhada teatral e desdenhosa.

— Sou eu, Ellington, e quero falar com a terapeuta.

Birgitta Ståhle achou que, pela voz densa, já conhecia a pessoa.

— Sture!

Mais tarde, Birgitta Ståhle anotou a conversa de memória e fez, então, seus comentários, que colocou entre parênteses.

— Sture está deitado na cama. Está angustiado. *(Risos.)* Eles acreditam na sua angústia e nas suas histórias. Ele manipula todos.

— Quem é você, então?

— Sou Ellington e nós já nos vimos algumas vezes. *(Risos.)*

(Nesta altura, tive a sensação de que era Sten-Ove quem telefonava, o que foi desagradável. Estou habituada a me encontrar com Sture, não com Sten-Ove, que, na minha opinião, sente desprezo por Sture, que vive angustiado e é fraco. E despreza, também, a terapia e até a mim quando menciona a terapeuta.) Ellington continuou:

— Eu vou contar como foi a viagem à Noruega.

(Agora sei que é Sture falando pela figura de Ellington. Pensei em escutar o que ele tinha a dizer e trabalhar no sentido de entrar em contato com Sture.)

— Patrik e eu. Nós vamos para Oslo. Um pouco antes... *(Começa a rir novamente.)*

— Estou manipulando e consigo o que quero... *(triunfo na sua voz pelo seu poder e a sua força)* quero que Patrik saia do carro. *(Risos de novo.)* Ele sai do carro e mata o rapaz. Ele quer matar! E sou eu que consigo que ele faça isso.

(Passa a chorar, um choro silencioso. E eu escutei então a voz de Sture, sussurrando: Birgitta. Sei que tenho de ir ao encontro de

Sture, conseguir que ele passe a falar mais alto, que seja mais forte que Ellington.)

(A voz de Ellington amortece ao fundo, enquanto Sture começa a falar comigo. Está de volta, ele próprio, de novo.)

Quando leu as anotações de Birgitta Ståhle sobre o telefonema recebido, Margit Norell ficou entusiasmada com o fato de Ellington ter assumido sua figura fora do ambiente da terapia. Depois, analisou o conteúdo do extraordinário acontecimento no manuscrito sobre Thomas Quick:

> Quando Ellington assume sua figura e tenta, mas não consegue, recuperar o poder no lugar de Sture e suas fraquezas, duas coisas acontecem. Em primeiro lugar, Sture atinge pela primeira vez na sua vida a constância de objeto. P e Ellington são a mesma pessoa. Essa necessidade tão compreensível era a de conservar P como aquele que poderia precisar de Sture, e para quem Sture ainda significava alguma coisa e que, por vezes, poderia defender Sture daquele ainda mais perigoso M — foi também a mão salvadora de P que manteve Sture acordado. Em relação a P, houve também até a morte de Simon uma espécie de quadros previsíveis, que o próprio Sture descreve — por experiência própria, Sture reconhecia bem cedo a evolução e podia, portanto, prever quando P surgiria, a dor sumiria e P se tornaria de novo uma figura boa — pronto para chorar algumas lágrimas sentimentais, para dar algumas palmadinhas na barriga de Sture, para falar o quanto gostava do rapazinho Sture e para ir até a cozinha e trazer para ele um prato com doce de cerejas com leite ou qualquer outra coisa parecida. Tal como mais tarde se saberia, com a morte e o esquartejamento do feto Simon, quebraram-se por completo esses quadros previsíveis e Sture passou a viver com razão o medo insuportável de que P faria o mesmo com ele, Sture. Evidentemente, Sture teria de sentir tudo desse jeito, quando M o culpou, diretamente, pela morte do feto: "vê o resultado do que você fez!" O que acontece depois que a figura de Ellington desaparece é que também o seu poder se corrompe. Ele escreveu o número de telefone de Birgitta, a terapeuta de Sture. Ele telefona para ela e é após uma pequena conversa com Ellington que Birgitta consegue contato com Sture e toma o seu partido contra

Ellington. [...] Logo a seguir, também assume a figura de M — Nana. Esta situação é ainda mais terrível, visto que, segundo a experiência de Sture, desde os tempos de criança, ela representa aporrinhação e, depois, a morte. A única época em que não foi assim parece ter sido aquela em que esteve no útero da mãe, a única época em que Sture não se sentiu sozinho, por estar na companhia da sua irmã gêmea.

O último trabalhador braçal

No dia 18 de março de 1995, Thomas Quick estava sentado no seu quarto, no Hospital de Säter, quando o canal da SVT2 mostrou um documentário sobre a pequena cidade de Messaure.

O lugar onde Thomas Quick teria sido deixado depois do assassinato do casal de holandeses está situado a 37 quilômetros de Jokkmokk. E foi nesse lugar que a empresa do governo, a Vattenfall, decidiu construir, em 1957, uma gigantesca barragem no rio Stora Luleälv. O projeto viria a manter 1.300 operários trabalhando durante cinco anos. No meio de um campo onde ninguém morava, construiu-se uma pequena cidade completa, com ruas e praças, áreas de moradias, lojas, correios, igreja, escola, Casa do Povo, delegacia de polícia, hospital de campanha, cafeteria e tudo o mais que integra uma comunidade. No início da década de 1960, a cidade tinha uma população fixa de mais de três mil habitantes.

A barragem hidrelétrica de Messaure foi inaugurada em 1962, com um discurso do primeiro-ministro Tage Erlander. O povoado foi sendo destruído depois, trecho a trecho, até que só restou da florescente comunidade uma rede de ruas no meio da Lapônia quase desabitada.

O documentário mostrava então um morador de Messaure, Rune Nilsson, que trabalhara como capataz até 1971. Quando a barragem ficou pronta, a empresa Vattenfall e a prefeitura de Jokkmokk passaram a tentar convencer com métodos cada vez mais duros todos os habitantes da pequena cidade a se mudar de lá, o que a maioria aceitou voluntariamente.

— A Vattenfall tentou fazer com que eu saísse de lá por bem ou por mal, mas quando uma pessoa é teimosa faz o quê? Diz "eu não me mudo" — conta Rune Nilsson.

Seguiu-se uma longa batalha em que a prefeitura de Jokkmokk tentou fazer com que Rune Nilsson se mudasse. Fechou o abastecimento de água, pediu e ameaçou, mas Rune ficou. Dez anos depois, a prefeitura desistiu e deixou que ele ficasse como o único habitante de Messaure.

Thomas Quick assistiu espantado ao documentário e reconheceu logo o quanto a ideia do ônibus ligado à ferrovia, a partir de Messaure, tinha sido ruim. Mas, nesse momento, ficou sabendo quem era Rune Nilsson e qual era o aspecto do lugar onde ele morava.

Azar para Rune Nilsson, que parecia ser um homem de paz e bom amigo.

Irmandade em fuga

Os seis irmãos e irmãs de Thomas Quick seguiram com desgosto o que seu louco irmão contava. Alguns sofriam muito com as histórias de Quick e passaram a evitar todas as informações a respeito do seu irmão assassino em série. Pararam de contatá-lo e não falavam nem com Sture Bergwall nem com Thomas Quick. Para eles, o irmão deixara de existir.

Aquela que durante mais tempo manteve contato com Sture foi a irmã mais nova, Eva. Ao conversar com ela, Eva me contou o que aconteceu na época infernal logo depois de Sture ter confessado o crime contra Johan Asplund. E acrescentou:

— Pensei muitas vezes que "nada poderia acontecer de pior". Mas podia, sim! O que aconteceu depois foi cada vez pior...

Por fim, até mesmo Eva se sentiu obrigada a romper o contato com Sture.

Por isso, criou certo espanto quando Sten-Ove Bergwall, no início de 1995, veio a público como porta-voz da irmandade Bergwall e usou de um implacável tom contra seu irmão. Em várias entrevistas, apresentou uma exigência cabal às autoridades psiquiátricas e jurídicas:

— Não deixem sair nunca mais Thomas Quick!

Sten-Ove era dez anos mais velho do que Sture e saíra de casa quando Sture ainda era um pequeno rapaz. Como adultos, os dois se reuniram muitas vezes por causa do interesse comum pela natureza, por cachorros e por bicicletas de corrida. Em junho de 1982, participaram de uma corrida de ciclismo, denominada "Den Store Styrkeprøven" — A Grande Prova de Força — entre Trondheim e Oslo, na Noruega, e uns dois meses mais tarde os dois chegaram a abrir um quiosque na praça Koppartorget, no bairro Hälsingegården, em Falun, uma aventura empreendedora que durou quase quatro anos.

Nove anos depois, Sten-Ove se mostrou completamente alheio diante do seu irmão. Escreveu um livro com o título *Min bror Thomas Quick* [Meu irmão Thomas Quick], no qual se perguntava quem era, afinal, seu irmão. Alertava, ainda, todas as pessoas para não se aproximarem do manipulador Thomas Quick, que durante tantos anos conseguiu esconder de toda a família o seu lado malévolo. A conclusão a que Sten-Ove chegou era a de que seu irmão desenvolvera em si um ser repulsivo que apenas as suas vítimas puderam ver.

No entanto, o principal motivo de Sten-Ove Bergwall para escrever o livro foi o de fazer justiça a seus pais, afirmando que tanto ele como todos os outros irmãos e irmãs só tinham boas recordações, doces e amorosas, das suas vidas na casa dos pais.

As seis crianças achavam absolutamente impensável que seu pai tivesse abusado sexualmente do filho Sture, diante dos olhos da mãe, assim como achavam absurdo que a mãe tivesse tentado afogar Sture em um lago congelado.

— Não duvido que isso possa ser verdade para ele — disse Sten-Ove a Christian Holmén, do jornal *Expressen*. — É uma tendência por demais conhecida que as pessoas sob terapia sejam levadas a criar falsas recordações.

Quando o livro já estava nas livrarias havia um mês, Thomas Quick quis fazer "certos esclarecimentos" a respeito do seu irmão. Durante o interrogatório do dia 10 de abril de 1995, afirmou que ele e Sten-Ove tinham participado do assassinato de Johan Asplund.

> Quick diz que Sten-Ove Bergwall, já na viagem a Sundsvall, estava sabendo que os dois iriam procurar um rapaz que transformariam em vítima. Sten-Ove teria até atiçado Quick ao dizer alguma coisa parecida com "mostra que você tem coragem para tirar a vida do rapaz". Já no lugar onde Johan iria morrer, Sten-Ove assumiria uma atitude de superioridade e atiçaria de novo Quick. Entre outras frases, Sten-Ove diria: "Mata ele agora se é capaz!"

A Comissão Quick, já desde a segunda reunião, decidira que as pessoas próximas de Quick teriam de ser ouvidas. Com isso, procurava-se uma base para julgar sua credibilidade. No alto da lista de prioridades, estavam os irmãos e irmãs de Quick, que deviam ser ouvidos a respeito da época em que cresceram juntos na casa dos pais.

Os criminalistas Jan Olsson e Ture Nässén confirmaram para Jenny Küttim e para mim que os interrogatórios tiveram lugar na primavera de 1995, durante a investigação do duplo assassinato em Appojaure. A missão coube aos detetives criminalistas Anna Wikström e Ann-Helene Gustafsson. Mas, entre o material das pesquisas preliminares, nós não encontramos nem sombra desses interrogatórios, tampouco encontramos algo na assim chamada "lixeira" das gravações.

Procuramos pelo material no tribunal de Gällivare, que respondeu dizendo que não havia nada lá. Mandamos um pedido para as autoridades policiais de Sundsvall, e recebemos a mesma resposta. Christer van der Kwast mandou falar com Seppo Penttinen, que, por sua vez, disse "desconhecer a missão e, portanto, não poder comentar nada", e que também "o material que vocês querem não está entre aquele que se encontra à minha disposição". Enfim, era uma maneira de dizer que o conteúdo dos diálogos, simplesmente, desaparecera.

Por outro lado, os irmãos e irmãs de Sture Bergwall contam todos que foram interrogados por Anna Wikström e Ann-Helene Gustafsson. E o que eles disseram?

Örjan Bergwall, desde a primeira manchete sobre Thomas Quick, evitou ler os jornais, ver televisão e escutar o rádio acerca do seu irmão. Mas ele sabia muito mais do que gostaria. Ambas as policiais queriam saber das passagens recordadas por Örjan da sua infância e adolescência, e ele respondeu que se lembrava muito nitidamente dessa época.

Eles tinham mudado para Korsnäs, perto de Falun, em 1956, precisamente no ano em que Örjan entrou para a escola. A família era composta por sete crianças e dois adultos que conseguiram se encaixar em um apartamento de 98 m², de três cômodos. O pai, Ove, trabalhava em uma fábrica de caixas e a mãe era zeladora de uma escola.

Örjan lembrava-se de Sture como talentoso, muito criativo e engenhoso, mas pouco ágil nos seus movimentos. E era bem independente já desde pequeno.

O pai era um pouco autoritário, talvez um pouco rígido, mas, ao mesmo tempo, bom camarada e de fino humor. A mãe era uma pessoa de bastante segurança e muito estável em relação a todas as crianças. Nunca houve brigas familiares que durassem muito tempo. E Örjan não se lembra de maiores sensações desagradáveis durante o período de crescimento. Nunca aconteceu de as crianças sofrerem castigos físicos? Abusos sexuais? Não, nada disso. Örjan nunca observou nada desse tipo e se disse completamente espantado diante da ideia. Era impossível que nenhum dos irmãos, sendo tantos, tivesse notado alguma coisa nesse sentido.

Örjan sabia que Sture tinha cometido algumas violências. Na juventude, chegou a atacar outro jovem em um ambulatório e, por isso, recebeu tratamento em várias instituições. Durante a década de 1970, Örjan e os pais visitaram Sture no Hospital de Säter e no Hospital de Sidsjön. Segundo Örjan, depois disso, Sture melhorou e se tornou muito mais estável, durante a primeira metade da década de 1980.

Os contatos entre eles tornaram-se cada vez menos frequentes e depois aconteceu a tentativa de assalto ao banco em Grycksbo, em 1990. Sture mandou, então, várias cartas, cujo conteúdo, na sua maior parte, tratava do fato de ele sentir falta da família. A última conversa que Örjan teve com ele aconteceu quando Sture começou sua terapia com Kjell Persson. Örjan se lembrava de Sture ter dito, então, que estava "vendo uma luz", o que ele, Örjan, considerou como positivo, tendo-lhe dito que esperava para ele a continuação de sucesso na procura dos lados positivos na sua convivência.

Para mim, Örjan chegou a contar que jamais esqueceria o dia em que entrou em um posto de gasolina e se deparou com o olhar fixo de seu irmão na primeira capa dos dois jornais da tarde. Foi nesse dia que o pesadelo começou e parecia que não ia terminar tão cedo. Mas isso ele não tinha contado para as duas policiais.

No final do interrogatório, Örjan levantou uma questão que devia ser de grande interesse para os investigadores: a capacidade de Sture dirigir carros. Örjan contou que Sture tirou sua carteira de motorista muito tarde, já no final da década de 1980. Antes disso, Örjan acompanhou o irmão em uma das aulas de direção, tendo chegado à conclusão de que Sture, em princípio, seria dado como incapaz de conduzir um automóvel.

Torvald Bergwall lembra-se de ter recebido a inspetora Anna Wikström e o inspetor Jan Karlsson na Igreja de Mikaeli, em Västerås, da qual era o pastor. Os dois lhe explicaram que o inquérito estava incluído na investigação sobre o crime de Appojaure, mas também dizia respeito aos crimes contra Johan Asplund e Olle Högbom.

Também Torvald Bergwall falou de uma infância tranquila, sem recordações de abusos e violências. Segundo ele, as informações que apareceram na imprensa eram totalmente enganosas, longe de serem verdadeiras. Para ele, Sture sofria de problemas psíquicos, mas os pais não falavam abertamente sobre o assunto, visto ser um tema vergonhoso na época. Ao contrário, os pais tinham tratado Sture com muito carinho e nunca o abandonaram. Sempre cuidaram dele, visitando-o por diversas vezes, na década de 1970, no Hospital de Säter.

Torvald também se recordava de Sture ter problemas de controle muscular, gaguejava e ceceava certas palavras, o que levava as outras crianças a rirem dele. Contou ainda que, uma vez, os irmãos tentaram ensinar Sture a andar de bicicleta, mas, no seu entusiasmo, esqueceram de lhe ensinar como fazer na hora de frear. Sture acabou entrando por outra rua, caiu da bicicleta e se estatelou no chão, de tal maneira que os irmãos se espantaram com os seus ferimentos. Esse foi um exemplo típico do que Torvald considerou "a total falta de compreensão dos irmãos da incapacidade de Sture controlar os seus movimentos".

Torvald também contou que Sture demorou a conseguir tirar a carteira de motorista. Foi obrigado a comparecer a sucessivos exames antes de ser aprovado. Torvald jamais viu Sture conduzir antes de tirar a carteira e sempre considerou uma hipótese inacreditável o fato de ele ter cometido todos aqueles crimes que confessou. Para ele, era absolutamente improvável que Sture tivesse conduzido os carros por distâncias tão grandes.

E assim tudo continua: todos os irmãos e irmãs de Sture Bergwall se lembram de terem sido ouvidos pela Comissão Quick e todos ofereceram uma imagem totalmente contrária àquela que surgiu durante a terapia em Säter.

Alguns certamente diriam, depois de comparar os testemunhos registrados, que Thomas Quick, com certeza, teria apresentado uma imagem enganosa da sua infância e avançado com falsas acusações contra os seus pais pela prática de crimes muito sérios.

O que aconteceu, então, com os relatórios das entrevistas judiciais com os irmãos e irmãs Bergwall?

Esses relatórios não foram levados para as autoridades policiais de Sundsvall e, presumivelmente, ficaram escondidos, longe dos olhos do público em geral, da mídia, dos juristas e dos tribunais que condenaram Thomas Quick.

Pelo que pude entender, nunca foram avaliados. Além disso, só foram lidos por quem fez os interrogatórios, por Seppo Penttinen e por Christer van der Kwast.

Horas perdidas

No domingo, dia 9 de julho de 1995, o jato particular, de dez lugares, pertencente à Orquestra dos Vikings, aterrissou no aeroporto de Gällivare, mas, em vez de Christer Sjögren e os seus músicos, saiu do avião Thomas Quick, na companhia de Birgitta Ståhle, quatro enfermeiros e alguns policiais.

Depois de pernoitarem na ala psiquiátrica do Hospital de Gällivare, seguiram, no dia seguinte, pela estrada E45 em direção a Porjus, no Sul, em uma van Toyota Hiace.

O cientista e pesquisador Sven Åke Christianson tinha exercido grande influência sobre a maneira como as investigações e, sobretudo, as reconstituições deviam ocorrer. E Quick não foi o único a concordar com as novas ideias. Portanto, quando o micro-ônibus chegou ao desvio para Appojaure, Quick exigiu que, primeiro, fossem a Porjus e, então, voltassem, visto que ele e Johnny Farebrink tinham seguido por esse caminho para alcançarem o local do crime. Dessa forma, a viagem seria feita como eles a haviam realizado no dia 12 de julho de 1984.

Já passara das 14h quando a van Toyota tomou o desvio para leste em direção a Stora Sjöfallet e Appojaure. A essa altura, os ataques de pânico de Quick eram cada vez mais frequentes, com ele dizendo que estava sentindo e relembrando os passos dados. Foi preciso parar a van para ele vomitar.

— Não pode ser verdade, não pode ser verdade — grunhia ele.

O pequeno caminho a seguir para o local de camping junto do Appojaure era impossível de errar, visto que a polícia tinha bloqueado a área e colocado pessoal em postos-chave. "À chegada, Quick teve de ser medicado com Xanor", escreveu Penttinen no protocolo da reconstituição.

Em seguida, Quick sai do veículo, usando um boné de beisebol, uma jaqueta leve de cor verde, jeans escuros e tênis pretos. Junto com Seppo Penttinen, ele toma conhecimento da área em volta enquanto aguarda que os técnicos policiais organizem os últimos detalhes da reconstituição.

Em repetidos interrogatórios, Quick sempre indicou as posições do carro e da barraca de forma errada e também trocou a posição do homem e da mulher dentro da barraca. Na chegada a Appojaure, porém, os técnicos haviam colocado as coisas nos devidos lugares, como foram encontradas depois do crime. A polícia chegou mesmo a encomendar uma barraca da Holanda e a procurar um automóvel verde de meados da década de 1970, quase igual ao das vítimas assassinadas.

Tudo de acordo com "os métodos cognitivos" de Sven Åke Christianson. Através da remontagem do ambiente em detalhe, Quick terá mais facilidade em contatar com as suas imagens reprimidas. Penttinen faz, então, as perguntas que aprendeu com Christianson: — Você se lembra das sensações que teve? O que você ouve? Você se lembra dos odores que sentiu? — Tudo para ajudar Quick a recuperar as imagens do acontecimento traumático.

— Se continuar de olhos fechados e tentar voltar atrás nos pensamentos e no tempo, daqui a pouco você estará em 1984 — diz Penttinen.

Os experientes investigadores Ture Nässén e Jan Olsson observam, quietos, o espetáculo. Mais tarde, para mim, Olsson comentou:

— Cabe ao suspeito, sem ajuda, colocar as coisas tal como ele se lembra delas. Mas, no caso, todas as coisas foram colocadas exatamente como estavam. Os figurantes, exatamente, como as vítimas estavam. Quick chegou, por assim dizer, já com a mesa posta. Aquilo não tinha nada a ver com uma reconstituição.

Jan Olsson também se manifestou contra a forma como permitiram que Christianson dirigisse e reconstruísse o local do crime:

— Christianson ficou andando de um lado para o outro, de semblante sério e passadas firmes. Teve uma influência extraordinária. "Vocês têm que sumir, não devem aparecer", dizia Christianson para mim e para os outros policiais. Fomos levados para longe, sem poder ouvir o que Quick e Seppo diziam.

Logo juntaram um figurante representando Johnny Farebrink ao lado de Quick, e os dois assassinos avançam, sussurrando, na direção da pequena barraca marrom, cada um com a sua faca. Assim que chegam perto, Quick ataca, furiosamente, o pano da barraca do lado que dava para o lago. Após vários golpes, Quick dá a sua faca para "Farebrink", que começa a golpear a barraca com as duas facas ao mesmo tempo. Depois, Quick retoma a sua faca e entra na barraca pela abertura.

Na barraca, estão deitados Hans Ölvebro e Anna Wikström, que gritam:

— Não! Não! Não!

Quick se joga dentro da barraca, onde a situação se transforma, rapidamente, em tumulto, isto porque Quick regrediu no tempo, rosnando e grunhindo, e se transformou na figura do assassino Ellington. Ele lança os paus da armação da barraca pela abertura. Anna Wikström continua a gritar, enquanto Penttinen apenas observa a catástrofe do lado de fora. No mesmo momento, chega Birgitta Ståhle com os enfermeiros de Säter, todos prontos para agir e conter Quick.

— Agora basta, Quick! Agora basta, Quick! — grita Penttinen.

Quick parece ter se acalmado dentro da barraca, mas continua rosnando, um som gutural, monótono, que prossegue até que a câmera de vídeo é desligada. O relógio da câmera marca 16h09.

Quando a reconstituição recomeça, aparece no vídeo um Thomas Quick senhor de si e consciente do que tem a fazer. Ele e o figurante voltam a avançar para a barraca, conversando, enquanto Quick comenta o que acontece:

— Agora, avançamos sem ruído e verificamos que está tudo tranquilo. Neste momento, você vai à frente e solta as amarras da barraca do meio e de trás.

"Johnny Farebrink" solta as amarras da cobertura externa da barraca e dobra-a. Esse é um momento decisivo, visto que, até então, as facadas tinham atingido apenas o tecido externo da barraca e não o tecido interno.

Depois, a reconstituição prossegue como um longo diálogo entre Quick e Penttinen, em que o interrogador-chefe realimenta várias vezes o suspeito. Ele relembra Quick do que este contou nos interrogatórios, torna os ditos mais claros e chega a fazer sugestões.

Uns trinta espectadores veem como Quick, de maneira convincente, demonstra como, doze anos antes, friamente, assassinou dois seres humanos naquele lugar isolado. Meio ano mais tarde, como é do conhecimento de todos, até mesmo o tribunal de Gällivare ficou impressionado no momento em que um vídeo editado da reconstituição foi mostrado durante o julgamento. No vídeo, Seppo Penttinen resolveu introduzir a voz de um locutor: "Durante a ação de Quick, em relação ao ataque, surgiu um erro técnico no gravador. A interrupção durou apenas um minuto."

A afirmação de Penttinen a respeito de uma interrupção de um minuto não corresponde à verdade. A câmera voltou a funcionar às 17h14min. O que aconteceu, de fato, naquela hora que desapareceu do vídeo? Jan Olsson lembra-se:

— Thomas Quick e Seppo Penttinen retiraram-se para um canto e ficaram conversando. Depois, ficamos sabendo que a barraca seria recolocada no lugar e a reconstituição seria repetida.

Segundo vários policiais que estavam presentes no local, Quick falou durante a pausa até mesmo com Christianson. Sture Bergwall lembra-se de que Penttinen, durante a conversa, colocou a mão no seu ombro e disse: "Você se lembra de ter contado que soltou as amarras da cobertura externa e a dobrou, não?"

— Aquela pequena informação fez com que eu pudesse começar a agir a partir dali — diz Sture Bergwall.

Jan Olsson descreve a continuação:

— Foi um Thomas Quick extremamente concentrado que, com a faca presa nos dedos, executou as várias partes da reconstituição, de acordo com a análise que tínhamos feito.

Mas foi pior do que isso. Depois de ter delineado um ano antes sua versão dos acontecimentos ocorridos, Olsson foi obrigado a reconhecer que a descrição feita por Quick era impossível. Nas fotografias a que teve acesso, via-se um saco de lixo atrás de um galho. O saco começa a se inclinar e cai por cima do saco de dormir do homem. Duas latinhas de cerveja acabam caindo do saco de lixo e ficando no chão. A partir dessa imagem, considera-se razoável que o criminoso tenha entrado na barraca passando por cima do galho.

Mais tarde, chegaram novas fotografias feitas pelos policiais da patrulha que primeiro chegou ao local do crime. Tinham levantado a barraca com todo o cuidado e feito algumas fotografias. Nessa oportunidade, o saco de lixo estava de pé e, em cima do saco cheio, via-se uma latinha de cerveja equilibrada. Segundo Jan Olsson, era impensável que o criminoso pudesse ter passado pelo galho sem virar o saco de lixo. Pelo menos, a latinha devia ter caído, raciocinou ele.

Assim que viu Quick agachar-se para passar pelo galho e entrar na barraca, a fim de atacar o casal com a faca, Olsson achou logo que Quick agia como se estivesse seguindo um roteiro — e não como, provavelmente, teria acontecido. Alguma coisa estava errada, muito errada.

Olsson estava na beirada da floresta, observando os trâmites da reconstituição. Sentia uma sensação desagradável diante de duas questões que se impunham a ele: "Por que Quick representava uma sequência de eventos que ele próprio, com toda a certeza, não tinha vivido?" Ou, ainda mais preocupante: "Como é que Quick teria tido conhecimento antecipado da análise da investigação sobre o crime?"

As respostas mais diretas a essas questões eram terríveis.

Jan Olsson abafou suas dúvidas, visto não ter uma visão completa do caso. Ainda não tinha lido os interrogatórios feitos com Quick e não tivera acesso ainda às provas fortes que se dizia existirem.

Durante a continuação da reconstituição, Thomas Quick repetiu a afirmação de que foi ideia de Johnny Farebrink a ida ao camping de Appojaure, onde ele sabia que estava acampado o casal de holandeses. Farebrink queria matá-los, visto que, alguns dias antes, durante uma reunião, eles o tinham insultado.

Mal chegara ao local do camping, o próprio Quick logo arranjou um motivo para matar o casal. No dia anterior, tinha encontrado um rapaz alemão andando de bicicleta, contou ele, um rapaz que ele entendeu ser filho do casal de holandeses. Num inglês e alemão quase incompreensível, falou do encontro para os holandeses, que responderam não ter nenhum filho.

Na mente psicótica de Thomas Quick, a negativa do casal em reconhecer o próprio filho era uma perfídia que merecia ser punida com morte. Johnny Farebrink concordou:

— É claro. Você está vendo a merda que esses dois idiotas são? Vamos logo dar cabo deles!

Assim que Farebrink e Quick, a partir das suas próprias suposições e motivos, decidiram matar os turistas estrangeiros, o primeiro pegou o carro e foi até Gällivare para pegar emprestada uma espingarda de caça, enquanto o segundo ficou no local, de olho nos condenados à morte.

A essa altura, Jan Olsson estava tão próximo de Quick, a ponto de poder ouvir o que este dizia. Foi então que Olsson puxou Christer van der Kwast ao lado e disse:

— Nessa situação, ninguém pega um carro e vai a lugar nenhum para pegar emprestada uma espingarda de caça, a fim de matar duas pessoas. Você não vai acreditar numa coisa dessas, vai?

A pergunta de Olsson ficou no ar, enquanto Quick continuou sua história.

Farebrink voltou ao acampamento sem a espingarda e, por isso, tiveram de usar as três facas para golpear até a morte o casal, que continuava dormindo. Depois do crime, Quick e Farebrink viajaram de carro até a casa do "velhote", onde os dois tinham dormido na noite anterior. Levaram o velhote ao local do crime e obrigaram-no a olhar para o casal massacrado, para que ele entendesse o que acontece com aqueles que não fazem o que Johnny quer.

Quem seria o velhote só foi revelado durante a reconstituição no dia seguinte.

Na manhã seguinte, o detetive criminalista Ture Nässén pega o micro-ônibus branco da Toyota e sai em direção a Messaure. Ele tem um bom conhecimento da região e se preocupa com o papel de Thomas Quick como indicador do caminho a seguir.

— Foi uma situação verdadeiramente penosa, pois era claro que ele não sabia nem onde estava nem para onde devia ir — contou Nässén para mim.

Por fim, passaram por uma placa onde estava escrito Messaure. As ruas cheias de capim são testemunho do local onde antes a pequena cidade existia, mas ninguém dentro do ônibus finge não ver o óbvio: a cidade de Messaure não existe mais.

Foi deste lugar sem casas e sem habitantes que Thomas Quick disse ter partido de ônibus com ligação à ferrovia.

Depois de ter rodado um bom bocado, o grupo aproxima-se da casa onde continua morando o último habitante da cidade, Rune Nilsson. O micro-ônibus para, Quick sai e olha, mas encobre com a mão a casa como se quisesse se defender de uma imagem insuportável. Em uma atitude de grande dramatismo, cai de joelhos no chão e começa a chorar, um choro angustiante. Recuperado, diz:

— Não é nada de pessoal contra você, Seppo.

— Eu sei — diz Penttinen.

— Mas vocês, todos vocês, matam-no!

Quick volta a chorar, um choro de desespero, tão desesperado que chega a ter câimbras e a grunhir.

— Também cheira mal por lá.
— É mesmo? — diz Penttinen.
— E Johnny é muito perigoso!

Diante da periculosidade de Johnny, Quick recomeça a chorar, de tal maneira que não pode mais falar. Por fim, consegue dizer algumas palavras, aos soluços:

— Não! Diz o velhote. E... isso... pede... não chega... a ele... tanto...

Os enfermeiros continuam no ônibus, mas, de repente, notam a situação de Quick e vão até ele com mais uma dose de benzodiazepina. Quick logo aceita o que lhe dão.

Até mesmo Birgitta Ståhle se junta ao grupo para ajudar Quick a dominar a crise.

— Não aguento mais isso — diz Quick.
— É Johnny quem faz mal ao velhote? Qual é o mal que ele lhe faz? — pergunta Birgitta Ståhle.

Quick explica que Johnny Farebrink ameaçava o velhote com a faca, enquanto ele, Quick, se sentia impotente. Sem poder ajudar.

— Eu entendo — diz Ståhle. — Você ficou paralisado.
— Prometa que não fará mal a ele — diz Quick para Penttinen.

Após mais um pouco de conversa, diante da casa de Rune Nilsson, Quick diz que quer ir embora dali. Mas, ao tentar se encaminhar para o ônibus, as pernas desfalecem. A medicação foi exagerada. Somente com o apoio dos enfermeiros, ele chega ao veículo.

Todos voltam ao micro-ônibus e tem início a viagem de volta para Gällivare. E com isso termina a missão da viagem à Lapônia. Ture Nässén deixa Messaure sob tristes cogitações.

— No dia em que estivemos em Messaure, eu senti, realmente, vergonha de ser policial — resume ele, para mim, a história desse dia 11 de julho de 1995.

Um mês e pouco mais tarde, pelas 7h da manhã do dia 17 de agosto, a polícia foi buscar Rune Nilsson em sua casa para levá-lo à delegacia de Jokkmokk, onde seria interrogado "a respeito das suas andanças e das atividades no verão de 1984". Foi lá que ele deixou suas impressões digitais e foi tratado como suspeito dos assassinatos em Appojaure.

Mas Seppo Penttinen não faz nenhuma pergunta a respeito de Appojaure, de Thomas Quick ou de Johnny Farebrink. Em vez disso, o interrogatório se concentra sobre a situação pessoal de Rune Nilsson. Ele foi obrigado a descrever com detalhes sua vida familiar, seu divórcio, a custódia dos filhos, a vida profissional, as viagens que fez, os amigos que teve, os carros de que dispôs etc. Seppo Penttinen anotou no protocolo:

> Perguntado se conhecia alguém com o nome de Larsson em Jokkmokk, Rune responde: "Não que eu me lembre." Em relação a essa pergunta, ele fala, espontaneamente: "Você faz perguntas tão estranhas."

Os comentários de Rune Nilsson são justificáveis. As perguntas do interrogador-chefe dão a impressão de que Nilsson é um criminoso experiente que mente e precisa ser dominado com perguntas astutas.

Penttinen prossegue, perguntando a Nilsson se existem caçadores irregulares entre os seus amigos, se teve algum contato com a Escola dos Lapões (onde Quick estudou), se conhece pessoas que já tiveram problemas com a polícia, se conhece alguém de Mattisudden (lugar onde nasceu Farebrink). Nilsson responde pacientemente, mas nega em todas as respostas.

Penttinen confronta-o com oito fotografias de homens, entre elas, uma de Farebrink. Nilsson diz não conhecer nenhuma dessas pessoas.

Ao lhe mostrarem uma nova coleção de fotografias, Nilsson afirma que reconhece a de número sete, "a pessoa que é apresentada na imprensa como sendo o Sätermannen, Thomas Quick".

Rune Nilsson não é suspeito de nenhum crime, mas passa por um interrogatório de quase quatro horas, a título de "informante".

Na semana seguinte, ele foi chamado, novamente, para prestar esclarecimentos. "Hoje, vamos concentrar a conversa no ano de 1984", escreveu Penttinen no protocolo.

Rune Nilsson conta que o filho, na época com 17 anos e tendo terminado o curso secundário, começou a trabalhar no departamento de produção da usina hidrelétrica, em Messaure e, durante todo o verão, morou com ele. Nilsson pai passava a maior parte do tempo em casa e "esperava com a comida pronta quando o filho chegava à noite".

Depois, foram feitas novas perguntas sobre a vida particular de Rune Nilsson. Uma vez, contou ele, tentou cozinhar e produzir destilado, mas o aparelho quase explodiu em pedaços. Esta foi a única tentativa malsucedida. Nilsson passou a explicar em detalhes como fazia, como cortava as batatas, que tipo de vasilha usava etc.

Nilsson volta a ser pressionado a dizer o que fez no ano de 1984.

— Escute aqui, eu não me lembro — diz ele. — Já falei. Cheguei a telefonar para meu filho, a perguntar do que ele se lembrava, se se lembrava de alguma coisa. Ele disse que trabalhava na empresa Vattenfall. E que nós costumávamos andar de esqui aquático quando ele parou de trabalhar.

Penttinen explica que Thomas Quick apontara para uma fotografia dele entre várias outras e chegou mesmo a apontar para a casa onde Nilsson morava e que ele chegou a visitar.

— Bem, é possível, mas eu não me lembro de ele ter estado aqui.

— Mas você pode explicar qual seria o motivo de ele ter vindo aqui em 1984?

— Não. Não faço a menor ideia.

— A mim, me parece pouco natural que ele, por acaso, apontasse para você e dissesse em que casa você morava em Messaure. E que, depois, ainda indicasse alguns detalhes sobre a sua pessoa que parecem estar certos.

— Hum... Bem, pode ser que ele possa descrever a casa por fora. A casa apareceu muitas vezes na televisão e na mídia.

Penttinen reconhece que esse comentário estava fora do esquema.

— Muitas vezes na televisão e na mídia, como assim?

O que Penttinen não sabia é que foram feitos no mínimo três programas de televisão sobre Rune Nilsson e que vários jornais publicaram matérias e reportagens sobre ele, o único habitante de Messaure.

— Apareceram reportagens também do interior da casa?

— Isso também.

— O que foi que mostraram?

— Eles filmaram até a cozinha.

Isso não podia ter acontecido. Fora justamente a cozinha de Nilsson que Quick descrevera com muitos detalhes. Penttinen agarra-se a uma última hipótese, a da reportagem ter sido feita, mas não transmitida. E pergunta:

— E transmitiram o programa? O programa em que aparecia a cozinha?

— Sim

O único habitante de Messaure é, portanto, uma celebridade televisiva. De um momento para o outro, as indicações feitas por Quick tiveram seu valor reduzido a zero. No entanto, Penttinen deixa que a situação se desfaça por si mesma e continua, imperturbável, o interrogatório.

Penttinen explica que, durante o primeiro interrogatório, as impressões digitais de Rune Nilsson foram tiradas, devido ao fato de terem sido roubadas coisas da barraca em Appojaure. Será que ele recebeu algum objeto retirado do local do crime de Appojaure?

— Não, de jeito nenhum. Absolutamente.

Nilsson explica, por sua vez, que ele jamais teria ficado quieto se tivesse alguma informação desse crime louco em Appojaure.

— A pessoa se daria muito mal. Eu teria entrado em contato com a polícia imediatamente. As pessoas que fazem essas loucuras devem morrer. Vocês devem fazer como na Finlândia, fuzilá-las!

— Você acha?

— Claro que sim. Essas pessoas não devem continuar vivendo. Aqui, na Suécia, as penas são suaves, os criminosos são tratados como doentes ou, como se dizia antigamente, a pão de ló...

O filho de Rune Nilsson recebeu mais tarde a visita da polícia no seu local de trabalho. Perguntado sobre o comportamento do pai naquele ano de 1984, ele confirmou que trabalhara o verão inteiro na Vattenfall em Messaure e que dormia na casa do pai. Assegurou, também, que, "com certeza, naquele período, não aparecera nenhum forasteiro lá em casa, nem de visita nem para dormir".

O filho também garantiu que o cofre mencionado por Quick como existente na casa de Rune Nilsson nunca existiu.

A investigação ampliada, na assim chamada pista Messaure, chegou à conclusão de que Quick afirmou, erradamente, ter saído de lá de ônibus; afirmou ter estado em Messaure sem saber que a cidade não existia mais;

e apontou detalhes sobre uma pessoa que apareceu em várias reportagens na televisão e nos jornais. Além disso, várias informações oferecidas por Quick a respeito de Nilsson estavam equivocadas.

Rune Nilsson era um amante da natureza, a quem faltavam razões para defender os criminosos que cometeram o crime louco de Appojaure. Isso não impediu que ele fosse tratado como mentiroso.

Surpreendentemente, em 1º de setembro de 1995, ele foi objeto de um novo interrogatório, desta vez em sua casa. A polícia fez, então, o que seria considerado a descoberta mais importante desta parte da investigação — um antigo cobertor encontrado em cima de uma cadeira no quarto de dormir.

O interrogador-chefe confrontou Nilsson com a circunstância que fazia dele suspeito por ter um cobertor desses:

— Thomas Quick falou de um cobertor antigo, acolchoado, de padrão quadriculado e, possivelmente, de cor azul.

— Mas esse cobertor não é azul! É branco e azul, meu caro. Além disso, o desenho não é de pequenos quadrados. É de flores!

— Mas eu pergunto: há quanto tempo você tem este cobertor? Pode responder?

Nilsson não se lembrava de quando comprara o cobertor. Apesar de não ser azul, nem ter um padrão de quadrados, a polícia resolveu requisitar o cobertor, esse único achado como eventual prova de alguma coisa.

Mas, então, Rune Nilsson já tinha aguentado demais a situação e resolveu se recusar a colaborar nessa investigação de que não entendia nem sequer a finalidade.

Várias personalidades

Da viagem a Appojaure, o único resultado positivo foi, paradoxalmente, a reação de Quick no início da reconstituição que, na realidade, foi um autêntico fiasco. Essa reação ficou registrada em vídeo, antes da pausa, e, mais tarde, surgiu como o grande trunfo da viagem. A sequência em que ele se transforma em Ellington e se joga, rugindo, sobre a barraca, atacando os figurantes, foi mostrada na televisão e assim ficou registrada nas mentes do povo sueco. Foi então que foi lançada a pedra fundamental da criação da marca Thomas Quick.

Na volta ao Hospital de Säter, Birgitta Ståhle escreveu no diário médico algumas reflexões que confirmavam que esse acontecimento tinha sido considerado, até mesmo internamente, como um grande progresso: a confirmação de que Quick teria entrado em contato com suas recordações reprimidas por meio da regressão.

O primeiro dia da reconstituição funcionou bastante bem e Thomas pôde realizar a reconstituição de uma maneira muito satisfatória. Através da regressão inicial, ele estabeleceu contato com todo o acontecido e com isso pôde formar e transmitir uma imagem total registrada em vídeo. Tal como na terapia, onde ele regrediu para estabelecer contato com situações e sensações anteriores, também aqui, na reconstituição, foi possível utilizar o mesmo processo.

Uma semana depois da reconstituição em Appojaure, um dos médicos fez uma anotação mais aprofundada no diário sobre o estado psíquico de Quick:

> Clinicamente, o paciente está em um estágio que é muito provavelmente comparável à esquizofrenia. O paciente tem um extrato superficial que funciona bem. Tem uma expressão verbal inteligente e lógica. Mas existem falhas profundas na sua personalidade que, sob condições desfavoráveis, provocam reações díspares, podendo ser consideradas como reações psicóticas. Até mesmo do tipo MPD *(multiple personality disorder)*.

As *múltiplas desordens de personalidade* (MDP) constituem uma doença psiquiátrica misteriosa e muito discutida, conhecida desde o século XVI, época em que uma freira francesa incorporava várias "personalidades" estranhas. Em 1791, o médico Eberhardt Gmelin publicou um estudo sobre o caso de uma mulher de 20 anos em Stuttgart, na Alemanha, que, de repente, podia mudar de identidade e se transformar em uma personalidade alternativa que falava francês perfeitamente. Ao retornar à sua personalidade original, ela não conseguia se lembrar de nada do que tivesse feito sua figura "francesa". No seu relatório de 87 páginas, Gmelin descreveu como conseguiu convencer a mulher a trocar entre a sua identidade alemã e francesa com um simples movimento da mão.

Até 1980, existia um total de 200 casos conhecidos desta doença, mas, a partir do momento em que uma grande quantidade de clínicas especializadas em múltiplas desordens de personalidade foi inaugurada nos Estados Unidos, muitas delas ligadas a grandes unidades de tratamento psiquiátrico, o número de casos diagnosticados, por mais estranho que pareça, aumentou extraordinariamente. Entre 1985 e 1995, registraram-se um total de 40 mil casos apenas na América do Norte.

A explosão foi explicada pela enorme quantidade de livros, filmes e documentários televisivos sobre o assunto, que surgiram e inspiraram novos casos. Na literatura norte-americana, existem exemplos de pessoas que desenvolveram mais de 1.400 "personalidades alternativas", cada uma com nomes e características únicas. Além disso, as várias personalidades continuavam a desconhecer a existência e as características umas das outras.

As formas especiais de terapia para recuperar recordações reprimidas e para "caçar" múltiplas personalidades se desenvolveram e se transformaram em uma indústria muito lucrativa. Os anos dourados foram seguidos, no entanto, de uma verdadeira ressaca que começou já nos primeiros anos da década de 1990.

Os clientes que desenvolviam MDP eram, em 95% dos casos, "sobreviventes" de abusos sexuais na infância. Normalmente, os clientes desconheciam ter sido vítimas desses abusos ao iniciar a terapia, e os terapeutas ajudaram todos eles a recuperar as imagens reprimidas de tais abusos. Uma parte significativa dessas pessoas descobriu, no entanto, que as imagens recuperadas eram falsas e que eram os terapeutas que as induziam a desenvolver as múltiplas personalidades. Muitos terapeutas foram processados, acusados de aplicar tratamentos errados e condenados a pagar indenizações vultosas de dezenas de milhões de dólares.

Nos últimos anos, o diagnóstico passou a ser fortemente questionado. Muitos profissionais consideram que essa situação muito séria foi provocada pela mídia e por terapeutas irresponsáveis, em combinação com uma medicação não recomendada, especialmente de benzodiazepina. As múltiplas distorções de personalidade foram desclassificadas como diagnóstico independente e são incluídas no diagnóstico de *distorções de identidade dissociativa*.

Durante 1995, Thomas Quick mudou de identidade cada vez com mais frequência, o que causava grande confusão entre os enfermeiros e assistentes da ala 36.

Um dia, um dos enfermeiros foi encontrá-lo tomando uma ducha com a toalha enrolada na cabeça, esbracejando e repetindo: "nano está chegando, nano está chegando". Foram necessários dois Xanor, dois comprimidos de Stesolid e uma conversa tranquila para ajudá-lo a vencer a crise. O enfermeiro telefonou para Birgitta Ståhle para perguntar o que significava aquele "nano". E ela teve de corrigi-lo: não era nano, era Nana — o apelido da mãe de Quick.

— Nana já aparece na terapia há bastante tempo e é uma figura ainda mais forte do que Ellington.

As novas personalidades de Quick transformaram-se, rapidamente, em uma interferência normal na vida da ala 36. Fui ler no diário médico o que sucedia. Como naquele caso em que Ståhle anotou textualmente e comentou o telefonema recebido no meio da noite:

— É a terapeuta?
— Sim, sou eu. Olá, Sture! Como você está?
— Não é Sture. É Ellington — corrige Quick, soltando um grunhido, seguido de uma risada à maneira de Ellington.
— Onde está o Sture? — pergunta Birgitta Ståhle.
— Eu sou Ellington e Sture está no quarto. Ele não está aqui. É um covarde que gosta de se fazer de vítima. Na realidade, ele quer ir agora para a sala de música. Quer ficar nu e se fazer de vítima. Eu tenho uma coisa para contar para a terapeuta. Ellington escreveu uma carta.

Birgitta Ståhle pergunta:
— Você está com a carta aí? Pode lê-la para mim?
Ellington lê:

"Alô!
Sture é um mitomaníaco, um maldito porco.
Não vai ter chance nenhuma comigo!
Hoje à noite, vou convencê-lo a se enforcar. Satisfeito, muito satisfeito, vou ficar vendo tudo. Eu sou a verdade, não Sture. Foi Sture quem matou aquele recém-nascido que ele chama de Simon.
Agora é que vão acabar suas acusações. Eu não estou sendo ameaçado, mas Sture perdeu o controle. Isso aconteceu porque ele não escuta o que lhe digo.
EU SOU FORTE!
Ele pode se matar, com a minha ajuda, claro, mas isso ele não entende. Agora, vou começar a representar sua chamada angústia. Preciso matar alguém, mas não consigo quando o covarde está ao meu lado.
Eu desejo para você uma boa descoberta e uma agradável limpeza.
Estou me cagando se a minha saudação final não se encaixa no seu mundo artificial.
Com saudações MORTAIS,
Ellington
PS: Um abraço para a sua 'excelente' terapeuta!"

— Sture...
— Eu sou Ellington!
— Eu quero entrar em contato com Sture.
— Não dá. Aqui só está Ellington.
— Você pode me ajudar?
— Você quer dizer com isso que eu vou poder entrar no jogo da terapia? Será que posso entrar no jogo da terapia?

Birgitta Ståhle nota que, de repente, Ellington se torna "apelativo em vez de continuar no tom desdenhoso de antes".

— Claro que pode. Mas, então, gostaria que você abrisse a porta da cabine telefônica e chamasse o pessoal.
— Quer dizer que você deseja que eu chame pelos que estão lá fora? Por que isso?
— Eu preciso falar com eles.

Ellington abre a porta e grita: "Pessoal! Pessoal!"

No diário, o pessoal de serviço anotou que Thomas os chamou e disse: "A terapeuta vai dopar vocês!"

Em contrapartida, o relato por escrito de Birgitta Ståhle termina de outra maneira:

> Naquele momento, o poder de Ellington sobre Sture se rompe. Primeiro, ele ainda fica em silêncio. Depois, escuto a voz de Sture muito fraca, a seguir mais forte, em parte porque eu lhe dou apoio para voltar ao contato com a verdade. Ao deixar a cabine de telefone, ele vê os rostos tranquilos dos rapazes mortos projetados na parede.

No dia seguinte, Birgitta Ståhle entrega o relatório da conversa com Ellington para Thomas Quick, que lê o que Ellington inventou durante a madrugada. E ambos estão muito excitados com o que aconteceu. Para mim, Sture diz que fingiu não se lembrar da conversa, tendo em vista as identidades alternadas, segundo as teorias correntes sobre múltiplas desordens de personalidade desconhecerem umas às outras.

Em uma anotação no diário, Birgitta Ståhle explica os mecanismos por trás das identidades de Sture, e como elas se exprimem:

> As grandes diferenças e desníveis que existem entre as suas personalidades apareceram de forma direta durante o processo terapêutico. Estas alterações de personalidade podiam ser equiparadas a múltiplas desordens de personalidade, visto que Thomas denominou as duas figuras com outros nomes e qualidades.
>
> Mesmo para quem está de fora, as alterações são marcantes, pelo fato de ele mudar de personalidade e de voz. Psicologicamente, essas partes diferenciadas funcionam como forma de dominar um grande e

prematuro pânico. Pelo fato de essas figuras interiores terem tomado forma e terem sido expostas, isso tornou possível ver e entender na terapia o conteúdo e as conexões em que Thomas interioriza essas experiências angustiantes e como dissociá-las.

Esses traumas prematuros sob a forma de abusos sexuais e violências, junto com a situação emocional muito aguda em que Thomas cresceu, deram forma à sua personalidade e às suas desordens. O nosso trabalho é interligar sua história de vida e entender sua exclusão prematura e os medos que foram evitados.

Por meio da regressão, ele consegue entrar em contato com essas experiências e imagens do passado e saber como tudo se representa no presente, na idade adulta. Como ele, adulto, consegue dominar os seus antigos medos, ao colocar outros rapazes em situações de medos mortais, seguidos de suas mortes. Por meio disso, passa a existir uma redução temporária de pânico e uma sensação de manter a ilusão de vida. Por meio do trabalho, a imagem cresce cada vez mais nítida. E, gradualmente, surge uma aproximação à realidade que foi evitada e distorcida.

Mais à frente, o pessoal relata em anotações esporádicas no diário médico a tendência de Quick desejar a morte. Citam o caso de ele cortar o pescoço com uma garrafa, de chorar muito e receber medicação a toda hora, de ameaçar não comer mais, de "viver debaixo do cobertor", de se jogar contra as paredes, de tentar cortar a perna direita e de ter um comportamento bizarro, em geral.

Birgitta Ståhle chama a isso, no seu diário, "um trabalho intensivo de terapia". E prossegue:

> O esclarecimento e a determinação de valores à volta da história da sua vida pessoal tiveram como consequência uma estabilização gradualmente aumentada e novas atividades próprias — um autodesenvolvimento. Isto se reflete sob várias maneiras. Thomas existe na realidade em expressão maior durante os trabalhos terapêuticos e demonstra vontade em aprofundar contatos.

Alguns dias mais tarde, o autodesenvolvimento de Quick assumiu uma expressão inesperada. Ele parou de comer e beber e entrou "em pânico diante da possibilidade de que alguém pudesse ver alguma parte do seu corpo". Ao sair do quarto para o espaço comum da ala 36, apareceu todo coberto de roupa, com um gorro rebaixado por toda a cabeça e luvas nas mãos.

Ao falar com Sture a respeito dessa época, ele se lembra, acima de tudo, de como sua terapeuta ficou notoriamente feliz quando ele assumiu suas personalidades alternativas. Sture pega um recorte do jornal *Svenska Dagbladet*, que diz ter recebido de Birgitta Ståhle, para que ele pudesse entender melhor o momento que estava atravessando. A matéria trata das múltiplas desordens de personalidade e, entre outras histórias, conta a da americana Truddi Chase que, após oito anos de terapia, desenvolveu 92 personalidades. Havia, inclusive, exemplos de "identidades alternativas" no interior do corpo de pessoas, falando outras línguas que a "pessoa anfitriã" não dominava.

Thomas Quick, que, apesar dos muitos anos de terapia, apenas desenvolvera duas personalidades até então — Ellington e Nana — utilizou essas informações da forma habitual. Doze dias depois de Ståhle lhe ter entregado a matéria, Quick já lhe contava, orgulhoso, que uma nova personalidade se tinha dado a conhecer para ele. Chamava-se "Cliff" e, durante a noite, tinha escrito uma carta no seu computador — em inglês! Cliff só sabia falar em inglês, uma língua que o próprio Thomas Quick não dominava. Cliff escreveu:

> Hello babyface!
> This isn't a dream!
> I've looked at you and I find a little crying child — oh I like it!
> I'm so glad that you name him Tony... *You* can't remember his real name, because you are a tired, uglified fish!
> How are you???
> I'm fine, because I like the feeling of your deadline!*

---

*"Alô, meu bebezinho! / Isto não é um sonho! / Fiquei olhando para ti e encontro uma criancinha chorando — e eu gosto dela! / Estou muito satisfeito por você ter dado a ela o nome de Tony... *Você* não se lembra do seu nome verdadeiro, porque está cansado, meu peixinho feioso! / Como estás? / Estou bem, porque eu gosto da sensação de ver teu tempo chegar ao fim!" [N. do T.]

Birgitta Ståhle ficou deslumbrada. Tinha agora ainda mais componentes para elaborar, analisar e construir novas teorias. Mais tarde, ela escreveu no seu manuscrito:

> Sture trocou de personalidade. Está agora no corredor da ala 16. Fala inglês e diz que é Cliff. Está em posição ereta e rígida e tem o rosto pálido, feito de cera. Vira a cabeça para longe do pessoal e diz: "Ele está com medo (Sture). Não olhem." Então, pergunta por Ellington. Diz depois: "Cliff é forte. Ele é fraco — Sture." O pessoal força-o a tomar mais medicação e ele volta para a realidade. Cliff é uma sombra de Nana.

Um rugido de raiva

Após a volta da reconstituição em Appojaure, havia uma carta com selos noruegueses esperando por Thomas Quick. O jornalista Svein Arne Haavik tinha escrito uma longa série de matérias sobre Quick, publicada, recentemente, no maior jornal da Noruega, *Verdens Gang, VG*. No momento, ele perguntava se seria possível marcar uma entrevista para publicar como sequência.

Quick telefonou para Haavik imediatamente e se ofereceu para dar uma entrevista, cobrando um pagamento de 20 mil coroas. Mas antes queria que Haavik lhe mandasse todas as matérias.

A série de artigos publicados no *VG* não era nenhum trabalho jornalístico de grande valor. No entanto, teria, como se sabe, consequências mais prolongadas para o futuro da investigação do que qualquer outra publicação.

Mas a aventura norueguesa ainda iria demorar um bocado, visto que se estava em julho de 1995 e todo o mundo se encontrava ocupado com o duplo assassinato em Appojaure. Quick não contou a ninguém sobre a série de artigos publicados e recebidos e escondeu tudo para utilização futura.

Em 1º de agosto de 1995, um filatelista estava folheando um antigo número do jornal dos correios, *Nyhets-Posten*, especialmente destinado a colecionadores de selos. Em uma matéria sobre um leilão de selos em Malmö, no ano de 1990, havia uma fotografia onde o curioso filatelista descobriu um homem careca com óculos de armação de aço que era suspeito de ser um assassino em série, tal qual Thomas Quick. Em vez de entrar em contato com a polícia — provavelmente porque a polícia, ao contrário dos tabloides, não pagava nada por denúncias do gênero —, ele telefonou para o *Expressen* e falou com Pelle Tagesson, o jornalista que acompanhava de perto o caso Quick.

Tagesson visitou, então, o denunciante e pôde constatar que era Thomas Quick que aparecia na fotografia.

"Será que existe algum crime que possa estar ligado ao assassino em série Thomas Quick, durante sua desconhecida viagem à Escânia, a província mais ao sul da Suécia?" — pensou Tagesson. O caso que estava mais ao alcance das suas indagações era o do assassinato de Helén.

Em 20 de março de 1989, Helén Nilsson, de 11 anos, deixou a mesa onde almoçara, vestiu uma jaqueta rosa e prometeu ao pai que voltaria para casa o mais tardar às 19h. Partiu apressada ao encontro das suas amigas, Sabina e Linda, que esperavam por ela à porta de uma determinada loja no shopping Hörby Centrum.

Seis dias mais tarde, o corpo de Helén foi encontrado em um saco plástico, junto de um monte de pedras, em Tollarp, a 25 quilômetros de sua casa. O médico-legista constatou que Helen teria sido mantida presa por um pedófilo, que, durante alguns dias, abusara sexualmente dela e a maltratara até a morte.

Havia várias circunstâncias que contradiziam a associação de Quick do leilão de selos ao assassinato de Helén Nilsson. Entre outras razões, a diferença de um ano entre os dois acontecimentos. Mas havia ainda uma razão mais forte para não publicar a história. O careca da foto não era Thomas Quick.

Quando foi mostrada a foto a Quick, o erro deveria ter sido descoberto, e a história deveria ter sido esquecida sem que ninguém ficasse constrangido. Mas não foi isso o que aconteceu.

— Fiquei chocado quando eu próprio vi a fotografia — disse Quick para o *Expressen*. — Eu reprimi as recordações dessa viagem, mas agora me lembro.

Quick conseguiu até contornar o problema da diferença de um ano entre o assassinato de Helén e o leilão em Malmö.

— Eu estive no leilão em 1989 e em 1990 — explicou Quick.

O assassino em série de Säter assegurou que tinha viajado para a Escânia, a fim de praticar um novo crime e não negou ter matado Helén. O *Expressen*, jornal vespertino de Estocolmo, alongou a história em duas edições seguidas. Na primeira, com a manchete "Eu matei na Escânia". Na segunda, com "A imagem que mostra Quick na Escânia". Na fotografia do leilão de selos, Quick aparece marcado por um círculo e é o próprio "assassino em série" que comenta a imagem na matéria.

Um dos leitores do *Expressen* chegou a se engasgar com o café que estava tomando. Ele reconheceu o "Thomas Quick" na imagem e telefonou para o concorrente do *Expressen* na Escânia, o *Kvällsposten:*

— Acho que Sven-Olof Karlsson não vai ficar contente ao ver que foi apontado como um assassino em série pelo *Expressen*.

Esta profecia acabou por se confirmar. Assim que o filatelista voltou de uma viagem de negócios em Paris e se viu apontado como um assassino em série no *Expressen*, subiu pelas paredes. E telefonou para o *Kvällsposten:*

— Isso está absolutamente errado! É absurdo como alguém pode inventar uma história dessas sem verificar os fatos. Eu me sinto invadido ao ser apontado dessa maneira como assassino — disse Karlsson para o repórter.

E disse estar pensando em acionar judicialmente o *Expressen* e denunciar Pelle Tagesson à polícia.

A indicação errada já era um fato naturalmente ruim, mas para os investigadores era ainda mais preocupante o fato de Thomas Quick voltar a mentir, dizendo ter feito uma longa viagem e cometido um conhecido crime. Tinha confirmado a história inventada pelo *Expressen*, apesar de não poder ter sido ele o homem da foto, até porque nunca esteve em nenhum leilão de selos.

Durante o ano que se seguiu, Quick continuou insinuando ter tudo a ver com a morte de Helén Nilsson. Quando os investigadores pesquisaram o que Quick teria feito na época do assassinato, ficou provado que tinha estado, regularmente, com a psicóloga Birgitta Rindberg, que recebeu o então Sture Bergwall no Hospital de Säter para tratamento de psicoterapia, nas décadas de 1970 e 80.

O promotor Christer van der Kwast mandou logo para Avesta Ture Nässén e Ann-Helene Gustafsson, a fim de inquirir Birgitta Rindberg sobre o assunto. Do protocolo do encontro:

> Perguntada se o agora Thomas Quick tinha estado com ela, em visita pessoal, no dia 21 de março de 1989, no Hospital de Säter, ou se tiveram contato telefônico, Rindberg respondeu acreditar ter se tratado de uma visita pessoal. E acrescentou que, se tivesse sido um contato por telefone, ela teria anotado o evento por escrito. Como nessa data não havia nada anotado no diário, então, tudo levava a crer que se tratara de uma visita pessoal.

Rindberg, portanto, deu álibi a Thomas Quick pela morte de Helén Nilsson. Mas Ann-Helene Gustafsson não ficou satisfeita em ter feito apenas essa pergunta. Pensou que a psicóloga de Quick podia ter outras informações valiosas a dar. E ela tinha, sim:

> Na primavera de 1996, ela viu uma reportagem com Thomas Quick. O programa se chamava "Os repórteres". E Quick falou, então, entre outras coisas, que sofrera abusos sexuais por parte do pai.
> Birgitta Rindberg contou que essa história de abusos sexuais do pai é uma coisa que não corresponde àquilo que emergiu durante o período em que ele foi seu paciente. Por aquilo que ela sentiu nas declarações prestadas no programa de televisão, Quick não gostava do seu pai.

> Segundo as recordações de Birgitta Rindberg das conversas que teve com Thomas Quick nas sessões de terapia, este achava que o pai era o "fraco", e a mãe, a "dominante" na família.

Rindberg contou ainda que Quick, em 1974, telefonou para ela de um quarto de hotel, para lhe dizer que ia cometer suicídio. Entretanto, ela conseguiu localizar a chamada e com isso salvar a vida dele.

Agora, consumado o episódio, tendo em vista tudo o que leu a respeito do assassinato, Rindberg achou estranho que Quick não tenha aberto para ela o seu coração, quando, afinal, telefonou para se despedir e dizer adeus, diante da morte iminente. Ela disse ter a clara impressão de que o motivo para a tentativa de suicídio estava no fato de ele ter dificuldade em conviver com outras pessoas.

> A Birgitta Rindberg foi perguntado como entendera a figura de Thomas Quick, quando este foi seu paciente em meados da década de 1970 e em 1989. Espontaneamente, ela diz que não o considerou como um assassino. Nunca teve qualquer espécie de medo diante dele. Havia agressividade da sua parte, mas ele nunca demonstrou tendências violentas em relação a ela. A única violência que ele demonstrou foi contra si próprio. Birgitta Rindberg também explicou que até mesmo o médico Mårten Kalling compartilhava da sua opinião a respeito de Thomas como paciente.

Durante o interrogatório, Rindberg disse que o Thomas Quick que ela viu na mídia era muito mais eloquente e exibicionista do que aquele que foi seu paciente. Tanto ela como Mårten Kalling não consideravam Quick como digno de credibilidade ao se dizer ser um assassino em série.

Após regressar a Estocolmo, Ann-Helene Gustafsson escreveu um relato detalhado do interrogatório e deixou-o na sala do delegado de polícia Stellan Söderman. Para mim, Gustafsson contou o que aconteceu dias depois. Tudo começou com uma discussão acesa na sala de Stellan Söderman, seguida de um telefonema recebido por ela. Era Christer van der Kwast, que acabara de ler o relato do interrogatório com Birgitta Rindberg e estava muito nervoso.

— Ele me insultou e disse, gritando, que eu tinha exagerado nas minhas atribuições — disse Ann-Helene.

Segundo van der Kwast, ela devia ter perguntado exclusivamente a respeito das conversas tidas durante a terapia com Quick, no dia 21 de março de 1989. Nada mais!

— Eu não estou interessado em saber o que essa maldita psicóloga pensa sobre Thomas Quick — gritou ele.

Ann-Helene Gustafsson ficou chocada. Tinha feito, exatamente, o que costumava fazer. Interrogava a pessoa e, depois, escrevia tudo o que fora dito.

— Isso nunca aconteceu comigo, ser insultada por um interrogatório que realizei.

Christer van der Kwast não queria aceitar o relatório do interrogatório tal como estava escrito. E exigia que fosse reescrito, mencionando apenas o eventual álibi de Quick para o assassinato de Helén Nilsson.

— Eu me neguei a escrever uma nova versão do interrogatório, visto ser um documento oficial — diz Gustafsson. — Ele exigia de mim que eu cometesse um crime.

Depois de ter levantado o problema de falsificação de documentos com o seu chefe, ela conseguiu resolver a situação através da manutenção do texto original do protocolo, mas escreveu, também, paralelamente, um memorando curto que continha apenas o material que Christer van der Kwast exigia por uma questão de obediência e lealdade, embora ao custo de um mal-estar profissional que até hoje deixou suas dores.

— Temos que ser objetivos e assumir aquilo que fala a favor de alguém e aquilo que fala em seu desfavor. Não é nossa missão censurar os interrogatórios.

Confrontação

Ao mesmo tempo, continuava a investigação contra Thomas Quick e Johnny Farebrink, mas sem a participação deste último. Não havia pressa — este era o raciocínio dos investigadores. Farebrink estava bem seguro atrás das grades, na ala C da prisão em Hallfängelse.

Mas, como habitualmente, a investigação Quick deixou passar informações como se fosse uma peneira e, em pouco tempo, os jornalistas Pelle Tagesson e Gubb Jan Stigson já sabiam que Farebrink era suspeito de ter ajudado Quick em Appojaure.

Johnny Farebrink pertencia à mais alta elite criminal da Suécia, tendo sido condenado por crimes sérios em 24 oportunidades. Mas aquilo que aconteceu em Appojaure estava bem longe das suas atividades corriqueiras.

— Eu não sou pessoa para assassinar turistas — explicou ele para Tagesson. — Tem tanta gente pior que merece levar um tiro nos cornos.

As matérias publicadas na imprensa atrapalharam seriamente as investigações, segundo Christer van der Kwast. Estava na hora de entrar em contato com a polícia do reino. Johnny Farebrink foi encaminhado para a polícia de Estocolmo, na rua Polhemsgatan, onde foi realizado o primeiro interrogatório, no dia 9 de maio de 1995.

Johnny Farebrink negou qualquer participação no crime de Appojaure e protestou, dizendo nunca ter encontrado na vida Thomas Quick. Disse ainda que, possivelmente, estava na prisão na data do acontecido. Mas isso não serviu de desculpa, uma vez que estava registrado que ele saíra da prisão de Tidaholm duas semanas antes do assassinato em pauta. Farebrink recordou-se que sua então esposa estava à sua espera por ocasião da sua libertação. Ambos tomaram, depois, o trem para Estocolmo e seguiram para o bairro de Bagarmossen para comprar drogas. Anotado no protocolo:

> Uma vez no apartamento, Johnny lembra-se de que ele e Ingela "se atiraram nas drogas", e ficaram fora do ar, flutuando no apartamento e na cidade. Então, ele diz que, segundo se lembra, os dois ficaram em uma "eterna flutuação" em casa e na rua, segundo a expressão usada por ele.

Não era suficiente como álibi. E a ex-esposa ainda conseguiu piorar a situação ao informar que, após a chegada a Estocolmo, os dois se separaram e cada um seguiu o seu caminho.

Johnny Farebrink não tinha álibi nenhum e passou a ser suspeito do assassinato em Appojaure. Por indicação de Quick, ele servira de ajudante na matança e, portanto, sua situação estava muito ruim.

Para mim, Ingela contou que estava cansada de Johnny Farebrink quando a polícia a ouviu. Ela conseguira uma nova vida com trabalho e casa na província de Norrland. Uma vida boa. Ela não podia ter dado álibi a Johnny e também não estava preocupada com isso.

Só mais tarde, quando a polícia voltou e ficou perguntando a respeito das tendências sexuais de Johnny Farebrink é que Ingela começou a ficar preocupada. Quick dissera que ele e Farebrink tinham tido "um encontro homossexual em uma sauna".

— Foi então que entendi que alguma coisa não estava certa — disse Ingela.

O processo contra Quick e Farebrink prosseguiu, o que levou Ingela a reconsiderar o que realmente tinha acontecido naquele verão louco de 1984.

No dia 30 de junho de 1984, Ingela viajou para Tidaholm para se encontrar com o seu marido que sairia da prisão. Depois de umas duas cervejas num banco de parque, Johnny pediu para usar o toalete da banca Pressbyrån e, ao voltar, não pôde deixar de notar um cofre de porta apenas encostada. Totalmente sem vigilância por perto! E Johnny não resistiu a apanhar dois maços de notas com 7 ou 8 mil coroas.

Depois do inesperado fortalecimento do caixa, o casal viajou para Estocolmo, onde compraram uma quantidade respeitável de anfetaminas.

Doze dias depois, era assassinado o casal de holandeses Stegehuis em Appojaure. Mas o que fizera Johnny Farebrink nessa altura?

— Eu não sei o que aconteceu, mas, de repente, me lembrei de que tinha tido um ataque de psicose em Estocolmo — disse Ingela.

Ingela não estava bem certa do momento e não estava nem certa se era 1984. Sabia apenas que fora Farebrink quem a levara para a emergência do Hospital do Söder.

Johnny Farebrink podia ser condenado à prisão perpétua, caso fosse considerado culpado pelo crime de Appojaure. Ingela, porém, não parecia disposta a guardar para si própria as suas ideias. Ela telefonou para Ture

Nässén na polícia do reino e contou sobre a psicose que talvez pudesse dar a Farebrink o álibi para o crime.

O relatório médico de Ingela foi requisitado do Hospital do Söder e, depois disso, seria preciso esperar que as recordações daquele mês de julho de 1984 começassem a clarear. Diz ela:

> Compramos uma grande quantidade de anfetaminas de boa qualidade. Saímos do apartamento uma manhã, bem cedo, e fizemos uma visita a uma amiga minha, Eva, na rua Krukmakargatan. Na casa de Eva, tive então o ataque de psicose, com muita vontade de urinar. Por fim, Johnny telefonou para Jerka. "Não consigo tratar de Ingela", disse ele. Jerka chegou no carro da mãe. Fui contra e foram precisos os três para me colocar dentro do automóvel.
>
> No hospital, eles me prenderam a uma maca. Estava convencida de que o hospital estava ocupado. Johnny, Jerka e Eva tentavam me manter deitada na maca, mas logo chegou um médico com uma injeção na mão. Pensei que era veneno. Olhei bem nos olhos de Eva e vi o que ela estava pensando: "Agora ela vai morrer!" Eu lutava pela minha vida. Mais tarde, recebi uma injeção de Haldol e não me lembro de mais nada. Quando acordei no dia seguinte, Johnny estava a meu lado. Ele trouxera meu quimono. "Olá, mamãe! Eu estive em Värmland. E você, onde esteve?"
>
> A seguir, retirou dois punhados de anfetamina dos bolsos, que acabaram jogadas em cima da cama do hospital. Depois, saímos os dois de braços dados e fomos para casa. Ele no meu quimono, e eu com a minha saia suja de sangue. Aquele amor que eu senti da parte de Johnny no momento em que ele estava ali, de manhã... Um amor desses, eu nunca mais vou sentir na minha vida.

Precisamente antes do almoço do dia 26 de setembro de 1995, o aparelho de fax da polícia do reino expeliu o relatório médico de Ingela, enviado da clínica psiquiátrica do Hospital do Söder. Estava confirmado em todos os pontos o que Ingela contara antes.

— Puxa, Johnny Farebrink tem um álibi, sim — pensou Ture Nässén.

* * *

Na ala C da prisão, Farebrink estava jogado entre os criminosos mais durões do país. Mas, assim que os jornais começaram a escrever sobre a sua colaboração com Thomas Quick, ele se sentiu ameaçado e pediu que fosse transferido para a cela de isolamento. Receava pela sua vida, se alguém acreditasse naquele canalha de Säter que o apontava como seu ajudante no crime.

Farebrink estava também preocupado por sentir que corria o risco enorme de ser condenado à prisão perpétua por causa do duplo assassinato na Lapônia. O isolamento pedido por ele também implicava a ausência de informações sobre o seu processo. Portanto, ele ainda não sabia nada sobre o álibi inesperado que chegara sob a forma do relatório médico de Ingela.

Apesar desse álibi, Farebrink foi levado no dia 12 de outubro ao Hospital de Säter para passar por uma acareação com Thomas Quick. A gravação de vídeo mostra Farebrink e Thomas Quick em frente um do outro, cada um com um advogado ao lado. Estavam presentes, também, Christer van der Kwast, Seppo Penttinen, Anna Wikström e Ture Nässén.

O interrogatório começou com Penttinen perguntando a Quick se a pessoa sentada na sua frente era a mesma que participara no atentado.

— É Johnny Larsson, sim — responde Quick, sem hesitar.

Depois, Quick conta novamente como ele e Farebrink se conheceram em Jokkmokk, na década de 1970, e dá os nomes de algumas pessoas que ambos teriam conhecido juntos.

Farebrink mantém-se em silêncio e concentrado durante a longa explanação de Quick, até que lhe é concedida a palavra.

— Eu não estive com você em Jokkmokk. E, a respeito dessas pessoas mencionadas, não sei quem são. Basta entrar em contato com elas, que contarão o que sabem. É muito simples!

O que os investigadores da polícia não falam é que essas pessoas já tinham sido ouvidas. Todas elas, indicadas por Quick e que deviam ter se encontrado com ele e Farebrink, juntos, foram taxativas ao dizer que nunca estiveram com Farebrink.

Johnny Farebrink vira-se, diretamente, para Thomas Quick.

— Você diz que se encontrou comigo antes — diz ele, com um sorriso nos lábios que mal dava para notar. — Então, diga qual era o carro que eu conduzia na época?

— Isso eu não sei — reage Quick, rápido.

— Mas você tem que saber que tipo de carro eu conduzia.

— Não — diz Quick, apesar de ter afirmado em vários interrogatórios anteriores que Johnny Farebrink tinha uma picape Volkswagen.

Penttinen pede, então, a Quick que conte a respeito dos seus encontros com Farebrink na escola pública.

— Com que frequência vocês tiveram esses encontros e onde na escola eles se realizavam?

— Devem ter sido... Digamos, umas quatro ou cinco vezes. Costumávamos nos encontrar à noite com GP e J. Bebíamos cerveja na sauna da escola, onde ficávamos de conversa fiada — diz Quick.

— Portanto, vocês faziam sauna juntos?

— Exatamente.

Farebrink balança a cabeça com uma expressão que define o que ele pensa sobre Thomas Quick.

— Em primeiro lugar, eu odeio fazer sauna. Eu não entro em uma sauna voluntariamente porque não consigo respirar lá dentro!

Farebrink se vira de novo para Quick, com um sorriso manhoso:

— Você diz que estivemos na sauna, tomando banho juntos. Você se lembra, então, que tipo de tatuagem eu tenho na perna?

— Não — diz Quick.

— Não se lembra, não? E que tipo de tatuagem eu tenho nas costas?

— Não, não sei.

— Ao ver a minha tatuagem na coxa, ninguém consegue esquecê-la nunca mais. Você pode estar certo, se fosse meu amigo e visse essa tatuagem uma vez, nunca mais esqueceria.

Ture Nässén é o único no local que sabe o que Farebrink está falando. No meio policial, costumava-se dizer a respeito de Farebrink: "Ali vai um homem que anda sempre armado." É que, na coxa, ele porta uma tatuagem representando um grande revólver.

Quick não fazia a menor ideia de qual tatuagem Farebrink tinha nas costas ou na coxa, mas parece ter refletido um bom tempo sobre o assunto depois do interrogatório. Em carta dirigida a Birgitta Ståhle, quatro meses mais tarde, ele escreve que a tatuagem de Farebrink, nas costas, tinha como motivo "As mil e uma noites". Essa recordação recuperada, porém, estava muito longe de corresponder à realidade. As costas de Farebrink estavam cobertas com o desenho de uma cadeira elétrica.

Farebrink era frio e calculista. Durante o interrogatório, não disse uma palavra sobre suas tatuagens, consciente de que esse seria seu maior trunfo. Mas Anna Wikström estava mais impressionada, de fato, com o que Quick conseguia contar sobre ele.

— Ele descreve suas tendências pessoais, suas expressões faciais. Ele é absolutamente seguro ao apontar Farebrink. Suas recordações são muito firmes — diz Wikström.

— Claro! Isso surpreende a mim também. Fico surpreso, acima de tudo, por ele dizer essas fantasias com tamanha cara de pau. É isso que eu não entendo — confessa Johnny Farebrink.

Ele não consegue encontrar nenhuma explicação razoável para o fato de Quick tê-lo integrado — um completo estranho — na investigação. Só que Farebrink não sabe que Quick o descreveu como um artesão local que percorre a cidade de Jokkmokk com suas ferramentas no bagageiro da bicicleta. E não sabe, também, que Seppo Penttinen foi quem mencionou seu nome para Quick. E não o contrário!

Mas não é isso que Anna Wikström quer saber:

— No dia 23 de novembro [1994] foram apresentados verbalmente uma dezena de nomes — nomes de homens, diga-se —, com nome e sobrenome. Todos esses nomes têm ligações com a província de Norrbotten e, na lista, surgiu o nome de Johnny Larsson.

Que isso é uma mentirosa descrição dos fatos, já sabem Seppo Penttinen e Christer van der Kwast, assim como Thomas Quick e Claes Borgström. Mas ninguém se importa com isso.

No entanto, Johnny Farebrink não está tão impressionado com os conhecimentos de Quick sobre o seu nome. Pelo contrário, suspeita do caso.

— Eu não me chamava Johnny Larsson na época. O nome era Johnny Farebrink.

— Eu me lembro do nome Johnny Larsson-Auna. Não me lembro de Farebrink — completa Quick.

Mas não devia ter insistido porque agora Johnny Farebrink tinha perdido a paciência e partia para o ataque.

— Esse nome Larsson-Auna, de onde é que você tirou isso?

— De você, claro.

— De mim? Não pode ter sido, porque eu sempre me chamei Farebrink. Esse sobrenome Auna é um antigo nome de família que o meu pai usava.

Auna, Johnny nunca usara na vida. Nem mesmo seus amigos mais íntimos conhecem. Só existe nos registros das autoridades.

Quick prossegue, contando a respeito de um conhecido que morava em uma cabana no meio da floresta e que ele e Farebrink visitaram.

— Eu me lembro, em especial, de um dia... — diz Quick. — Eu posso reconhecer que isto vai ser muito sensível para você... Foi lá que tivemos um contato sexual, você e eu. Nós nos masturbamos mutuamente na casa dessa pessoa.

— Você! Quer que eu diga o que penso de um porra-louca como você? Quer que eu fale?

— Não precisa fazer isso, não — diz Quick.

— Você acha que Johnny é homossexual? — pergunta Kwast.

— Não, em absoluto — responde Quick.

— Meu Deus! — explode Farebrink.

Anna Wikström vira-se para Farebrink e convida-o a comentar o que Quick acaba de dizer.

— Não, eu não vou comentar essas fantasias idiotas, de jeito nenhum. Não vou fazer uma coisa dessas. É uma puta de uma loucura que não dá nem para entender!

Depois, Johnny aponta para Quick, enquanto os seus olhos se estreitam quase como duas linhas.

— Uma coisa deve ficar clara para você! Chegar e me acusar de homossexual, olha...

— Eu não fiz isso — diz Quick.

— Você é um mitomaníaco patológico, é ou não é? Você acredita mesmo naquilo que diz? Acredita mesmo?

* * *

Após uma pausa, Quick passa a contar detalhes do encontro em Jokkmokk, da viagem a Messaure e do crime em Appojaure. Feito o resumo, Anna Wikström vira-se para Farebrink.

— Para começo de conversa, o que você diz do encontro com Thomas Quick no restaurante perto do supermercado Konsum?

— Conversa fiada. Nesse ano, eu não estive em Jokkmokk.

— Aquele restaurante, em frente ao Konsum, você conhece, em Jokkmokk? — pergunta Wikström.

— Não, eu sei que existe um mercado Konsum em Jokkmokk, mas não há nenhum restaurante por perto — responde Farebrink.

Até mesmo os investigadores sabiam que aquele restaurante mencionado por Quick não existia. Isso já era uma falha muito séria na história contada por Quick.

— O nome Rune Nilsson é do seu conhecimento? — tenta Wikström.

— Não, em absoluto.

— Em seguida, Thomas Quick diz que você e ele iriam encontrar algumas pessoas que já eram, antes, conhecidas suas e que deviam estar acampadas à margem do lago Appojaure.

— Mas que espécie de pessoas são essas? — pergunta Farebrink. — Eu não conheço holandeses.

— Segundo o comentário de Quick, você disse que essas pessoas tinham falado mal de você, é verdade?

— É... Ele é um idiota, é isso o que ele é. Vocês não acham que ele está louco? Só fala baboseiras sem sentido. Como disse, trata-se de um mitomaníaco patológico.

A seguir, Quick conta a história do encontro em Messaure com Rune Nilsson, que Farebrink teria ameaçado com uma faca, antes de seguirem para Appojaure, para matar o casal. Depois do assassinato, Farebrink teria ido buscar Rune Nilsson para lhe mostrar os corpos massacrados na barraca.

— Johnny quis demonstrar o que acontece de ruim àqueles que falam mal de Johnny — explica Quick.

— Mas, afinal, quem é Rune Nilsson? — pergunta Farebrink.

— Muito bem, é uma pessoa que mora em Messaure — responde Christer van der Kwast.

— Vocês já estiveram com ele? O que diz Rune Nilsson?
Todo o grupo já sabe que Rune Nilsson, tão energicamente quanto Farebrink, nega ter se encontrado sequer com Quick.
— Sou eu quem faço as perguntas — insiste Christer van der Kwast.
O interrogatório durou quase três horas. Farebrink começa a pensar que sua situação está muito mal. Vira-se, então, para Quick:
— Você nunca se encontrou comigo. Como é possível me meter nessa história e na história daqueles malditos holandeses... Aliás, vocês já verificaram como eu poderia ter conhecido os holandeses? — Ele fez essa última pergunta dirigindo-se a Christer van der Kwast. E insistiu:
— Quando eu os teria encontrado?
— Sou eu que quero saber isso de você.

Ture Nässén me contou depois ter escutado e sofrido muito durante todo o interrogatório. Ele sabia que Kwast estava torturando Johnny Farebrink desnecessariamente. Todo o interrogatório era apenas um espetáculo com um final já previsto. Mais uma vez, Ture Nässén sentiu vergonha de ser polícia.
Por fim, até Christer van der Kwast parece ter chegado à conclusão de que teria ultrapassado os limites e encaminhou o interrogatório no sentido de saber o que Farebrink fizera no ano de 1984.
— Como passava Ingela nesse período, no mês de julho?
— Ingela estava muito mal quando eu saí da prisão. Ela tinha usado narcóticos durante todo o tempo em que eu estive lá dentro. Ela estava mesmo muito mal.
— O que aconteceu com ela, de uma maneira geral?
— Foi um verdadeiro inferno.
— Não aconteceu nada de especial?
— Não, nada.
Christer van der Kwast, então, vira-se para Anna Wikström. Está na hora de falar a verdade.
— Conta para ele o que nós achamos — diz ele.
— Em relação a este episódio, fomos buscar alguns dados. Entre as ocorrências verificadas, conseguimos obter um relatório da internação de Ingela no Hospital do Söder.

Não foi preciso dizer mais nada. Farebrink já sabia aonde Wikström queria chegar. Ele já tinha pensado e repensado sobre o assunto, durante meses, mas, no momento, chegara a hora de pôr tudo em pratos limpos.

— Tudo bem, está claro que ela foi internada. Teve um ataque de psicose.

— Hum...

— Ainda bem que levantaram a questão — continuou ele. — Eu me lembro bem.

Todos na sala escutam em silêncio, atentamente, o que Johnny Farebrink iria dizer sobre o ataque de psicose de Ingela.

Ele não poderia ter estado em contato com Ingela, mas a história que contou era mesmo semelhante à de Ingela, ninguém duvidava disso. A história contada pelos dois, mais as anotações diárias, tudo isso significava que Johnny Farebrink tinha um álibi perfeito em relação ao crime de Appojaure.

"O acontecimento Shalom"

No verão de 1995, o programa *Efterlyst* (Procurados), no canal TV3, apresentou uma longa reportagem sobre um crime sem solução de um cidadão israelita.

Yenon Levi tinha 24 anos de idade ao chegar, no dia 3 de maio de 1988, ao aeroporto de Arlanda, de Estocolmo, a fim de tornar realidade a viagem dos seus sonhos, uma visita à Suécia. Um mês e pouco mais tarde, num sábado, 11 de junho, foi encontrado assassinado em uma estrada de terra batida, no meio da floresta, perto de Rörshyttan, na província da Dalicárlia, Centro-Norte da Suécia. O corpo mostrava ter sido agredido com extrema violência, com duas pancadas muito fortes na cabeça, que teriam provocado sua morte.

Junto do corpo, foi encontrado um pedaço de madeira de 118 cm de comprimento, que o criminoso deve ter encontrado no lugar. O pedaço de madeira tinha marcas de sangue de Yenon Levi e foi considerado como sendo a arma do crime. No entanto, esse detalhe não foi revelado pela polícia no programa de televisão.

O médico-legista não conseguiu determinar o dia da morte, mas concluiu ter sido entre os dias 8 e 10 de junho de 1988. A última pista segura de Yenon foi a de que ele esteve na Estação Central Ferroviária de Estocolmo no domingo anterior, dia 5 de junho. A partir daí, o que ele fez até ser encontrado morto no dia 11 continua sendo um enigma, apesar de a polícia de Avesta ter liberado numerosos recursos a fim de ouvir uma grande quantidade de pessoas. A polícia não fazia a menor ideia de quando, onde e como ele chegara à Dalicárlia e acabara assassinado em uma estrada isolada no meio da floresta. O crime ficou por esclarecer.

A confissão de Quick pelo assassinato de Yenon Levi começou com algumas referências crípticas a respeito do acontecimento Shalom, duas semanas depois da apresentação televisiva no programa *Efterlyst*.
Na noite de 19 de agosto, Quick telefonou para Seppo Penttinen. Estava se sentindo mal e contou que ele e mais outro criminoso tinham matado Yenon Levi. Eles o haviam apanhado em Uppsala, a cidade universitária ao norte de Estocolmo, seguindo de carro em direção a Garpenberg, onde Quick segurou Levi, enquanto o companheiro anônimo aplicava nele uma série de pancadas, matando-o, com "um objeto pesado retirado do bagageiro do carro". O corpo fora deixado no local, deitado "mais de costas do que de lado e, definitivamente, não de bruços".
Quando Penttinen chegou para o primeiro interrogatório em relação a Yenon Levi, a história já tinha mudado em pontos decisivos. Por exemplo, Quick contou dessa vez que praticara o crime sozinho.

> Eu o apanhei de carro em Uppsala e lhe ofereci carona. Nós ficamos falando um com o outro em inglês, apesar de o meu inglês ser fraco. Mas contei que era de Falun, mencionei as minas de ferro e lhe disse que gostaria de levá-lo para ver o lugar.

Yenon Levi aceitou o convite e viajou com Quick para a Dalicárlia, onde eles acabaram ficando em uma casa de campo, perto de Heby. Já dentro da casa, Quick surpreendeu o convidado com um murro no estômago, seguido de "uma pancada mortal com uma pedra na testa ou na cabeça, talvez duas pancadas".

Depois do crime, Quick carregou o corpo para o assento traseiro do seu Volvo 264, dirigindo em seguida para uma estrada local no meio da floresta, onde o cadáver foi deixado. A bagagem de Levi — uma espécie de "saco de marinheiro" — foi deixada junto do corpo. Quick recordava-se de que Levi tinha um relógio de pulso com correia de couro que ele ainda chegou a pensar em tirar, mas acabou por nada retirar.

Após duas horas de conversa, Penttinen resolveu interromper o interrogatório e retomá-lo dias mais tarde.

— Primeiro, precisamos analisar o que você acaba de dizer, antes de continuar.

A descrição do crime feita por Thomas Quick contrariava em muitos aspectos os dados já conhecidos pela investigação do crime. Em contrapartida, condizia muito bem com a reconstituição do crime mostrada no programa de televisão.

Sten-Ove faz contato

Na terça-feira, dia 7 de novembro de 1995, Christian Holmén, repórter do *Expressen*, telefonou para a ala 36 do Hospital de Säter procurando Thomas Quick.

— Seu irmão, Sten-Ove, escreveu uma carta aberta para você que vai ser publicada no nosso jornal. Gostaríamos que você a lesse antes de a publicarmos — disse Holmén.

Alguns minutos depois, Quick foi buscar uma cópia da carta no fax da recepção do hospital. Levou-a para o quarto, fechou a porta e se sentou na cama.

> **Carta aberta para meu irmão Thomas Quick.**
>
> Já se passaram agora alguns meses depois do meu livro *Meu irmão Thomas Quick* ter sido publicado [...]. Uma vez que a discussão em torno do que escrevi é considerada uma controvérsia pública, a missiva que você está lendo será publicada, também, como carta aberta [...].

O livro teve como consequência, entre outras, o reencontro do grande amor da minha juventude. E acabamos nos casando recentemente. Minha esposa teve uma participação muito grande na mudança do meu ponto de vista acerca do seu e do meu sentimento de fraternidade.

Eu me afastei de você como pessoa e cheguei a afirmar que a sua infância não fora a minha e que os seus pais não eram os meus.

Não concordo com as suas atitudes. Mas atitudes não separaram irmãos de irmãos. [...]

Em público, por diversas vezes, você já manifestou sua perplexidade diante da minha falta de compreensão. Da minha distância, da minha condenação. Mas o que eu ainda não tinha entendido era o fato de tudo isso representar uma luta longa de vida para ter você, "Thomas Quick", como irmão.

Hoje, posso aceitar que me encontro em luta, que consiste em tentar manter você dentro do meu coração, em não desistir da irmandade que nos une, em não negar que o mesmo sangue corre nas nossas veias.

Eu estou ao seu lado na luta contra o mal dentro de ti. [...]

Continuo a não entender os motivos e os mecanismos por trás das suas ações ao se transformar em um monstro sedento de sangue. [...]

Mas você é meu irmão e eu te amo [...].
Sten-Ove

Sture Bergwall me contou que ficou com a carta do irmão nas mãos, tentando entender o que estava acontecendo. Seria um truque? Haveria alguma ideia por trás? Ele leu novamente a carta e acabou ficando convencido da sinceridade de Sten-Ove.

Era como se o tom conciliatório e amistoso da carta abrisse uma tampa e uma onda de sentimentos caísse sobre seus ombros. Ficou totalmente dominado pela vontade de voltar a ver o seu irmão.

No dia seguinte, Quick falou novamente com o jornalista Christian Holmén e ficou acertado, então, que Sten-Ove voltaria a Säter alguns dias depois. Quick correu para o seu quarto e anotou no seu diário:

> Claro, estou animado e nervoso, mas não tenho dúvida nenhuma de que Sten-Ove e eu vamos nos reencontrar. No primeiro encontro haverá a presença do jornalista, o que o tornará um pouco especial. Mas imagino que Sten-Ove voltará mais tarde para podermos conversar mais abertamente um com o outro sobre tudo o que tem acontecido, a sua situação atual e a minha.

No dia seguinte, Quick não tinha nada marcado, nem interrogatório policial, nem sessão de terapia. Ninguém no Hospital de Säter sabia o que estava acontecendo. Portanto, o reencontro dos dois irmãos era uma promessa sem nuvens em que Quick continuava acreditando com uma grande alegria. Ele escreveu no seu diário:

> *11/09/1995*
> Sten-Ove e a sua carta aberta dominam, naturalmente, os meus pensamentos. Não sei. A minha situação mudou depois da carta e fico diante de escolhas difíceis. Amanhã, voltarei a me encontrar com Birgitta e talvez então a situação fique mais clara.

Na manhã do dia seguinte, Quick contou para Birgitta Ståhle ter recebido a carta do irmão. Sua reação foi como uma ducha de água fria. Ela ficou muito preocupada e explicou que, evidentemente, teria de relatar o acontecido para o médico-chefe Erik Kall.

Assim que tomou conhecimento do contato de Quick com o seu irmão, Kall telefonou para Christer van der Kwast. Depois, era apenas uma questão de tempo para Seppo Penttinen e Claes Borgström serem informados. No seu diário, as palavras de Quick sobre o caso:

> Seppo Penttinen me telefonou e pareceu nervosíssimo e preocupado. Eu não estava preparado para a preocupação que a visita de Sten-Ove provocaria em Kwast e Seppo.

O que fazia de um encontro entre dois irmãos um problema tão grande?
Quick tinha contado coisas horrorosas que Sten-Ove teria feito a ele quando criança. Além disso, tinha-o apontado como ajudante no crime

contra Johan Asplund. Seu desmedido entusiasmo em se encontrar de novo com o irmão prejudicaria a sua credibilidade, considerou Penttinen, Kwast e Ståhle.

Thomas Quick escutou os argumentos deles, reconheceu a lógica deles, mas não estava preparado para ceder. E escreveu no seu diário:

> Eu *quero* me encontrar com Sten-Ove, mas começo a ver o inconveniente nisso. Mas não quero dizer não. Seppo sugeriu que ele estivesse presente no nosso encontro, o que para mim é impensável. Para mim, o mais simples seria Kwast mandar me prender. Então, eu não precisaria fazer qualquer força para resolver o problema — não posso dizer não a Sten-Ove.

Quando o grupo em volta de Quick viu que o encontro iria acontecer, espalhou-se o pânico geral. "Tempestade por conta da visita de Sten-Ove", escreveu Thomas no seu diário. Todos tentavam convencê-lo a adiar o encontro.

> Estou me lixando para a conversa do Seppo Penttinen sobre credibilidade em relação ao processo de Johan Asplund. Credibilidade é coisa da responsabilidade dele e de Kwast! Diabos, será que ninguém no seu íntimo entende a minha duplicidade em relação ao encontro com Sten-Ove? Eu quero me encontrar com ele e posso até compreender o inconveniente nisso, mas a minha vontade é muito mais forte do que o meu entendimento.

No domingo, era a última chance de impedir o encontro e, então, surgiram todas as forças para pressionar Quick a recuar. Caso contrário, a visita de Sten-Ove teria de ser impedida por razões jurídicas.

Quick ficou o domingo inteiro ao telefone, falando com Ståhle, Penttinen, Kall e Borgström. Todos estavam de acordo que Quick devia adiar o encontro com Sten-Ove.

Por fim, a questão ficou definida por Erik Kall ao proibir a visita de Sten-Ove Bergwall a Thomas Quick. Este aceitou a decisão de Kall.

No seu diário, Quick anotou um comentário de Penttinen: — Assim, conseguimos escapar do problema sem muitos arranhões.

Dá para imaginar as razões que levavam todos em volta de Thomas Quick a ficar temerosos diante desse encontro entre os dois irmãos. Essa reação costuma estar ligada a setores muito fechados.

O próprio Sture Bergwall não hesitou em mencionar as consequências, caso o encontro tivesse acontecido.

— Se Sten-Ove e eu nos tivéssemos encontrado e falado um com o outro, tenho a certeza de que a era Quick teria tido um fim já em 1995. Não haveria mais nenhuma investigação policial a fazer, isso porque, se eu e Sten-Ove tivéssemos nos encontrado, eu jamais poderia continuar apresentando as minhas mentiras. Birgitta Ståhle reconheceu isso, talvez até Seppo Penttinen. Por isso mesmo, todos estavam dispostos a fazer fosse o que fosse para impedir o encontro.

Nos dias seguintes, Thomas Quick se deixou ficar deitado na cama o dia inteiro, respondeu monossilabicamente a todas as perguntas e parou de comer.

O julgamento no Tribunal de Gällivare

Jan Olsson e o médico-legista Anders Eriksson deviam fazer uma apresentação conjunta das descobertas em termos de medicina legal e técnica criminalista que correspondiam ao que Quick contara em relação ao crime de Appojaure.

Olsson conta que tomou café da manhã com Christer van der Kwast no Hotel Dundret, em Gällivare, no mesmo dia em que ele e o médico-legalista testemunhariam no processo de Quick. Olsson já tinha se apresentado como especialista em muitos processos, portanto sentia-se novamente diante de mais um dia de trabalho. Apesar disso e apesar da sua apresentação ser feita em conjunto com a do médico, estando os dois de acordo em, praticamente, 100% da argumentação, mas sabendo que as suas palavras iriam pesar muito na evolução do processo, Olsson sentia certo desconforto diante do testemunho a realizar.

Depois do café da manhã, Olsson e Kwast seguiram a pé para o tribunal, apesar do frio polar. Olsson estava cheio de dúvidas sobre o crime de Appojaure e lembra-se de ter dito:

— A respeito daquele saco de lixo. O saco que estava em pé, diante da barraca. Quick não pode ter entrado na barraca e feito como ele diz ter feito sem derrubar o saco de lixo.

Antes, durante o julgamento, Thomas Quick havia contado que, ao entrar na barraca pela abertura rasgada, a barraca, em seguida, se desmontara e caíra. Se Christer van der Kwast chegou a pensar nessa hipótese sugerida por Olsson, ele não emitiu um pio. Olsson pensava nas fotografias tiradas de dentro da barraca que ele estudara detalhadamente, até mesmo com lentes de aumento, o que fez com que cada ponto se fixasse diante dos seus olhos. E não era apenas o saco de lixo, com latas de cerveja, de pé, diante da barraca, que o preocupava. O caso do pequeno copo era ainda pior, pensava ele.

Bem no pequeno espaço do chão da barraca entre ambas as vítimas, onde Quick dissera se encontrar durante o ataque, havia um pequeno copo com destilado. O copo não tombou, continuava de pé.

"Não podia estar certo. Simplesmente, não podia." Olsson conta que estava pensando nisso quando ele e Kwast, ambos concentrados em suas respectivas ideias, viraram para a esquerda, da rua Storgatan para a rua Lasarettsgatan. Estavam chegando ao tribunal.

Jan Olsson e Anders Eriksson fizeram as suas apresentações e, com o auxílio de um projetor, mostraram, alternadamente, os rasgos na barraca e os ferimentos nas vítimas. A apresentação foi didática e muito convincente. Ficou patente que Thomas Quick, durante as pesquisas preliminares, teria indicado, de maneira geral, todos os golpes aplicados contra o casal.

Sture Bergwall lembra-se da apresentação de ambos no tribunal:

— Podem surgir sensações muito fortes em uma sala de julgamento, e assim aconteceu quando Jan Olsson e o médico-legal testemunharam. Isso teve um significado muitíssimo importante. O fato de eu ter descrito os ferimentos nos corpos em Appojaure foi quase tão importante como quando Thomas Quick apontou o pedaço de osso de Therese em Ørje.

Jan Olsson concorda:

— Nós fizemos um bom trabalho juntos, Anders Eriksson e eu.

Ele sente um óbvio desconforto ao falar do assunto, embora não fuja das perguntas, mesmo das mais difíceis. Considera que o julgamento de Gällivare foi propositalmente malconduzido, uma vez que muitas circunstâncias que contrariavam a versão de Quick não foram mostradas em tribunal. Por exemplo, o copo de destilado; as estranhas voltas dadas na reconstituição e o fato de o rádio do casal ter sido encontrado longe, em Vittanji; e ainda o saco de lixo, que, segundo Olsson, indicava que Quick não fazia a menor ideia de como o crime tinha sido realizado.

— Mais tarde, pensei várias vezes que deveria ter falado disso no julgamento. Mas, ao mesmo tempo — e isso é, sem dúvida, uma boa desculpa —, não cabe à testemunha, mesmo como especialista, tirar quaisquer conclusões. Esperava que isso fosse feito pelo advogado de defesa. Mas dele só se ouviu silêncio.

Jan Olsson sabia por experiência própria que o advogado de defesa costumava contestar todas as pequenas hesitações por parte das observações técnicas. Por isso, a passividade de Claes Borgström foi para ele uma surpresa total.

— "Ele deve perguntar a respeito do saco de lixo, não?", pensei eu. Está disponível no protocolo sobre o local do crime. Tem que haver um advogado que questione esse problema. É uma necessidade — acrescenta ele.

Olsson conta que, em vez de contestações, ele e Eriksson receberam muitos elogios e comentários positivos por seus testemunhos conjuntos.

No protocolo do julgamento, fui ler que até Sven Åke Christianson esteve presente para testemunhar sobre a seriedade de Quick como pessoa. Claes Borgström perguntou-lhe se havia o risco de se tratar de uma confissão falsa. Christianson respondeu, resumidamente, que "nada surgiu que desse apoio à suspeita de que, por parte de Quick, houvesse uma confissão falsa".

Por mais estranho que pareça, nesse momento, chegou ao tribunal por fax uma longa carta de um psicólogo-legal que alertava objetivamente sobre os riscos de confissões e recordações falsas. O fax foi entregue ao juiz.

O repórter criminalista e perito em Quick Gubb Jan Stigson relatou o acontecimento na edição do dia seguinte do *Dala-Demokraten*:

Surgiu um momento de discussão acesa entre o juiz, o promotor e a defesa sobre a questão de como a carta devia ser considerada. Mas, nessa altura, Quick assumiu a palavra:

— Acho que não devemos nem sequer olhar para essa carta. Se um charlatão de Älmhult manda para cá seja o que for, é claro que isso deve ir direto para o cesto de lixo.

O pedido foi aceito.

Houve certa reação cômica no tribunal diante da solução elegante dada ao caso da infeliz carta recebida de um "charlatão de Älmhult". No entanto, o autor da carta, Nils Wiklund, era docente em psicologia-legal em Estocolmo, especialista em psicologia de testemunhos.

Nils Wiklund ainda tem a carta que o tribunal achou por bem jogar no cesto de lixo. Quando fui procurá-lo, ele me mostrou a missiva que termina com as seguintes linhas de aviso sobre confissões falsas a que o tribunal devia prestar atenção:

1. O paciente não teve, durante um longo período, qualquer recordação dos eventos em questão, recordação que só veio por meio do processo terapêutico? Nesse caso, aumenta o risco de imaginações falsas.

2. Existem gravações das conversas em que as imagens recuperadas tenham sido discutidas? Nesse caso, convém analisar eventuais influências. Em todos os casos, é preciso saber se o terapeuta tem bem claro para si que a interação pode levar ao surgimento de falsas imagens.

3. Existe algum outro apoio independente para as suspeitas, além das palavras do próprio paciente (impressões digitais, análises de DNA, provas técnicas)? Se apenas o conteúdo das declarações feitas serve para apoiar as suspeitas, esse conteúdo deve ser analisado com a máxima atenção, pois pode ter sido resultado da leitura dos meios de comunicação.

Se há risco de a terapia ter facilitado a recuperação das imagens, as declarações feitas devem passar pela análise de um psicólogo com formação universitária especializada em psicologia de testemunhos.

[...] Se a terapia que recuperou as imagens, sem a devida análise especializada, serve de base para a decisão do tribunal, existe o risco de haver sentenças erradas.
Com saudações amigáveis,

> *Nils Wiklund*
> psicólogo-legal
> docente em psicologia legista
> especializado em psicologia clínica

No último dia do julgamento, aconteceu o inesperado: ao suspeito, Thomas Quick, foi dada a possibilidade de realizar a sua própria "apelação" — um discurso para o tribunal, para os espectadores e para os jornalistas. Ele se levantou e leu em voz bem alta seis páginas de texto em uma folha de papel A4:

— Neste julgamento, revivemos e comprovamos uma crueldade que, para a maioria, é incompreensível, um crime com os ingredientes mais horrorosos — começou a falar Thomas Quick, de voz tremida, obviamente prestes a chorar.

Jan Olsson conta que escutou com uma sensação de irrealismo o discurso de Quick para a congregação. Quick prosseguiu:

— O que tenho a dizer não deve ser entendido como defesa de crimes como este louco cometeu, não como raciocínio quase psicológico à volta desses crimes ou uma tentativa apelativa de encontrar o meu valor como ser humano.

Quick fez um relato da sua adolescência num ambiente familiar muito frio que o encaminhou para o papel de criminoso. Ao falar sobre o seu pânico permanente e a sua vontade de morrer desde criança, alguns dos ouvintes mais jovens entre os presentes começaram a chorar.

Jan Olsson deixou-se afundar na cadeira e ficou olhando, alternadamente, para Quick, para os chorosos ouvintes e para o juiz Roland Åkne.

— "Por que ninguém diz para ele parar?", pensei eu. Era uma situação insuportável! Era como se a sala do tribunal tivesse se transformado em um templo que abrigasse um serviço religioso.

Quando o sentido discurso terminou, o tribunal foi obrigado a fazer uma pausa, antes de o advogado de defesa realizar a sua apelação final.

Claes Borgström mostrou estar de acordo com o promotor no sentido de que a culpa de Quick ficou inquestionavelmente demonstrada e que a única consequência possível seria a continuação do tratamento psiquiátrico legalmente aplicável.

No dia 25 de janeiro de 1996, saiu a sentença. Thomas Quick foi condenado pelo seu segundo e terceiro crimes de assassinato. A punição foi pronunciada como continuação do tratamento psiquiátrico.

Têm sido feitas frequentes acusações contra Seppo Penttinen e outros por terem cometido perjúrio nos julgamentos contra Thomas Quick. Seja qual for a verdade, isso nunca vai ser legalmente comprovado. Todos os crimes cometidos nesse sentido já prescreveram. O perjúrio eventual cometido no tribunal de Gällivare prescreveu em janeiro de 2006.

Aquilo que, no entanto, se constatou com segurança é que houve várias circunstâncias relativas ao crime de Appojaure que não foram apresentadas no julgamento, enquanto outras foram apresentadas de uma forma desorientadora:

A única arma do crime, de certeza, usada contra o casal Stegehuis, foi uma faca de cortar filé do próprio casal. Em nenhum dos quinze interrogatórios realizados com Thomas Quick, relatados em 713 páginas, ele conseguiu descrever essa faca. Essa era uma fraqueza óbvia na sua história contada, mas nunca chegou a ser mencionada no julgamento.

O tribunal ficou muito impressionado com o testemunho de Seppo Penttinen de que Quick, já no primeiro interrogatório, "pôde descrever com detalhes precisos o local do acampamento". Era verdade, mas Penttinen não revelou que Quick colocou o carro e a barraca nos lugares errados.

Outra informação importante foi, segundo a sentença, o uso de uma bicicleta de mulher, com as marchas sem funcionar direito, que Quick contou ter roubado em frente do Museu da Lapônia, em Jokkmokk. Justamente, houve uma queixa pelo desaparecimento desse tipo de bicicleta na época do crime, e a dona confirmou tudo em tribunal. Mas o que Quick contou a Penttinen no primeiro interrogatório foi ter roubado uma bicicleta de homem, não de mulher.

Birgitta Ståhle esteve presente durante todos os julgamentos contra Thomas Quick. No caso de Gällivare, ela anotou detalhadamente tudo o que foi dito em tribunal. Por essas referências, fica claro que o tribunal foi ludibriado.

> No segundo dia do julgamento, o detetive criminalista Seppo Penttinen foi chamado a testemunhar, entre outros.
> Penttinen já ouvira Sture em março de 1993 e a primeira oitiva, relativa ao crime de Appojaure, fora realizada a 23 de novembro de 1994.
> Penttinen descreveu sua experiência do interrogatório através de uma imagem. É como se Sture vivesse atrás de uma persiana em que algumas das faixas estão levantadas, e ele faz uma descrição desconexa do tempo, mas chega, então, a uma nova regressão no tempo e no espaço. E, então, Sture muda de linguagem corporal e passa por um ataque forte de pânico. Penttinen descreve a sucessão de acontecimentos, a maneira como Sture recebe as imagens recordadas, relativas ao crime. A forma de Sture contar as coisas é a mesma de julgamentos anteriores. Ele apresentava fragmentos de recordações, mas, durante o interrogatório, conseguia "se abrir" cada vez mais e completar a sequência de acontecimentos.
> De início, a história revela deficiências. Sture dizia que, devido aos seus ataques de pânico, precisava defender o seu íntimo, encontrando formas quase verdadeiras. Mas, já no interrogatório seguinte, sempre corrigia as informações dadas anteriormente.
> As imagens recordadas de Quick, segundo Penttinen, são claras e distintas quanto às partes centrais de qualquer acontecimento. Em contrapartida, as circunstâncias mais periféricas como, por exemplo, as viagens de e para determinado local são mais difusas.
> Quanto ao local do crime em questão, Quick já havia oferecido informações no interrogatório de 23 de novembro de 1994, além de um desenho detalhado do acampamento e do caminho até lá. Ele descreveu ainda as condições do terreno onde a barraca foi montada, a existência de um lugar para sentar feito com pedaços de troncos de árvores e a distância entre o lago, a barraca e o carro do casal.

O relato de Birgitta Ståhle demonstra, nitidamente, que as teorias suas e de Margit Norell também foram determinantes para a investigação da polícia e que foi, através de supostas regressões, Thomas Quick quem chegou às suas recordações reprimidas. Seppo Penttinen estava, certamente, consciente de que o seu testemunho sob juramento ofereceu ao tribunal uma imagem errada de como a história contada por Quick foi se modificando durante a investigação. Mas deixemos Birgitta Ståhle continuar o seu relato, visto que o testemunho desorientador de Penttinen pôde ficar ainda pior.

> Nos interrogatórios de 23 de novembro e de 19 de dezembro, Quick mencionou como o teto da barraca foi retalhado, que havia rasgos maiores e um menor em que ele atacou o homem.
> Quick ofereceu ainda uma descrição das características fisionômicas do casal e do seu posicionamento dentro da barraca. As informações dadas foram totalmente espontâneas. Segundo Penttinen, não existe nenhuma diferença entre o que Quick contou em sua versão final durante a investigação preliminar e o que expôs no julgamento.

O primeiro interrogatório de Thomas Quick foi transformado em um relatório de 81 páginas. Praticamente, todos os dados oferecidos por Quick estão errados e, em alguns casos, foram mudados; em certos casos, mais de uma vez, antes que ele entregasse "sua versão final". Em itálico, todos os erros do primeiro interrogatório:

- Ele roubou uma bicicleta de *homem*.
- De *bicicleta*, percorreu a distância até Appojaure.
- Tempo *seco*.
- Ele agira *sozinho*.
- O acampamento está *entre 500 e 1.000 metros* da estrada principal.
- *No meio do local aberto* existe *uma barraca marrom para quatro pessoas*.
- A barraca está *mais próxima do lago*.
- Existe um carro estacionado *perto da floresta* com a *frente virada para terra, não para o lago.*
- *Algumas cordas para secar roupa estão suspensas no local.*

- Quick mata o casal com *10 ou 12 facadas*.
- A arma do crime é *uma grande faca de caça de lâmina larga*.
- A *mulher sai da barraca pela abertura*.
- Está de *tronco nu*.
- Tem *cabelos castanhos e longos* e cerca *de 27 anos*.
- A mulher está deitada na barraca do lado *direito*, o homem do lado *esquerdo*.
- Quick *corta a lateral da barraca* depois do assassinato.
- Ele vê que eles têm *suas mochilas dentro da barraca*.
- O interior do carro está *em desordem*.
- Quick *não rouba nada da barraca* e, depois do crime, *volta para Jokkmokk de bicicleta*.
- Ele *não* conhece Johnny Farebrink.
- Ele *não* sabe se realmente cometeu o crime.
- *Ele nunca falou com o casal.*

Contrariedades

Com o anúncio da sentença do crime de Appojaure, o interesse por Thomas Quick cresceu a todo vapor na Noruega. Na primavera de 1996, vários jornalistas noruegueses iniciavam uma colaboração estreita com o tagarela assassino em série.

No entanto, a aventura de Quick na Noruega já começara em novembro de 1994, época em que Quick contara para Penttinen a respeito de um assassinato cometido entre 1988 e 1990. Tratava-se de um jovem de fisionomia eslava e com uma bicicleta bem grande. Quick indicou uma pequena cidade chamada Lindesberg, e como nome do rapaz, Dusjunka. Um mês mais tarde, o nome do rapaz passou a ser Dusjka, passando a ficar ligado a outra pequena cidade chamada Mysa, na Noruega.

Em dezembro de 1994, Penttinen fez uma pergunta à polícia norueguesa: se havia rapazes desaparecidos que condiziam com as descrições apresentadas por Quick. A resposta, como é do conhecimento geral, foi que não existia nenhum desaparecido com o nome de Dusjunka ou Dusjka. Em contrapartida, estavam desaparecidos dois rapazes africanos, foragidos de um campo de refugiados em 1989. O jornalista Svein Arne Haavik, do jornal *Verdens Gang*, publicara, pouco antes, em julho de 1995, uma história sobre os rapazes, junto com informações sobre eles, ambos aguardando pedido de asilo político e em conexão com uma série de matérias sobre Thomas Quick — a mesma série de matérias que forneceu a Quick todas as informações sobre o desaparecimento de Therese Johannesen, de 9 anos, em julho de 1988.

A vítima norueguesa, Therese Johannesen, e os dois refugiados africanos foram introduzidos na investigação policial através do "quadro de terapia" de Thomas Quick, um quadro em que as imagens simbólicas eram coladas e que era utilizado por Birgitta Ståhle. O quadro era fotografado, regularmente, por Seppo Penttinen, que fazia o possível para interpretar as mensagens enigmáticas inscritas nele.

Em fevereiro de 1996, ao quadro foram acrescentados um mapa da Noruega e várias fotografias de uma menina loura de 9 anos e de dois rapazes de fisionomia africana. Penttinen entendeu, precisamente, o que Quick queria dizer.

Após a sentença proclamada em Gällivare, foram realizadas reconstituições na Noruega e na Suécia com a finalidade de mostrar como Thomas Quick teria sequestrado e matado ambos os rapazes. As reconstituições na Noruega foram cobertas de perto pela mídia local, o que não escapou a nenhum dos participantes, muito menos a Quick.

— Nós comprávamos os jornais que ele queria, o *VG* e o *Dagbladet* — conta o investigador Ture Nässén.

Em 23 de abril de 1996, no dia em que Quick e seu entourage estavam na Noruega, o *Dagbladet* publicou uma matéria com a fotografia dos dois rapazes. Os investigadores estavam convencidos de que Quick lia os jornais diariamente, mas não se interessava por nenhuma informação que viesse desse meio.

Durante as noites passadas no Hospital de Ullevål, em Oslo, um dos enfermeiros deu a Quick um boné com as palavras "HOSPITAL ULLEVÅL", e ambos parecem ter ficado amigos. Quick foi descuidado em lhe mostrar a matéria do *Dagbladet*. Na matéria, havia a fotografia de um grupo, na qual Quick fez questão de marcar as cabeças de dois rapazes que apontou, dizendo: — Conheço esses dois! — O enfermeiro telefonou para a polícia, contando o acontecido.

Portanto, não foi através do trabalho dos investigadores a revelação de que Quick teria visto a fotografia dos "rapazes da Noruega", mas sim através de um enfermeiro que nada tinha a ver com o assunto.

Antes de desaparecer, as vítimas de Quick tinham deixado as suas impressões digitais na Noruega e, no momento de tentar encontrar os restos morais dos dois rapazes em Guldsmedshyttan, resolveu-se confrontar, para maior certeza, essas impressões digitais com as do registro sueco. Em ambos os casos, as impressões coincidiram.

Um dos rapazes tinha viajado para Estocolmo, onde solicitou asilo político na polícia, no bairro de Kungsholmen. Uma vez na polícia, ele foi "datado", o que implicou ser fotografado e deixar as impressões digitais, a datiloscopia.

A polícia conseguiu diretamente o nome, o cadastro de pessoa física e o endereço da suposta vítima de assassinato e, em pouco tempo, Ture Nässén já estava falando com o rapaz.

— Era um garoto agradável. Morava no bairro de Fisksätra, com mulher e filho, mas nunca esteve com Thomas Quick — contou-me Nässén. A segunda vítima de Quick viajou para a cidade de Ljungby, da qual partiu para o Canadá, onde Nässén o localizou e chegou a falar com ele por telefone. A partir daí, sua opinião sobre Quick estava formada:

— Era tudo inventado! Os rapazes contaram ter desaparecido de Oslo por saber que não conseguiriam asilo político na Noruega.

Sem revelar o que já se sabia, a polícia preparou um quadro com doze fotografias de rapazes africanos, entre as quais as dos dois rapazes supostamente desaparecidos. O quadro foi preparado pela polícia na van de Guldsmedshyttan, enquanto os técnicos criminalistas cavavam o terreno perto do carro à procura dos restos mortais de duas vítimas de assassinato que estavam vivas.

Penttinen começou lembrando a Quick que por vezes ele mudara sua versão da história.

— Se olharmos o ajuste das informações dadas por você em interrogatórios e reconstituições diferentes que fizemos, chegaremos a conclusões confusas.

Penttinen perguntou, depois, se Quick tinha visto as fotografias dos rapazes africanos, o que ele negou consistentemente.

Nesse momento, Christer van der Kwast interferiu no interrogatório. Desta vez, fazendo pressão contra Thomas Quick, mas, de início, com alguma cautela.

— Recebemos informações do Hospital de Ullevål de que você viu as imagens dos dois rapazes no jornal — disse Kwast.

— Que jornal seria esse? — pergunta Quick, fazendo-se de desentendido.

Quick não queria reconhecer ter visto as fotografias dos dois rapazes e continuava insistindo em ter assassinado os africanos.

— Ainda não sei ao certo o que aconteceu com o segundo rapaz, aquele que você disse ter sido levado ainda com vida de Mysen — insistiu Kwast. — Onde foi que ele morreu?

— Ele morreu aqui — respondeu Quick, sem hesitar.

Os rapazes teriam sido levados de Oslo para Guldsmedshyttan, e a polícia encontraria os dois corpos ali enterrados. Era só continuar cavando, dizia Quick.

Assim que viu a fotomontagem, Quick analisou todos os doze rostos de pele escura e suas características específicas.

— Consigo reconhecer de imediato um dos rostos — disse Quick, apontando com o indicador da mão direita a fotografia número cinco, um garoto de rosto magro, olhar triste e boca meio aberta.

— E possivelmente... — disse ele, com alguma hesitação, apontando a foto número 10.

— Cinco e dez — recapitulou Penttinen. — No caso da foto cinco, você fez o reconhecimento de imediato.

Christer van der Kwast pediu desculpas e disse precisar "fazer uma verificação". Nessa altura, Penttinen desligou o gravador e ambos deixaram o micro-ônibus. Cinco minutos depois, voltaram. Christer van der Kwast aplicaria então o golpe de morte.

— Então, eu vou dar a você uma informação que diz respeito, justamente, à pessoa que você apontou como sendo a de número cinco — disse ele, num tom de voz grave, autoritário.

Quick ficou na expectativa, mas logo entendeu que não eram boas as notícias que ia receber.

— Segundo a informação que tenho em mãos, essa pessoa continua com vida — disse Kwast. — Isso nós pudemos verificar por meio de impressões digitais.

Perante esse dado, Quick não teve nenhum comentário mais a fazer e parecia ter ficado em estado de choque.

Ture Nässén assistiu a todo o interrogatório, à confrontação com o quadro de fotografias e à revelação final de que as vítimas africanas de Quick viviam na Suécia e no Canadá.

— Estabeleceu-se o pânico geral no grupo! Tive de levar Quick de volta, imediatamente, para o Hospital de Säter. É um enigma que a investigação sobre os dois rapazes tenha podido continuar.

Mesmo depois do que aconteceu, Christer van der Kwast e Seppo Penttinen continuaram a fechar os olhos diante do problema de Thomas Quick receber informações de assassinatos através de jornais e jornalistas. Mas o acontecido em Guldsmedshyttan convenceu, definitivamente, Ture Nässén de que Quick era apenas um linguarudo.

— Como consequência, eu me despedi dos investigadores e vim embora. Para mim, o caso Thomas Quick tinha terminado.

Paralelamente às investigações na Noruega, continuava o trabalho sobre o assassinato de Yenon Levi, e ficou decidido que seria feita uma reconstituição em maio de 1996.

Da investigação original, existia já uma grande quantidade de material técnico que Jan Olsson e o técnico criminalista Östen Eliasson tinham passado em revista. A partir desse material, eles estabeleceram uma sequência provável para a execução do crime. Mas, depois de suas experiências em relação à reconstituição de Appojaure e do julgamento em Gällivare, Olsson suspeitava de Penttinen já ter tornado acessíveis certas informações para Quick. Por isso, ele e Eliasson resolveram não deixar que Penttinen tomasse conhecimento dos resultados obtidos antes da reconstituição proposta.

São 11h da manhã do dia 20 de maio de 1996 e Thomas Quick já está no local do crime para contar como matou Yenon Levi. Em volta, os acompanhantes habituais: policiais, enfermeiros de Säter, terapeuta, perito em memória, promotor-chefe e técnicos criminalistas.

Thomas Quick está usando um boné preto, uma jaqueta azul e branca, calças pretas e tênis de corrida. E não se sente nem um pouco reprimido. Pede para falar antes do início da reconstituição. Mas sem dúvida exibe também certo nervosismo.

— Neste início de reconstituição, quero me dirigir ao promotor-chefe Christer van der Kwast e lhe dizer que ainda estou preocupado e frustrado com o que aconteceu na segunda-feira passada. Não entendo bem como é que o senhor Christer van der Kwast ainda não se dirigiu a mim para pedir desculpas!

Tinha passado pouco mais de uma semana após o humilhante fiasco de Guldsmedshyttan. Depois disso, Quick foi levado a Estocolmo, junto com Birgitta Ståhle, para um encontro com Christer van der Kwast. Eles se encontraram já tarde da noite no edifício da polícia do reino na capital sueca, e Kwast foi duro, exigiu provas concretas e "um comportamento maduro" da parte de Quick. A uma reação desse tipo, Quick não estava habituado, tendo deixado a reunião furioso.

Era chegada a oportunidade de ouro para dar, diante de todo o grupo de investigadores, uma coça nesse Kwast.

— Se isso, hoje, vai impedir ou não o meu trabalho, não sei. Espero que não. Mas, então, neste caso, não será graças a Christer van der Kwast. Acho, entretanto, que ele não assumiu as suas responsabilidades nesta questão. Ele não sabe manter a distância perante si mesmo e mistura tudo, a sua pessoa e o seu papel, acho eu. Estou muito desapontado e espero que Christer van der Kwast tenha a coragem de me pedir desculpas pessoalmente.

Seppo Penttinen finge não entender aquele prelúdio desagradável e tenta colocar Quick de bom humor ao lhe dizer que conseguiram cumprir quase todas as exigências que ele fez, antes da reconstituição em pauta. Não fora nada simples procurar e encontrar um exemplar do modelo de carro Kombi Mazda 929L. Era de um desses que Quick dispunha em 1988, embora pertencesse à mãe de Patrik Olofsson. Mas, agora, ali estava ele.

No local, havia ainda um boneco representando a figura de Yenon Levi e um figurante no papel de ajudante de Quick no crime.

— Sabe-se que Thomas Quick, junto com um companheiro que ele disse ser Patrik Olofsson, fez contato com Yenon Levi e viajaram de Uppsala, neste automóvel, até um prédio em Ölsta — explica Penttinen.

A irritação parece começar a desaparecer em Thomas Quick, que passa a se interessar pela reconstituição do crime.

A reconstituição deve começar na estrada, de onde eles chegam e entram no quintal da frente. Tudo deve estar, precisamente, como quando eles chegaram de Uppsala com Yenon Levi. A figura do ajudante é representada por Anna Wikström, enquanto Penttinen passa por ser, de início, o próprio Yenon Levi. Mais à frente, quando Levi é abatido a pancadas, Penttinen será substituído pelo boneco.

Quando Quick, Patrik e Yenon Levi chegam perto do carro, Quick diz que eles precisam rasgar um braço da camisa para que ele possa amarrar as mãos de Penttinen/Levi. É importante recriar a situação e o ambiente de maneira exata. Só assim ele poderá se lembrar do acontecido da forma correta. Disso todos os participantes sabem — há muito tempo, fora implementado como método de interrogatório por Sven Åke Christianson —, portanto foi rasgada uma manga de camisa e entregue a Quick.

O nó não ficou muito bem dado, mas Penttinen estava agora devidamente amarrado e sentado dentro do carro, no lugar do passageiro. Quick indica que Anna Wikström deve ficar sentada atrás e fechar a porta.

— E você mostra ao lado que está com uma faca na mão.

— Tudo bem — diz Wikström/Patrik.

— Você pode baixar o vidro, de modo que se possa ver melhor a faca com a câmera — diz Quick, interessado em que a ameaça da faca contra Yenon Levi fique bem distinta no vídeo.

— Nessas imagens que marcam a viagem até aqui, você ficou o tempo todo o ameaçando com a faca no pescoço — explica Quick para Wikström.

Jan Olsson observa tudo o que acontece e anota todos os momentos da evolução dos acontecimentos. E fica espantado como Quick age, tal e qual como faziam os diretores de cinema nas filmagens de que já participara. Quick se afasta, de vez em quando faz uma pausa, pensa, acende um cigarro, para, em seguida, voltar a dirigir os seus comparsas em ação.

Demora um tempo incrível para se recriar tudo tal como Quick quer, mas, por fim, chega um motorista que será o substituto de Quick, em cuja arte de conduzir carros não se confia. A curta distância percorrida pelo carro, da estrada até a casa, é filmada com resultados aceitáveis.

Nos seis interrogatórios sobre o caso Levi, pelos quais até então tinha passado, Quick ofereceu muitas versões de como o assassinato ocorrera: com uma ou duas batidas com uma pedra na cabeça; com uma batida na cabeça com um macaco de carro; com uma batida na testa com uma alavanca de ferro; com uma batida de machado etc. Nos interrogatórios, também o local do crime mudou. Por vezes, teria sido perto da casa de campo em Ölsta. Outras vezes, no local onde estavam, em Rörshyttan.

Na reconstituição, havia agora uma espécie de suspense diante da maneira como Quick iria matar Levi e com que arma. Jan Olsson sabe com certeza como Levi foi abatido e até com que arma. Mas, sobre isso, mantém silêncio absoluto. Quick vai ter de contar com suas próprias palavras, sem qualquer ajuda.

Quick parece estar se debatendo com essas questões. Diz a Seppo Penttinen que "gostaria de provar com um macaco", enquanto tenta representar a maneira como se comunicava com Levi em inglês. Apesar do seu inglês não ser nada de excepcional, parece ter havido certa comunicação.

— Eu digo para ele, portanto, "take it cool!" e coisas assim — explica ele.

Seppo Penttinen foi buscar um macaco para que Quick sentisse o peso e a forma, mas Quick não fica satisfeito com a prova e com o que vê. É do modelo errado. Devia ser um macaco com uma espécie de asa, diz ele.

— Tem alguém aí que conheça esse tipo de macaco? — pergunta Quick.

— A esse respeito, estamos mal providos — confessa Penttinen.

Em seguida, começa uma longa discussão sobre macacos entre os dois homens que, no entanto, se confessam incompetentes a respeito de macacos mecânicos. Por fim, apesar de tudo, a reconstituição recomeça.

Quick pega sua imitação de faca e corta a amarra das mãos de Yenon Levi, seguindo-se, então, uma caçada. Levi foge para a estrada, mas é apanhado por Quick. Levi cai e fere um dos ombros, explica Quick.

O auxiliar mantém Levi preso no lugar, enquanto Quick dá nele "umas boas bordoadas" e fere o peito dele com a faca.

— E, então, um forte pontapé no estômago, seguido de mais dois pontapés na região lateral... É desta forma que eu vivo essa ação.

— Agora eu gostaria de pegar o macaco de novo e uma pedra grande — diz Quick, que hesita e resiste em determinar qual foi a arma do crime.

Quick quer primeiro demonstrar com que força fantástica deu um pontapé em Levi. O boneco que está deitado no chão pesa cerca de 80 quilos.

Quick pega impulso e dá um pontapé com muita força no boneco, que, por causa do seu peso, quase não se mexe. É como se estivesse a dar pontapés em uma parede, o que lhe provoca dores terríveis.

— Ai, ai, ai, ai — grita Quick, pulando de um lado para o outro, segurando o pé machucado.

Entre os espectadores, alguns desviam, discretamente, o olhar ou fingem mostrar um interesse repentino por qualquer outra coisa.

Ao se recuperar um pouco, Quick parece ter chegado a alguma conclusão relativa à arma do crime.

— É uma pedra. É uma pedra — diz ele e mostra como jogou a pedra contra a têmpora de um Yenon Levi já inconsciente.

Em seguida, Quick pede uma pausa e Penttinen aproveita para se aproximar de Jan Olsson.

— Como vão as coisas para Thomas?

Olsson diz qualquer coisa sem sentido como resposta. Suas piores apreensões estavam confirmadas, o que faz com que ele se sinta ainda menos disposto a revelar até que ponto as palavras de Quick são diferentes das provas técnicas dos responsáveis criminalistas.

No momento, resta para Quick e seu ajudante colocarem o corpo morto e ensanguentado de Levi no assento traseiro do carro, escondido debaixo de um cobertor.

— Em que condições você acha que Levi estava? — pergunta Penttinen.

— Morto — responde Quick, curto e grosso.

— Sai dele alguma espécie de som ou não?
— Não — diz Quick.

A resposta está errada, e Penttinen nota que não é aceitável a informação de que Levi morreu naquele local.

— Isso que você diz, que ele tosse e vomita sangue, como é que você viu isso?

Nada disso Quick tinha dito durante a reconstituição, mas ele encontra uma saída:

— Isso aconteceu durante a viagem.

O fato de Levi ainda estar vivo ao ser carregado para o assento traseiro do carro é de grande importância para a segunda parte da reconstituição, que vai ser realizada na área da floresta perto de Rörshyttan, onde o corpo de Levi foi encontrado.

— Como é, então, o seu estado? — pergunta Penttinen.

— Isso eu vou contar quando chegarmos lá — responde Quick, enigmaticamente.

Logo saiu uma caravana de carros pela estrada 762, entre Rörshyttan e Ängnäs. Uns 100 metros antes de chegar ao fim da estrada, uma área de retorno no meio da floresta, a caravana parou. Thomas Quick vai demonstrar agora como ele matou Yenon Levi.

A Kombi Mazda com Levi no assento traseiro estacionou, enfim, da maneira certa. E Quick tem de lutar para tirar o boneco de dentro do carro. Ele e o ajudante puxam primeiro pelo cobertor em que o boneco estava deitado, e só depois conseguem tirá-lo lá de dentro.

— Aqui está ele, agora, ainda vivo — afirma Quick.

A mensagem de que Levi já estaria morto perto da casa de campo de Ölsta já havia sido ultrapassada. Entretanto, com a ajuda de Anna Wikström, Quick consegue pôr de pé o boneco. Este é muito pesado e em poucos segundos Quick deixa-o cair no chão. Quick diz que foi assim mesmo que aconteceu. Levi não se aguentava nas pernas.

Foram buscar o pé de cabra no bagageiro do carro para Quick demonstrar, em câmera lenta, como a pancada atingiu a nuca de Yenon Levi.

— Chego à conclusão de que foi uma alavanca, um pé de cabra — diz Quick.

— Você parece inseguro a esse respeito. Ou não? — comenta Seppo.

— Estou inseguro, sim.

— O que poderia ter sido se não foi uma alavanca?

— Pode ter sido uma pá, mas eu me inclino mais para uma alavanca.

Quick senta-se no carro, que tinha sido movido para a frente, e tenta "sentir" onde deixou o corpo. Depois de muita reflexão, colocou-o no lugar errado, virado para o lado errado e na posição errada. Quick diz que meteu a mão por baixo da camisa de Levi e pôde sentir os pelos do peito e da barriga.

Yenon Levi não tinha cabelo no peito, pensa Olsson. E faz uma anotação no seu bloco, mas, pela expressão, não revela nada do que está pensando.

O achado mais importante que a polícia fez no local em 1988 foi um par de óculos que o assassino, provavelmente, deixou cair. Quick não mencionou nada a respeito de óculos. Pela análise das lentes, chegou-se à conclusão de que não poderiam ter pertencido a Quick e, assim, não se encaixavam, de jeito nenhum, na sua história.

Anna Wikström passou a representar o papel de Yenon Levi. E, justamente, ao se deitar, Quick sugere que ela tire os óculos. Em seguida, a reconstituição prossegue.

Ao se aproximar do final, Penttinen pergunta:

— Você quer contar mais alguma coisa, Thomas. Ou não?

— Não.

— Você disse uma coisa que me deixou pensativo. Por que você comentou a respeito de um par de óculos? Você disse que os óculos estavam aqui. Chegou a pensar nisso ou foi uma coisa que o levou a pensar? Ou foi outra coisa qualquer? — comentou Penttinen.

— Sim, os óculos estavam... Não, não sei por que eu disse isso.

— Está difícil de falar nisso?

— Não, de jeito nenhum.

— Ele tinha óculos?

— Não, acho que não.

— O que foi que levou você a reagir aos óculos?

— Imaginei uma situação em que ele tinha óculos ou que os óculos estavam ao lado, mas não sei mesmo nada a esse respeito. Nada — finaliza Quick.

O interesse profundo de Penttinen pelo comentário de Quick a respeito dos óculos da figurante não foi nada sutil. No interrogatório seguinte, Quick viria a contar que teria feito compras em um posto de gasolina e que comprara também um disfarce para o auxiliar Patrik, de 16 anos de idade.

Os óculos encontrados no local eram de grau +4 e corrigiam uma deformação da vista. Como é que eles poderiam ter comprado óculos de lentes tão especiais e fortes, se Patrik possuía uma visão perfeita? Isso Quick não soube explicar. E também ninguém lhe perguntou nada a esse respeito. Os óculos já deviam ter uns dez anos de uso ao serem encontrados, o que significava terem sido comprados quando Patrik teria apenas 6 anos. De estranhar, também, as palavras do fornecedor geral dos óculos, assegurando que o modelo nunca foi vendido em postos de gasolina.

No fim do dia, Jan Olsson estava convencido de que a reconstituição recém-concluída era um ponto final para toda a investigação sobre Thomas Quick.

— Estou certo de que agora ficou claro. Este crime não foi cometido por Quick.

Olsson sabia que Quick tinha indicado o local errado como cenário do crime e também errara na indicação da arma do crime. O corpo de Yenon Levi tinha ido parar no local errado, e Quick ainda errara ao dizer que o corpo fora revistado e que os seus bolsos foram completamente esvaziados. Os técnicos conseguiram identificar marcas de um dos sapatos de Levi, o que demonstrou que ele não só estava consciente como também lutara pela vida, de tal maneira que alguns pedaços de grama foram arrancados do chão.

No todo, as pistas deixadas indicavam que o crime fora precedido de uma negociação que só o criminoso poderia descrever. Mas aquilo que foi contado por Quick contrariava, ponto por ponto, todos os achados encontrados no local do crime. A história de Quick simplesmente era uma grande mentira, pensava Olsson.

Quando a reconstituição terminou, Claes Borgström perguntou se podia pegar uma carona com Jan Olsson para Estocolmo.

— No carro, tentei falar com Borgström sobre a reconstituição, dizendo que ela demonstrara que Quick não era o criminoso. Nada correspondia a nada.

Mas Borgström reagiu evasivamente. Passou a falar no grande veleiro que acabara de comprar. Era um assunto que muitas vezes discutia com o seu cliente. Em contrapartida, Quick se mostrava frio, visto que não estava interessado, nem tinha conhecimentos de como velejar, nem acerca de barcos.

Portanto, o que aconteceu, na realidade, com Yenon Levi?

Dois anos e meio depois do crime, no dia 10 de janeiro de 1991, um membro da polícia de estrangeiros na Suécia, integrada à polícia da cidade de Borlänge, descobriu uma coisa interessante. Ela achou que os óculos vistos na fotografia de um passaporte eram, suspeitamente, iguais aos óculos de que ela se lembrava terem sido encontrados pela polícia junto ao corpo de Yenon Levi.

Os óculos e a fotografia no passaporte foram enviados para o departamento técnico da polícia, SKL, que se manifestou, dizendo que "havia fortes motivos para acreditar" que os óculos encontrados no local do crime eram os mesmos do passaporte. Foi uma manifestação muito forte por parte do SKL, quase a mais alta na sua escala de zero a nove.

A empresa Hoya-Optikslip AB fez uma análise mais profunda, que demonstrou serem os óculos no passaporte do mesmo grau daqueles encontrados no local do crime, isto é, +4.

A fotografia no passaporte representava a figura de um homem a que podemos chamar de Ben Ali, uma pessoa, na época, com cerca de 50 anos, de origem norte-africana, que — bem a propósito — já estava preso na cadeia da polícia de Falun. Tinha sido sentenciado e condenado por violência, denúncia de maus-tratos, ameaças ilegais e roubos. A punição tinha sido pronunciada em cinco anos de prisão.

Ben Ali já havia convencido um conhecido, através de ameaças e de persuasão, a retalhar o rosto de uma namorada. A filha de 12 anos da mulher em questão foi testemunha da maneira como a sua mãe teve o rosto desfigurado por meio de uma brutal violência. A veia coronária do lado direito chegou a ser cortada e foi a duras penas que a mulher conseguiu ser salva e sobreviver. O criminoso contou que Ben Ali tinha pedido a ele que cortasse um dos olhos da mulher, coisa que ele se recusou a fazer.

Na sequência da manifestação feita pelo departamento técnico da polícia sueca, Ben Ali foi apontado como ligado ao local do crime de Yenon Levi e, em função dos crimes cometidos até então, foi considerado como capaz de violências contra outras pessoas, provocando, eventualmente, a sua morte. No momento, restava apenas explicar como ele tivera contato com Levi e a motivação do crime.

No antigo material de investigação, foi encontrada uma denúncia anônima enviada à polícia de Avesta quase duas semanas depois do crime. A mensagem foi escrita com todo o cuidado, e o texto coube em uma folha de papel A4.

> Aos investigadores,
>
> Na Estação Central existe um grupo de árabes que odeiam fortemente os judeus (Dão vivas a Hitler!). Esses árabes estão ligados a *Borlänge* (inclusive, a uma firma de fotografias). Não me surpreenderia se esse fosse um assassinato perpetrado por loucos. Talvez Levi tenha viajado com eles de Estocolmo.
> Um pensamento rebuscado?

Uma garota sueca, sua amiga, contou, sob juramento, que Ben Ali costumava viajar até a Estação Central de Estocolmo para voltar com jovens árabes que punha a trabalhar para ele. Esse trabalho consistia em rodar pela Dalicárlia, pelo norte da Suécia e da Noruega, batendo à porta de famílias do interior e vendendo quadros para pessoas idosas. Muitas vezes, eles trabalhavam em duplas: enquanto um pedia para usar o telefone ou ir ao toalete, o outro roubava o que encontrava de valor na casa.

Ao serem interrogados, vários dos jovens árabes que trabalhavam para Ben Ali contaram que eram escolhidos na Estação Central de Estocolmo e que ele lhes prometia trabalho e até mesmo garotas suecas. Vários árabes moravam, inclusive, na casa de duas mulheres na Dalicárlia.

A investigação constatou que muitos jovens árabes trabalharam para Ben Ali durante os anos de 1986 e 1988. Duas de suas amigas informaram ter encontrado Yenon Levi no apartamento de Ben Ali, no verão de 1988.

— Já vi esse cara. Lembro-me desse nariz — disse uma das mulheres quando a polícia lhes mostrou uma fotografia de Levi.

Segundo a mulher, o homem da foto estava sentado na sala de estar, junto com Ben Ali, vendo televisão.

No início de junho, Ben Ali esteve em Estocolmo e voltou com dois jovens marroquinos, Mohammed e Rachid. Logo depois de terem chegado a Borlänge, eles deixaram a cidade. Após alguns dias, voltaram, e um deles vestia uma jaqueta usada que não tinha antes. A jaqueta era vermelha, branca e azul e parecia, exatamente, a jaqueta desaparecida de Yenon Levi.

Um dos inspetores da Central de Estocolmo foi a última testemunha segura a ter visto Yenon Levi. Ele já tinha falado do encontro, logo depois do assassinato, em 1988. Yenon Levi teria estado no salão de espera junto com algumas pessoas que falavam árabe. Levi perguntou-lhe em inglês quando partiria o trem para Mora-Falun.

Outro funcionário da Estação Central apontou para Ben Ali ao ser confrontado com várias fotografias. Ele podia garantir, "com 100% de segurança", que Ben Ali costumava visitar a Central de Estocolmo, onde fazia contato com outros estrangeiros e dava a impressão de procurar por um conhecido.

Os parentes de Yenon Levi tinham vindo do Iêmen. Levi tinha uma expressão facial determinantemente árabe e falava também essa língua. Ele podia ser considerado árabe, mas era judeu-israelita e tinha atuado como sargento no exército israelita durante a guerra do Líbano.

Considerando o conhecido ódio de Ben Ali pelos judeus, ele seria um perigo eminente para Yenon Levi, caso fosse revelada, durante a convivência, sua origem judaica e israelita.

Ben Ali foi dado como suspeito do assassinato de Yenon Levi, mas não foi processado. Depois de ter cumprido a pena de prisão, foi expulso da Suécia.

Na primavera de 1996, a investigação sobre Thomas Quick estava na sua fase mais intensa. Além de interrogatórios, reconstruções e reconstituições relativas a Yenon Levi e aos "rapazes da Noruega", Quick foi levado a Drammen e às florestas de Ørje, em ação relacionada ao assassinato de Therese Johannesen. Quick contou que teria esquartejado e afundado o corpo de Therese em uma pequena lagoa no meio de uma floresta.

No dia 28 de maio, reuniu-se uma pequena multidão na delegacia policial de Ørje: o detetive criminalista Kripos, da Noruega, os investigadores do caso Therese, a polícia local de Ørje, o pessoal da área técnica, biólogos, um professor de anatomia, guias de cães, cães especializados em farejar cadáveres, bombeiros noruegueses, mergulhadores e o pessoal da defesa civil da Noruega. Do lado sueco, compareceu Seppo Penttinen e Anna Wikström, com a incumbência de anotar nos livros os dados da investigação macabra e extremamente cara.

No primeiro dia, as bombas de sucção começaram logo a funcionar na margem da lagoa de Ringen. Um pequeno exército de trabalhadores ficou espalhado em diversos postos, um grande volume de água passava por uma peneira permanentemente vigiada, os mergulhares procuravam no lodo do fundo da lagoa, os cães não paravam de farejar por cadáveres, as margens da lagoa foram vistoriadas, e Wikström anotou no seu bloco:

> Seppo e a autora deste documento olham um para o outro, estremecendo, e pensam, repetidamente, aquele pensamento de pânico: "Será que ele nos deu as informações corretas?"

Perto da peneira de rede fina, onde se espera que os eventuais pedaços de corpo humano acabem se fixando, encontra-se o professor Per Holck, o perito em anatomia na investigação. Para Ørje, o professor levou um esqueleto de criança da idade de Therese, que ele mostra para os investigadores, acompanhando o gesto com informações precisas sobre o aspecto que os eventuais achados possam ter.

O trabalho na lagoa continua dia após dia, em turnos alongados, sete dias por semana. A chuva cai em torrentes densas. O fato de não se encontrar nenhum pedaço de corpo humano começa a preocupar, desde cedo, Wikström e Penttinen. Em reuniões com os seus colegas noruegueses, eles reveem o material de outras reconstituições com Quick, e a dúvida acaba por marcar as anotações de Wikström:

> É claro que surgem a toda hora reflexões a respeito da maneira como TQ se expressa, sua credibilidade etc. Como podemos avaliar uma coisa dessas?
> Oh, se um só tivesse uma resposta [...].
> Dá para entender que isso é difícil de fazer. Tenho dificuldade, muitas vezes, em aceitar que nós precisamos "nos adequar à maneira de TQ falar", mas a intenção é dar aos parentes uma resposta. TQ já está preso onde está.

As anotações de preocupação se intercalam com relatos alegres e brincadeiras sobre o convívio entre colegas noruegueses e suecos. As divagações anotadas, porém, terminam logo, oito dias depois, período em que Wikström e Penttinen são obrigados a voltar à Suécia, temporariamente, para os trabalhos de investigação no caso Yenon Levi.

A preocupação de Wikström quanto às consequências da falha em se encontrarem restos do corpo de Therese na lagoa é agora notória. Ela chega a citar alguns versos da poeta Karin Boye: "Sem dúvida, existem finalidade e significado na nossa caminhada, mas é a caminhada que vale o esforço."

> A autora deste documento deve se satisfazer com um resultado final falho. Seppo e a autora deste documento já planejaram a viagem de volta, com destino desconhecido. Possivelmente, vamos passar por Säter primeiro [...]. Viemos para uma "parada de alto nível". Por sorte, os nossos vizinhos não têm dívidas com o Estado.
> O relatório termina aqui, terça-feira, dia 4 de junho de 1996.
>
> *Anna Wikström, detetive criminalista*

Os trabalhos na lagoa foram realizados entre 28 de maio e 17 de julho de 1996, a um custo de vários milhões de coroas, equivalente a milhões de dólares, sem que se tivesse encontrado qualquer pedaço do corpo de Therese.

A Comissão Quick quebra

Apesar do descalabro da primeira reconstituição no caso Yenon Levi, a investigação continuou e foi com surpresa e espanto que Jan Olsson tomou conhecimento de que Quick iria realizar uma nova reconstituição. Olsson tenta me explicar como era estranha essa decisão.

— Refazer uma reconstituição é um caso único. Nunca se fez uma coisa dessas. Por que razão se faria isso?

Diante desta segunda reconstituição, Seppo Penttinen pôde contar com a análise do crime feita por técnicos criminalistas, meio ano antes. E, durante esse período, voltou a ouvir Thomas Quick.

Sob essas circunstâncias, a reconstituição decorreu muito melhor para Quick, mas sua história do caso contrariou em muitos pontos o pronunciamento dos médicos legistas e as provas técnicas. Christer van der Kwast convocou uma reunião para resolver os problemas.

Olsson revela:

— Foi à noite, na sede local da polícia do reino, e todos os participantes estavam presentes: o médico-legista Anders Eriksson, investigadores de Falun e de Estocolmo, Christer van der Kwast e eu. Em relação a esta reunião, achei de início que o tom de voz de Kwast estava diferente.

Olsson tinha vivido antes um período em que parecia ter o apoio completo de Kwast e de Penttinen, apesar de ele ter demonstrado antes, durante a investigação, muitas dúvidas a respeito da credibilidade de Thomas Quick.

— Eles me disseram muitas vezes que apreciavam minha atuação no caso, que era bom eu adotar uma posição de questionamento. Disseram ainda que isso era um recurso importante para a investigação — conta Olsson.

Mas, em pouco tempo, ele ficou ciente de que havia um limite para a tolerância de Kwast, até mesmo em relação a outros participantes.

Durante a reunião na polícia, Christer van der Kwast expressou sua insatisfação quanto à maneira como os médicos-legistas haviam formulado o seu parecer. Entre outras coisas, nesse parecer estava escrito em texto claro e preciso que a maior parte do que Thomas Quick havia relatado não tinha nada a ver com os ferimentos recebidos por Yenon Levi. Quick também não apresentara nenhuma explicação plausível para vários dos ferimentos mortais recebidos por Levi. O parecer estava assinado pela médica Christina Ekström e aprovado pelo seu chefe, Anders Erikson.

— Christer van der Kwast exigiu que Anders Eriksson, que era diretor e professor em Umeå, mudasse o parecer — contou Olsson.

Como chefe do departamento e professor, Anders Eriksson tinha condições de rejeitar o parecer e escrever um novo. E Jan Olsson ficou surpreso ao verificar que Eriksson se rebaixou diante dos desejos de Kwast.

Depois do problema com o parecer da medicina legal ter sido resolvido dessa maneira jeitosa, Christer van der Kwast passou a encarar a investigação técnico-criminalista como deixando muito a desejar.

— Nessa altura, Kwast conversou comigo em tom semelhante. Era quase como se fosse um interrogatório diante de uma espécie de julgamento. Pelo que pude entender, ele pensava, conscientemente, em levar o caso a julgamento. Nessa altura, perguntei para ele: "Mas como você pensou em evitar o caso dos óculos?" Foi o suficiente para ele interromper tudo, dar a reunião por encerrada, desistindo de continuar.

Aparentemente, a pergunta quase inocente de Olsson foi para Kwast uma declaração de guerra, o que teria suas consequências.

— Eu nunca passei por uma situação dessas, a de ver um promotor tentar alterar pareceres especializados dessa maneira — diz Olsson.

Os dados sobre os pareceres modificados quanto aos ferimentos de Yenon Levi circularam em volta da mitologia Quick, durante muitos anos, mas, apesar de todas as pesquisas de jornalistas e de advogados, o parecer original nunca mais foi encontrado, nem entre o material da investigação preliminar, nem no departamento de medicina legal, em

Umeå. Por isso, não posso confiar 100% no relato de Olsson da reunião na polícia do reino, em que o promotor, abertamente, teria pressionado o médico-legista no sentido de ver modificado um parecer científico.

No dia 23 de setembro de 2008, visitei um dos investigadores do caso Levi, o ex-delegado criminalista Lennart Jarlheim, na sua casa em Avesta. Jarlheim me recebeu na sua varanda envidraçada por ele mesmo. Depois de reformado pela polícia de Avesta, ele passou a trabalhar mais do que nunca. Segundo contou, passou a reformar também sua casa de infância. Depois, foi trabalhar para uma empresa de reformas imobiliárias. Além disso, tem compromissos legais, quase permanentes, em processos diversos. Mas está feliz da vida.

— Ah, é isso, você está interessado no caso Quick — diz ele, com um sorriso disfarçado que pode significar qualquer coisa e, ao mesmo tempo, nada. — Você não é o primeiro que vem falar comigo sobre esse assunto — acrescenta ele, acendendo seu cachimbo recém-completo e se recostando na poltrona.

Jarlheim era responsável pelo departamento de investigações da polícia de Avesta quando bateram à sua porta e lhe disseram que um paciente em Säter tinha confessado o assassinato de Yenon Levi.

Lennart Jarlheim e seu colega Willy Hammar deram início a uma investigação extensa sobre a vida de Thomas Quick e dos que conviviam com ele na época do crime, mas logo chegaram à conclusão de que aquela era uma investigação que tinha regras próprias.

— O problema foi este: normalmente, o distrito policial resolve seus problemas à sua maneira e pode requisitar o auxílio da polícia central, a chamada polícia do reino, no caso da Suécia, ou a polícia do estado central. Mas, no caso de Quick, a situação se inverteu. Nós pouco ou nada tínhamos a dizer em relação ao que devia ou não ser feito.

Jarlheim e Hammar ficaram extremamente surpresos quando Christer van der Kwast, na função de chefe das investigações, os proibiu de interrogar uma antiga amiga do indicado por Quick como seu ajudante. Lennart Jarlheim queria fazer também uma busca no depósito em que estavam guardados os pertences de Quick, onde poderiam ser encontrados diários, cartas e outros materiais de prova. Mas Kwast proibiu que isso fosse feito, assim como impediu que fossem feitas as pesquisas técnicas criminalistas nas residências anteriores de Quick.

Lennart Jarlheim e seus colegas chegaram à conclusão de que havia duas alternativas a considerar em termos de culpados no caso Yenon Levi: "O homem dos óculos", Ben Ali, e um assassino muito conhecido que agia na região e foi visto na área na ocasião do assassinato. Mas Christer van der Kwast proibiu-os de prosseguir na investigação dessas duas pistas.

— Eu tive a sensação de que Christer van der Kwast, Seppo Penttinen e Anna Wikström estavam comprometidos por completo com a solução Thomas Quick e queriam apenas levar o caso a julgamento, apesar de haver tão pouco contra Quick como criminoso — diz Jarlheim.

Lennart Jarlheim ficou frustrado ao ser impedido de realizar uma investigação tão correta quanto possível. E disse que compreendia por que Ture Nässén, da polícia do reino, tinha resolvido pular fora.

— Eu e Willy Hammar chegamos a questionar nossa participação na investigação do caso Quick. Não existia nada que levasse a crer na culpabilidade de TQ no assassinato de Levi. Absolutamente nada!

No entanto, Hammar e Jarlheim mantiveram-se fiéis às ordens recebidas e só fizeram aquilo que o promotor-chefe, Christer van der Kwast, lhes permitia fazer.

Quando começou a escurecer diante da varanda envidraçada, e eu já estava me preparando para ir embora, Jarlheim levantou-se e desapareceu em uma sala ao lado, de onde voltou com uma pesada caixa de papelão nas mãos:

— Você pode levar isto se quiser. Eu só esperava a oportunidade certa para me livrar disto. E a hora é esta — disse ele, colocando a caixa no chão, na minha frente.

Agradeci ao bom ex-delegado. Peguei a caixa, fui para o hotel e "devorei" o conteúdo.

Tratava-se do material das investigações preliminares do caso Yenon Levi, do caso dos rapazes africanos que pediam asilo, e de outros assuntos em que trabalhara na época em que ainda era funcionário da polícia.

No topo da lista, estava o primeiro parecer do departamento de medicina legal no caso Yenon Levi, aquele que Olsson afirmou que Kwast mandara refazer. Data: 17 de novembro de 1996. Assinado pela médica Christina Ekström e pelo professor Anders Eriksson. Na primeira página, alguém escreveu à mão, com caneta:

"Trabalho seis. Errado, segundo Kwast. Para ser revisto."

Há mais duas versões do mesmo parecer na caixa, a última é assinada pelo próprio Anders Eriksson.

Ao pesquisar e comparar o parecer na minha mão, não foi difícil descobrir as partes que o promotor declarou como "erradas".

A médica-legista Christina Ekström comparou os dados obtidos a partir da análise da medicina legal com as declarações de Quick nos interrogatórios e, resumidamente, escreveu:

"Quick, na sua descrição da sequência de acontecimentos, apontou várias versões que, em muitos pontos, se contradizem."

Uma circunstância inoportuna para os investigadores era o caso de Yenon Levi apresentar um ferimento muito especial sob a forma de uma fratura no fêmur direito. Segundo o primeiro laudo da medicina legal, as várias declarações de Quick não podiam explicar este ferimento mortal.

Seppo Penttinen chegou a visitar, pessoalmente, Christina Ekström e tentar convencê-la de que Quick podia, sim, ter provocado a fratura do fêmur de Levi com um pontapé ou mesmo pulando em cima dele. "Pense nos pés enormes de Quick", teria dito Penttinen. Mas Ekström manteve-se firme no seu julgamento: que o ferimento só poderia ter sido causado por uma queda de uma boa altura, por acidente de trânsito ou acidente semelhante.

Eu contatei um médico-legista independente que confirmou ser o ferimento no fêmur de Yenon Levi muito especial. O ferimento foi mortal e só poderia ter sido ocasionado por violência feita com muita força, provavelmente ao ser atropelado por um automóvel.

Anders Erikson resolveu o problema do promotor, deixando de considerar cerca de 90% da argumentação usada por Christina Ekström como base para o seu laudo. No seu parecer final, o médico-chefe se ateve somente ao que Quick contou na segunda reconstituição e no interrogatório feito em seguida.

Os três laudos que agora tenho na minha frente dão apoio muito forte ao relato feito por Jan Olsson da reunião na polícia do reino, confirmando a sua exatidão.

"Mas como você pensou em evitar o caso dos óculos?" Esta foi a pergunta que Olsson fez a Christer van der Kwast.

Aliás, foi uma pergunta retórica, porque não dava para passar por cima do caso dos óculos.

Apesar de Jan Olsson ser o responsável pela análise técnico-criminalista do caso Levi, Kwast mandou Anna Wikström para Avesta, a fim de ir buscar os óculos que foram entregues ao SKL. Ao instituto médico-legal da Suécia, foi perguntado se seria possível chegar a um laudo diferente, usando novos métodos de aferição.

No SKL, porém, eles apenas confirmaram seu parecer anterior, isto é, que existiam "motivos fortes para acreditar" que os óculos encontrados no local do crime eram idênticos aos usados por Ben Ali na fotografia do passaporte. Este laudo era semelhante àquele feito pela empresa Hoya-Optik AB.

Nessa altura, o promotor Christer van der Kwast resolveu desconsiderar as pesquisas detalhadas feitas pelos engenheiros forenses. Em vez disso, virou-se para o departamento técnico em Estocolmo, que chegou a uma conclusão contrária. Um parecer de um policial obsequioso — com base no laudo pericial de uma ótica da rua Hantverkargatan, no centro de Estocolmo, conhecida por dar descontos especiais para policiais na compra de óculos — apresentou um parecer que suplantou o do instituto médico-legal.

Quando a Comissão Quick foi criada, no final de 1995, existia uma vontade expressa de esclarecer, com a ajuda de métodos científicos e dos melhores investigadores do quadro da polícia, as incompreensíveis confissões de crimes cometidos por Thomas Quick.

Na primavera de 1997, esses nobres planos estavam frustrados. Dois policiais da polícia central do reino disseram abertamente que não acreditavam em Quick. Um outro desistiu de participar da comissão. Peritos foram afastados da investigação. E foram formadas duas novas equipes na polícia criminalista do reino. Como chefe dessas equipes e do pessoal todo, estava Sten Lindström, para quem a investigação complicada e exigente em recursos de Thomas Quick era um problema importante.

Na primeira reunião da comissão, foi discutida a questão de apenas Seppo Penttinen poder ouvir Quick. Nenhuma mudança ocorreu nesse ponto. Lindström, em determinada oportunidade, chegou a perguntar se essa decisão não poderia ser revista.

— Não, que inferno! Ninguém mais, além de Penttinen, pode interrogar Quick — respondeu Christer van der Kwast.

E assim ficou sendo. Também chegou a ser proposto que todos os interrogatórios com Quick fossem analisados. O delegado criminalista Paul Johansson que, mais tarde, chegou a chefe do grupo organizado para formar os perfis de assassinos era considerado o melhor analista da polícia, e a ideia era a de que ele fizesse uma análise dos interrogatórios realizados durante as investigações.

Uma medida dessa ordem teria de ser decidida, evidentemente, pelo chefe das investigações, ou seja, o promotor. Johansson começou a ler os interrogatórios, mas a ordem do chefe Kwast jamais chegou, e o projeto acabou encalhado.

Entretanto, Paul Johansson chegou a ler toda a investigação sobre Yenon Levi. E, quando eu entrei em contato com ele, Johansson demonstrou não se sentir confortável de se manifestar sobre o caso, visto não ter tido acesso a todo o material. Mas, a respeito do que conseguiu ler, ficou com uma ideia bastante clara:

— Posso afirmar que, nas investigações preliminares, Quick não fazia a menor ideia de como o assassinato [de Yenon Levi] ocorrera.

Johansson ficou muito surpreso quando leu a sentença sobre o caso.

— Nada do que está citado corresponde àquilo que Quick disse durante a investigação preliminar. Ele conta coisas diversas a cada vez que é interrogado. Mas, depois, passa a dispor do resultado das investigações. E é só depois disso que ele conta como foi. Que o tribunal o tivesse condenado foi para mim muito estranho.

Jan Olsson, que fora antecessor de Paul Johansson no posto de chefe do grupo criador de perfis de criminosos, escreveu uma carta em 16 de fevereiro de 1997 para o chefe das investigações preliminares, a respeito do seu entendimento sobre o caso.

> Para Christer van der Kwast
> Durante meu trabalho na investigação para esclarecer se Quick matara Levi, minha intenção sempre foi a de contribuir tão objetivamente quanto possível para provar isso mesmo, junto com os outros investigadores [...].
> Evidentemente, eu estava consciente de que o promotor viria a tomar a decisão final, mas, ao mesmo tempo, não poderia me afastar dos princípios de justiça que sempre orientaram meus trabalhos. Por esse motivo, sinto-me profundamente chocado com a decisão de que Quick poderá vir a ser processado, enquanto a pessoa que cometeu o crime vai fica r, indiretamente, livre.

A carta prossegue passando em revista uma série de circunstâncias técnico-criminalistas que convenceram Olsson de que Quick não poderia ser o autor do crime e nem sequer sabia como o crime fora cometido. Olsson considera que não havia nada na história contada por Quick que servisse de apoio à tese de que ele estivesse no local quando Levi foi assassinado, mesmo que, durante a investigação, ele se aproximasse da verdadeira sequência do acontecido. Olsson deu também uma explicação provável desse processo.

> Notei o olhar intenso de Quick em direção, especialmente, ao interrogador-chefe e estou convencido de que ele apresenta grande sensibilidade para a leitura dos tons de vozes, na análise das expressões e dos ambientes à sua volta.

Christer van der Kwast leu a carta, colocou-a na pasta, e nunca mais entrou em contato com Jan Olsson.

Apesar de todas as contrariedades que, consecutivamente, se opunham à intenção de processar Quick pela morte de Yenon Levi, Kwast estava disposto a transformar a investigação em uma condenação de Thomas Quick.

O julgamento do caso Levi

O tratamento oferecido a Thomas Quick continuou a ser o mesmo: altas doses de benzodiazepina e conversas terapêuticas com Birgitta Ståhle três vezes por semana. As anotações no diário médico deste período são tão alarmantes que fica difícil de entender por que ninguém interferiu contra a grande dependência de Quick dos narcóticos recebidos.

No dia 19 de novembro de 1996, os enfermeiros encontraram Quick na sala de música da ala 36, tentando se enforcar com o cinto, perto de um aparelho de aquecimento. Estava nu e suado, assumindo diversas personalidades. Ao seu lado, um papel: "Eu não quero ser Nana porque eu me chamo Simon." Por fim, o pessoal conseguiu que ele tomasse mais calmantes, Xanor e Stesolid.

Uma semana mais tarde, Quick acordou no meio da noite com um forte ataque de pânico, "deslizando entre várias personalidades (Ellington, entre outras). Fala inglês e todas as espécies de dialetos. Após cerca de duas horas, Thomas Quick volta à realidade com a ajuda do pessoal e mais medicação".

Birgitta Ståhle escreveu:

> Apesar desta situação existencial muito difícil, estamos continuando o trabalho psicoterapêutico. Há esperança de que chegue a mensagem final do processo de Rörshyttan (Levi) antes do Natal, para que seja possível para Thomas Quick ter um bem-merecido período de descanso.

Mas a formalidade da acusação demorou, e a situação de Quick piorou ainda mais no fim do ano. No diário médico, existem várias anotações de ataques de pânico, de tendências suicidas e de apatias profundas. Todos esses males foram tratados com mais benzodiazepina. Uma das anotações, de 28 de janeiro de 1997, dá uma imagem típica da situação de Thomas Quick:

> Thomas regrediu durante a sessão de terapia, pela manhã, com fortes ataques de pânico e muitas câimbras. O pessoal teve que segurá-lo e dar a ele duas cápsulas de Stesolid, 10mg. Uma hora depois, estava

um pouco melhor. Ficou sob observação constante. Dormiu cerca de uma hora depois do almoço. Acordou às 14h e logo piorou, rapidamente, em estado de desespero e muito angustiado. Recebeu mais um calmante Xanor, 1 mg, dois comprimidos. Quarenta e cinco minutos depois, ficou melhor, embora sem forças, cansado. Às 19h, o Dr. Erik Kall receitou para Quick um comprimido de Heminevrin, 300 mg, três vezes por noite e recomendou observação constante, devido aos pensamentos suicidas de Thomas. Ao anoitecer, ele se mostra sob efeito da medicação, mas consegue se animar e escutar música e falar com o pessoal sobre assuntos triviais. Todavia, por volta das 18h, ele volta a piorar: chora muito e fica em estado de desespero. Recebe mais dois comprimidos de Xanor, 1mg, e, com a ajuda do pessoal, volta à realidade. Toma mais três comprimidos de Heminevrin, 300mg, às 20h50. Dorme até 1h da madrugada e acorda com dores de cabeça. Toma dois comprimidos de Panodil e um Voltaren, 50mg, mais um Xanor, 1mg, uma hora mais tarde. Volta a dormir pelas 3h da madrugada e acorda às 7h da manhã. Depois da sessão de terapia pela manhã de hoje, ele apresenta dificuldades em andar e em se mexer. O corpo não lhe obedece. Uma hora mais tarde, está melhor. Está deitado na cama, descansando. Durante a ronda, fica decidido que Quick vai ficar sob observação constante até última ordem.

Quando Christer van der Kwast, no início de abril de 1997, indiciou Thomas Quick como assassino de Yenon Levi, a situação de Quick piorou substancialmente. A medicação aumentou ainda mais e ele passou a tomar injeções de benzodiazepina. No dia 13 de abril, o médico-chefe Jon Gunnlaugsson receitou injeções de Diazepam, 20 mg, e Quick "passa a receber comprimidos de Heminevrin, 300mg, 2×4, e comprimidos de Rohypnol, 1mg, 2 vezes por noite". Apesar da medicação pesada, Quick estava dormindo apenas uma hora e meia por noite. Um dos enfermeiros escreveu: "Pela manhã, ele fica catatônico. Treme, sua e tem dificuldade em falar."

Às 8h45, chegou um médico e aplicou em Quick uma injeção de Diazepam 20mg "sem efeito notório". Às 10h30, o médico voltou e aplicou mais uma injeção. "Após pouco mais de meia hora, a tensão diminui." O médico receita, então, um aumento do muito forte preparado Heminevrin, 3×4 comprimidos, e mais uma injeção à noite.

Pouco antes do julgamento, Thomas Quick recebeu várias doses de medicamentos. Por isso, o tribunal de Hedemora decidiu que, por motivos de segurança, os procedimentos principais seriam realizados no edifício da polícia em Falun.

No primeiro dia, 5 de maio de 1997, vários dos parentes das vítimas de Quick estavam presentes na sala. Os pais de Johan Asplund duvidavam da culpabilidade de Quick e queriam ver eles próprios como o julgamento iria decorrer. O pai de Olle Högbom, Ruben, também estava presente pelos mesmos motivos.

— Quick diz ser impulsionado a confessar por razões morais perante os parentes das vítimas. Portanto, por que ele não nos indica onde Johan está, por que não nos dá uma prova? Em vez disso, indica apenas novas pistas erradas — disse o pai, Björn Asplund, segundo o jornal *Expressen*, no dia seguinte.

No local, estava também o delegado criminalista Lennart Jarlheim, que era assistente de Kwast no julgamento, para ordenar a apresentação de mapas, fotografias, armas usadas nos crimes e outros objetos de prova. Jarlheim escreveu também o protocolo das investigações preliminares e conhecia toda a investigação por dentro e por fora. Ele me contou que estava espantado com o fato de Quick ter chegado a ser indiciado. Em sua opinião, faltavam provas da sua culpabilidade.

Visto não haver nenhuma prova técnica que ligasse Quick ao crime, só as suas próprias informações confessadas durante a investigação eram consideradas como prova da sua culpabilidade. Durante o julgamento, as diferentes identidades apresentadas por Quick também desempenharam um determinado papel. Ao surgir a pergunta de como ele poderia ter se comunicado com Levi, dados os seus limitados conhecimentos da língua inglesa, Thomas Quick apresentou uma inesperada explicação:

— Eu era Cliff e ele fala muito bem inglês.

Ao testemunhar, Seppo Penttinen contou como foi realizada a investigação: "Thomas Quick mudou suas informações durante a investigação, sendo que essas mudanças foram feitas sem influências. Dessa maneira, os 'erros' foram ficando claros para Thomas Quick por meio da repetição insistente da mesma pergunta ou por meio da pergunta quanto a ele estar seguro de que as suas respostas estavam certas." O tribunal considerou em grande conta o juízo positivo de Penttinen em relação à qualidade dos seus próprios interrogatórios.

Mas, ao ler esses interrogatórios, chego a uma percepção completamente diferente.

No primeiro interrogatório, Quick disse que se encontrou com Yenon Levi em Uppsala e que este quis viajar com ele para Falun. Penttinen, no entanto, sabia que Levi desaparecera em Estocolmo. A forma como a informação errada de Quick foi corrigida é um dos muitos exemplos da maneira como Penttinen, permanentemente, interpretava e comentava os sinais psíquicos de Quick. Esses raciocínios psicológicos não podiam esconder que Penttinen, na prática, falava para Quick que a sua resposta estava errada.

> PENTTINEN: — Você está 100% certo de que se encontrou com Yenon Levi em Uppsala?
> TQ: — Sim.
> PENTTINEN: — Não tem dúvida nenhuma?
> TQ: — Não.
> PENTTINEN: — Então, serei obrigado a citar sua reação repetida perante a pergunta. Ao colocar a pergunta, você reagiu de uma maneira de acordo com a qual eu sinto que existe alguma hesitação na sua forma de se expressar. É a expressão do seu olhar que dá essa impressão.
> TQ: — Hum.
> PENTTINEN: — Esta é uma questão de extrema importância, visto que, durante um longo período, você insistiu em dizer que o encontro foi em Uppsala. Agora, porém, você dá sinais de que, de alguma forma, talvez exista algum tipo de incerteza nessa afirmação.

Duas páginas adiante, no relato do interrogatório, Quick muda de opinião e diz que se encontrou com Levi em Estocolmo. Desta forma laboriosa, empurrou-se a investigação adiante, de modo que cada detalhe, um atrás do outro, era reapreciado, a fim de que a história contada por Quick não contrariasse, pelo menos em alto grau, os fatos reais.

Nem mesmo Christer van der Kwast pôde deixar de dar uma ajuda a Quick no sentido de mantê-lo nos trilhos. Nos dois primeiros interrogatórios, Quick afirmou que a bagagem de Levi teria sido deixada no local. Apesar disso, no terceiro interrogatório, Quick voltou a ser perguntado sobre a bagagem. Então, ele respondeu que foi colocada ao lado do corpo. Esta resposta não foi aceita, tanto que Kwast voltou à mesma pergunta um pouco mais tarde:

> Kwast: — Mais uma vez, o que aconteceu com essas coisas?
> TQ: — Elas estão no local, ao lado do corpo.

Quick respondeu, depois, acerca do local em que o corpo foi colocado e informou erradamente que o lugar não podia ser visto da estrada. Kwast aproveitou, então, a oportunidade para perguntar novamente a respeito da bagagem:

> Kwast: — E a bagagem, então? Aquela grande bagagem?
> TQ: — Oh, sim.
> Kwast: — Afinal, onde é que a bagagem ficou?
> TQ: — Ficou atrás dele.

Apesar de Quick ter respondido claramente, Kwast ainda não desistiu. A questão era importante demais, e o promotor repetiu-a pela quarta vez:

> Kwast: — E o que aconteceu quando você deixou o local? O que aconteceu com a bagagem?
> TQ: — Foi deixada.
> Kwast: — É... Você vê, aí é que temos um problema. Acontece que essa bagagem nunca chegou a ser encontrada.

No interrogatório seguinte, Quick contou que a bagagem foi levada do local.

O tribunal nunca ficou sabendo dessas circunstâncias. E isso é uma responsabilidade que Lennart Jarlheim atribui em grande parte ao advogado de Quick.

— O julgamento foi uma grande farsa! Claes Borgström não levantou nem uma única contestação durante todo o julgamento. Estava claro que todos queriam ver Thomas Quick condenado — diz Jarlheim.

Os procedimentos do processo também não convenceram os pais de Johan Asplund. Muito pelo contrário. Só aumentaram suas suspeitas.

— Todo o julgamento foi uma peça de teatro dirigida por Quick, — constatou o pai de Johan, Björn Asplund, para o *Expressen*, no dia 8 de maio.

Os juízes e seus assessores no Tribunal de Hedemora não compartilharam do entendimento do casal Asplund e condenaram por unanimidade Thomas Quick pelo assassinato de Yenon Levi. O tribunal escreveu na condenação que, "através do testemunho de Seppo Penttinen, a realização dos interrogatórios foi feita de maneira exemplar, sem a inserção de perguntas direcionadas ou de insistentes repetições".

Claes Borgström comentou as dúvidas do casal Asplund no mesmo artigo do *Expressen*, reconhecendo que sua posição em relação à credibilidade de Thomas Quick era absolutamente compreensível.

— Mas eis a questão central: onde é que Quick foi buscar todas as informações e como é que ele podia conhecer todos os detalhes? — perguntava-se Borgström.

O repórter Pelle Tagesson deixou que algumas citações da fala final de Christer van der Kwast completassem o raciocínio. Entre elas:

— Quick define uma imagem compacta de compatibilidade, não deixando margem para especulações. [...] Que mais podemos exigir? Isto nos leva a considerar o todo como além de qualquer dúvida razoável.

A caminho da floresta de Ørje!

Algumas semanas mais tarde, chegou um fax à ala 36 do Hospital de Säter. Foi mandado pelo Instituto de Psicologia da Universidade de Estocolmo e dirigido a Thomas Quick. A primeira página, uma saudação pessoal para o destinatário, começou a sair, lentamente, da máquina. A seguir, um documento de sete páginas sob a rubrica "Indicações para a reconstituição de Thomas Quick na Noruega, dia 11 de junho, em ligação com a investigação sobre o desaparecimento de Therese Johannesen em 1988".

Um ano se passara desde o fiasco das reconstituições feitas na Noruega, sem qualquer resultado positivo, incluindo o total esvaziamento de uma lagoa. Logo, se levantaram alguns olhares espantados diante da ideia de conduzir Quick, novamente, às florestas de Ørje, para ele indicar onde estaria o corpo de Therese.

As renovadas esperanças dos investigadores estavam baseadas no fato de Christer van der Kwast ter contratado os serviços particulares do dono de um cão farejador de cadáveres que fora transportado para as florestas de Ørje e ficara farejando uma área extensa no final de maio de 1997. O resultado foi impressionante.

Antes, a polícia tinha se concentrado em áreas em volta da lagoa Ringen, mas agora a procura fora expandida para vários quilômetros quadrados de área, dividida em partes designadas por "A bolha", "A praça" e "Pedra fria". O cão apontou indícios de restos mortais em todos os lugares. A partir deste início espetacular, restava soltar as amarras psicológicas de Quick, de modo que ele pudesse apontar o lugar onde escondera o corpo de Therese. Sven Åke Christianson recebeu carta branca para criar condições ótimas para Quick se recordar e "aguentar" a aproximação da cova onde Therese teria sido enterrada.

O fax que chegara era resultado dos esforços de Christianson. O fato de eu, mais tarde, ter conseguido obter o resultado dessa reconstituição foi incrível.

Sture Bergwall é um desses maníacos que, ao longo dos anos, reuniu em sua posse uma imponente quantidade de documentos, guardados em um porão do Hospital de Säter. A cada vez que ele desce ao porão, traz novos documentos verdadeiramente espantosos, que proporcionam um bom retrato das investigações feitas contra ele. E, um dia, não é que ele conseguiu achar o famoso fax?

O texto é demasiado longo para ser transcrito aqui na íntegra, mas também demasiado incrível para que possa ser resumido de uma forma crível. Por consequência, são apresentados a seguir alguns extratos das diretivas de Sven Åke Christianson que abrangem um campo bastante ampliado. Primeiro, uma orientação em nível de instruções a serem seguidas e que poderiam ser interpretadas como um insulto pelos investigadores:

> Para que a reconstituição e a chegada ao local ou aos locais onde Therese foi enterrada possam ocorrer da melhor [maneira], valem duas precondições básicas:
> 1) Thomas Quick (TQ), modos de comportamento: "Eu consigo isso, eu talvez não consiga isso, vamos ver." [...]
> 2) Devemos procurar fazer a reconstituição da forma mais simples possível. Devemos viajar do Hospital de Säter para uma região escondida na Noruega. TQ vai nos indicar o caminho e nós só devemos funcionar para ele como apoio (entre outras coisas, diminuir a sensação de isolamento que ele possa sentir durante o processo).

Para criar condições ótimas, é preciso considerar que os pequenos detalhes também são de suma importância:

> Preparem bem roupas, provisões e demais equipamentos. Para a viagem devem ser levados: café, água/bebidas, sanduíches, biscoitos de chocolate (guloseimas) e cigarros.

Para que os investigadores pudessem entender, Christianson escreveu "uma sequência pensada do dia em que TQ fará a pesquisa do local":

> A partida de carro, do Hospital de Säter, marcada para o mais cedo possível. Peçam a TQ que entre no carro. "Agora, vamos a caminho." O comportamento de TQ: deixem acontecer o que está acontecendo. Ele senta-se no carro. E vamos em frente sem tomar quaisquer decisões e sem falar do que virá em seguida. [...]
> O traje esporte poderá ser assumido como maneira de descontração.
> Ao passar a fronteira norueguesa, vamos começar a ativar TQ. "Agora, estamos passando a fronteira norueguesa. Alô! Alô, acorda! Pedir a TQ que tire o traje esporte."

A caminho do "lugar escondido", Christianson exprime a ideia de que TQ deverá escolher o caminho, sem perguntas indicativas. Se ele indicar para a direita, onde Seppo Penttinen sabe que o certo é à esquerda, ele não deverá ser corrigido.

> Quando TQ disser: "Parem o carro, agora saímos do carro", é importante que essa sua vontade seja obedecida, dando a entender que se respeita a vontade de TQ quando ele decide estar na hora de parar o carro ou de recuar o carro.

Christianson acha que Quick, quando começar a andar a pé, poderá, talvez, "começar a suar, ter um ataque de pânico ou seus passos podem ficar lentos".

> Nesta situação, poderá ser necessário um leve empurrão. Um pequeno gesto físico de forma suave. Essa é a ação decisiva para que o corpo passe por cima do pânico. Seppo e Anna poderão ficar à vontade e dar o seu empurrãozinho.

Christianson recomenda que Quick, durante a viagem, tenha acesso à medicação narcótica e lembra que não deverá se esquecer de levar, também, os preparados mais pesados.

> O medicamento Xanol (?) nas doses que TQ decidir. Até mesmo um medicamento para facilitar as ações de TQ no caso de ele conseguir mostrar o local onde o corpo está, por exemplo, Heminvrin (?), se a reação se tornar muito forte.

A recomendação do Professor Christianson em relação a "Xanol" e "Heminvrin" parece não estar baseada em conhecimentos farmacológicos (tanto Xanor como Heminevrin estão grafados erradamente), mas ser, por sua vez, a expressão da vontade de TQ.

— Devo ter dito para ele não complicar com o Xanor, que eu deveria tomar o quanto quisesse — diz Sture, agora. Heminevrin é um preparado muito forte, que age muito rápido. O efeito é, mais ou menos, o de uma pessoa beber metade de uma garrafa de destilado. — Uma enfermeira, aqui em Säter, me contou recentemente que eu costumava cantar para ela depois de ter tomado Heminevrin. Era como se estivesse bêbado.

Sven Åke Christianson escreve ainda que qualquer circunstância eventual que possa interferir na concentração e no foco de TQ, uma vez chegado ao local onde Therese está, deve ser obliterada. Questões policiais acerca de aspectos e da evolução dos acontecimentos por ocasião do crime em si devem ser guardadas para uma oportunidade ulterior. Para a atual pesquisa e reconstituição de 11 de junho, a questão é apenas a de alcançar o local onde o corpo está escondido.

Um dos momentos perturbadores com o qual Christianson mais se preocupa é aquele representado pelo interesse por parte dos jornalistas. Por isso, ele apresenta uma longa série de medidas para restringir essa movimentação.

> Caso a mídia venha a estar presente, toda a área deverá ser demarcada, incluindo o espaço aéreo dessa movimentação. Vale mencionar que a presença da mídia interfere, negativamente, na concentração.

Ao contrário das reconstituições anteriores feitas com Quick, esta segunda, realizada na floresta de Ørje, não foi gravada em vídeo, conforme determinação de Sven Åke Christianson.

"Se possível, não devemos filmar TQ quando este se aproximar do local onde está o corpo", escreveu o professor. "Isso pode perturbar o foco de TQ."

Segundo o entendimento de Christianson, Quick estaria se aproximando, então, do local onde o corpo estaria escondido:

> Dessa maneira, quando TQ chegar lá, ele poderá dizer: "Está na hora de eu abrir esta cova" ou "Você poderá abri-la para mim... Abra, para eu poder sentir..."

Christianson achou que seria irritante não poder abrir a cova, uma vez no local indicado. Por isso, ele propõe o seguinte:

> Eventualmente, vão ser necessárias ferramentas, caso o terreno já se tenha solidificado como, por exemplo, uma enxada, uma pequena pá ou coisas semelhantes. [...]
> Se TQ chegar a se aproximar do esconderijo (local do enterro), deverá ser dada a ele a possibilidade de manter um curto momento privado. Deem a TQ a possibilidade de ele próprio desencavar ou de pedir a alguém que desencave o corpo. E de ele sentir um pedaço de osso desse corpo, por exemplo, o osso de uma perna. É importante respeitar esse seu desejo e deixar que ele não precise se sentir envergonhado diante disso.
> Não devemos, também, fazer quaisquer perguntas em relação aos seus motivos.

No seu livro *I huvudet på en seriemördare* [Na cabeça de um assassino em série], Christianson escreve que a conservação de partes do corpo ajuda o assassino em série a "recuperar o prazer da violência" e que isso "cria intimidade e lhe dá excitação sexual".

Segundo Christianson, as partes do corpo assassinado "podem ser usadas como objetos de onanismo ou símbolos satânicos".

Tendo em mente o cenário acima, o proposto bloqueio da floresta de Ørje, assim como a vigilância aérea passam a ser medidas adequadas.

Mas essa viagem de reconstituição não viria a decorrer como Christianson imaginara.

Na manhã de 11 de junho, a expedição parte para a viagem em direção à Noruega. Quick segue em uma van, junto com seus enfermeiros e Birgitta Ståhle, a fim de que não sofresse qualquer pressão com a presença dos investigadores. Atrás dele, seguem Anna Wikström, Sven Åke Christianson e Seppo Penttinen, em um carro. De início, são seguidas, à risca, as instruções de Christianson. Os medicamentos vão junto, assim como café, sanduíches e doces. Wikström anota tudo o que ocorre.

> No meio do caminho, foi feita uma pausa para que todos tomassem café e comessem sanduíches. Ao meio-dia, estávamos nos aproximando da floresta de Ørje, e a caravana passou a viajar pela chamada "área de Ringen".

A pesquisa começa à 13h20, e as pessoas mudam de automóvel. No micro-ônibus da polícia do reino vão Quick, Borgström, Ståhle, Penttinen, Christianson, Wikström, um engenheiro de som e o motorista Håkon Grøttland, da polícia de Drammen.

A viagem é lenta, com uma parada junto da lagoa, esvaziada no verão anterior. A caravana segue em frente e passa por mais uma lagoa do lado esquerdo. "Thomas Quick, de repente, vira as costas para a lagoa e olha para a direita", anota Wikström.

O ônibus da polícia segue pelos caminhos da floresta até passar em frente de uma elevação, diante da qual Quick reage com angústia. Após várias manobras, o veículo estaciona e Quick diz: "Agora chegamos."

> Às 14h, fazemos uma nova pausa para café em um lugar denominado "A bolha". Nessa altura, Thomas Quick sai andando uns cinquenta metros do carro, na direção da elevação rochosa, e lhe servem café pelo caminho. No seu isolamento, Quick chora copiosamente e inicia um diálogo consigo mesmo. Exatamente o que ele falou, o signatário não sabe, mas no meu entendimento ele esteve especulando em termos de ter chegado ao local e de ter chegado "a hora".

Quick circula pela área e demonstra estar muito angustiado. Pede ajuda à terapeuta.

> Ao mesmo tempo, Thomas Quick grita e expressa com veemência seu estado de pânico, dizendo: "Nomis, vem me ajudar!" Thomas Quick chama em altos brados, repercutindo por toda a região. Nomis é o nome Simon invertido. O nome Simon é um tema de trabalho que surge com frequência durante as sessões de terapia.

"Às 14h25, abandonamos esse lugar de angústia", anota Wikström, e a viagem continua cerca de um quilômetro até chegar a uma formação rochosa que Quick diz querer subir. Lá em cima, ele inicia "um jogo, uma variante de angústia" em que começa a falar com o seu ajudante Patrik. Ele entra pela floresta e passa a cheirar e a provar a casca de uma árvore e se deita na posição de um recém-nascido. "Em Thomas Quick cresce um forte ataque de pânico e o pessoal entra em ação", segundo o protocolo. Depois, Quick revela estar apenas a 20 ou 25 metros de um esconderijo.

O micro-ônibus da polícia segue, então, para "A praça", e Quick diz reconhecer o lugar. Conta para Penttinen a respeito de "certa parte do esquartejamento ocorrido". Por várias vezes, grita "cinco intestinos". O conteúdo desta expressão ele deixa para os ouvintes adivinharem. De repente, Quick corre por uma encosta acima até chegar à beira de um rochedo, cai em um trecho mais inclinado e bate com a face e o nariz contra uma pedra.

> Thomas Quick fica deitado, sofrendo um forte ataque de pânico, lá em cima na encosta. E, sob estado de pânico, mas um pouco mais calmo, conta o que ele escondeu, nos diversos lugares. Inicialmente, às 16h30, ao acordar do ataque e da movimentação causada, ele diz "agora estou perto". Depois disso, ainda um pouco dominado pelo pânico, indica o lugar número um, isto é, o primeiro lugar durante a reconstituição do dia, onde enterrou os intestinos e as costelas. Lugar número dois, isto é, perto da beira do rochedo, em uma cova de saibro e areia, poderá ser encontrada a cabeça de Therese. E, a seguir, no lugar número três, onde nós nos encontramos agora, poderemos encontrar as coxas, os pés e os braços de Therese. E ele confirma: "Eu cheguei a cortar os pés dela."

Quick é informado de que a polícia norueguesa encontrou uma árvore "com uma marca no tronco". Essa seria uma das provas mais pesadas contra Quick, que, no entanto, diz "não estar bem certo onde essa árvore estaria situada".

Ele recebe ainda a informação de que um dos cães farejadores chegou a marcar um lugar na área e lhe pedem que faça uma última tentativa para chegar a qualquer um dos seus esconderijos. "Thomas Quick entende o pedido. Nota-se que faz um esforço maior na situação", escreveu Wikström.

Quick conta que a mão de Therese deve estar "um pouco além" e faz um esforço, mas não aguenta sequer chegar ao lugar. "Ele cai em estado de pânico profundo e chora, convulsivamente, diante do grupo, a 10 ou 15 metros de distância."

Depois de cinco horas e meia na floresta de Ørje, todos iniciam a volta para Säter de mãos vazias, sem ter usado uma vez sequer a enxada e a pá que haviam levado.

Durante a segunda reconstituição na floresta de Ørje, foram feitas pesquisas extensas, mas, nos lugares indicados por Quick, onde ele afirmou ter enterrado a cabeça, as costelas, os intestinos, os braços e as mãos de Therese, nada foi encontrado.

Após esta informação, Quick voltou a mudar a história. Disse que teria voltado ao local após um ano e retirado de lá os restos mortais de Therese. Quick foi informado de que um cão farejador teria revisitado toda a área. Quick responde que talvez tenham sido deixados no lugar alguns pedaços menores.

O professor Per Holck, o perito anatômico da expedição já durante o esvaziamento da lagoa, retornou ao trabalho na floresta de Ørje com força total. Durante outubro e novembro de 1997, reuniu uma grande quantidade de objetos, retirados da área marcada pelo cão e por Quick.

Em princípio, as provas recolhidas consistiam em pedaços queimados de madeira das árvores em volta, mas, entre as centenas de pedaços, segundo Per Holck, alguns encontrados no local "A praça", provavelmente, seriam pedaços de ossos queimados. Ele considerou que seriam lascas de articulações, com uma superfície endurecida e um interior formado por material poroso. O que havia entre o material poroso e a superfície óssea endurecida denotava que se tratava de osso humano, segundo o professor Holck. Em um dos pedaços, havia um "sinal de alongamento ósseo", que caracterizava a circunstância de ser uma pessoa entre 5 e 15 anos de idade.

Os pedaços indicados foram mandados para um dos colegas de Holck na Alemanha, professor Richard Helmer, que confirmou serem os pedaços, com toda a certeza, de uma criança.

O pedaço de osso com sinal de alongamento estava tão queimado que nem sequer deu para apurar o seu DNA, sendo impossível determinar se o osso era de Therese. Todavia, foi considerado o maior triunfo da investigação feita.

Assim que a novidade alcançou Gubb Jan Stigson, no dia 14 de novembro, a edição do *Dala-Demokraten* deu na primeira página:

> ENCONTRADA VÍTIMA DE QUICK
> A investigação abre caminho
> Com esta prova, os investigadores, pela primeira vez, em um já longo trabalho de quase cinco anos, puderam provar aquilo que começou com as confissões fragmentadas de Quick e chegou agora à descoberta de restos mortais da sua vítima.
> Portanto, estamos diante de um caminho a seguir que os investigadores, Quick e, talvez, acima de tudo, todos os críticos durante tanto tempo esperavam.

É fácil compreender o ar de triunfo que os investigadores e todos os "crentes" à volta de Quick demonstraram, depois do achado do pedaço de osso. Em contrapartida, foi uma derrota para os críticos. O pedaço de osso passou a ser o grande mistério da investigação Quick.

Para mim, passou a ser, também, um problema óbvio. A investigação, no seu todo, mostrava nitidamente que Thomas Quick jamais estivera em contato com Therese e nada sabia sobre onde o seu corpo poderia estar. Como se pode explicar a existência de pedaços de osso queimado de uma criança em um lugar que Quick indicou como sendo aquele onde queimou Therese?

Se é que eram pedaços de osso de algum corpo humano.

Uma equipe muito unida

Durante dois dias, os juízes Lennart Furufors e Mats Friberg, do Tribunal de Hedemora, escutaram os testemunhos da mãe de Therese, Inger-Lise Johannesen, dos policiais noruegueses e de Thomas Quick.

Ficara evidente que Quick levara consigo Patrik Olofsson, de 16 anos, para a Noruega e que Patrik participara do sequestro e do assassinato de Therese. Segundo Quick, foi Patrik quem violentou Therese em um lugar elevado, uma espécie de mirante, a caminho da floresta de Ørje.

Depois de tomar conhecimento dessas informações, Friberg convocou Christer van der Kwast e Claes Borgström e perguntou por que Patrik não tinha sido chamado a testemunhar.

Kwast e Borgström recusaram-se sequer a admitir essa ideia e, diante dessa mensagem, o juiz Lennart Furufors ficou satisfeito.

É de estranhar que nem Kwast, nem Borgström estivessem interessados em ouvir diante dos juízes alguma das testemunhas apontadas por Quick, nem algum de seus cúmplices.

Johnny Farebrink, segundo Quick, motorista e cúmplice no crime de Appojaure, não foi indiciado nem convocado como testemunha — apesar de ele próprio querer, inclusive pelo fato de ter sido indicado como participante no crime e ter o direito de limpar o seu nome a esse respeito. Nem mesmo Rune Nilsson, de Messaure, foi convocado como testemunha, embora tenha sido afirmado que foi levado ao local do crime e lhe foi mostrado o casal assassinado.

Patrik era reconhecido como cúmplice no assassinato de Yenon Levi, e o tribunal também queria ouvi-lo, mas o mesmo acabou acontecendo: o promotor e o advogado de defesa estavam de acordo que isso seria desnecessário. E foi assim que aconteceu.

A testemunha que Quick disse ter sido seu cúmplice no assassinato de Charles Zelmanovits estava convenientemente morta na ocasião do julgamento. Quick chegou mesmo a indicar cúmplices de crimes pelos quais nem sequer foi indiciado.

Todas essas pessoas que, portanto, poderiam ter conhecimento e contribuído para o esclarecimento dos atos praticados por Quick levantam uma interessante questão: até que ponto é normal um assassino em série ter cúmplices?

Ulf Åsgård, perito psiquiátrico do grupo GMP, foi encarregado pela polícia central da missão de analisar a credibilidade das afirmações de Quick a respeito de todos os seus cúmplices.

— Para poder cumprir a missão, eu preciso saber exatamente o número de cúmplices — disse Åsgård para Jan Olsson. — Preciso saber, também, o que esses cúmplices eram em relação a Quick. E, acima de tudo, preciso ler os interrogatórios.

Olsson apresentou as requisições de Åsgård para Kwast e Penttinen, mas foi obrigado a dar uma resposta negativa para Åsgård.

— Eles disseram que não dá nem para pensar nisso — acrescentou Olsson.

Depois de ter reunido os dados disponíveis de outros assassinos em série no mundo, Åsgård pôde responder à questão, apoiado em um fenômeno mais normal do que, de uma maneira geral, se pensa. Para mim, ele veio a resumir o relatório apresentado sobre a investigação Quick:

— Os cinco diferentes cúmplices de Quick constituem, absolutamente, um recorde mundial. A conclusão final, portanto, só pode ser uma: trata-se de uma mentira.

O relatório negativo foi recebido sem comentários. Ninguém do grupo de investigadores se manifestou sobre a tese de Åsgård.

— Nesta investigação, não se tolera que alguém pense de forma diferente — disse ele. — Caso se faça isso, a pessoa sai do grupo.

Ulf Åsgård não recebeu mais nenhuma missão dentro da investigação ligada a Thomas Quick, e ele descreve o notável silêncio que o cercou como se fosse "um segredo de confessionário". Esta foi a sua expressão.

— Não posso afirmar que se tratava de uma seita, mas usava mecanismos semelhantes aos de uma seita. Não se abria a discussões. Em vez disso, elevava-se a autoridade de certas pessoas a um nível que elas não tinham.

Depois de ter feito sua contribuição e, a seguir, não ter recebido qualquer reação por parte dos investigadores de Quick, Ulf Åsgård voltou a estudar as sentenças e as investigações. Em pouco tempo, ficou convencido de que Quick jamais poderia ser o assassino em série que dizia ser.

— Nada existe de comparável na nossa experiência policial quanto a criminosos: as provas são inexistentes e, pelo que se conhece a respeito de assassinos em série, tudo leva a crer que Quick não seja um deles.

Os papéis representados por Sven Åke Christianson no trabalho com Thomas Quick permanecem indistintos, mas ele tinha a função de consultoria junto do promotor e da investigação. No julgamento do caso Therese, ele testemunhou, dizendo que tinha testado as funções de memória de Quick e as considerou normais.

Na história contada por Quick, existiam dois fenômenos identificados como inconciliáveis. O que ele contou no primeiro interrogatório a respeito de Therese e do bairro Fjell estava 100% errado, mas ele conseguiu se lembrar, em seguida, de certos detalhes da vítima, do ambiente e do crime que, para um leigo como ele, seriam detalhes praticamente impossíveis de serem recordados depois de passados tantos anos.

Christianson solucionou o problema ao explicar perante o Tribunal de Hedemora que "os acontecimentos traumáticos são facilmente conservados na memória, mas podem existir mecanismos de defesa que, inconscientemente, trabalham para reprimir imagens memorizadas". Isso explicaria, cientificamente, por que Quick, por vezes, se lembrava de coisas absolutamente erradas e, às vezes, se lembrava de outras coisas suspeitamente corretas.

Entre as funções desempenhadas na investigação de Quick, Sven Åke Christianson dedicou-se a dar palestras sobre o seu paciente, interlocutor e objetivo de pesquisa. Depois do seu testemunho juramentado no julgamento do caso Therese, mas antes de a sentença ter sido tornada pública, ele falou em Gotemburgo diante de um auditório completamente cheio, sob o título: "Como se pode entender um assassino em série?"

Os espectadores encontraram à sua frente uma imagem enorme de uma fotografia projetada em uma tela, representando as figuras de Thomas Quick e de sua irmã gêmea. A foto foi feita durante o verão, com rosas floridas plantadas na frente da casa de campo, a *stuga* dos avós. Irmã e irmão estão bem-vestidos, com saia e calções pelo joelho. Estão de mãos dadas e parecem satisfeitos e alegres.

— Será possível ver qual dessas duas crianças virá a se tornar uma assassina ou um assassino em série? — perguntou Christianson, retoricamente. — Segundo a minha perspectiva, os assassinos em série evoluem e se desenvolvem. Eles não nascem assassinos.

"Aquilo que Quick fez a Therese Johannesen é incompreensível. Mas nós podemos entender como ele foi parar lá. É uma questão de lógica de criminoso. O crime, muitas vezes, é consequência de pensamentos, sensações e recordações com as quais não é possível conviver."

Ao que parece, ninguém reagiu ao fato de Christianson se antecipar ao juízo da culpa, de ele abandonar, dessa maneira, publicamente, o seu paciente, e de explorar a fotografia de duas crianças gêmeas em uma época na qual a irmã não gostaria de ser vista ao lado do seu irmão.

Os espectadores estavam dominados pelas explicações de Christianson a respeito da maldade, explicações que eram o eco da chamada teoria da relação entre objetos, praticada no Hospital de Säter.

— Podemos ver no crime a história das vivências traumáticas do assassino em série — afirmou Christianson, o que, por outras palavras, também poderia ser o pensamento de Margit Norell.

Era uma equipe bem unida aquela que trabalhava, então, em volta de Thomas Quick. Todos compartilhavam o mesmo ponto de vista acerca de Quick e sua culpa. E todos estavam inabaláveis, feitos de pedra, nas suas posições assumidas. No seu livro sobre métodos avançados de interrogar e entrevistar, Sven Åke Christianson dirige "um agradecimento muito especial" a Margit Norell e Birgitta Ståhle pelos "amplos conhecimentos com que contribuíram" [para este livro].

Havia apenas um caminho a seguir, o de avançar para novas investigações e condenações.

Thomas Quick foi julgado culpado pela morte de Therese. A sentença foi muito detalhada e, aparentemente, muito bem construída. No caso, porém, era de se estranhar tudo, por haver fortes indicações de que Quick montara toda a sua história com o auxílio de informações que ele, notoriamente, lera nos jornais noruegueses. Além disso, a história inteira era um absurdo. Ele deu informações erradas, praticamente, sobre tudo. Durante os interrogatórios intermináveis com Penttinen, as falhas foram sendo corrigidas, uma atrás da outra, em um processo que durou três anos e meio.

Então, como é que a sentença podia parecer tão bem construída?

Mais uma vez, consultei todo o material e pude constatar que a maior parte das "provas" não tinha qualquer valor.

Os investigadores afirmaram que Quick talhara um símbolo no tronco de uma árvore que, mais tarde, foi encontrada em uma área de descanso na floresta de Ørje. Aquilo que Quick realmente disse foi ter talhado um quadrado no tronco de uma árvore, com um diâmetro de uma coxa de homem, perto da lagoa Ringen. No quadrado estava desenhada a letra Y, deitada, a partir de um dos cantos inferiores do quadrado. Os investigadores procuraram por todo o local designado e não encontraram a árvore com o citado desenho. Por fim, acharam um pequeno vidoeiro, que tinha uma espécie de dano ou marca, mas em um local completamente diferente na floresta. O que acharam nada tinha a ver com o símbolo que Quick descreveu. Por outro lado, tendo em mente o tempo que passou desde 1988, o tronco do vidoeiro devia ter tido um tamanho bem menor de diâmetro, o que tornava improvável que tivesse sido escolhido para receber, talhado, um símbolo para permanecer por um longo futuro.

Outra prova consistia na história contada por Quick de que havia um estoque de tábuas em Fjell e que as crianças tinham espalhado pelo lugar uma parte dessas tábuas. Mas as tábuas só foram entregues e colocadas no lugar em Fjell dias depois do desaparecimento de Therese.

Ao descrever Fjell, Quick disse que era um pequeno povoado rural feito de casas familiares, baixas, mas que havia um banco e um empório. Seppo Penttinen, segundo o procedimento normal, apenas mencionou a informação relativa ao banco e salientou até a exaustão que Quick sabia que um banco abrira as portas em Fjell.

E assim as coisas continuaram até chegar a hora de apresentar a prova que o tribunal considerou como a mais importante no processo. Um extrato da sentença:

> Uma circunstância toda especial foi a menção feita por Quick de um eczema em Therese. Isso não era do conhecimento nem mesmo da polícia. A mãe de Therese nunca chegara a falar do eczema da filha, a não ser quando perguntada pela polícia, depois da menção feita por Quick.

Afinal, o que o material da investigação revelava a respeito desta informação obviamente central?

Durante uma reconstituição em Fjell, no dia 25 de abril de 1996, Quick disse recordar que "Therese tinha uma cicatriz no braço, e ele, ao falar, apontara para o seu braço direito". Mais do que isso ele não contou.

Na época do desaparecimento, a mãe descreveu todos os sinais particulares de Therese, e tudo foi anotado num papel. No quadradinho para designar "cicatrizes e outras particularidades", anotou-se um sinal de nascença na face, mas nada de cicatrizes, nem eczemas. Os investigadores noruegueses logo entraram em contato com a mãe de Therese, que contou ter a filha um eczema incomum na dobra do braço. O problema foi desaparecendo durante o verão e a mãe não sabia dizer se a filha continuava com o eczema quando desapareceu ou se ela teria alguma cicatriz na dobra do braço.

No interrogatório seguinte, em 9 de setembro de 1996, os noruegueses já tinham compartilhado com Seppo Penttinen a informação de que Therese tinha um eczema na dobra do braço, o que levou Penttinen a levantar a questão novamente:

> PENTTINEN: — Em relação à reconstituição que fizemos, nós tivemos ou você teve a intenção de dar detalhes do corpo de Therese. Entre outras coisas, você falou que ela teria uma espécie de cicatriz no braço ou nos braços, não me lembro bem, mas deve ter sido nessa região do corpo.
> TQ: — Sim...
> PENTTINEN: — Do que você se lembra a respeito disso, hoje?
> TQ: — Não, não sei, não.
> PENTTINEN: — Você se lembra de ter mencionado isso?
> TQ: — Não, não me lembro, não.

Na sua pergunta, Penttinen menciona, portanto, "braços", enquanto Quick falou de uma cicatriz no braço direito. Além disso, ele dá a Quick uma indicação implícita de que alguma coisa em relação aos braços de Therese poderá ser de importância fundamental.

No interrogatório do dia 14 de outubro, Penttinen volta mais uma vez ao assunto.

PENTTINEN: — Eu fiz... Eu fiz a você, antes, uma pergunta, durante essa reconstituição, a respeito de uma recordação que você tinha de um aspecto nos braços dela, uma espécie de doença de pele ou coisa semelhante?

TQ: — Eu não disse que... Uma pequena mancha...

PENTTINEN: — Bem, mas você não descreveu isso, você não descreveu isso concretamente, o que queria dizer? Mas você disse se lembrar de alguma coisa sobre o assunto, não?

TQ: — Sim.

PENTTINEN: — Você pode desenvolver essa ideia? Seria bom.

TQ: — É uma... É uma mancha. Espero agora que estejamos falando da mesma coisa, ao falar da mancha.

PENTTINEN: — É uma coisa passageira ou é uma coisa que fica para sempre, uma coisa que ela... É uma doença ou uma coisa natural, uma mancha natural, momentânea?

TQ: — Isso eu não sei, não sei. Pode ser uma mancha momentânea, sim. Pode ser também uma coisa que ela tem, uma mancha bastante nítida. É isso aí.

PENTTINEN: — Você pode mostrar isso no seu braço agora?

TQ: — Claro.

PENTTINEN: — É isso que você vê ou se alastra pelo braço inteiro ou ainda é nos dois braços?

TQ: — É em ambos os braços, sim.

PENTTINEN: — Então, é nos dois braços?

TQ: — Sim.

PENTTINEN: — É uma coisa em volta dos braços ou é... Ou é uma coisa à maneira de uma mancha aqui e ali?

TQ: — É uma área pequena. Manchas rosadas aqui e ali.

Apesar de ter recebido informações como "braços" e "doença de pele", Quick não conseguiu dar a resposta certa. Mas a resposta foi considerada suficientemente "certa" para os investigadores policiais, nos testemunhos dados, para que o tribunal pudesse concluir que a informação era vaga, mas, gradualmente, mais parecida com um eczema, informações que Quick já tinha dado, portanto, no início da investigação, de que Therese tinha uma cicatriz na sequência de um eczema na dobra do braço.

Mas, se ela tinha isso no dia do desaparecimento, nem sequer a sua mãe sabia. Mesmo assim essa menção de Quick foi considerada como prova.

Entre todas as informações dadas por Quick e assumidas pelo tribunal como provas de que ele teria matado Therese, eu encontrei apenas um detalhe que não era errado, nem chupado de matérias jornalísticas, nem intuído das palavras de Penttinen: a menção de Quick durante a reconstituição em Fjell de que as varandas tinham outra cor.

> TQ: — Hum, hum... Eu não me lembro exatamente das casas terem essa cor que têm, que têm agora...
> PENTTINEN: — Qual seria a outra cor, no caso de ter havido uma mudança?
> TQ: — Eu acho que as varandas eram brancas... Mas você deve se lembrar, também, que... Que as árvores aqui... E tudo aqui era... De outra cor. Era verde... Isso influencia, de certa maneira, a imagem recordada... Ah, se eu pensar nos prédios mais ao longe... Não existe um (inaudível) que seja... Um espigão...

A declaração de Quick de que as varandas foram repintadas está correta. É estranho que Quick tenha sido capaz de se lembrar da cor das varandas oito anos depois de uma visita rápida à área habitada, em especial tendo em vista que a cor não era marcante, mas neutralmente branca.

Hoje, Quick nem se lembra de ter feito parte de uma reconstituição em Fjell, o que é fácil de entender em face da medicação fortíssima que tomou. E também não consegue explicar por que estava certo em relação às varandas.

— Se eu dei cem informações, então 98 estavam erradas e duas certas — diz ele agora para mim, acrescentando: — É claro que, no meio de tantas informações, algumas deviam calhar de estar certas, não?

E mais longe não consegui chegar. Quick estava certo a respeito das varandas. Mas isso não seria suficiente como prova para uma condenação.

Mas havia ainda o caso do pedaço de osso...

Pesquisas arqueológicas

Na sentença do Tribunal de Hedemora, de 2 de junho de 1998, o valor de prova dos pedaços de osso foi diminuído em função de considerações técnico-jurídicas. Quick disse que não queria excluir a hipótese de "outros pedaços do corpo de Therese" serem encontrados na área que ele indicou na floresta de Ørje. Por isso, os juízes queriam se guardar diante da possibilidade de, no futuro, se conseguir provar que justo esse pedaço de osso pertencesse a outra criança que Quick afirmou ter sequestrado, matado e esquartejado na Noruega.

O valor do achado do osso não foi questionado.

— Evidentemente, era uma circunstância muito importante o fato de terem sido encontrados restos de uma criança esquartejada na floresta de Ørje, exatamente no lugar indicado por Quick — disse o juiz Lennart Furufors.

Na sentença, está escrito: "Ainda que os restos de material orgânico e de objetos encontrados na floresta indicada, por princípio, não possam ligar Thomas Quick a Therese, de certa forma confirmam que a sua história está correta."

— É claro que ficamos impressionados com o fato de terem sido encontrados pedaços de corpo na floresta. Isso era uma prova importante — confirmou Furufors para mim.

Durante o inflamado debate ocorrido em 1998 em relação às investigações sobre Quick, o achado do osso na floresta de Ørje foi usado como arma efetiva contra aqueles que questionavam a promotoria. Em uma tentativa para enfrentar os ataques da psicóloga Astrid Holgersson, especializada em análise crítica de testemunhos, e de Nils Wiklund, docente em psicologia forense, ambos questionando o papel do advogado Claes Borgström e a falta da confrontação das duas partes, Borgström iniciou um debate no jornal *Dagens Nyheter* no dia 6 de junho do mesmo ano, da seguinte maneira:

Na floresta de Ørje, a sudeste de Oslo, alguém enterrou, em vários lugares, material orgânico queimado. Em um deles, foram encontrados pedaços de ossos. Os professores Per Holck, da Noruega, e Richard Helmer, da Alemanha, em estudos independentes, constataram que esses pedaços de ossos são de um ser humano, provavelmente de uma pessoa jovem.

Foi Thomas Quick quem falou onde era preciso cavar, na enorme floresta, para encontrar os restos mortais de uma pessoa, ou seja, da menina norueguesa Therese Johannesen.

O psicólogo Nils Wiklund está preocupado (DN Debate 8/5) porque as confissões de Quick são falsas e produzidas, em parte, a partir de sessões terapêuticas e, em parte, de perguntas direcionadas da polícia. Espero que agora Wiklund fique mais descansado.

Nem mesmo ele poderá acreditar que alguém informou Quick onde devia apontar com o dedo para o solo e dizer: "Cavem!"

Também para Seppo Penttinen, ao escrever na Crônica Criminalista Nórdica, e para Gubb Jan Stigson — em matérias seguidas no seu jornal — os pedaços de ossos encontrados eram a melhor linha de defesa contra aqueles que duvidavam.

Durante as pesquisas realizadas antes da transmissão do meu documentário, a minha assistente Jenny Küttim recebeu uma sugestão do veterano Tom Alandh, da televisão sueca, para rever a série *Tidningsliv* (Vida dos jornais). O documentário em questão estava dividido em doze partes, dedicadas ao Dala-Demokraten e transmitidas pela SVT1 em fins de 2003. Na penúltima parte, Christer van der Kwast faz uma palestra no clube de jornalistas criminalistas em Estocolmo. O fomentador da reunião era Gubb Jan Stigson, que convidara o promotor Kwast para que este contasse tudo a respeito das investigações contra Thomas Quick.

Em uma longa introdução, Kwast critica aqueles jornalistas que questionavam essas investigações, indicando também um grande problema ao longo dos anos: que a acusação tem de ser construída em cima de provas.

Tom Alandh, diretor da série de documentários, não é membro do clube de jornalistas criminalistas, mas foi ouvir a palestra e foi o único a reagir ao que acabara de ser dito:

— Quer dizer, então, que não existem quaisquer provas técnicas em nenhum dos oito casos em que ele foi condenado? É isso mesmo?

A questão chegou a abalar Kwast, apesar de isso ser um fato relativamente bem conhecido.

— Vamos ver, afinal, o que é uma prova técnica? Deve-se... Eu digo... É pouco preciso, digamos, afirmar que "não existe nenhuma prova técnica". Normalmente, por provas técnicas se entendem coisas como correspondência de DNA entre a vítima e o agressor. Este tipo de coisa que nós não temos. Mas, em contrapartida, existem, sim, outros indícios, digamos, de caráter técnico, como, por exemplo, restos humanos queimados, o que confirma, dessa forma, o que ele contou.

Mais uma vez, os pedaços de ossos. Mas não só isso: ao descrever os achados na floresta de Ørje, Kwast não deixa margem para dúvida. Desde que, é claro, ele esteja certo.

A pesquisa técnico-criminalista chegou a uma conclusão: os "restos humanos" a que Kwast se referia eram pequenos fragmentos queimados que, em conjunto, não pesavam mais do que meio grama. O pedaço maior, "que confirma, dessa forma, o que ele contou", não pesava mais do que 0,36 grama.

Será realmente possível que, a partir de uma partícula tão pequena, se defina se é osso humano? E que seria osso humano de uma criança entre cinco e quinze anos?

O achado dos pedaços de ossos queimados na floresta de Ørje deu aos investigadores novas esperanças de encontrar pedaços de corpos na Suécia e, em especial, os restos mortais de Johan Asplund. Thomas Quick tinha mencionado que estava a caminho da "fase dois" da investigação, na qual poderia dar indicações onde esses pedaços de corpos seriam encontrados.

Ao mesmo tempo que o debate sobre Quick se multiplicava nas colunas dos jornais, o personagem principal era levado a fazer reconstituições em toda a Suécia. Ele apontou esconderijos perto de Sundsvall, mas também perto de Korsnäs, Grycksbo e outros lugares na Dalicárlia, onde morou na década de 1980. No final, a lista comportava 24 lugares.

O segundo passo foi deixar que o cão farejador Zampo, com o seu dono e treinador, John Sjöberg, pesquisassem os lugares mencionados por Quick. Para a alegria de todo mundo, Zampo indicou haver cadáveres em quase todos. No total, o cão fez 45 indicações.

Para se assegurar de que o cão farejador era digno de confiança, o professor Per Holck abriu seis covas na área de Ørje com diferentes conteúdos: três com material humano, uma com osso queimado de animal, uma com carvão e uma cova que não tinha nada. Zampo indicou a existência de cadáveres em todas as covas, com exceção daquela com osso queimado de animal. A alta frequência de erro devia dar o que pensar, mas o dono do cão explicou que a pá usada certamente teria contaminado as outras covas com moléculas de odor. De qualquer forma, o resultado do teste foi considerado ruim e Zampo foi, então, dispensado.

Depois do teste, avaliado pelo policial Håkon Grøttland, este escreveu para o dono do cão: "Você deve saber que não conseguimos nenhuma solução adicional no caso [de Therese] com Zampo."

As marcações de Zampo na Suécia foram seguidas da recolha do material suspeito. Todas as covas foram abertas por um grupo de arqueólogos.

Como Quick disse ter esquartejado em pequenos pedaços certo número de corpos, foram reunidas grandes porções de terra e enviadas para análise no Museu de História Natural, em Estocolmo, onde a osteologista Rita Larje, do grupo de trabalho de arqueologia forense, estudou os achados com lupa e microscópio. Para mim, ela contou:

— Recebi uma grande quantidade de sacos e me fizeram saber que, eventualmente, haveria neles material de cadáveres de lugares apontados pelo chamado cão farejador. Como osteologista, pesquisei cada pedacinho do que recebi. Tratando-se de terra, é preciso peneirá-la e, em seguida, procura-se por partes orgânicas. E, no caso, era por ossos que eu devia procurar.

Rita Larje não encontrou nenhum resto de osso. Passou, então, a procurar com o microscópio, atendendo a que poderia haver restos de material orgânico queimado, talvez carne transformada em pequenas partículas porosas. Mas também não encontrou nada. Em alguns lugares, foram encontrados ossos a olho nu.

— Neste caso, encontramos uma costela de vaca, com sinais de ter sido roída. E encontramos, também, pedaços de casca de nozes.

Pode-se achar que os investigadores, diante do resultado negativo, deveriam ter chegado a uma conclusão lógica: que Quick mentiu e que Zampo marcou lugares sem importância. Mas as escavações continuaram.

Rita Larje e eu chegamos, então, ao último relatório de análise feita de um material que veio da cidade de Sågmyra, onde Sture Bergwall morou nos derradeiros tempos de liberdade. Ao se verificar que os esconderijos, um a um, estavam vazios em termos de restos de ossos humanos, Quick deu a entender que tinha mudado os seus troféus à medida que mudava de moradia. Por isso, esperava-se encontrar "o mausoléu de Quick" em Sågmyra, com pedaços de muitas das suas vítimas. Larje foi ver seu relatório de 1998 sobre o assunto.

— Foram, exatamente, 39 achados, 39 sacos com terra a pesquisar. E a maior parte do conteúdo desses sacos era de pedaços de árvores, carvão, cascas diversas e pequenas pedras — tudo natural de encontrar nas florestas.

Rita Larje escreveu, então, um relatório confirmando não ter encontrado nenhum fragmento de osso, nem nada de interesse. Seppo Penttinen ficou furioso diante da informação negativa depois da última escavação, e não quis aceitá-la. Mandou todo o material para Per Holck, em Oslo, que tinha encontrado os fragmentos de osso em Ørje. Penttinen queria uma segunda opinião. Após duas semanas, veio a resposta de Holck: "Nada de restos de osso foram encontrados no material."

Foi a primeira vez que Rita Larje viu todo o material reunido: todos os lugares pesquisados, escavações, milhares de provas para que fosse medido o conteúdo de fosfato na terra à caça de pedaços de corpo e as pesquisas que ela própria fez. Ela balança a cabeça e diz:

— Uma pessoa fica apática ao ver tanto trabalho dedicado a este caso. Nunca se encontrou nada, mas, mesmo assim, as investigações continuam, na convicção de que vamos encontrar alguma coisa no próximo lugar, até chegar ao último e à conclusão de que não se encontrou nada!

Para minha grande alegria, Larje se dispôs a discutir comigo até mesmo os achados de ossos na Noruega. Ela viu o material que eu reuni, toda a documentação e os pareceres dos professores.

Depois de consultar tudo, Larje não se considerou em condições de apresentar qualquer declaração formal, mas foi muito crítica a respeito dos pronunciamentos dos professores Holck e Helmers, achando que eles chegaram a conclusões de que o material não oferece qualquer base. Segundo Larje, nem um, nem outro conseguiram constatar de onde vieram os supostos pedaços de ossos. Nos seus relatórios, não mencionaram de qual perna ou de qual parte da perna os pedaços de osso vinham.

— Se não se pode decidir de que parte do esqueleto o osso pertence, então não se pode também saber de que espécie de osso se trata.

Rita Larje afirmou que os pareceres dos professores contêm várias conclusões de que falta apoio na literatura científica e, em determinadas partes, advêm de raciocínios errados.

— Julgar que se trata de ossos de uma jovem é uma conclusão a que falta suporte — diz Larje.

Ela não vai mais longe nos seus comentários, a não ser que tenha acesso aos citados pedaços de ossos. Mas se oferece para viajar a Drammen com outro osteologista para estudá-los no lugar.

Entrei em contato com Christer van der Kwast que, segundo os noruegueses, tinha de autorizar o estudo a fazer. Ele não foi totalmente negativo. E eu consultei, então, a mãe de Therese Johannesen, que concordou, imediatamente, com uma nova análise.

Depois disso, não chegava nenhuma mensagem e o tempo começou a correr.

Após muitas insistências, chegou a resposta definitiva de Kwast: "Nenhum osteologista independente tem permissão para olhar os ossos."

O *código decifrado*

As duas sentenças que deixei para rever por último são, de longe, as mais inacreditáveis.

Ambas, a ligada ao assassinato de Johan Asplund e a ligada aos assassinatos na Noruega de Trine Jensen e Gry Storvik, antecipam a hipótese de que Thomas Quick conduziu, ele mesmo, um automóvel por longas distâncias, anos antes de ter carteira de motorista. Em ambas as sentenças, os juízes constataram que faltavam provas técnicas e que as sentenças estavam construídas em cima do que o próprio Quick declarou. Em ambos os casos, foram mencionadas as sentenças anteriores como um dos motivos para considerar Quick como o criminoso, um raciocínio que é muito estranho, até mesmo se considerarmos que falta às sentenças anteriores conteúdo convincente: segundo a lei sueca, cada crime terá de ser julgado em separado, sem ter em consideração qualquer outra ação criminosa.

Portanto, como o tribunal poderia julgar e sentenciar, a partir, exclusivamente, das palavras de Quick?

O julgamento de Thomas Quick pelos seus sexto e sétimo crimes começou no Tribunal de Falun, no dia 18 de maio de 2000, mas, por razões de segurança, foi transferido para o Tribunal de Estocolmo, que mais parece um bunker. Por uma entrada lateral, Quick foi levado para a sala do julgamento, vestindo um paletó azul-claro, próprio para a primavera, e se sentou ao lado de Claes Borgström e Birgitta Ståhle. Tudo seguiu uma rotina e uma dramaturgia bem normais. Todos os atores dominavam os seus papéis tão bem, de tal maneira que baixaram as guardas e assumiram riscos maiores do que antes.

O promotor Kwast apresentou as suas alegações e leu o primeiro ponto da acusação.

— No dia 21 de agosto de 1981, em uma área denominada Svartskog, no distrito de Oppegård, na Noruega, Thomas Quick tirou a vida de Trine Jensen, com uma pancada na cabeça e por estrangulamento.

Como Quick se declarou culpado, era a ele que cabia justificar a sua história, mas foi interrompido por Kwast que, primeiro, queria apresentar um vídeo da reconstituição e reproduzir o que Quick contou no interrogatório. Só depois de Quick ter escutado as repetições ordenadas de toda a história por Kwast, lhe foi dado o direito de contar ele próprio sua história em tribunal.

Quick tinha conduzido o carro até Oslo para encontrar um rapaz, mas Trine, uma jovem de 17 anos, acabou por aparecer no seu caminho. Quick pediu a ela que lhe indicasse o caminho para o Palácio Real.

— E, infelizmente, a jovem entrou no carro — disse Quick com voz entrecortada.

A voz era também fanhosa, e ele se sentia obrigado a fazer longas pausas, enquanto descrevia "o seu comportamento grotesco e bizarro" que, neste caso, dizia respeito à maneira como ele maltratou, despiu e, por fim, estrangulou Trine com a alça da bolsa dela.

A esta altura, era bem conhecido que o grande problema dos investigadores, diante da confissão de Quick, era ligá-lo ao crime.

— As verificações feitas da sua história foram rigorosas — disse Kwast, apoiado por Claes Borgström.

— Ao participar da reconstituição, ele conseguiu indicar, a trinta metros de distância, onde o corpo da vítima se encontrava. Em uma grande floresta na Noruega, dezoito anos depois do crime — explicou Borgström para os jornalistas que cobriam o julgamento.

Birgitta Ståhle também estava lá para explicar os mecanismos psicológicos que enformaram Quick no assassino em série em que ele se transformou.

— Durante o crescimento e até chegar aos 13 anos de idade, Thomas Quick sofreu abusos sexuais do pai. A falta de sensibilidade e a crueldade do pai são horrorosas e apavorantes. Mas muito maior era o medo da mãe.

Em seguida, ela contou que Quick, aos 4 anos, testemunhou o nascimento do seu irmão Simon e viu como ele foi morto pelos pais, tendo de acompanhar o pai na floresta onde foram enterrados os restos mortais do recém-nascido.

— Quando Thomas Quick tinha 4 anos e 9 meses, a mãe tentou afogá-lo em um buraco em um lago coberto de gelo — continuou Birgitta, na sua descrição interminável do que foi a infância horrível de Quick.

O juiz-mor do julgamento, Hans Sjöquist, escutava com crescente espanto os testemunhos apresentados e, quando a oitiva terminou, ele perguntou:

— Foi possível verificar todas essas informações?

— Não, mas, se algo está incorreto, mais cedo ou mais tarde surge durante as sessões de terapia — respondeu Birgitta Ståhle.

Sem dúvida, ficou difícil de entender por que um pedófilo e assassino em série, por duas vezes, foi de carro de Falun para Oslo para matar duas mulheres. Até mesmo para isso a terapeuta teve resposta, sob a forma de um motivo para os crimes.

— O assassinato de mulheres e garotas é uma vingança. Uma vingança dirigida, acima de tudo, contra mulheres que representavam a figura da mãe. A irmã gêmea foi mencionada e a agressividade que existe nela é a agressividade da inveja — explicou Ståhle, que terminou seu testemunho com as seguintes palavras:

— É preciso muita moral para contar as maiores imoralidades que esses crimes configuram.

O enfermeiro responsável pela ala 36, Bengt Eklund, também esteve presente no tribunal para, como apareceu na sentença, testemunhar que "Thomas Quick tinha um acesso muito limitado aos jornais noruegueses e não tinha a possibilidade de obter a não ser um ou outro jornal sem o seu conhecimento".

Para dar maior suporte à credibilidade de Quick, Sven Åke Christianson testemunhou e mencionou uma experiência que ele fez com dez pessoas na Faculdade de Psicologia da Universidade de Estocolmo. Elas receberam para ler as matérias dos jornais noruegueses sobre ambos os crimes e, depois, de memória, descreveram, cada uma, as histórias lidas que, em seguida, eram comparadas com os fatos conhecidos da polícia e com as matérias. As histórias rememoradas das pessoas, sem muita surpresa, tinham, mais ou menos, uma quantidade parecida de detalhes corretos, independentemente de como a comparação fosse feita. Mas, quando as informações de Thomas Quick foram submetidas ao mesmo teste surgiu uma diferença considerável: suas histórias continham muitos mais detalhes corretos, ao serem comparadas aos dados da polícia do que quando comparadas com as matérias dos jornais.

Os juízes ficaram impressionados com a engenhosidade de Christianson e se referiram copiosamente ao teste do professor na sentença. O parágrafo terminaria com as seguintes palavras: "O resultado possibilita a conclusão de que Thomas Quick teve acesso a muitos mais fatos do que àqueles publicados pela imprensa."

Para que os juízes não ficassem inclinados a escolher uma de duas possíveis análises da conclusão feita — a de que Quick teria recebido informações, provavelmente, dos investigadores ou da sua terapeuta — testemunharam tanto Seppo Penttinen quanto Birgitta Ståhle, dizendo que de forma alguma teriam transmitido novos fatos para ele.

No conjunto, foi dada aos juízes uma imagem que ficou muito longe da verdade.

Em uma das minhas viagens à Noruega, encontrei-me com Kåre Hunstad, repórter criminalista que foi o primeiro a alimentar Thomas Quick com dados sobre Trine Jensen e, com isso, a ligar o assassinato de Trine à investigação sobre Quick. O encontro aconteceu no bar de um hotel em Drammen. Hunstad tinha escrito mais matérias sobre Thomas Quick do que qualquer jornalista norueguês durante a era dourada de Quick entre 1996 e 2000 e, em alguns períodos, seguiu o curso dos eventos de maneira muito intensa. Mas seu interesse pelo assassino em série sueco era mais antigo do que isso.

— Nos primeiros anos da década de 1990, eu era repórter criminalista do jornal *Dagbladet* e lia, diariamente, os jornais *Aftonbladet* e *Expressem* de Estocolmo.

Durante o julgamento do crime de Appojaure, Hunstad estava lá, em Gällivare, não para reportar, mas como observador.

— Para tentar compreender Quick — explica ele. — Para um repórter ambicioso, era natural esperar que Thomas Quick tivesse estado na Noruega e eu pudesse ligá-lo a crimes ainda por solucionar.

O sonho de qualquer repórter ambicioso aconteceu logo que ele voltou de Gällivare para casa, época em que Quick, inesperadamente — e graças a informações que recolheu do colega norueguês de Hunstad, Svein Arne Haavik — confessou ter matado Therese Johannesen. Não foi pouca coisa.

Hunstad tentou fazer com que eu entendesse como o caso teve enorme repercussão na Noruega e me contou o quanto ele e os seus colegas, em muitas ocasiões, voltaram ao assunto, durante tantos anos.

— Então, Quick chega e confessa o crime! Eu já tinha um bom conhecimento dos casos suecos. Era uma história comparável a farsas puras, na falta de provas e fracas cadeias de indícios costurados entre si. Não dava para acreditar. Era um verdadeiro circo ambulante.

O comportamento cético de Hunstad me espantou, visto que ele escrevera incontáveis notícias relacionadas ao assassino em série Quick. Chegou a ser o principal repórter norueguês dos acontecimentos relacionados com Quick e, na maioria das vezes, foi o primeiro a noticiar sobre as investigações.

Hunstad escreveu sobre a viagem de reconstituição de Quick ao campo de refugiados na Noruega, onde ele confessou ter sequestrado os dois rapazes. E logo no dia seguinte ao da publicação da reportagem, em 24 de abril de 1996, Thomas Quick podia ler, no *Dagbladet*, a respeito de um segundo crime que poderia estar relacionado com ele.

Tendo em vista a inclinação anterior de Quick para rapazes jovens, Hunstad escreveu que deviam ser retomadas as investigações do desaparecimento do garoto de 13 anos, de nome Frode Fahle Ljøen, em julho de 1974. Uma fonte da polícia contou até que devia ser dada uma olhada mais atenta para o assassinato de Trine Jensen, uma jovem de 17 anos, em Oslo, em 1981, e para o caso de Marianne Rugaas Knutsen, de 7 anos, que desapareceu em Risør no mesmo ano.

Depois do regresso ao Hospital de Säter, Thomas Quick voltou a ter, durante fortes convulsões nas sessões de terapia, os primeiros fragmentos de recordações dos crimes cometidos contra Trine, Marianne e Frode, sobre os quais ele lera no *Dagbladet*.

No entanto, Quick teve dificuldade para se lembrar do nome Frode e chamou, então, de "Björn" entre aspas.

O autor da utilitária matéria teve a vantagem de se tornar, obviamente, um amigo de Thomas Quick — uma amizade com mútua utilidade para os dois.

— Eu tinha o telefone dele e podia telefonar quando quisesse. Consegui construir um bom relacionamento com ele. Fizemos muitos contatos e, sem dúvida, ele era um bom negociador. A cada encontro que tivemos, ele sempre queria tirar algum proveito — disse Kåre Hunstad.

Em determinada oportunidade, Quick exigiu um novo e exclusivo computador pela entrevista. Por meio de um fax, ainda conservado, com data de 20 de maio de 1996, Hunstad escreveu que o jornal *Dagbladet* recusou o negócio, mas que a estação de rádio P4 estava disposta a pagar o que Quick pediu. Em carta posterior, Quick escreveu: "Você terá uma boa entrevista comigo antes disso, mas, então, farei uma exigência mais séria. Me encontrarei com você, desde que me paguem 20 mil coroas. Claes [Borgström] já sabe sobre isso. Portanto você não precisa entrar em contato com ele primeiro."

Segundo Hunstad, em geral não se tratava de grandes somas, nada além de alguns milhares de coroas, mas o jornal, mesmo assim, achava problemático proceder dessa forma.

— Ainda tenho uma carta em que ele escreve que poderia confessar novas coisas, desde que fosse pago por isso. Se fosse pago, tudo bem. Era assim que ele era.

Em uma das visitas a Säter, Hunstad levou uma câmera de vídeo para filmar a entrevista. Quick entendeu que o mais interessante para o público norueguês seriam os seus crimes na Noruega. A entrevista começou com Quick contando ter se deslocado de carro à Noruega em 1987 e que ele, de repente, viu a figura de um rapaz de mais ou menos 13 anos:

— Parei o carro, e ele parou a bicicleta. Já estávamos no fim do outono, agosto ou setembro, às 19h. O rapaz notou que se passava algo de estranho. Fez um movimento de retirada e de disparar em frente. Tinha uma jaqueta fina que eu agarrei. E logo em seguida lhe dei um murro no queixo. Ele caiu no chão e bati com a cabeça dele no asfalto, repetidas vezes, até ele ficar inconsciente ou morto. Aproximei o corpo do carro e coloquei a bicicleta em um lugar especial. Era um cruzamento entre duas vias e muitos prédios. Voltei para o carro e passei com as rodas por cima da bicicleta. O prejuízo no carro não foi grande, mas a bicicleta ficou desfeita.

O assassinato teria ocorrido em Lillestrøm, ao norte de Oslo, e seria considerado como um acidente de trânsito, contou Quick. Kåre Hunstad achou que tinha filmado a confissão de um crime ainda desconhecido. Um furo de reportagem, pensou.

Quick continuou a falar de mais um crime na Noruega: o assassinato de uma prostituta em Oslo. Um caso semelhante já estava sendo investigado, o de Gry Storvik, mas tratava-se, portanto, de outro crime.

— Você já falou sobre esse caso para a polícia? — perguntou Kåre Hunstad.

— Acho que essa história vai sair no outono. Então, eu falarei sobre a prostituta — disse Quick, tomando mais um gole de café. Depois, acrescentou: — O que posso dizer por ora, pelo que já deu para entender, é que se trata de uma usuária de drogas. Uma viciada...

— Você pode descrevê-la?

— Mais ou menos 25 anos. Já bastante desgastada, morena, foi assassinada com três facadas. Eu me encontrei com ela em Oslo. Exatamente onde, não sei dizer.

— Nenhuma dúvida de que ela era uma viciada em drogas? Você a pegou como se fosse um cliente normal?

— Sim, sim. Nós saímos de carro por um trajeto curto, chegando a um lugar em Oslo que eu não conhecia. Uma área com apartamentos vazios. Foi lá que ela foi morta.

— Você a atacou? Ela foi violentada?

— Não.

Quick não se lembrava exatamente do ano, mas disse que, provavelmente, teria sido em 1987.

Em seguida, eles passaram a falar do crime contra Marianne Rugaas Knutsen. Quick já confessara esse assassinato e estava sendo investigado pelo crime, mas havia muitos mais.

Quick contou que, na década de 1970, viajou de carro para a cidade norueguesa de Bergen, onde foi encontrar um rapaz de 16 ou 17 anos.

— Uma das suas primeiras vítimas na Noruega?

— Sim, foi a minha primeira vítima que morreu — constatou Quick, friamente. — Ele entrou no carro voluntariamente e, então, seguimos em frente até chegar a um lugar nos arredores de Bergen. Parei o carro no meio da floresta e abusei sexualmente dele. Depois, estrangulei-o. Voltei com ele para Bergen e deixei-o no porto. Mas não no mesmo lugar onde o tinha encontrado.

— Você levou o corpo no carro?

— Sim, levei o corpo no carro. E deixei-o, vestido, no porto.

— Isso significa que você o vestiu?

Ao deixar o Hospital de Säter, Kåre Hunstad refletia se estava diante de um furo de reportagem ou se, em vez disso, devia denunciar um mitomaníaco.

Hunstad usou os seus contatos na polícia e realizou a sua própria investigação, a partir das informações dadas por Quick. Em pouco tempo, podia constatar que não havia registro de nenhuma morte, desaparecimento ou assassinato que se encaixasse nesses três crimes na Noruega, confessados por Quick diante da câmera de vídeo. O mais provável seria Quick ter inventado tudo.

O reconhecimento de que Quick, mais uma vez, teria sido incitado a confessar crimes que jamais aconteceram me impressionou muito. Fiquei pensando em como Kåre Hunstad pôde evitar a tomada de uma atitude mais crítica em relação às confissões de Quick.

— Nunca acreditei em Quick — diz Hunstad. — Tentei entender um assassino em série e aprendi que eles tiram a vida de um determinado tipo de pessoa. Mas, no caso de Quick, são rapazes e garotas, jovens e adultos. Além disso, nunca existem testemunhas, nenhuma prova técnica, e tudo se transforma em um circo fantástico.

Hunstad diz que ele, como jornalista, tentou "desvendar o código", mas tenho dificuldade em entender o que ele quis dizer.

— Quanto mais gente estiver disposta a desvendar Quick, melhor — diz Kåre Hunstad, que se despede me desejando boa sorte.

Em se tratando das sentenças pelos crimes contra Trine Jensen e Gry Storvik, de 22 de junho de 2000, não existe muito código para desvendar. Uma leitura mais atenta do protocolo das investigações preliminares mostra como as histórias contadas por Quick mudavam e aumentavam, constantemente, consoante a interação de Thomas Quick com aqueles que o cercavam.

Em muitos interrogatórios, Quick ataca suas vítimas norueguesas com faca ou com um porrete, ou com um machado, ou um artefato metálico, ou ainda — quando a fantasia acaba — sacode seus corpos ou lhes dá cotoveladas ou ainda bate com elas contra alguma parte do carro. As informações centrais consideradas incorretas são revisitadas e corrigidas, mas não chegam a ficar corretas e, novamente, são revisitadas em novos interrogatórios, repetidamente.

Mesmo considerando que as histórias de Quick, até mesmo nas suas versões finais, eram difíceis de conciliar com as provas técnicas, Christer van der Kwast se deu por satisfeito e apresentou em tribunal uma declaração dos médicos legistas Anders Eriksson e Kari Ormstad, em que estes apenas listaram as provas que, mais ou menos, com alguma ajuda, se conciliavam com as declarações de Quick. Os protocolos das autópsias nunca chegaram a ser considerados em tribunal, tampouco as análises de DNA do esperma encontrado na violentada Gry Storvik. Este detalhe foi tratado, mas Quick afirmou em tribunal que, segundo se recordava, "não teria chegado a gozar" ao violentar a vítima. No entanto, durante os interrogatórios anteriores, afirmara justamente o contrário.

E, com isso, todos ficaram satisfeitos: o promotor, o advogado de defesa, os responsáveis pelo tratamento dispensado a Quick, e os juízes do tribunal.

Um apoio às declarações de Quick, destacado, em especial, nas sentenças, diz respeito ao cinto de tecido usado para estrangular, encontrado ao lado do corpo de Trine Jensen, já em decomposição. Sendo provavelmente a arma do crime, o cinto de tecido era, na realidade, a alça da bolsa de Trine, informação essa que fora parar nas mãos da mídia. Por isso, o tribunal deu grande valor ao fato de Quick ter falado desse detalhe específico.

A primeira vez que Quick indicou o nome de Trine Jensen para os investigadores foi em 4 de outubro de 1996. Era o dia em que Quick e toda a sua comitiva iriam realizar a segunda reconstituição do assassinato de Yenon Levi.

Mas, primeiro, Quick surpreende, exigindo um interrogatório especial. Diz que tem uma informação que quer dar e que não pode esperar.

Seppo Penttinen, Claes Borgström e Thomas Quick sentam-se, então, em uma sala provisória em Säter e é Penttinen quem liga o gravador. São 10h15 da manhã.

— Por favor, Thomas Quick...

— Eu só quero dar uma informação. Muito curta. Não vou responder a nenhuma pergunta em relação ao que vou contar, mas, em contrapartida, quero dar hoje a informação antes de começar a história de Rörshytte, para não me sentir sobrecarregado, diante de uma espécie de barreira. Quero falar que, dois anos depois da morte de Johan, isto é, no verão de 1981, estive em Oslo, onde sequestrei uma mulher que, acho, estava ainda nos anos da adolescência. Ela chamava-se Trine Jensen, foi levada por mim e assassinada. É tudo por hoje.

Penttinen constatou que a audiência terminara. Eram 10h17. Tinha durado dois minutos.

O "interrogatório" em que Quick confessa ter matado Trine Jensen é — sob vários pontos de vista — muito estranho. Em primeiro lugar, evidentemente, por ser tão curto e, a seguir, pelo fato de o suspeito não admitir perguntas. Mas, muito mais estranho ainda, por Quick ter oferecido dados concretos sobre o assassinato: que a vítima se chamava Trine Jensen, era adolescente e desaparecera do centro de Oslo no verão de 1981. Todas as informações estavam corretas e todas elas estavam à disposição para leitura em várias matérias jornalísticas.

Em fevereiro de 1997, o próprio Thomas Quick levantou, novamente, a questão do desaparecimento de Trine Jensen, mas os investigadores deixaram o caso em repouso. Provavelmente, por estarem muito ocupados com outros assuntos. Em março de 1998, chegara a hora: em entrevista dada a Kåre Hunstad, ele disse que, em pouco tempo, "iria contar a história do assassinato de Trine".

Só em 27 de janeiro de 1999, o nome de Trine volta a ser mencionado durante um interrogatório, no qual Quick é ouvido a propósito de um grande número de assassinatos declarados. Nessa altura, ele menciona mais alguns detalhes, como ter deixado o corpo de Trine em uma estrada no meio da floresta e perto de uma casa de campo. Penttinen tenta pressioná-lo por mais informações:

— Você diz que a violentou. O que quer dizer com isso?
— Que eu violentei o seu corpo de várias maneiras.
— De várias maneiras?

— Hum...

— Você está falando muito baixo. Por isso, sou obrigado a insistir. Pode me dizer quais foram essas maneiras?

— Não.

É como falar para uma parede, mas, diante da pressão, Quick dá mais alguns fragmentos de informação: que Trine foi deixada nua na floresta, provavelmente ao norte de Oslo. "Afinal, eu e o ponteiro de uma bússola somos dois casos absolutamente incompatíveis." E, logo a seguir, ele bota um ponto final à conversa e às perguntas, dizendo: "Bem, bem, está na hora de a deixarmos em paz!"

Duas semanas depois, durante um interrogatório, sustenta que matou Trine com pancadas de porrete na nuca. E pouco mais diz. No dia 17 de maio, volta a ser interrogado.

> PENTTINEN: Qual seria a idade dela e o aspecto em geral?
> TQ: Não, não aguento falar disso agora.
> PENTTINEN: O que o impede de falar sobre isso? Aspecto, loura ou morena, alta ou baixa, gorda ou magra?
> TQ: Mais loura do que morena, mais alta do que baixa, mais redonda do que esbelta.

Thomas Quick desenhou um mapa da área, o qual, sem dúvida, está totalmente errado, caso não se faça como certos interpretadores decidiram, ou seja, ver o mapa diante de um espelho, devido à "problemática direito-esquerdo" de Quick. Usando o espelho, o mapa já não está tão errado assim.

Penttinen perguntou, então, quais as partes do corpo da vítima foram atingidas.

— O estômago — respondeu Quick.

— Você se lembra se antes, em outra conversa comigo, mencionou outra parte do corpo? — perguntou Penttinen.

— Não — respondeu Quick.

Penttinen insistiu ainda, perguntando se ele se lembrava de outra mulher além de Trine.

— Duvido — respondeu Quick.

— Então, eu o estou notificando agora de que você está sob suspeita pelo assassinato de Trine Jensen — acrescenta Penttinen.

Em 28 de maio de 1999, seis dias antes do planejado interrogatório com Thomas Quick sobre o assassinato de Trine Jensen, Seppo Penttinen telefonou para Quick para que este se preparasse para "dar detalhes a respeito da roupa e de eventuais objetos que possam ter ligação com o crime". O "objeto" mais importante no caso era, evidentemente, a alça da bolsa de Trine, a provável arma do crime.

A conversa telefônica não foi gravada, portanto não sabemos como decorreu, mas permanece o fato de que Seppo Penttinen novamente escolheu discutir uma informação decisiva com Thomas Quick com o gravador desligado. Quick contou, segundo anotações de Penttinen, que Trine Jensen tinha "uma bolsa com uma alça mais comprida do que o normal". E, uma vez que se sabe que uma bolsa tem uma alça bem comprida e que isso é um detalhe importante, não será muito difícil imaginar para o que essa alça deve ter servido.

Ao ser interrogado novamente em 3 de junho de 1999 a respeito desse crime, Thomas Quick desenha de novo um mapa que, com boa vontade, poderia ser considerado como bastante preciso, desde que visto, diante de um espelho. Quick contou que Trine saiu do carro e andou em frente "com as próprias pernas" até que ele resolveu atacá-la com uma faca. Repetiu o movimento várias vezes, dando facadas no corpo dela. Quick completou, dizendo que deviam existir manchas de sangue no solo, pelo menos, ao longo de uns trinta metros.

Finalmente, Trine caiu no chão e Quick viu que ela estava morrendo. Nessa altura, ele voltou a atacá-la até ela morrer mesmo, estendida no solo. As facadas atingiram-na por toda a frente do seu corpo.

— Eu investi, principalmente, contra o peito dela e, possivelmente, contra o seu estômago — diz ele.

Apesar de ter tomado conhecimento da alça comprida da bolsa, Quick dá uma informação completamente errada a respeito da maneira como matou Trine Jensen. Por isso, nesse momento, em vez de pedir a Quick que continuasse a sua história, Seppo Penttinen desvia o interrogatório para os pertences de Trine.

Quick diz se lembrar de "uma bolsa de mão... ah... a alça". E, nessa altura, Penttinen não perde tempo:

— Que alça, que tipo de alça era essa, de que você está falando?

Quick não conseguiu responder. Ficou sentado, suspirando.

Seppo Penttinen reagiu, dando o mesmo sinal de sempre, quando Quick entrava na pista certa:

— Você tem alguma imagem ligada a essa alça? Eu vejo no seu rosto que existe alguma coisa da qual você tem dificuldade em falar.

— Sim, é difícil — responde Quick.

— Ao que é mesmo que você está ligando a bolsa e a alça?

— Eu pego na alça, sim, e a utilizo, diria eu... Ai...

— Você estava dizendo que utilizou a alça, é isso? De que maneira você utilizou a alça? Pode explicar? — pergunta Penttinen, que acrescenta, por questão de maior certeza: — Se é assim...

Quick suspira e diz que não se lembra. Nessa altura, porém, Penttinen vai em frente, não pensa em desistir.

— Você se lembra de ter acontecido alguma coisa com a alça?

— Lembro-me de ter segurado a alça... Ai...

Quick avança, dizendo que a alça tem uns dois centímetros de largura. Isso não condiz em nada com a bolsa de Trine, mas Penttinen incentiva-o:

— Do que ela é feita? Você tem alguma sensação recordada em torno do assunto?

— Sim, eu me recordo de uma sensação... Ai...

— E se você pensasse no material... — tenta Penttinen.

— Ah, sim, se é de couro ou de pele ou... Como se diz mesmo...? — tenta Quick.

É mais uma resposta errada, visto que Penttinen já sabe que a alça é de tecido. Nessa altura, ele muda, rapidamente, de assunto.

— Afinal, o que acontece com essa alça, uma vez que você está sempre falando dela?

— Eu poderia dizer que amarrei os pés dela com a alça, mas isso deve ser, com certeza, um dado errado.

As perguntas de Penttinen nunca chegam ao fim. Quick faz mais uma tentativa e diz que Trine achava horrível que ele segurasse a alça. Por fim, Penttinen ensaia uma nova maneira de dirigir as palavras de Quick:

— Tente falar de maneira clara, Thomas Quick! Pelo que vejo, há uma coisa de que você tenta evitar falar, ao mesmo tempo que deseja falar do assunto, mas é difícil.

— Sim, é muito difícil — confirma Quick.

— Você não amarra as pernas dela, antes usa a alça para outra manobra, se é que eu entendo você da forma correta, não?

Thomas Quick tenta novamente falar de como Trine tinha medo da alça, mas, em seguida, retorna à faca. Penttinen, porém, nem presta atenção ao que ele diz. E volta à mesma questão:

— Se eu estou interpretando você da maneira certa, por meio da sua linguagem corporal e outros meios, parece que aconteceu alguma coisa com a alça da bolsa. Em que altura a alça acaba sendo usada? Onde é que você está neste momento? Tente desenvolver essa ideia, tá?

A questão não é mais se a alça vai ser usada, mas onde e como.

No interrogatório seguinte, em 1º de setembro de 1999, Quick teve mais dois meses para refletir sobre o assunto. Além disso, pôde "pescar" ou "colher" informações das polícias sueca e norueguesa que participaram da reconstituição realizada no dia 1º de agosto nos locais onde foram encontrados os corpos de Trine Jensen e de Gry Storvik.

Não admira, portanto, que, na sessão de terapia com Birgitta Ståhle, Quick tenha revelado ter recuperado recordações importantes.

No interrogatório de 1º de setembro, Thomas Quick, Seppo Penttinen e Christer van der Kwast reuniram forças e chegaram, então, à conclusão de que a alça fora usada para asfixiar Trine.

Finalmente, dois anos e onze meses depois de Thomas Quick ter confessado o assassinato de Trine Jensen, eles concluíram ter em mãos uma prova judicial sobre o caso.

E o vídeo da reconstituição? Esse muito falado e, no julgamento, apresentado filme mostra como Thomas Quick, a 16 de agosto de 1999, lidera um grupo de policiais suecos e noruegueses e outras pessoas, praticamente, até o lugar onde foi encontrado o corpo de Trine. No caminho, os carros passaram pertíssimo do estacionamento onde o corpo de Gry também foi encontrado. Quick reagiu nesse momento com mais um forte ataque de pânico e, entre os outros que estavam no carro, ninguém afirmou ter conhecimento do caso. Segundo o que o tribunal ficou sabendo, foi então, pela primeira vez, que se levantou a suspeita contra Quick, de ter assassinado, também, Gry Storvik.

De salientar que os meus colegas noruegueses falam da polícia de Oslo, desde o início, ter associado os dois crimes sexuais, suspeitando de que ambos teriam sido cometidos pelo mesmo criminoso. Além disso, descobri que Gry, assim como Trine, já teria aparecido nos jornais, em relação à investigação Quick. E, tendo em vista o vazamento de informações e a generosa liberdade de Quick, qual poderia ser o valor, afinal, de ele mostrar à polícia dois locais, já reconhecidos, respectivamente, quinze e vinte anos antes, locais que, de forma alguma, poderiam ser considerados secretos?

Da capo

No Hospital de Säter, normalmente, não se faz muita questão de festejar o Natal e o Ano-Novo e, na passagem do milênio, não foi exceção. Nos dias antes e depois do Ano-Novo de 2000, segundo o diário médico, Thomas Quick mostrou-se "muito abalado e tenso". Os enfermeiros relataram "grandes crises de choro e muito desespero". Quick passou noites de insônia, devido ao "alto nível de pânico".

Em março, foi realizada uma conferência na clínica sobre tratamentos, mas o famoso assassino em série estava em péssimas condições físicas e não participou. O médico-chefe Erik Kall, no entanto, otimista como sempre, escreveu ter visto "uma evolução positiva no paciente que, em parte, avançou bem no seu tratamento psicoterapêutico e se tornou mais integrado como pessoa".

Birgitta Ståhle foi ainda mais longe, ao descrever no diário os efeitos benéficos do longo tratamento terapêutico. Como de hábito, começou as suas anotações com uma curta mensagem a respeito dos progressos conseguidos nas sessões de terapia, para, depois, se referir à situação das investigações em relação aos últimos assassinatos e ao fato de estes estarem associados aos traumáticos anos da infância de Quick:

> Nosso continuado trabalho terapêutico tem implicado uma visão e uma compreensão mais ampliadas e aprofundadas, não só do conteúdo dos vários crimes como, também, da maneira como as experiências anteriores são contadas/representadas nos crimes.
>
> Nos últimos dias do outono, nota-se uma óbvia integração que compreende vários aspectos, alguns anteriores, outros mais recentes, que se completam de forma nítida. O trabalho quanto à diferenciação entre os vários crimes tem sido importante. Tornou-se muito evidente a diferença que existe entre o significado e a implicação dos crimes contra rapazes e dos crimes contra mulheres.

Os entusiásticos comentários do médico-chefe Erik Kall e de Birgitta Ståhle estão em contraste absoluto, irrestrito, com as anotações feitas pelos enfermeiros, na mesma época:

> Thomas Quick tem tido, nos últimos tempos, um transtorno extra com as suas meditações existenciais. No dia 6 de março, recebeu a informação da abertura de um novo processo dali a duas semanas. Isso ocasionou um aumento da pressão, tendo como consequência um aumento do pânico. Tomou cargas extraordinárias de benzodiazepina, no sentido não só de amenizar a ansiedade como, também, de lhe proporcionar mais horas de sono. Na noite de 8 de março, dormiu apenas duas horas. Muito desespero, muito choro e gritos, durante a madrugada, apesar da medicação extra que lhe foi dada, necessariamente, durante as noites.

As semanas que se seguiram podem ser descritas por cenas horrorosas de "noites" de insônia, de gritos e de pânico em que as personalidades múltiplas de Thomas Quick se revezam em se mostrar na ala 36, exigindo mais medicação.

No dia 30 de junho, Birgitta Ståhle voltou a escrever mais uma anotação triunfalista no seu diário, desta vez como consequência de Thomas

Quick, na semana anterior, ter sido bem-sucedido, ao ser condenado pelos assassinatos de Gry Storvik e de Trine Jensen:

> Sessões de terapia continuadas, três vezes por semana. Continuação da evolução construtiva do trabalho psicoterapêutico. Julgamento em Estocolmo, de 18 a 30 de maio.
> O julgamento visava ao indiciamento pelo assassinato de duas mulheres, crimes cometidos em 1981 e 1985. Durante esse julgamento, a evolução positiva de Thomas Quick se expressa através de um comportamento muito mais contido do que nos julgamentos anteriores.

Birgitta Ståhle constatava, assim, que Thomas Quick, dessa vez, teve, "comparativamente, uma curta recuperação depois do julgamento" e que a terapia aplicada deu "um grande passo em frente".

Já mesmo antes de a sentença sair, Seppo Penttinen e Christer van der Kwast estavam de novo em Säter para dar início à investigação seguinte.

Oito anos depois de Thomas Quick ter assumido o assassinato de Johan Asplund, surgiu, enfim, a oportunidade de levar o caso a tribunal.

A repetição dos fracassos de Quick em mostrar onde tinha escondido o corpo de Johan fez com que Kwast, após cada nova tentativa, fosse obrigado a constatar que ainda não havia base para indiciamento. Mas tinha chegado a hora de terminar a investigação e de levar o caso a tribunal para acusação e sentença.

No dia 26 de novembro de 2000, Birgitta Ståhle descreveu o episódio com Quick durante as reconstituições e os mecanismos desenvolvidos por um assassino em série.

> Essas peregrinações resultaram em um processo terapêutico, interior e profundo, fortemente ativo e muito construtivo. As estruturas anteriores de defesa foram levantadas e isso tornou possível ver e entender o processo de uma forma mais completa.

E ela continuou:

> Esse trabalho interior permite um contato muito mais profundo com a realidade, tanto em relação à sua própria vulnerabilidade anterior como, também, em relação à vulnerabilidade da vítima.

No entanto, Thomas Quick — apesar desse "contato muito mais profundo com a realidade" — permanece em queda livre, sob o ponto de vista humano. Sobre isso não existe, praticamente, dúvida alguma. No dia 12 de dezembro de 2000, um dos enfermeiros escreveu:

> Thomas saiu do seu quarto às duas e meia da madrugada, chorando descontroladamente e muito desesperado. Ficou na sala comum até as quatro horas, junto com o pessoal. Thomas fica deambulando, ininterruptamente, na sala, para a frente e para trás, muito nervoso e desesperado, dizendo, repetidamente, "eu não aguento mais".

O pessoal resolvia o problema com mais Xanor e Panocod, mas horas depois a situação voltava a piorar.

> Pela manhã, Thomas acordou num estado de desespero sem limites. Chorava em grandes prantos. Ficou sentado junto com o pessoal. Conversando, mais tranquilo, necessitado de mais medicação. Conversou também com Birgitta Ståhle por telefone. "O desespero sem limites continuou, paralelamente, a um grande pânico."

Um pouco mais tarde, Thomas Quick ficou "preso" à porta da sala de fumo, em estado de câimbra total. O pessoal resolveu o problema com mais doses de Xanor e Panocod. "O motivo deve ter sido também o fato de passar, hoje, quinta-feira, dia 14 de dezembro, um documentário na televisão a respeito do chamado 'caso Johan'. Isso, naturalmente, é difícil para Thomas", anotou um dos enfermeiros.

Durante a ronda, o Dr. Kall foi informado de que Quick já não dormia havia três dias e ele, então, receita uma dose extra cavalar de tranquilizantes: 50 mg de Stesolid, o que acabou funcionando. Quick conseguiu dormir quatro ou cinco horas seguidas e afirmou, depois, estar satisfeito com o efeito do Stesolid que persistia ainda pela manhã, a ponto de lhe permitir "levantar da cama, apesar do intenso desespero".

Nos momentos seguintes, Quick ficou cada vez pior, falando, repetidamente, de suicídio. O pessoal escreveu no diário sobre ele ter atingido "um nível muito alto de pânico, que tentou abafar através de doses extras de medicação tranquilizante". As doses de medicação indicadas foram várias vezes excedidas. Os interrogatórios no julgamento do caso Johan Asplund foram, segundo o pessoal, "muito mais fortes do que esperado", e Thomas Quick passou a falar, novamente, de suicídio. Nos dias seguintes, anotou-se que ele estava "muito doente" e vive em "um nível de pânico altíssimo". "Tremendo, pálido, com tonturas."

Dois dias depois, a 16 de fevereiro de 2001, chegara a hora de Birgitta Ståhle voltar a escrever sobre a situação:

> Foi um "pulo do gato" psicoterapêutico depois do feriado do Natal, e isso se transformou em um aumento do aprofundamento emocional e da capacidade de ver e compreender o alcance da realidade anterior e do modo como as experiências anteriores adquiridas na idade adulta agem e se personificam, entre outros, no assassinato do rapaz.

Ao mesmo tempo que se faziam planos para indiciar Quick por mais assassinatos — Johan Asplund, Olle Högbom e Marianne Rugaas Knutsen —, um homem estava sentado a um canto da clínica e revisava os diários de Thomas Quick e os diários de medicação. Era o antigo médico-chefe Göran Källberg, que, depois de alguns anos desempenhando outros serviços, voltara a Säter para ser chefe da clínica. Ao ver o consumo de Quick de remédios classificados como narcóticos em doses muito acima do recomendado, ele ficou verdadeiramente chocado. Em sua opinião, tratava-se do abuso de narcóticos para "efeito de choque" e isso tinha durado por um tempo terrivelmente longo. Ainda por cima, fora o próprio Källberg o responsável por esse claro caso de medicação errada.

Em conversa com Källberg, no dia 25 de abril de 2001, Thomas Quick não negou que se tratava de vício e ficou profundamente preocupado quando Göran Källberg lhe comunicou a sua decisão: o tratamento com benzodiazepina seria reduzido, gradualmente, até a sua interrupção final.

Para mim, Sture Bergwall contou, mais tarde, que Quick estremecia só de pensar no julgamento do assassinato de Johan que começaria em pouco tempo. Infelizmente, já estava marcado para dali a duas semanas.

A decisão de Göran Källberg teve consequências imediatas para as investigações dos crimes. No dia 5 de maio, existe uma anotação interessante de uma enfermeira que dá a medida dos efeitos da abstinência em Quick. Pode-se ver como ele fica lendo as investigações preliminares para que possa oferecer uma história crível nas discussões seguintes no tribunal.

> [Thomas Quick] não dormiu nada durante a noite. Ficou sentado, tentando "trabalhar" diante do julgamento próximo. Tem todo o material das investigações preliminares que precisaria ler. Por causa da abstinência, ele se sente mal e angustiado. Pediu-me para chamar o Dr. Kall ou outro médico de plantão para ordenar a medicação, um comprimido de Xanor e dois comprimidos de Panocod.

Mas, nesse assunto, é a decisão de Göran Källberg que prevalece e Quick não recebe medicação extra, nem naquela noite, nem no dia seguinte. O médico Kall acha, porém, que o seu paciente não vai conseguir estar presente durante todo o julgamento, sem ser dispensado, temporariamente, da planejada ação retrátil, mesmo que seja gradual. Kall escreveu:

> Para a realização do julgamento, é necessário instituir uma suspensão temporária da restrição da medicação e autorizá-la como se segue:
> Em estado de pânico elevado que ataque o paciente, a ponto de se arriscar o prosseguimento dos trabalhos do tribunal, deve ser autorizada a medicação de um comprimido de Xanor de 1 mg, caso necessário.
> No caso de dores de cabeça provocadas por alta tensão, podendo impedir o prosseguimento do julgamento, deve ser dado a ele um comprimido de Treo, eventualmente dois, caso necessário.
> Caso o estado geral do paciente esteja tão ruim, não permitindo a medicação via oral, deve ser dado a ele Stesolid 5 mg/ml, 2 ml, se necessário.

O julgamento no caso de assassinato de Johan Asplund começou em Estocolmo no dia 14 de maio de 2001. Pelo fato de Claes Borgström ter sido nomeado para a ouvidoria do sistema de igualdade de oportunidades da Suécia, Thomas Quick passou a ser defendido por um novo advogado, Sten-Åke Larsson, da cidade de Växjö. De resto, ao seu lado, no tribunal, as personalidades habituais: Seppo Penttinen, Christer van der Kwast, Sven Åke Christianson e Birgitta Ståhle.

No primeiro dia, Quick relatou com muitos detalhes quais as recordações que tinha do sequestro de Johan, quase vinte anos antes: a maneira como conseguiu convencer Johan a entrar no seu carro, dizendo que havia atropelado um gato; a maneira como ele agiu para torná-lo inconsciente, batendo com a cabeça dele contra o painel do carro; o momento de levá-lo para o bairro Norra Stadsberget, onde ele o violentou sexualmente. Depois, Quick disse ter levado Johan para um local na área de Åvide, onde o estrangulou, lhe tirou as roupas e o esquartejou, usando uma serra e uma faca. A seguir, finalmente, ficou espalhando os pedaços do corpo por diversos lugares da Suécia central.

Mais uma vez, Sven Åke Christianson teve a oportunidade de falar sobre a sua recente descoberta — o teste de recuperação de memória —, pela qual foi possível provar que Quick não apresentava apenas os dados lidos nos jornais. Birgitta Ståhle testemunhou como de hábito sobre a infância horrorosa pela qual Quick passara e como as recordações recuperadas explicavam sua transformação em assassino em série. Além disso, ela garantiu sob juramento que não costumava estar presente durante os interrogatórios da polícia e que os policiais jamais tinham tido acesso ao que se conversava nas sessões de terapia. Até mesmo Seppo Penttinen testemunhou haver uma "separação rigorosa" entre terapeutas e investigadores e afirmou ainda que Quick, embora tenha mudado seus relatos em vários pontos durante os oito anos da investigação, sempre apresentou imagens recordadas "absolutamente nítidas" e sempre "se manteve firme em suas afirmações" em relação aos pontos centrais do caso.

John Sjöberg falou em juízo sobre o seu infalível cão Zampo, que conseguiu marcar vários lugares no terreno em que Quick dissera ter enterrado pedaços do corpo de Johan Asplund. E, no caso de os juízes estranharem não ter sido encontrado nenhum resto mortal do rapaz, o geólogo Kjell Persson testemunhou ter medido o conteúdo fosfórico em diversos lugares marcados na área de Åvike e chegado à conclusão de que havia neles "traços de material orgânico". Além do mais, Christianson também contribuiu com um modelo de explanação psicológica para o mesmo enigma: — que os assassinos em série sentem a necessidade de contar a história dos seus crimes e gostam de conservar como recordação pedaços do corpo das suas vítimas. Essa dupla necessidade faz com que os criminosos em questão entrem em conflito consigo mesmos.

Em sua sentença de 21 de junho de 2001, o Tribunal de Sundsvall apresenta uma argumentação desastrada:

"Quick confessou o crime em juízo. Para que uma confissão possa ser usada para condenação, é preciso, no entanto, que seja apoiada pelas devidas investigações."

"Inicialmente, os juízes constataram que não existe nenhuma prova técnica que ligue Quick a Sundsvall na época do crime e também não existe nenhuma investigação que determine o que aconteceu com Johan Asplund."

Em seguida, os juízes consideram que já se passaram mais de vinte anos e que esse fato em si já é problemático. O tribunal constatou, também, que as informações de Quick sobre ter pegado emprestado um carro de um homossexual conhecido seu, Tord Ljungström, não foram confirmadas pela investigação. Em seguida, a situação se complica: "Tendo sido reconhecido em sentenças anteriores que Quick percorreu longas distâncias de carro, o tribunal considera, portanto, que a questão não tem nenhuma importância decisiva." Continua-se, depois, por notar como todas as observações de Thomas Quick sobre Bosvedjan condizem com a realidade da manhã em questão e prossegue-se aceitando as explicações de Christianson, Ståhle e Persson para o desaparecimento dos pedaços do corpo, assim como as detalhadas recordações de Quick, embora com algumas falhas.

Em seguida, aparece o único raciocínio substancial da sentença, nomeadamente, aquele em que se diz que Quick pôde descrever duas características especiais do corpo de Johan Asplund que eram desconhecidas, anteriormente, até para os investigadores e que isso confirmaria a sua história: uma pequena marca de nascença nas costas e uma hérnia de escroto.

Ao consultar as centenas de páginas dos protocolos dos interrogatórios com Quick sobre Johan Asplund, tive a sensação de um *déjà vu*.

A primeira vez que Quick menciona alguma coisa sobre uma característica especial no corpo de Johan Asplund foi durante a reconstituição do caso Zelmanovits, no dia 21 de agosto de 1994, altura em que ele diz que Johan tinha uma cicatriz. Penttinen seguiu esta mesma linha no interrogatório realizado nove dias mais tarde. Quick diz, então, que a cicatriz era resultante de uma operação no ventre. "Talvez com 5 centímetros de comprimento."

Seppo Penttinen pergunta se não existem outras "circunstâncias" no corpo de Johan. Quick responde duas vezes que não, mas Penttinen não desiste. E, então:

— Ah... Os testículos... — solta Quick.
— O que é que... Há alguma coisa de especial com eles?
— Sim, o que posso dizer é que os testículos ficam repuxados, acho...
— Foi o escroto que se estreitou ou outra coisa?
— Sim, exatamente.

Seppo não abandona o tema e pergunta por fim se "não há uma diferença entre os testículos".

— É... Pode ser... Mas sobre isso eu estou um pouco... Inseguro... É como se um dos testículos, pelo menos, estivesse... Repuxado...

Seppo Penttinen fica perguntando se não poderia ser o caso de o escroto ter só um testículo e Quick responde que era possível.

— Um aparece melhor do que o outro? — insiste Penttinen, para maior clareza.

— É isso, precisamente — diz Quick.

Um mês depois, Penttinen volta ao assunto.

Quick estava, então, "com dificuldades para falar com detalhes sobre as exatas circunstâncias do escroto", mas há alguma coisa com os testículos que faz com que ele se lembre do corpo de Johan como "assimétrico". Quick desenhou também um esboço onde aparece uma cicatriz na área da virilha, descrita como inflamada, vermelha.

Dois dias mais tarde, o líder dos interrogatórios estava na casa de Anna-Clara Asplund, perguntando a ela a respeito de eventuais aspectos do corpo de Johan ainda desconhecidos. Fica sabendo, então, por meio de um desenho, que Johan tinha um sinal de nascença, uma sombra clara, embaixo, nas costas.

No dia 14 de outubro, Penttinen foi interrogar Quick mais uma vez. E falou, então, de uma "mancha de pele", não de uma cicatriz, e que gostaria de discutir o seu posicionamento. Quick não entendeu bem onde ele queria chegar e afirmou que tinha dado "uma boa descrição" do que se lembrava. Penttinen, depois de várias perguntas, se cansou e resolveu ir direto ao assunto:

— Existe alguma possibilidade de ser do outro lado? Você disse que era em um determinado lado e no meio do corpo, não?

— Hum — respondeu Quick.

— Existe alguma possibilidade de ser do outro lado?

— Acho que deve ser levado sempre em conta que poderá ser um problema de espelho, uma questão de inversão de imagem — disse Quick.

— O que leva você a considerar essa possibilidade?

— Porque eu me identifico com a vítima e me considero, digamos, sob o ponto de vista da própria vítima.

Quick e Penttinen prosseguem filosofando um pouco sobre o interessante mecanismo psicológico, antes de o segundo voltar ao assunto da marca na pele, que, então, ao que tudo indicava, teria sido colocada do lado certo do corpo de Johan.

— Agora, tente descrever, mais uma vez, fechando os olhos e pensando como era a mancha.

Mas Quick não consegue ir mais longe. Não desta vez.

Ao verificar o histórico médico de Johan Asplund, os investigadores descobriram que ele sofria de hérnia inguinal. Sua mãe confirmou que a hérnia fora curada por completo e que nada era visível no momento do seu desaparecimento. E que não valia a pena falar desse detalhe.

No interrogatório de 3 de junho de 1998, a novidade chegou, de alguma forma, ao conhecimento de Thomas Quick. Após uma longa descrição de como fora realizado o sequestro de Johan e seu esquartejamento, Penttinen orientou as perguntas para o problema das "características físicas".

— Hoje, pelo que me lembro, ele tinha uma espécie de hérnia inguinal — respondeu Quick, bem rápido.

Um pouco mais tarde, Penttinen voltou a lembrar Quick da marca na pele, e Quick apontou, então, para as suas costas.

— Você está apontando para as suas próprias costas, quer dizer, aponta para o lado direito das costas, a partir de um ponto de vista de trás, logo acima da coxa — disse Penttinen, sempre compreensível.

E, com isso, caso encerrado. Exatamente como no caso da alça da bolsa no estrangulamento perto de Oslo, o chefe dos interrogatórios fez um trabalho impressionante. Nestes dois casos, durante quase quatro anos, ele conseguiu chegar a uma incontestável prova a ser apresentada em tribunal.

O fato de Quick, de início, ter descrito ambas as "características" de forma completamente diferente, nunca chegou aos ouvidos dos juízes.

Sture Bergwall tem álibi para o dia em que Johan desapareceu. Sua mãe voltara para casa de uma internação em um hospital exatamente no dia 7 de novembro de 1980, o que é confirmado por suas anotações da época e também por protocolo hospitalar. Além disso, nesse dia ele foi buscar uma receita de um mês de medicação de Sobril.

Como então ele conseguiu obter as informações que, afinal, estavam corretas?

Para mim, Sture conta que se lembra de um anúncio de "Procura-se" relacionado a Johan Asplund. Depois, pediu emprestado um livro do ano 1980 que continha uma série de detalhes. Para encontrar ajuda a respeito de vários lugares em Sundsvall, chegou a rasgar a página de um mapa de um catálogo telefônico de um quiosque, durante uma saída permitida a Estocolmo. Depois, leu todos os jornais que escreveram sobre o caso, caso esse que passou a confessar, inicialmente, em 1993. Já próximo do julgamento, conseguiu até acesso ao material das investigações preliminares.

Recebeu, também, por empréstimo, em alguma época do ano 2000, o livro *O caso Johan*, de Göran Elwin, de 1986. Isso o ajudou a ajustar os últimos detalhes. Sture foi procurar nas suas anotações. Entre outros dados, me informou que copiou a descrição do livro das roupas usadas por Johan Asplund no dia do seu desaparecimento, um dado que lhe faltava — e que ele inseriu na sua história no julgamento.

Quem lhe emprestou o livro?

Gubb Jan Stigson.

Entrevista com o promotor

As sentenças contra Thomas Quick, em termos de carreira, consistiram num trampolim extraordinário para Christer van der Kwast, promovido a promotor-chefe e a chefe da Unidade contra Corrupção, criada em 2005. A partir daí, passou a não estar mais interessado em conversar sobre o caso Thomas Quick. "Eu me divorciei do assunto", segundo a expressão usada por ele.

No entanto, para mim, ele estava disposto a abrir uma exceção — talvez por recomendação de Gubb Jan Stigson.

Até o último minuto, fiquei preocupado, achando que a programada entrevista, marcada para o dia 13 de novembro de 2008, seria adiada, e a preocupação só terminou quando entrei no prédio moderno, perto da ponte Kungsbron, em Estocolmo, onde está localizada a promotoria do reino e fui conduzido à sala de Kwast.

Por uma questão de tempo, já tínhamos concordado em limitar a entrevista a três casos: os de Therese Johannesen, Yenon Levi e do casal Stegehuis.

O cinegrafista Lars Granstrand ficou montando a câmera de vídeo e acertando a iluminação, enquanto Christer van der Kwast e eu ficamos sentados, falando de assuntos diversos. Ele achou muito estranho que eu ainda estivesse interessado em uma velha história como era o caso Quick.

— Fico pensando se ainda existem espectadores interessados nesses processos. São tão antigos que se torna quase impossível ajuizá-los.

Respondi que deve haver, certamente, pelo menos um ou outro espectador interessado, mas, de qualquer forma, era eu quem tinha de achar se o caso era interessante ou não. Logo a seguir, Lars deu um toque no meu ombro, sinal de que a câmera já estava ligada.

— Até onde você está convencido de que Thomas Quick é culpado dos oito crimes pelos quais foi condenado, graças à sua ação? — perguntei.

— Estou convencido de que as provas apresentadas por mim em tribunal foram suficientes para justificar as sentenças condenatórias.

— Obviamente — disse eu —, mas isso não responde à minha pergunta.

Assim começou a nossa entrevista e assim continuou. Achei logo que ele se defendia por trás do jargão jurídico e, quando isso não funcionasse, ele rejeitaria a relevância das minhas afirmações e perguntas.

Kwast contou, então, como a investigação começou com Johan Asplund e, depois, com o assassinato de Thomas Blomgren, na cidade de Växjö.

— No caso de Blomgren, você disse que Quick estava ligado ao crime?

— Sim, lembro-me bem disso. Considerei ser essa a situação. Se o crime não tivesse sido prescrito, eu teria como provar isso no tribunal.

— O que foi que o convenceu disso?

— Na realidade, praticamente o mesmo que considerei válido em todas as investigações relativas a Quick. Ele dava as informações, sucessivamente, de diversas maneiras, com alegações que o ligavam à vítima, com conhecimentos da vítima, de tal forma que nós pudemos excluir outras variantes, a não ser aquelas de que ele teria estado no local e em contato com a vítima.

E Kwast prosseguiu:

— Ele estava ligado, distintamente, ao local do crime e, sobretudo, aos lugares dos achados. Segundo o médico forense, tudo estava explicado e nada faltava por explicar. As imagens das violências que ele contava eram muito nítidas. Ele conseguia colocar a vítima Blomgren, exatamente, em uma casa de campo de uma espécie qualquer. Estou tentando descrever a situação em que nós trabalhamos.

Escutei tudo e fiz sinal com a cabeça de que havia compreendido, ao mesmo tempo mordia o lábio para não contar logo para o entrevistado que Quick tinha álibi neste caso. Ainda não. Se eu contasse isso, havia o risco de a entrevista terminar logo ali.

Em vez disso, passamos a discutir os assassinatos em Appojaure. Perguntei, então, sobre o que ele pensava acerca do fato de Quick ter contado primeiro que viajara de bicicleta de Jokkmokk para Appojaure, ida e volta. E, no interrogatório seguinte, passara a dizer que viajara de carro, na companhia de Johnny Farebrink, e que os dois tinham cometido os crimes.

— Esse foi um problema muitas vezes repetido, o de os criminosos, no todo ou em parte, terem contado histórias bem diferentes — comentou Kwast.

— Mas não foi assim tão diferente, certo? — tentei eu.

— No sentido de que as afirmações avançam, exatamente, do jeito que você descreve.

— Será que podemos dizer que uma história "avança" quando a história inicial é substituída, totalmente, por outra?

— Bem, cada um poderá descrever a situação do jeito que quiser — reagiu Kwast.

A entrevista já durava mais de uma hora quando eu lhe perguntei sobre a razão de ter sido permitido a Quick sair livre do hospital e viajar, em regime aberto, apesar de ser suspeito de vários crimes contra rapazes.

— É claro que a situação é incompreensível. Mas a questão, no fundo, é saber se está correta. Não existem outros aspectos sobre o assunto? Então, é isso — respondeu Kwast, enigmaticamente.

— Bem, você queria que Quick contasse o máximo possível — tentei eu.

— É claro. A minha missão era fazê-lo falar.

— Você se lembra, por acaso, de ter imaginado o que Thomas Quick fazia durante essas saídas e nas viagens a Estocolmo?

— Não me lembro de nada disso. Nós tentamos, claro, controlar tanto quanto possível as suas saídas e viagens.

— Vocês chegaram a perguntar o que ele fazia?

— Como é que eu posso saber isso oito anos depois?

— E se eu disser que ele ia para uma biblioteca em Estocolmo? Na coleção de periódicos?

— Eu não sei o que ele fazia, se é que ele fazia isso.

— Ele fazia isso, sim.

— Bem, parece que você sabe muito.

— Sim, sim. Sei muito mesmo.

Pela primeira vez durante a entrevista, Christer van der Kwast demonstrou se sentir pressionado, e até mesmo senti certo desconforto diante da sua expressão de sofrimento. Seus olhos ficaram marejados e ele esfregava as mãos uma na outra nervosamente, mas disse com teatral desinteresse:

— E daí? O que ele lia?

— Entre outras matérias, tudo sobre Thomas Blomgren.

— Sim, mas mantenho que aquilo que temos como prova central não tem nada a ver com esse tipo de material. É isso, precisamente, do que se trata.

Nós dois sabíamos, exatamente, do que "se tratava", que Quick falava aquilo que estava escrito nos jornais em 1964. Kwast reconheceu isso e mudou de tom no meio da resposta:

— Se ficar demonstrado que nós erramos, há de se reapreciar toda a situação.

— Ele viajou para Estocolmo com a finalidade expressa de ler o que se escreveu e publicou sobre o caso Thomas Blomgren — insisti.

— Tenho uma leve ideia de já ter ouvido isso em algum lugar. Mas nada mais do que isso — declarou Kwast.

Foi uma declaração incrivelmente estranha. Como se fosse uma questão pequena o fato de um assassino em série ter lido tudo o que contou sobre o crime. Não fiz comentário nenhum sobre o caso, mas tirei da pasta uma fotografia de Sture Bergwall e sua irmã gêmea posando em trajes do folclore sueco diante da Igreja de Stora Kopparberg, em Falun. Estendi a fotografia para Kwast.

— Essa foto foi tirada no mesmo dia em que Thomas Blomgren foi assassinado — disse eu.

Christer van der Kwast olhou para a foto com expressão de cansaço.

— E?

— Thomas Quick e a irmã foram crismados no mesmo dia. Vocês ouviram a irmã a esse respeito. E eu me pergunto onde essa informação foi parar. Onde está o protocolo desse interrogatório?

— Tenho de perguntar a Seppo sobre esse assunto. Não me lembro. Eu ficaria extremamente surpreso se uma informação tão simples como essa tivesse passado em brancas nuvens. Eu não vou defender esse procedimento, mas também não vou aceitá-lo sem ter visto a data bem diante do meu nariz.

Christer van der Kwast sabe que jamais poderia colocar a culpa em cima de Seppo Penttinen ou de qualquer outra pessoa. Como líder das investigações preliminares, aprovava todos os interrogatórios e era o responsável principal pela imparcialidade da investigação. O material que estivesse contra a abertura do processo não poderia jamais, em circunstância alguma, ser escondido. Por fim, Kwast assegurou, então, que tinha feito a investigação da melhor forma possível e de acordo com a sua melhor capacidade:

— Estou totalmente aberto, se surgir alguma coisa errada, para dizer: "Isso está errado, batemos com a cabeça na parede, uma doideira, fomos enganados." Mas antes que alguém diga que isso está errado, então, estou disposto a manter que está certo. Durante todos esses anos que decorreram, não encontrei pela frente ninguém que apresentasse algo de real. Nada, em nenhum desses casos.

Estava na hora de eu revelar o segredo sobre o qual vinha ruminando havia mais de dois meses:

— Acontece, porém, que Sture Bergwall rejeitou e deixou de assumir todas as suas confissões — disse eu, tão tranquilamente quanto possível.

— Ele pode fazer isso — respondeu Kwast, com um encolher de ombros. — Mas eu trabalhei com a premissa de que, mesmo se ele fizesse isso, as decisões judiciais ainda estariam de pé.

Ele ficou refletindo.

— Quer dizer, então, que essa será a abertura do seu programa? Gravada, certo?

— Sim, isso mesmo. Todos têm o direito de dizer o que pensam — foi tudo o que eu consegui dizer na minha condição de atordoamento.

— Ha, ha, ha! Essa é certamente uma notícia interessante para mim. Ele se retratou de suas confissões, não é? Para você? Simples assim?

— Isso mesmo.

— Quer dizer, então, que ele nunca fez nada?

— Não.

— De qualquer forma, continua a dúvida. Não se sabe se aquilo que ele diz agora é verdadeiro e se o que dizia antes era mentira. Ele tem que esclarecer como tudo aconteceu. Será uma surpresa para mim se ele vier a afirmar ter recebido todas as informações pelas quais ele acabou por ser sentenciado.

— De uma coisa podemos estar certos: ele recebeu doses exageradas de medicação — disse eu.

— Bem, bem... Eu não nego que ele recebeu medicação de vários tipos, mas isso eu não posso ajuizar, muito menos os seus efeitos.

— São médicos os que consideram ter ele recebido medicação muito acima de um nível aceitável. Durante uma reconstituição, ele próprio afirma: "Eu tenho que tomar mais Xanor, não me importo que tenha uma overdose."

— É muito provável que ele tenha dito isso. Ele estava mesmo em más condições e foi obrigado a procurar ajuda. Foi assim que entendemos a sua situação. Certo ou errado.

Já que estávamos entrando no assunto do tratamento e de medicação, perguntei a Kwast como ele via o caso de Quick não ter nenhuma recordação do seu passado como criança e dos seus eventuais assassinatos. Todas as recordações eram reprimidas e recuperadas. Como é que ele via a teoria das relações entre objetos e a terapia de Birgitta Ståhle?

— Quanto a isso, sou extremamente cético! Eu não "comprei" esses tais modelos. Na realidade, só levei em consideração os fatos consistentes. Esses são os instrumentos de trabalho mais precisos para investigar os casos. E usar variadas técnicas como, por exemplo, métodos cognitivos de interrogação. Valeu a pena experimentar.

— Você conhece a "ilusão Simon"?

— Sim. E toda a problemática também. Existem aqueles que são freudianos e ficam imaginando todas as possíveis situações. Mas compete a Birgitta defender, profissionalmente, a sua posição. Embora isso nunca tenha tido qualquer significado para mim como promotor.

— Mas, para as histórias contadas por Quick, isso teve muita importância, não?

— Sim, é muito possível... Não sei como eles agiram nas sessões de terapia. Nunca cheguei a ter conhecimento do que faziam.

— Você teve, sim!

— Sim, eu sabia de alguma coisa. Mas continuo dizendo que isso não teve importância nenhuma. O importante era o que decorria disso.

O promotor Christer van der Kwast aceitou as recordações recuperadas nas sessões de terapia e usou-as para levantar acusações por assassinato, mas diz agora ser "extremamente cético" quanto a recordações reprimidas que foram recuperadas pela terapia. É óbvio que ele quer se distanciar de tudo o que possa ser considerado como fantasias psicológicas.

— Mantenho que só foram dados firmes aqueles que os tribunais julgaram. E eu me defendo, dizendo que é ofensivo manifestar opinião de que fomos desorientados por algumas teorias gerais sobre psicologia, em vez de prestar atenção ao que Quick dizia. Ou que manipulamos, conscientemente, situações, a fim de obter provas. Isso aí é conversa fiada!

A entrevista ficou oscilando entre discussões sobre detalhes e puras altercações sobre interpretações e julgamentos. Depois, Christer van der Kwast definiu a situação como tendo sido "interrogado durante quatro horas". É verdade que a entrevista durou isso tudo. Para o final, estávamos os dois bastante cansados e resignados. Kwast acrescentou, então, que não precisava mais de se posicionar sobre o caso Quick. Mas levantou, também, um dedo ameaçador para os riscos que eu estaria correndo. E acrescentou:

— O fato é que ele [Quick] salta de uma variante para a outra e por motivos sem fundamento. Se fosse eu, isso chamaria a minha atenção e me tornaria muito mais cuidadoso!

— Obrigado pelo conselho — reagi polidamente.

— Ele é uma pessoa extremamente manipuladora — explica Kwast.

Lars Granstrand recolheu lâmpadas, tripé e fiações. Depois de ele ter saído, ainda ficamos, Kwast e eu, discutindo durante quase uma hora.

Reconheço que nós dois estamos diante de riscos significativos, embora eu esteja absolutamente certo de que Sture Bergwall é inocente dos oito crimes pelos quais foi condenado e seguro a respeito do nível do material que tenho para apresentar na televisão.

Por outro lado, não dá para fugir do fato de que seis tribunais, um chanceler da Justiça, além do promotor, todos podem ser culpados por corrupção. E questionar esse grupo de autoridades é uma missão única. Ao fim e ao cabo, eu ou Kwast, um de nós vai se ferir. É impossível que nós dois saiamos desta história com a dignidade e a honra preservadas.

Christer van der Kwast parece estar na mesma linha de raciocínio.

— Qual será o resultado final de tudo isso? Ele vai continuar sentado diante da câmera de televisão, dizendo que é inocente e que inventou toda essa história?

Eu confirmo que isso é o que se espera que Sture Bergwall diga nos documentários.

Depois, constatamos que há muita coisa sobre a qual não estamos de acordo. E com isso nos despedimos.

Entrevista com o advogado

Tendo como advogado de defesa Claes Borgström, Quick foi condenado por seis crimes. Muitas vozes críticas acharam, no entanto, que Borgström não defendia Quick, mas antes resumia sua atuação a verificar, criticamente, as provas apresentadas pelo promotor.

O fato de Borgström ter faturado vários milhões de coroas para ver o seu cliente condenado tinha levantado muita raiva entre alguns. Talvez houvesse uma explicação para o fato de Borgström ter defendido tão fielmente os juízes contra Quick e ter atacado tão agressivamente aqueles que se atrevessem a criticar as investigações.

Logo depois do almoço, na sexta-feira de 14 de novembro de 2008, eu me instalei em uma cafeteria meio imunda, não muito longe da sede da maior organização de operários da Suécia, a LO, perto da praça Norra Bantorget, em Estocolmo. Espero pelas duas da tarde, hora marcada já há muito tempo para dar início à entrevista a ser gravada com Claes Borgström.

Não sei se Christer van der Kwast teve tempo de compartilhar com Borgström o segredo de que Sture Bergwall teria recuado de todas as suas confissões de assassinato, e para evitar cair em uma conversa fiada com Borgström — e me arriscar a ter de informar o fato antes da entrevista — resolvi descer para a cafeteria, enquanto Lars Granstrand montava a câmera e as lâmpadas lá em cima. Ao voltar para o escritório de Borgström, tudo estaria pronto para começar a entrevista ao bater das duas horas.

Durante vários meses, estudei como Claes Borgström participou de quase todos os interrogatórios e reconstituições nos locais dos crimes, nas investigações relativas ao caso Quick. Nas gravações em vídeo, vi Thomas Quick ser liderado pelas florestas, tão drogado que mal podia falar ou andar, sem ser amparado por um terapeuta e pelo seu líder de interrogatórios, Seppo Penttinen. Claes Borgström andava ao lado, mas jamais fez qualquer comentário em relação ao fato de o seu cliente estar mais aceso do que uma árvore de Natal. Além disso, por várias vezes, Borgström viu Quick confessar assassinatos que, comprovadamente, nunca tinham acontecido. O advogado ouviu falar de fatos sendo distorcidos e de outros, escamoteados nos julgamentos — sem nunca ter interferido. Por quê?

O advogado Claes Borgström sempre firmou uma posição contra a opressão e a favor dos direitos humanos. Era um homem engajado, com o coração virado para a esquerda, sempre na intenção de ajudar os fracos na sociedade. As imagens dele não se sobrepunham. Quem era ele?

Quando o governo social-democrata, no ano 2000, convidou Borgström para exercer o cargo de ouvidor — o primeiro homem no cargo — designado para estabelecer a igualdade de oportunidades para todos na Suécia, ele abandonou logo o posto de defensor de Thomas Quick, pouco antes do julgamento pelo assassinato de Johan Asplund. Depois de sete anos como ouvidor, Claes Borgström associou-se com Thomas Bodström e ambos fundaram um escritório de advocacia, Borgström & Bodström, na rua Västmannagatan 4. O novo escritório de Borgström, tendo como sócio um ex-ministro da Justiça, ficava em um edifício majestoso, num endereço fino, com bons vizinhos, o departamento distrital da organização sindicalista LO e Unga Örnar.* Tudo isso, realmente, dava o que pensar.

Às 13h45, me levantei para subir, quando meu celular tocou:

— Claes Borgström telefonou! Ele ainda não falou com Kwast e não sabe de nada — disse um Sture Bergwall, incomumente excitado. — Borgström disse que seria entrevistado para a televisão SVT e estava preocupado. Mas então ele olhou para as suas faturas em três dos casos e

---

* Unga Örnar [Águias Jovens] é uma organização apoiada pelos sindicatos para proporcionar entretenimento para as crianças do país. [N. do T.]

isso o deixou mais calmo. Era sobre um trabalho de mil horas faturadas, por três processos, que nós iríamos falar.

Com mil horas de trabalho faturadas, Borgström sentia-se seguro na convicção de que ele tinha uma vantagem imbatível em termos de conhecimento desses casos.

— Ele [Borgström] imagina que você se preparou para a entrevista em quarenta horas — me disse Sture, soltando uma gargalhada.

Pensei, então, na hipótese de eu estar faturando como advogado por todas as minhas horas de trabalho. Se assim fosse, a essa altura, eu já estaria economicamente independente.

— E você quer saber o que ele disse mais? Ele já se filiou a um partido e está mirando um posto de ministro depois das eleições. Por que ele foi contar para mim uma coisa dessas? Não lhe parece estranho?

— Muitíssimo estranho — respondi eu, com o pensamento já em outro lugar.

Acabara de me ver diante do número quatro da rua Västmannagatan. Terminei a conversa com Sture e subi pela pomposa escada que me levaria ao escritório de Borgström & Bodström, cuja campainha toquei.

Tudo montado para a gravação, foi só esperar alguns minutos e logo apareceu Claes Borgström. Faltava apenas começar a entrevista. Ele perguntou, então, quais eram as minhas intenções com a entrevista. Qual o meu ponto de vista?

Respondi que, sinceramente, não tinha pensado muito, de início, sobre o assunto, mas que, com o tempo, fui ficando cada vez mais cético em relação às investigações. Enquanto isso, ele olhava para mim com os seus olhos azul-acinzentados e com uma expressão inquiridora.

— Quanto tempo você dedicou ao assunto? — pergunta Borgström.

— Cerca de sete meses — respondi eu, pensando na conversa com Sture.

— Sete meses? Tempo integral?

Borgström olhou incrédulo para mim quando eu lhe expliquei que trabalhava mais do que em tempo integral.

— Dei uma olhada no material relativo aos três julgamentos de que participei: Therese, Appojaure e Levi — disse Claes Borgström. — Ao verificar o quanto recebi, cheguei à conclusão de que trabalhei mil horas pelos três casos.

— Portanto, você está bem preparado — disse eu, encorajador.

— Sim, claro. Isso significa que disponho de bons conhecimentos.

Fiz, então, uma entrada suave na entrevista propriamente dita e pedi a Borgström que contasse como se tornou advogado de Thomas Quick.

— Ele me telefonou durante as investigações do chamado caso Appojaure e me perguntou se eu aceitaria defendê-lo. Evidentemente, respondi que sim. Depois, acabei sendo seu defensor em quatro julgamentos que se estenderam por vários anos.

Claes Borgström falou sem que eu precisasse perguntar e logo entrou na questão específica de ser advogado de defesa de um assassino em série que, de livre e espontânea vontade, confessara seus crimes.

— Como advogado de defesa, minha atuação no caso não era inédita. Eu já tinha defendido outras pessoas que confessaram seus crimes.

— Mesmo quando não existiam quaisquer suspeitas contra elas?

— Não. De maneira geral, houve uma suspeita e, depois, veio a confissão — concorda Borgström.

Claes Borgström fez questão de salientar que a confissão não bastava. Tinha de ser apoiada por alguma prova. No caso de Thomas Quick, a prova de apoio sobreveio do fato de ele, repetidamente, falar de coisas de que só o criminoso poderia saber. Ele citou, então, o caso de Therese Johannesen como exemplo.

Eu reagi, mostrando para Borgström uma fotografia do bairro Fjell, com prédios altos de concreto, que Quick descrevera como sendo uma aldeia rural com casas baixas, unidades familiares. A seguir, mostrei para ele uma fotografia de Therese, com cabelos pretos e pele morena, que Quick descreveu como sendo uma garota loura, segundo uma reconstituição feita para saber qual era a roupa de Therese no dia do seu desaparecimento.

— Por que Quick estava errado ao falar sobre seus crimes? — perguntei eu.

— Se você consultar qualquer material da investigação, vai encontrar uma quantidade enorme de erros. Nesse caso, foram apenas alguns — disse Borgström.

Quick também afirmou que Therese usava calça cor-de-rosa, sapatos laqueados e tinha os dentes da frente protendidos. Borgström olhou para as minhas fotografias de Therese do dia em que desapareceu: uma saia jeans, sapatos do tipo mocassim e uma abertura labial escura onde os dentes da frente deviam estar escondidos.

— Mas ele deve ter mudado essa descrição, com certeza. Eu me lembro de ele dizer que ela tinha cabelos negros, além de dar detalhes sobre a fivela dos sapatos. Aliás, ele foi condenado por ter dado informações julgadas corretas, após a devida verificação. Informações que não dariam para explicar de outra forma, a não ser pelo fato de ele ter estado com a vítima.

Claes Borgström é, incontestavelmente, um homem inteligente e eu quero acreditar que ele é, também, intelectualmente honesto. Na minha ansiedade em conseguir que ele entendesse, tentei lhe explicar como Quick obtinha todas as informações. Falei da série de artigos publicados no jornal norueguês *VG* em que Quick, comprovadamente, foi buscar as informações necessárias para sua primeira confissão no caso.

— Não todas as informações — protestou Borgström.

— Oh, sim, todas as informações — insisti.

— Não a respeito do eczema na dobra do braço — contrapõe Borgström.

— Não. Mas esse detalhe só surgiu muito mais tarde!

— Mas você disse que ele recebeu todas as informações!

— Eu disse que ele recebeu todas as informações de que precisava para confessar ter cometido o crime — afirmei, em desespero de causa. — Ele falou que ela era loura! E mencionou que tinha roupas totalmente diferentes daquelas que ela realmente usava. Estava tudo errado!

— Nem tudo — protestou Borgström. — As informações sobre os prendedores de cabelo e a fivela dos sapatos coincidiam.

Na realidade, no dia do seu desaparecimento, Therese tinha os cabelos puxados para cima, usando, para prendê-los, um pente azul e um elástico. Após oito meses de interrogatórios, Quick disse, em 14 de outubro de 1996, que Therese talvez estivesse usando uma fita na cabeça — isto é, nem pente, nem elástico — que talvez fosse alaranjada. E ainda um ano mais tarde de investigações, a 30 de outubro de 1997, ele confirmou que ela usava uma fita nos cabelos.

Reconheci, então, que a minha estratégia, a de rever as circunstâncias e deixar que as pessoas entrevistadas se manifestassem, não estava funcionando.

Como podia estar Claes Borgström tão mal informado, depois de ter faturado mil horas de trabalho? Seria realmente possível que tivesse deixado escapar o fato de Quick errar e persistir no erro? E, se Quick tivesse falado ao acaso, o resultado teria sido o mesmo?

Eu me tornei uma daquelas pessoas que, em termos de justiça, se encontram à deriva e ficam procurando por detalhes que nenhum ser humano, fora do nosso pequeno ciclo, entende ou pelos quais se interessa. E daí só pode resultar uma televisão bem ruim.

"O diabo está nos detalhes", sussurro eu para mim mesmo, quase em silêncio. E persisto com toda a energia na minha tentativa idiota de explicar como a mídia forneceu a Quick as informações que usou. Claes Borgström não está interessado. Para ele, o caso está encerrado, e Quick foi condenado por oito crimes. Provavelmente, já está arrependido de ter aceitado dar esta entrevista.

Estendi para ele a carta em que Thomas Quick escreve para o jornalista Kåre Hunstad. Borgström leu:

> Eu me encontrarei com você desde que me paguem 20 mil coroas (o meu alto-falante está estragado e preciso comprar um novo), e você, quando vier, traga o comprovante do depósito feito para confirmar que o dinheiro está na minha conta. Claes [Borgström] já sabe sobre isso, portanto você não precisa entrar em contato com ele primeiro. Se concordar com essas condições, prometo que darei a você uma boa entrevista — eu serei pago pelo meu esforço, e você, em contrapartida, fica com uma boa "story".

Depois de ter lido a carta em que se demonstra estar Borgström ciente do lado comercial das confissões de Quick, ele olhou para mim por baixo da sua franja e disse com estudada indiferença:

— De que nível é a doença de uma pessoa para fazer uma coisa dessas? "Se eu receber 20 mil, confessarei um assassinato que não cometi." E fica atrás das grades pelo resto da vida. Aqueles que acreditam que ele é inocente estão descrevendo um ser humano que, de forma geral, está tão doente quanto aquele que tivesse cometido todos esses crimes.

O advogado pareceu achar que não fazia diferença nenhuma se o seu cliente fosse julgado culpado ou não — provavelmente, ele seria tão louco quanto, de qualquer jeito. O raciocínio de Borgström levou-me, naturalmente, para o assunto seguinte:

— Você sabe que Quick abusava do consumo de benzodiazepina durante todas as investigações?

— Eu não me pronuncio a esse respeito — respondeu Borgström, triunfantemente. — Mas eu sei que ele teve um problema de abuso de narcóticos. Mas não enquanto esteve em Säter — acrescentou.

— Oh, sim, Quick teve, sim.

— Um abuso?

— Sim. No Hospital de Säter, eles chamavam a isso medicação necessária. Ele podia até escolher entre os diversos tipos de benzodiazepina — afirmei.

— Eu não aceito essa afirmação!

— Essa afirmação é do médico-chefe de então, não é minha — expliquei.

— Eu não aceito essa afirmação! — repetiu Claes Borgström, pondo um ponto final em qualquer nova pergunta sobre medicação.

Eu mudo de rumo e passo para a investigação sobre o assassinato de Yenon Levi e para o comportamento de Christer van der Kwast em relação aos óculos encontrados, em que ele ignorou o parecer do instituto sueco de criminologia, fixando-se em uma opinião que possibilitou a condenação de Quick.

— Não sou defensor do promotor, mas também não posso deixar de notar que existia uma insinuação corrente de que o promotor jamais ficava satisfeito antes de obter uma opinião que lhe servisse — disse Borgström.

— Para mim, é surpreendente que você não usasse esse conhecimento no tribunal.

— Fico sabendo que você está surpreso — respondeu Borgström, sarcástico. — Sem comentários!

Puxo o próximo documento, uma lista com dezoito circunstâncias que, segundo os técnicos criminalistas, contradiziam a história de Quick em relação a Levi. São provas contundentes. Eles asseguraram que as marcas dos pneus no local não correspondiam às dos pneus do carro que Quick disse ter usado. Quick também disse que enrolou o corpo de Levi num cobertor de cachorro, mas não foi encontrado nenhum pelo de animal, tampouco fibras de cobertor no corpo de Levi. As manchas de sangue nos sapatos de Levi não estavam de acordo com a sequência do acontecido. As amostras de terra encontradas na roupa de Levi provinham do local em que o corpo foi encontrado, não do local em que Quick afirmou ter deixado o corpo.

O técnico criminalista Östen Eliasson deu a sua opinião resumida sobre a lista, com as seguintes palavras: "Não existe nada de concreto na pesquisa técnico-criminalista realizada que sirva de apoio à história contada por Quick."

— Existem dezoito provas que, segundo os técnicos criminalistas, contradizem a história contada pelo seu cliente — afirmei para Borgström.

— É mesmo? Talvez existam ainda mais — respondeu Borgström.

— Alguma dessas dezoito conclusões foi utilizada por você?

— Como é que eu poderia utilizá-las?

— Posso imaginar várias maneiras, mas como advogado você deve saber melhor do que.

— Bem, como você mesmo não consegue indicar a forma como eu deveria usar essa lista, então eu não vou responder a essa pergunta.

Borgström descartou, pura e simplesmente, o valor de tudo aquilo que eu apresentara como fatos concretos. Segundo ele, o material de investigação é tão complicado que é possível retirar dele uma base para qualquer hipótese. Não significa nada se eu encontrar noventa informações erradas e dez que estejam corretas.

— Basta haver uma informação correta — disse Borgström.

Eu me perguntei, então, se o tinha entendido bem. E perguntei:

— Noventa e nove que estão erradas e só uma correta?

— Claro, se a que está correta for suficientemente forte para ligar uma pessoa a um crime. Nessa altura, cabe ao tribunal decidir.

— Você poderia indicar uma informação desse tipo?

— Não, não vou fazer isso, mas, naturalmente, existem muitas. Então, será preciso ler as sentenças. É essa que me parece ser a situação.

Claes Borgström pode confiar, tranquilamente, nas seis sentenças unânimes que decidiram ser Sture Bergwall culpado de ter assassinado oito pessoas. Se Quick errou em 98 ou 99 casos em cem, isso não modifica o princípio de que uma sentença sueca é incontestável.

— O ministro da Justiça diz que os juízes suecos estão muito bem informados. Sua pretensão é saber como se deve raciocinar para chegar a uma conclusão que esteja acima de qualquer dúvida. O meu entendimento não significa nada nesta questão. O que vale é a decisão do tribunal — disse, humildemente, Borgström.

— Sob certos aspectos, no caso, os motivos do tribunal não refletem as reais circunstâncias em causa — saliento. — Os juízes não oferecem nenhuma imagem justa de como as provas se apresentam.

— Você mesmo pode ter feito julgamentos errados, tal como acha que outros fizeram, não? — contesta Borgström.

— Os meus julgamentos foram construídos em cima de fatos fáceis de verificar — falei.

— Não senhor — protestou Borgström. — Difíceis de verificar. Você está falando de um material tão amplo que se torna fácil retirar dele as partes que mais convêm a determinada hipótese.

A entrevista já decorria havia mais de uma hora e não chegáramos a lugar nenhum. Borgström achava, certamente, que eu dava voltas, mesmo admitindo que eu estava bastante informado.

Mas eu tinha poupado a informação mais dramática para o final, quando a entrevista estivesse quase no fim. Tentei engrossar a voz, respirei fundo e disse:

— Seu ex-cliente, Thomas Quick, retirou todas as suas confissões e se considera inocente.

— Ah, é... Talvez tenha feito isso — reagiu um Borgström desorientado. Entretanto, ficou tentando absorver o conteúdo da súbita e inesperada mudança, ao mesmo tempo que previa as prováveis consequências para si e imaginava uma estratégia a assumir na continuação da entrevista. O fato de ter falado com Sture Bergwall alguns minutos antes da entrevista devia ser difícil de admitir. Olhou furtivamente para mim e perguntou:

— É essa a sua ideia hoje? A de pleitear inocência?

Confirmei que esse era o caso. Borgström estava pensando intensamente. Com um leve sorriso nos lábios. E vi voltando, na expressão do seu olhar, a vontade de lutar.

— Mas não acredito que você esteja tão certo de ser essa a atual posição dele.

— Estou certo, sim — falei.

Um traço de preocupação no rosto de Borgström.

— Você falou com ele hoje? — indaga ele, angustiado.

— Sim, sim, falei.

— Quando?

"Realmente, ele está tateando à procura da última gota", pensei.

— Não quero entrar nesse assunto — falei, por fim. — Não tem tanta importância. Eu sei que essa é a posição de Sture atualmente.

— É típico — diz um Borgström decepcionado. — Você não está obrigado a ficar em silêncio, está?

A entrevista passa a ser uma conversa informal, provavelmente porque nenhum de nós aguenta mais. Mencionei ainda o caso da medicação de Quick, que fora a verdadeira razão do seu *time-out* de 7 anos, o tempo em que esteve em completo silêncio voluntário.

Exatamente como Christer van der Kwast na entrevista do dia anterior, Claes Borgström oscilou entre grande humildade diante da possibilidade de Quick ser declarado inocente e uma defesa intransigente do processo judicial de que fez parte.

— Independentemente do que Thomas Quick venha a assumir no futuro, nem você, nem ninguém, vai poder apresentar qualquer resposta acerca do que, na realidade, aconteceu. Até segunda ordem, é o julgamento dos tribunais que prevalecerá.

E a esse respeito ele tinha razão.

— Você se sente seguro em relação à sua participação no caso Thomas Quick? — insisto.

— Não colaborei de forma alguma para que um inocente fosse condenado — reagiu Borgström.

— Essa foi uma afirmação bastante ousada.

— Tudo bem. Posso acrescentar, então, mais uma palavra: não colaborei, conscientemente, de forma alguma para que um inocente fosse condenado.

Borgström achou que eu devia dedicar mais tempo para esclarecer por que Quick fez o que fez. E eu respondi que foi a isso que eu dediquei muitos meses do meu trabalho.

Borgström ainda duvida de que esse seja o caso, mas termina por me dar mais uma ideia para refletir:

— Quick chegou ao Hospital de Säter em 1991, condenado por assalto. Estamos agora em 2008 e ele jamais vai sair livre, mesmo que eu entre com recurso.

— Isso não seria uma coisa que está fora do alcance da sua competência?

— Sem dúvida, mas, de qualquer maneira, é assim que eu penso.

— Desde quando você não se encontra com Sture?

— Faz muito tempo.

"E mesmo assim você está inclinado a condenar à prisão perpétua o seu ex-cliente", pensei eu, sem dizer nada.

O ambiente no escritório de advocacia Borgström & Bodström, na hora da despedida, era mais do que gelado.

Erro do sistema

Claes Borgström continuou permanecendo como o grande enigma no caso Thomas Quick. Era por demais inteligente para deixar de ver as fraudes que ocorreram durante todos esses anos e, ao mesmo tempo, suficientemente honesto para, conscientemente, colaborar num escândalo judicial como esse.

Quem era ele? E como funcionava, afinal, aquele cérebro por trás da sua franja infantil?

Depois das entrevistas com Christer van der Kwast e Claes Borgström, restavam apenas quatro semanas antes da transmissão do meu primeiro documentário na televisão sueca. Estava na hora de pôr em ordem mais uns poucos detalhes. Passei a fazer uma última tentativa para levar os pedaços de osso encontrados a uma análise independente, enquanto a minha assistente Jenny Küttim continuava a caçar os relatos desaparecidos de certos interrogatórios.

Gun, a irmã gêmea de Sture, conseguiu reencontrar um diário de anotações onde ela escrevera em que data e por quem ela fora ouvida. Foi na manhã de sexta-feira, dia 19 de maio de 1995, que ela foi interrogada por Anna Wikström, na companhia de um policial da cidade onde Gun vivia. Nós já tínhamos tentado encontrar este relato — assim como os relatos de todos os interrogatórios feitos com todas as irmãs e irmãos de Sture — e por várias vezes. E, então, Jenny telefonou para Seppo Penttinen, apoiada nas anotações de Gun, para lembrá-lo de que está sujeito a punição aquele que não deixar examinar atos públicos.

Na mesma noite, chegou ao fax da SVT o relato em questão. Pelo protocolo do documento, estava escrito que o relato faria parte da investigação relativa ao crime de Appojaure.

No dia seguinte, atirei-me a fundo na leitura da oitiva.

Gun começou por indicar a composição da família e onde moraram. Depois, foi logo dizendo que "o tempo de estudos e a vida em família, na sua maior parte, sempre foi positiva".

> Gun menciona que ela sempre considerou Sture como muito talentoso e capaz. Entre outras coisas, ela diz que Sture sempre lia os jornais e escutava os noticiários, o que lhe dava um bom nível de cultura geral. Diz também que, desde muito cedo, ele se interessava por política.
>
> Mas não tinha interesse por esporte, nem nas suas conexões, o que fazia com que não convivesse muito com os outros rapazes da classe. Por consequência disso, em vez desse convívio, ele procurava com mais frequência o da irmã, Gun.
>
> Gun chegou a pensar, por vezes, que Sture era atormentado, de alguma maneira, pelos seus colegas de classe e lembra-se de uma vez em que alguns dos rapazes o mantiveram fechado dentro de um retrete, no quintal.
>
> Se Sture sofria com o fato de os rapazes o atormentarem, Gun não sabia dizer, por não se lembrar mais.
>
> De uma maneira geral, o ambiente familiar era intenso e ela se dava muito bem com os irmãos.

Ao chegar às séries mais avançadas, Gun conta que ela e Sture dedicavam bastante tempo ao jornal da escola.

Quanto à família, Gun disse que sua infância fora muito positiva. Que o seu pai tinha o pavio curto e que, em diversas ocasiões, atirava as panelas no chão. Ela não se lembra do conteúdo das discussões, mas diz que, logo em seguida, a harmonia voltava a reinar.

Nas sessões de terapia, Sture chegou a mencionar ter sido vítima de abusos sexuais por parte dos pais, mas o comentário de Gun a esse respeito é de que essa ideia "é chocante". Ela diz que é absolutamente incompreensível que isso tenha acontecido. Acrescenta ainda que, realmente, ao analisar agora toda a sua infância, jamais lhe passou pela cabeça que alguma coisa desse gênero tivesse acontecido.

Gun dá ainda uma imagem positiva do seu tempo em Jokkmokk, onde ela e Sture frequentaram a escola secundária. Em uma ocasião, ela se lembra de ter visto Sture sair do pátio escolar para a rua e soltar um grito. Então, ela tomou conta dele, mas nunca chegou a saber o que aconteceu. Nessa época, ele já era suspeito de abuso de drogas. Até mesmo a passagem de Sture pelas diversas instituições, segundo Gun, dependia do problema das drogas.

Em relação às confissões que Sture fez durante as investigações, Gun assume uma posição de muito questionamento em relação às informações que ela, via investigação, recebeu e também às informações que apareceram na mídia. Ela diz que tudo, na sua maior parte, em relação às suas atitudes durante esses anos, se transforma num grande ponto de interrogação para as irmãs e os irmãos de Sture. O motivo do espanto está no fato de ninguém na família ter notado qualquer anormalidade no comportamento de Sture, a não ser o abuso de drogas, contra o que todos acreditavam que ele lutava.

Antes, durante o interrogatório, quando veio à tona a afirmação de abusos sexuais por parte dos pais contra Sture, Gun disse que essa história ressoava fortemente nos seus ouvidos, mas achava que deviam existir outros motivos para Sture ter agido como se afirma que ele fez. Gun menciona ainda ter pensado muito em algumas ocasiões em que Sture escorregou e caiu, uma queda normal, mas depois das quais, imediatamente, ficava inconsciente.

Por fim, foi pedido a Gun que ela descrevesse, resumidamente, a sua família.

A mãe Thyra: sempre preocupada com a família. Alegre e sempre pronta para ajudar.

O pai Ove: homem de poucas palavras, pensativo, mas sempre justo.

A filha mais velha Runa: alegre e encantadora.

O irmão Sten-Ove: engenhoso, difícil de entender, observador, pavio curto, mas mesmo assim uma pessoa agradável.

O irmão Torvald: muitíssimo agradável, gostando de aproveitar a vida.

O irmão Ørjan: uma pessoa que nunca quis ser adulta, mas que queria bem a todos.

O irmão Sture: uma pessoa comunicativa e inteligente.

A irmã Eva: sempre cantarolando, alegre, comunicativa.

Para mim e Jenny, a entrevista era um sinal que confirmava estarem todos aqueles interrogatórios que nos faltavam, apesar de tudo, bem guardados com Seppo Penttinen. Ao mesmo tempo, era de notar que ele apenas nos mandara um dos dois interrogatórios que nós pedíramos de Gun Bergwall, um dos que nós indicamos por meio de data e local.

Do interrogatório em que ela conta a respeito do dia da crisma, confirmando que Sture tinha álibi pelo assassinato de Thomas Blomgren, ainda não tínhamos visto nem fumaça.

Uma manhã, fazendo de trem o trajeto do sul para Estocolmo, me veio a inspiração de telefonar para o chanceler da Justiça, Göran Lambertz. Perguntei a ele se tinha tempo para tomar um café comigo naquela mesma manhã e ele respondeu que eu podia ir até o seu escritório.

Era inverno, mas o dia estava bonito, e dava para caminhar da Central Station, atravessando uma ponte para a ilha de Riddarholmen, e chegar ao esplêndido Palácio da Justiça. Lambertz me recebeu na sua imponente sala de trabalho, no segundo andar.

O cargo do chanceler da Justiça cobre funções diversas e, por vezes, conflitantes. Trata-se do supremo ouvidor e advogado do Estado sueco. Nessa função, ele, ou ela, será o conselheiro jurídico do governo e seu representante no caso de questões em discussão nos tribunais. Se o Estado sueco, por exemplo, prejudicar um cidadão que exige reparações, o chanceler da Justiça tem de agir como advogado do Estado e defender o Estado contra o cidadão. Ao mesmo tempo, é obrigado a supervisionar as autoridades e os tribunais em nome do governo — e ser a garantia suprema dos direitos e da integridade dos cidadãos. Quando o Estado sueco pratica algo errado — como, por exemplo, condenar um inocente à prisão — é ao chanceler da Justiça que compete determinar o nível da indenização por prejuízos provocados.

Na realidade, em poucas palavras, é uma disposição muito estranha essa que temos na Suécia. De um lado, o chanceler da Justiça se manifesta como representante do bom Estado, o insubornável funcionário estatal cuja ideia suprema é tratar bem os cidadãos e estar acima dos mais difíceis conflitos de interesses.

Diante da planejada reforma do chanceler Hans Regner, em 2001, a ministra da Justiça, Laila Freivalds, apresentou um determinado número de nomes que poderiam ser candidatos à chancelaria. A missão de preparar a escolha coube ao chefe da divisão legal do departamento do Estado, equivalente ao ministério das Relações Exteriores. E esse chefe era Göran Lambertz, que mais tarde contou o seguinte:

— Eu apresentei certo número de nomes para Laila Freivalds e o histórico de cada um dos candidatos. Depois, terminei a apresentação dizendo: "Mas, de preferência, quem quer o posto sou eu!"

E assim foi feito. Göran Lambertz criou um perfil seu como sendo um combatente pela segurança da Justiça. Falou em público que havia muitos inocentes condenados à prisão, que os policiais mentiam para defender os colegas e que os juízes, por vezes, eram preguiçosos. Para espanto geral, Lambertz se engajou até em entrar com recursos em vários processos e, num deles, seu recurso dizia respeito a um condenado por assassinato que, segundo Lambertz, tinha sido erradamente sentenciado. A Suécia tinha conseguido um chanceler da Justiça destemido que aparecia, frequentemente, na mídia e que ousava desafiar interesses poderosos, de tal maneira que se pode dizer ter ele conquistado a adoração do povo.

Em maio de 2004, Göran Lambertz deu início ao "Projeto de Segurança da Justiça" criado por ele e, dois anos mais tarde, surgiu o relatório dos "Condenados por Erro". O relatório compreendia a lista de todos os recursos, desde 1990, em que a punição por prisão era superior a três anos e os condenados foram inocentados no novo julgamento.

O relatório constatou que os recursos dessa espécie eram muito raros em épocas anteriores à década de 1990. Três dos processos diziam respeito a assassinatos sobre os quais muito se escreveu. Os outros transformaram o relatório em dinamite: 8 de 11 casos de condenação errada estavam ligados a abusos sexuais e, em alguns casos, o abuso teria sido cometido contra crianças e adolescentes.

Em muitos casos, tratava-se de meninas que, em contato com psicólogos e terapeutas, acusaram os pais e padrastos de abusos sexuais.

Um bom número de juristas proeminentes, entre os quais Madeleine Leijonhufvud e Chistian Diesen, que havia muito estavam engajados na luta pela condenação de abusos sexuais contra crianças, partiram ao ataque contra o relatório e exigiram a demissão de Göran Lambertz.

Devo salientar, desde já, que eu próprio me senti desafiado neste assunto, visto que dois recursos relacionados na lista do chanceler da Justiça diziam respeito a um caso que eu estudara a fundo e sobre o qual eu tinha feito várias reportagens: dois homens foram condenados no "Caso Ulf", que tratava de uma menina que, durante uma sessão de terapia num abrigo, contara uma história de abusos extremamente dramáticos, com elementos satânicos e até mesmo assassinatos rituais. No entanto, uma grande parte das provas colecionadas mostrava que a jovem não estava dizendo a verdade, mas essas jamais foram apresentadas. Na realidade, ficaram escondidas pela polícia, pelo promotor local e até mesmo pela promotoria do reino.

A linha seguida pelo relatório do chanceler da Justiça — saber quais os testemunhos podiam ser considerados dignos de confiança e qual o papel que os terapeutas e os promotores exerciam no sistema judiciário — encaixava-se em grande parte no conjunto de sentenças pronunciadas contra Thomas Quick. E os que estavam ao lado de Lambertz, muitas vezes, se colocaram desconfiados em relação a Quick.

Foi por isso que não causou espanto quando Göran Lambertz, no início dos seus trabalhos, demonstrou muitas dúvidas em relação à culpabilidade de Thomas Quick nos assassinatos pelos quais fora condenado. Os pais de Johan Asplund encontraram-se com Göran Lambertz e, pela primeira vez, tiveram a sensação de terem estado com uma autoridade que compreendera a situação e os levara a sério.

— Ele nos encorajou a voltar com nossas alegações para que ele pudesse fazer uma revisão de todas as oito sentenças pronunciadas contra Thomas Quick — contou-me Anna-Clara Asplund.

Ao advogado Pelle Svensson, que representou o casal Asplund no processo em 1984 contra o ex-companheiro de Anna-Clara, considerado então responsável pelo desaparecimento de Johan, foi pedido que preparasse a queixa para o chanceler considerar. No dia 20 de novembro de 2006, Svensson entregou uma "investigação judicial" de 63 páginas ao chanceler, acompanhada de duas caixas contendo cópias de todas as sentenças, do material das investigações preliminares, vídeos das reconstituições etc.

Por trás da notificação de Pelle Svensson estavam não somente Anna-Clara e Björn Asplund, mas também o irmão de Charles Zelmanovits, Frederick, outro que não acreditava na culpabilidade de Quick.

Uma semana mais tarde, o chanceler da Justiça pronunciou sua decisão sobre o caso Thomas Quick, o que deixou todo o mundo espantado. Afinal, como é que ele poderia ter tido tempo para analisar todo o processo e escrever uma decisão em apenas uma semana? E a decisão foi:

> O chanceler da Justiça não retomará nenhuma investigação, nem tomará nenhuma nova medida em relação ao caso em pauta.

A decisão continha oito páginas e terminava com um resumo das considerações feitas.

> As sentenças contra TQ, de uma maneira geral, estão muito bem escritas e bem fundamentadas. No seu conteúdo, entre outros considerandos, está uma ampla descrição da avaliação das provas que a Justiça fez.

Até mesmo Christer van der Kwast e Seppo Penttinen receberam elogios de Göran Lambertz:

> Em consideração às críticas generalizadas que os autores da petição dirigiram, sobretudo, contra o promotor e o líder das investigações, quero salientar que as investigações em si não oferecem apoio a qualquer outra conclusão a não ser àquela de que essas duas pessoas, diante das circunstâncias, realizaram um excelente trabalho.

A decisão deu azo a especulações a respeito dos verdadeiros motivos que levaram Lambertz a considerar tão rápida e levianamente o caso Quick. O que surpreendeu ainda mais foi a apreciação positiva que Lambertz fez das ações realizadas pela polícia, o promotor e os tribunais, nesse difícil caso.

Nessa altura, Lambertz estava sendo muito pressionado, depois de ter criado muitos inimigos na polícia, na promotoria pública e entre juízes. Além disso, podem-se acrescentar a classe dos jornalistas, na sequência de ter processado o redator-chefe do jornal *Expressen* por crime contra a liberdade de imprensa, além de ser alvo de vários grupos que trabalhavam contra todas as formas de abusos sexuais. Seu futuro como chanceler da Justiça, em poucas palavras, não estava nada certo.

Göran Lambertz rejeitou, categoricamente, a ideia de ele ter tomado a decisão tendo em mente considerações desse tipo. Eu mesmo estava entre aqueles que duvidavam. E agora eu tinha a oportunidade de lhe perguntar do que ele, na realidade, teve tempo de se inteirar antes de tomar uma decisão tão rápida.

— Li apenas as sentenças — confessou ele. — Li-as duas vezes e, na segunda vez, com uma caneta vermelha na mão.

Além disso, ele teria encarregado seus auxiliares de analisar o material básico ou, pelo menos, partes dele. Durante a minha visita, encontrei-me com um dos subordinados a quem Lambertz confiou essa análise. Aparentemente, era um jurista recém-formado que, de certo, achou a "investigação judicial" de Pelle Svensson pouco impressionante.

Ao nos encontrarmos em frente à máquina de café, Göran Lambertz exclamou, rindo:

— Vocês dois devem ter algum interesse em comum!

O jurista e eu nos apresentamos e apertamos as mãos. E, então, o jovem disse com frieza na voz:

— Sim, mas não concordamos em nada.

— É claro — reagi. — Talvez a gente se encontre novamente daqui a um ano. Vamos ver o que acontece...

Não pude deixar de sentir um pouco de pena do jovem. No máximo, tivera cinco dias para estudar e emitir uma opinião sobre um material extremamente amplo e complexo. Seu colega jurista Thomas Olsson, muito mais experiente, levara muitos meses apenas para ler e considerar um dos vários crimes em pauta. E, no entanto, o jovem jurista de faces rosadas tivera de emitir uma opinião que, sem dúvida, serviria de base para a mais fatal decisão de Lambertz como chanceler da Justiça.

A decisão de Lambertz tornou-se o último prego no caixão, aquele que apagou as esperanças de Pelle Svensson, do casal Asplund e de muitos outros que acreditavam ser ele aquele que, finalmente, iria corrigir um verdadeiro escândalo judicial. Ao contrário, essa decisão transformou-se em um trunfo nas mãos do promotor em todos os debates: afinal, tudo fora analisado e aprovado pela mais alta instância judicial do país. Eu já tinha encontrado pela frente esse argumento mais de uma vez. Da parte de Gubb Jan Stigson, no nosso encontro anterior em Falun e, mais recentemente, na entrevista com Claes Borgström, no seu escritório.

Por isso, ao discutir com Göran Lambertz, fiquei de queixo caído ao ver como ele considerou, levianamente, o caso. Fiz questão de lhe mostrar como cheguei às minhas conclusões em relação à primeira sentença em que considerei faltarem provas. Mostrei ainda que, pelo contrário, existiam no caso muitíssimos detalhes indicando que Quick nada tivera a ver com o desaparecimento de Charles Zelmanovits, e como o promotor tinha agido para se ver livre desse problema.

Lambertz ouviu atentamente, e o encontro continuou em tom amigável. Falei do fato de Sture ter recuado das suas confissões, arrasando caso a caso. Por fim, já estava chegando a hora do almoço e eu tinha de ir embora. Nessa altura, mais ou menos, Lambertz disse achar muito interessante tudo o que informei, mas que, na realidade, não valia de nada. Isso porque o grande mistério permanecia: como Quick podia ter falado de Trine e Gry? Como ele pôde guiar os policiais até aos locais dos crimes?

Tive de reconhecer que desses dois casos ainda não havia lido muita coisa e ainda não tinha todas as respostas.

Deixei a reunião com um profundo sentimento de decepção. Pessoalmente, sempre gostei de Göran Lambertz e considerava-o um homem honesto. Aquilo que eu contei para ele devia ter resultado em alguma forma de remorso, mas não vi nem vislumbre desse sentimento.

Nesse instante, já de saída do escritório do chanceler da Justiça, reconheci duas coisas: as forças que defendem a ideia da infalibilidade do sistema judicial são muito mais incontestáveis do que eu até então pensava; e, portanto, a história de Thomas Quick continuaria até que o último ponto de interrogação fosse liquidado, o que, pelo meu lado, significava que o meu trabalho ainda estava longe de terminar.

Os documentários na televisão sueca

Meus dois primeiros documentários sobre Thomas Quick foram transmitidos no programa *Documento* do canal STV da televisão sueca, nos dias 14 e 21 de dezembro de 2008.

Qual foi a história que eu apresentei?

Mais ou menos, esta: uma clínica psiquiátrica judicial drogou um paciente compulsório e o transformou em narcomaníaco. Depois, ele ficou exposto a um tratamento de psicoterapia intensiva que, através de todos meios de persuasão e do livre acesso a narcóticos, o convenceu a confessar mais de trinta assassinatos.

Apesar de o paciente, com grande frequência, ter sido apanhado dizendo inverdades, o promotor, o investigador policial, o médico, o terapeuta e toda a espécie de peritos conseguiram indiciá-lo por oito assassinatos confessados. Segundo seis sentenças aplicadas em outros tantos tribunais, o paciente foi julgado culpado em todos os casos.

No meu documentário, o paciente se retratou de todas as confissões e afirmou que nunca assassinou ninguém.

Além disso, descreveram-se, exaustivamente, todas as peculiaridades das investigações nos crimes contra Therese Johannesen, contra o casal Stegehuis, em Appojaure, e contra Yenon Levi, em Rörshyttan. Mas a circunstância mais importante foi, evidentemente, a retratação de Sture Bergwall, ao se proclamar "um assassino em série confesso" e ao se afirmar totalmente inocente desses assassinatos confessados.

PARTE III

*"As críticas são um absurdo.
Não vejo nenhum erro no que fiz.
Só acho que a argumentação é ruidosa."*

— Promotor CHRISTER VAN DER KWAST à agência
de notícias sueca *TT*, em 20 de abril de 2009

Os ventos mudam

O CONTEÚDO DOS meus programas resultou na volta do caso Thomas Quick ao noticiário de todas as mídias do país. Já na noite de domingo, dia 14 de dezembro de 2008, logo que Thomas Quick se retratou das confissões no final da apresentação do primeiro documentário, o advogado Thomas Olsson declarava à *TT* que Sture Bergwall devia entrar com recurso em todos os tribunais nos quais fora condenado. O primeiro recurso ocorreu logo depois da virada do ano no Supremo Tribunal da Suécia, em relação ao assassinato de Yenon Levi.

No programa *Studio Ett* da Rádio Suécia, no dia seguinte, Christer van der Kwast partiu para o contra-ataque:

— São afirmações sem sustentação — disse ele, a respeito de ele e Seppo Penttinen terem induzido os tribunais ao erro. — Tudo está apoiado nas investigações preliminares. Não é correto dizer que alimentamos Quick com informações.

Além disso, afirmou que continuava convencido de que Quick era culpado.

— O que pesou mais foi o fato de o acusado, em todos os casos, ter apresentado detalhes que apenas o criminoso poderia conhecer. Esses detalhes correspondiam aos dados da investigação técnica e às provas apresentadas pelo médico-legal. Em todos os casos, houve comprovação das confissões.

Seppo Penttinen preferiu não fazer quaisquer comentários. "Atualmente, existe um recurso em andamento e eu não quero comentar nada antes de o processo chegar ao fim", disse para a agência *TT*. A mesma estratégia foi adotada por Birgitta Ståhle, por Sven Åke Christianson e Claes Borgström.

Peritos jurídicos, como o advogado Per Samuelsson e a secretária-geral da Ordem dos Advogados Anne Ramberg, se manifestaram a respeito das possibilidades de Sture Bergwall conseguir a aprovação do recurso e consideraram pequenas as chances, visto que a retratação das confissões não seria um motivo em si. "Para que o recurso seja atendido em qualquer processo é preciso que alguma coisa tenha surgido de novo e que não tenha sido considerada pelos juízes durante o julgamento anterior", disse Anne Ramberg para a *TT*.

Alguns dias mais tarde, Kwast voltou ao ataque através de uma entrevista rara, dada ao jornal *Svenska Dagbladet*. Nessa entrevista, ele considerou os meus documentários como "de baixo nível" em termos de jornalismo investigativo. Também rejeitou atender os repórteres que tentavam, em vão, lhe fazer perguntas, dizendo que eles não faziam a menor ideia do que se tratava. E achava que nada tinha surgido de novo, a não ser a retratação de Sture Bergwall.

Ele próprio discorreu sobre o assunto, apresentando uma série de raciocínios, para dizer o mínimo muito estranhos, pelo menos para quem tivesse estudado os casos. Sobre o caso dos rapazes refugiados, em que ficou claro que Quick confessara o assassinato depois de ter se alimentado com informações da mídia, o comentário de Kwast foi de que isso era um disparate.

— Na realidade, Quick começou a falar de um dos rapazes já desde 16 de novembro de 1994, antes de os jornais noticiarem o caso — disse.

Eu mal podia acreditar no que estava lendo. Em 16 de novembro de 1994, Seppo Penttinen visitou o Hospital de Säter para receber o que ele, no seu memorando, descreve como "material associativo" que estava "provavelmente ancorado na realidade". É quando Quick fala do assassinato de "um rapaz bem novo", entre 1988 e 1990. No memorando: "Dessa época, às vezes, surge na sua memória o nome de um lugar, Lindesberg. O rapaz não falava sueco. Quick fala de um nome eslavo, 'Dusjunka'. O rapaz trajava uma jaqueta jeans, uma camiseta verde-musgo, calças jeans grandes demais, com bainha dobrada. Tinha cabelos pretos e aspecto sulista."

Como é que Christer van der Kwast, falando sério, poderia afirmar que isto tinha a ver com a história dos rapazes africanos, refugiados na Noruega?

Mas ele continuou a considerar todos os "detalhes únicos" de que Quick falara na investigação e que demonstravam a sua culpa: a hérnia inguinal de Johan Asplund e seus sinais de nascença, o eczema na dobra do braço de Therese Johannesen, além de ter descrito "os ferimentos nas vítimas de Appojaure, que só eram conhecidos dentro do ciclo de investigadores". E ainda o grande trunfo: Que Thomas Quick tinha guiado os investigadores no caso de Therese até o lugar na floresta onde cortara o corpo em pedaços e os queimara, um lugar que um cão farejador marcou. E nas escavações feitas foram encontrados fragmentos de osso.

Kwast achava difícil haver possibilidades de recurso em qualquer dos casos:

— O que está acontecendo é apenas um grande espetáculo. Espero que os juízes mantenham a cabeça fria e não concordem com nenhum recurso.

Na onda dos noticiários, dos comentários e dos editoriais sobre o assunto, acabou aparecendo até mesmo uma verdadeira vítima de Sture Bergwall: o homem que ele, em 1974, de fato quase matara numa república de estudantes em Uppsala. Em uma nota no *Newsmill*, o homem descreveu o chocante acontecimento e afirmou que estava decepcionado comigo.

"Ao ver ontem o programa sobre Thomas Quick na televisão, achei-o tendencioso. Ficamos com a ideia de que Quick é inocente dos assassinatos pelos quais foi condenado. Para mim, que fiquei a um fio de ser assassinado por Quick ou Sture Bergwall, como ele se chamava naqueles tempos, é difícil acreditar que, como Jan Guillou e outros comentaristas dos jornais vespertinos acham, ele fosse apenas 'um pequeno criminoso'. [...] Por motivos familiares, eu nunca falei muito sobre o que aconteceu há quase 35 anos. Tem custado o seu preço ficar em silêncio. Mas, ao tomar conhecimento da imagem tendenciosa que se apresenta de Quick, sinto que é minha responsabilidade contar a minha história. O programa de Hannes Råstam e os comentaristas dos tabloides me causaram mal-estar."

O homem, que também foi entrevistado pelo *Dagens Nyheter,* disse ainda: "Aliás, eu telefonei para Hannes Råstam quando fiquei sabendo do seu projeto televisivo. Devo dizer que fiz o registro policial da tentativa de assassinato de que fui vítima, registro que coloquei à disposição de Råstam. Mas este não estava interessado em se encontrar comigo. Estava apenas interessado em saber se Quick estava drogado."

Alguns dias depois, a 17 de dezembro, o *Expressen* publicou uma entrevista com o padrasto de um garoto de 9 anos que Sture Bergwall atacara quando era assistente de enfermagem, em 1969. "Ele é capaz de assassinar muita gente", afirmou o supracitado padrasto, que resolveu se apresentar em público porque achou "importante esclarecer que Thomas Quick já havia cometido antes ações violentas".

Além da notícia da violência no hospital, foi citada mais uma vez a pesquisa psiquiátrica judicial feita na primavera de 1970, que constatou ter Quick "uma inclinação constitucional, em alto grau, para a prática da perversão sexual do tipo pedofilia *cum sadismus*" e que ele, em certas circunstâncias, é considerado "não apenas perigoso, mas, em certas circunstâncias, um grande risco para a segurança pessoal de outros, um caso de vida ou morte".

Até mesmo alguns dos meus colegas acharam que eu embelezara a imagem de Sture Bergwall ao não me aprofundar nas suas violências anteriores, citando-as apenas em passagem rápida. A crítica já era esperada, mas mesmo assim foi sentida. Entretanto, continuei achando que não podia ter feito de outra maneira: minha análise esteve focada em saber se Sture Bergwall havia cometido os oito assassinatos pelos quais fora sentenciado, não em descrever os crimes que ele comprovadamente cometera. Condensar a história extremamente complexa em dois documentários televisivos, de uma hora cada, nos moldes em que foram transmitidos, já tinha sido uma missão quase impossível.

A situação fazia lembrar aquela, dez anos antes, em que a controvérsia sobre Thomas Quick entrou em ebulição, com a diferença de que, então, aqueles em dúvida constituíam uma minoria e, agora, eram a maioria. Aqueles seguros da culpa de Quick constituíam, doravante, um grupo em vertiginosa queda.

No dia 17 de dezembro, o *Dagens Nyheter* escreveu o seguinte editorial:

> Que Thomas Quick tenha sido condenado por oito assassinatos e confessado muitos outros é um dos maiores escândalos da Justiça sueca. Mas também pode se tratar de um assassino culpado. De qualquer forma, em relação ao status de Thomas Quick como criminoso, uma coisa é certa: a organização judicial da Suécia mostra, no caso Quick, fragilidades preocupantes, fragilidades que nos fazem lembrar a prática da corrupção legal na década de 1950. Todos os julgamentos legais devem decorrer conforme a lei manda e com o uso de muita sensibilidade. As investigações devem servir para esclarecer o que aconteceu, o papel do eventual suspeito e, acima de tudo — não serem preconceituosas.
>
> O caso Thomas Quick apresenta muitas discrepâncias em relação ao aceitável. Mas foi chamada a atenção, também, para o promotor, o líder das investigações, os tribunais, todo o aparato em volta do assassino Thomas Quick. E essa atenção não é lisonjeira.
>
> É absolutamente claro que Thomas Quick recebeu "ajuda para se lembrar", que o tratamento terapêutico esteve sempre ligado à investigação policial e que as circunstâncias que poderiam "estourar" uma pretendida atribuição de responsabilidade criminosa foram escondidas. É razoável considerar ser um problema para a sociedade jurídica a possibilidade de que as coisas possam ocorrer dessa forma. No momento, deve ser analisado o comportamento de certo número de pessoas em posição de chefia que participaram do caso Quick. Seu advogado espera que o recurso apresentado seja acolhido, que eventuais erros e/ou omissões sejam mostrados, e as responsabilidades, exigidas.
>
> A grande questão é saber como o tratamento do caso Thomas Quick diz alguma coisa a respeito do nosso sistema judiciário como um todo. Notadamente, é preciso considerar o papel da teoria das recordações reprimidas. Uma teoria que mais tarde enfraqueceu, mas antes foi assumida pelos tribunais suecos que condenaram certo número de pessoas a longas punições com base apenas em afirmações resultantes, até onde se sabe, de recordações recuperadas. Entretanto, muitos anos se passaram. A falta de testemunhos ou outras provas que confirmassem estarem corretas essas recordações nada significava.

> Ainda mais preocupante, no entanto, é ver que as instâncias judiciárias, que detêm como missão supervisionar a ordem dentro do sistema judiciário, também são atingidas e perdem o senso da crítica racional.
>
> O chanceler da Justiça deixou-se convencer da correção das sentenças pronunciadas contra Thomas Quick e rejeitou as objeções feitas, dizendo que "em grande parte, tinham pouca importância". Onde foi parar a famosa frase "além de qualquer suspeita"?

Além da opinião pública cada vez mais forte e do fato de Sture Bergwall estar disposto a solicitar recurso jurídico, existe mais um detalhe preocupante para aqueles que colaboraram nas condenações aplicadas a Quick ou insistiam em proclamar a sua culpa: o promotor público do reino, Anders Perklev, estava analisando o caso, depois de duas pessoas particulares em Sundsvall terem ido à polícia e acusado Seppo Penttinen e Christer van der Kwast por erro grave em serviço.

Obviamente, até mesmo o chanceler da Justiça, Göran Lambertz, sentiu o chão tremer. Na segunda-feira, dia 22 de dezembro, pela manhã, depois da apresentação do segundo documentário, ele resolveu participar do noticiário do canal TV4.

— Eu não sabia se ele era culpado, mas estou bastante convencido de que é culpado de, pelo menos, alguns desses assassinatos. No caso de duas das sentenças, existem provas muitíssimo comprometedoras — afirmou o chanceler.

— Portanto, você está convencido de que ele é culpado? — insistiu o apresentador do programa.

— Sim, em dois dos assassinatos estou convencido, sim — disse Lambertz. — E devemos ter em mente, também, estar acima de qualquer dúvida o fato de ele ter capacidade para cometê-los. Ele é considerado por muitos psiquiatras como uma pessoa perigosa, com tendência para a pedofilia sádica, e já foi condenado como tal, anteriormente.

Inegavelmente, este é um longo passo adiante da posição tomada na sua decisão de 2006. Em um artigo na seção de opinião do jornal *Aftonbladet*, do dia 6 de janeiro de 2009, ele deu ainda mais um passo em frente. Depois de ter avançado com os motivos que comprovavam a culpa de Quick, escreveu:

1. É completamente possível que ele tenha decidido ser "um assassino em série", aprendeu sobre crimes através da mídia e conseguiu aparecer como culpado através de, continuamente, readaptar a sua história e a sua maneira de agir sempre que necessário para que acreditassem nele. A influência das drogas e das sessões de psicoterapia pode ter sido marcante. Sua história atual pode estar correta.
2. Em relação, pelo menos, a dois dos oito assassinatos, existem outras pessoas consideradas fortemente suspeitas.
3. Algumas partes muito importantes das suas histórias parecem estar, definitivamente, erradas. Os erros são difíceis de explicar de outra forma, a não ser pelo fato de terem partido de pura invenção.

Em seguida, Göran Lambertz escreveu que, apesar de tudo, não existem "suspeitas de apoio" à tese de que os investigadores "tenham tentado levar os tribunais e o público em geral a acreditar que Thomas Quick fosse culpado de crimes que eles próprios não estivessem convencidos de terem sido cometidos por ele". Ao mesmo tempo: "A polícia e o promotor podem ter avançado, por vezes, rápido demais, e talvez não tenham sido tomadas em consideração suficiente as circunstâncias que apontavam contra a culpabilidade de Quick. Nesse caso, isso foi malfeito, mas, na situação em que as investigações se encontravam, é humanamente compreensível que assim tenha acontecido.

Nessa altura, simplesmente, o chanceler da Justiça já não sabia mais em que pé devia ficar.

> É muito fácil, também, que as pessoas concluam que é tudo preto no branco. Ou a psicoterapeuta Birgitta Ståhle, o policial Seppo Penttinen, o promotor Christer van der Kwast, o advogado Claes Borgström e alguns jornalistas como, por exemplo, Gubb Jan Stigson, do *Dala-Demokraten*, estão errados e talvez até tenham conspirado, ou talvez estejam totalmente enganados Leif G.W. Persson, o jornalista e escritor Jan Guillou, o psiquiatra Ulf Åsgård, o advogado Pelle Svensson, o policial Jan Olsson e o jornalista Hannes Råstam. Mas não é necessário, de fato, que seja uma coisa ou outra. Todos podem

ter realizado um bom trabalho, nos pontos essenciais, e chegado a conclusões bastante razoáveis, embora absolutamente contrárias.

A conclusão de Göran Lambertz foi sintomática. "Se Thomas Quick for julgado inocente, então estamos diante de um enorme escândalo jurídico? Sim, ao que parece, sobre isso estão de acordo todos os comentaristas. E isso pode ser, naturalmente, um julgamento correto. Vamos ter de esperar a resposta que, possivelmente, virá. Mas deve-se salientar que, de qualquer forma, por princípio, é menos grave se a função jurídica sentenciar uma pessoa inocente que confessa e quer ser condenada do que condenar um inocente que sempre negou as acusações."

Foi sem dúvida um raciocínio interessante por parte do supremo jurista da Suécia.

Anne Ramberg, da Ordem dos Advogados, foi também vacilante ao tentar apresentar a sua posição no primeiro editorial de 2009, no jornal *Advokaten*, no qual escreveu que Thomas Quick poderia muito bem "estar corretamente condenado, embora inocente".

No dia 16 de fevereiro de 2009, o promotor do reino informou que não pensava dar início a nenhuma investigação preliminar contra os responsáveis pela investigação Quick.

Na sua decisão, escreveu que o motivo estava no fato de os possíveis erros em serviço, na sua maioria, terem sido cometidos havia mais de dez anos e, por isso, estarem prescritos. Mas, mesmo que tivessem sido cometidos mais tarde, e com isso pudessem ser investigados, foram cometidos antes da análise feita pelo chanceler da Justiça em 2006. E "o chanceler achou, na sequência da sua análise, que a investigação preliminar não devia ter início", visto que não teriam sido cometidos quaisquer "erros graves por parte do promotor e da polícia".

Como o chanceler da Justiça é o jurista supremo do país, o promotor do reino constatou que não tinha competência para se sobrepor à decisão dele. Com isso, a questão teria terminado.

Mas as duas pessoas que registraram queixa na polícia queriam que a promotoria geral tomasse uma posição em relação ao caso, verificando se haveria motivo para entrar com recurso contra as sentenças aplicadas a Quick. Nesse ponto, Perklev deu razão aos querelantes. E o assunto foi despachado para a unidade do reino que julga os processos originários da polícia na cidade de Malmö, onde o promotor Björn Ericsson instalou um grupo, composto por ele e mais três promotores e um investigador, para analisar todas as investigações feitas em relação ao caso Quick.

Treze pastas

No dia 20 de abril de 2009, Thomas Olsson e o seu colega Martin Cullberg entraram com um recurso em nome de Sture Bergwall contra a sentença no caso Yenon Levi. O relatório, de 73 páginas com 274 pontos, listava todas as falhas cometidas na investigação do caso: o parecer ignorado do departamento técnico da Justiça e todos os indícios relativos ao criminoso Ben Ali; a primeira reconstituição que falhou totalmente; a óbvia mentira sobre a existência de um parceiro, Patrik, na execução do crime; como Quick errou e alterou, praticamente, todas as informações durante os catorze interrogatórios realizados até chegar à história apresentada em tribunal etc.

Uma vez que o grupo de Björn Ericson já estava indicado para analisar a investigação Quick, ele foi encarregado de se pronunciar sobre o primeiro recurso de Sture Bergwall.

Por princípio, é impossível descartar sentenças que adquiriram força legal. Este princípio é uma das pedras fundamentais do sistema jurídico da Suécia e tem um nome, o princípio da *inderrogabilidade*.

Durante todo o século XX, foram concedidos recursos em quatro casos de assassinato, um a cada 25 anos. E no século XXI ainda não tinha acontecido nenhum caso. Mas Sture Bergwall esperava que seu recurso fosse concedido e que ele fosse absolvido dos oito crimes. As chances eram mínimas, mas eu jamais duvidei de que isso não acontecesse. Quanto mais eu me empenhava no caso, mais eu encontrava confirmações para o fato de Sture Bergwall ser inocente.

Em contrapartida, logo ficou claro para mim que o processo iria demorar muito. Na Suécia, não existindo uma instituição formal de apreciação de recursos, isso significa que os promotores encarregados de apreciar esses casos fazem o trabalho em paralelo aos seus serviços normais. Num sistema jurídico em que os julgamentos demoram meses e anos, em consequência da falta de recursos humanos, é claro que a análise de um recurso contra uma sentença publicada há mais de dez anos não tem prioridade máxima.

Além disso, não existe ajuda judicial para o condenado em casos de recurso, o que significa uma situação incerta de lucro ou prejuízo para o advogado que assumir o caso, e com isso, tal como no caso do promotor analista, ele só trata do assunto quando tiver tempo.

Na primavera de 2009, o responsável pelo programa *Documento*, Johan Brånstad, e eu decidimos investir em mais um terceiro documentário sobre Thomas Quick, a fim de juntar informações sobre os processos que não tinham sido incluídas nos dois programas anteriores. Desta vez, porém, o programa não seria focado em Sture Bergwall, mas no ciclo de participantes que possibilitou as sentenças equivocadas.

Logo, continuei a pesquisar onde estariam os relatos desaparecidos de interrogatórios feitos.

Gun Bergwall conseguiu se lembrar de algumas coisas que ocorreram no interrogatório em que ela ofereceu álibi para o irmão no caso do assassinato de Thomas Blomgren. Em termos de datas, ela se lembrava apenas de que a entrevista ocorrera no início da década de 1990, que os policiais criminalistas vieram da cidade de Luleå e que eles gravaram toda a conversa.

— Eles perguntaram muito sobre o feriado do dia de Pentecostes em 1964. E eu quis saber qual era a razão disso, o que teria acontecido nesse feriado. Mas eles não quiseram responder. Antes, quiseram ver as fotografias do evento — disse Gun Bergwall.

Gun mostrou as fotos e, numa delas, Sture aparecia em traje de crisma, no momento em que, na mesma data, supostamente, devia estar matando uma criança na cidade de Växjö, no sul da Suécia. Assim que soube da história de Sture ter confessado esse crime, Gun disse que o irmão não tinha saído de Falun, no norte da Suécia, nem nesse feriado nem em qualquer outro dia nessa época. Sture tinha estado em casa todo o tempo.

Que uma pessoa atrás da outra contasse para mim ter dado para a polícia informações que contrariavam radicalmente a hipótese de

Quick ter cometido esse crime era uma coisa que poderia ser mostrada na televisão. Mas ter isso confirmado, preto no branco, sob a forma de um protocolo de interrogatório, arquivado e escondido, evidentemente, seria uma coisa diferente.

Mandei um pedido por escrito, mais de uma vez, para a polícia de Sundsvall, requisitando cópia desse protocolo, a que não responderam. Acabaram respondendo, no entanto, negando a sua existência por intermédio de Seppo Penttinen.

Entretanto, o promotor Björn Ericson iniciou com seu grupo a análise do caso Quick bem devagar. Logo em seguida, Ericson requisitou todo o material existente na polícia de Sundsvall, especificando o que devia ser mandado para ele. Em meados de outubro de 2009, de repente, recebi uma carta bastante servil de Seppo Penttinen, junto com cópias dos dois interrogatórios que eu procurava. Penttinen explicou que esses dois interrogatórios com Örjan Bergwall não foram encontrados nas primeiras pesquisas porque faziam parte do chamado "lixo".

A propósito da minha repetida pergunta a respeito do total conteúdo desse lixo e onde estava arquivado, ele escreveu: "O autor deste documento sabe que existe uma pequena quantidade de relatos escritos de interrogatórios com pessoas que, como no caso Örjan Bergwall, foi jogada no lixo. Esses interrogatórios não estão diretamente ligados com qualquer assunto especial. São interrogatórios realizados com pessoas do ciclo de conhecidos de Sture Bergwall e fazem parte do trabalho feito para esclarecer o seu comportamento. [...] Para seu conhecimento, todo o material das investigações foi mandado para Malmö, para a unidade do reino encarregada de casos policiais."

Eu estava muito longe de ter a certeza de que Penttinen, realmente, tivesse mandado para Björn Ericsson todo o material. Por isso, mandei para ele uma lista de oito interrogatórios de que tive conhecimento e dos quais pedi cópias à polícia de Sundsvall. Ao contrário de mim, teriam eles recebidos todos esses interrogatórios?

Verificou-se que Penttinen não os tinha mandado. Feita essa constatação, os investigadores internos dirigiram-se a ele e lhe perguntaram se tinha mais algum material na sua sala de trabalho a ser enviado — por estranho que pareça, era nessa sala que todo o material de Quick estava guardado.

Meu terceiro documentário sobre Thomas Quick foi transmitido no dia 8 de novembro de 2009. Depois desse, não estavam previstos mais programas a transmitir, mas mesmo assim eu não conseguia abandonar a questão dos interrogatórios desaparecidos. Para mim, passou a ser uma questão pessoal, uma questão de honra.

Depois de incontáveis insistências, parece que os investigadores internos receberam todo o material restante. No total, foram treze pastas, as que foram negadas aos tribunais, ao público em geral e aos jornalistas, durante oito anos. Como os documentos não eram registrados, não foi possível saber onde estavam nos diários das autoridades.

No dia 16 de dezembro, viajei para Malmö a fim de, no local, consultar as treze pastas cujo conteúdo, em suas partes decisivas, modificava o andamento das investigações. Encontrei um interrogatório em que se dizia que o homem supostamente designado como tendo conduzido o jovem Sture a Växjö jamais podia ter feito isso. Paralelamente, existiam ainda os relatos dos interrogatórios com outros personagens dados como impossíveis auxiliares e ajudantes criminosos. Em uma das pastas, marcada com as palavras "Outros interrogatórios", encontrei catorze conversas com as irmãs e os irmãos de Thomas Quick. Todos falaram de uma imagem familiar que contrariava por completo as imaginadas recordações da infância de Quick, apuradas em Säter, nas sessões de terapia de relações entre objetos, com o apoio de drogas. Além disso, também se apontava como absurda a hipótese de Sture Bergwall ter condições de conduzir um carro antes de 1987.

Uma característica comum dos interrogatórios que Seppo Penttinen considerou como irrelevantes era o fato de em todos Quick ter falado de situações dadas como inimagináveis.

A pasta mais interessante era a de um interrogatório com Thomas Quick, realizado em 27 de janeiro de 1999, que consistia numa revisão de todo o caso, mostrando que Quick, sistematicamente, procurava novos crimes para confessar, e os investigadores estavam cientes disso. Duas semanas antes, Quick, em conversa com a detetive criminalista

Anna Wikström e com Birgitta Ståhle, falou que houvera um "avanço na terapia". Pela primeira vez, Quick tinha feito uma lista de todos os crimes por ordem cronológica.

Desde o julgamento dos casos Trine e Gry, eu sabia que Christer van der Kwast, no segundo dia das representações no Tribunal de Falun, apresentara uma lista parecida que incluía os nomes de 29 pessoas.

Ao ser chamado para depor em 27 de janeiro, Thomas Quick tinha essa lista no bolso de trás das calças. Vale a pena salientar que o advogado de Quick, Claes Borgström, e Jan Karlsson, do departamento de criminalista do reino, estiveram presentes durante todo o interrogatório.

Após uma longa conversa inicial com Penttinen, Quick começou a contar sua história.

> TQ: — É uma relação cronológica que começou em 1964. Thomas Blomgren.
> PENTTINEN: — Hum. O primeiro nome é, então, Thomas, depois estão listados Lars, Alvar, o rapaz de Lasarett, Björn, "Michael", "Per", Björn – Noruega, Reine, Martin, Charles, Benny, Johan, o rapaz de Värmland, o rapaz do carro, Olle, o casal Stegehuis, Magnus, Costa Ocidental, Levi, Marianne – Noruega, a mulher do caminho, Therese – Noruega, Trine – Noruega, a mulher do estacionamento, Noruega… […] E, depois, em cima, à direita M-Z. Duska – Noruega, J. Tony – Finlândia.

Penttinen continua a ler a anotação de Quick: "Tenho um lugar sagrado entre Sågmyra e Grycksbo. Tenho um lugar de massacres perto e em volta do cabo de Främby. Tenho um pequeno, mas muito valorizado, esconderijo em Ölsta."

O primeiro nome da lista, depois de Thomas Blomgren, é "Lars", que teria sido assassinado por Quick na Suécia Central, em 1965. A verdade, no entanto, é que "Lars", junto com um amigo, davam comida a patos num lago gelado. O gelo quebrou e o rapaz se afogou. Havia testemunhas do acidente e a família estava completamente segura de que fora acidente. Disso eu já sabia, visto que Jenny Küttim e eu já tínhamos revisto todos os crimes confessados por Quick ao longo dos anos, não apenas aqueles que resultaram em oito sentenças. Por isso, eu já sabia, também, que esta confissão foi considerada pelos investigadores tão incrível que eles nem sequer entraram em contato com a família de "Lars".

Segundo a lista, um "jovem" cujo nome era conhecido tinha sido sequestrado em 1985, na província de Norrland, de onde, conforme Quick, foi levado para Falun, e o seu corpo enterrado em um dos "esconderijos" de Quick.

"Nós sabemos de quem se trata", disse Christer van der Kwast, cheio de segredos, durante uma entrevista para a agência *TT*, na primavera de 2000.

Em um dos interrogatórios, fica explícito que se tratava de um rapaz de 15 anos de nome Magnus Jonsson que desaparecera da cidade de Örnsköldsvik no início de 1985. Na verdade, porém, a polícia encontrou as pegadas isoladas de Magnus no gelo até o mar aberto onde ele, provavelmente, escorregou, caiu e se afogou. Anos mais tarde, foram encontrados os restos mortais de Magnus Jonsson, identificados por análise de DNA.

A lista das vítimas de Thomas Quick abrange, ainda, várias confissões de assassinatos que, segundo as autoridades policiais do lugar, não tinham nada a ver com a realidade, isto é, as autoridades não tinham registro de desaparecimentos que correspondessem aos confessados, em termos de datas e de lugares.

Em conexão com a remessa da lista por Kwast ao tribunal, em maio de 2000, ele disse para a agência *TT*:

— Passamos em revista todos os assassinatos, acidentes e desaparecimentos que poderiam ser reais no caso Quick. Temos quantidades imensas de informações difíceis de verificar. As mais notórias são aquelas que fazem parte da lista, isto é, aquelas que ele próprio nos informou.

Para os juízes do tribunal, a lista deve ter significado que estavam na presença de um criminoso absolutamente único, e que o processo em causa apenas era um de uma série que se esperava ser muitíssimo maior.

A questão era saber como o tribunal teria julgado o processo de assassinato de Trine Jensen e Gry Storvik se tivesse sido informado de que a maioria dos assassinatos apontados na lista era, notoriamente, um produto da mais pura fantasia.

O jornalismo investigativo

O grupo de promotores liderados por Björn Ericson não chegou a lugar nenhum em relação à decisão de solicitar recurso amplo para Sture Bergwall, mas, em 17 de dezembro de 2009, de qualquer maneira, os promotores já tinham terminado a análise do pedido de recurso em relação ao caso Yenon Levi. Björn Ericson informou que o recurso foi concedido.

Entretanto, Ericson continuou a pedir material sobre os outros casos e chegara, então, ao caso dos fragmentos de osso no processo de Therese Johannesen. Os noruegueses entregaram os fragmentos de osso que haviam chegado aos laboratórios do departamento de medicina legal para análise.

Um dos osteologistas que analisaram os fragmentos de osso foi Ylva Svenfelt, cientista independente e especialista em ossos queimados da Idade do Ferro. Ela ficou muito surpresa quando viu os fragmentos de osso apresentados, considerados de um osso humano de uma criança.

Na quinta-feira, dia 18 de março de 2010, vários meios de comunicação revelaram que os pedaços de osso teriam sido, no processo original, examinados, apenas, a olho nu, isto é, os professores Per Holck e Richard Helmer apenas olharam para eles, antes de expedir os seus pareceres científicos. Os mesmos pedaços de osso tinham sido analisados, agora, em nível de moléculas biológicas. Chegou-se, então, à conclusão de que não se tratava de ossos, mas de pedaços de madeira com alguns revestimentos de cola — provavelmente, pedaços de madeira compensada.

— Caso se esteja habituado a trabalhar com pedaços queimados de osso, vê-se imediatamente que estes não são fragmentos ósseos. Eu não posso interpretar esta situação a não ser como uma fraude científica — afirmou Ylva Svenfelt ao *Aftonbladet*.

Ao *Expressen*, Thomas Olsson declarou:

— É incrível que nem mesmo nós pudéssemos imaginar uma coisa dessas. Mas é sintomático do caso Thomas Quick, em que pessoas de nível acadêmico se prestaram a alimentar o circo.

Dois dias depois da notícia que contribuiu para baixar uma nuvem de ridículo sobre toda a investigação, recebi o Prêmio "Pá de Ouro" da Associação Sueca de Jornalistas Escavadores pelos meus documentários no caso Thomas Quick.

Na conferência de três dias, realizada nesse ano na Casa da Rádio, em Estocolmo, e no domingo, no encerramento do evento, houve um debate entre Gubb Jan Stigson e eu, a respeito do papel da mídia no escândalo Thomas Quick. Entre os espectadores do auditório de música sinfônica da organização, além de uma centena de colegas, estavam Jenny Küttim, Johan Brånstad e Thomas Olsson.

Foi com sentimentos indefinidos que aguardei o início do debate.

Eu devia a Gubb Jan um agradecimento especial por muitos favores recebidos. Além de ele, de certa forma, ter me convencido a estudar todo o caso, Gubb Jan me ajudara com uma enorme quantidade de material e me abrira muitas portas com as suas recomendações. Por outro lado, ele era, na época, o único dos defensores da tese da culpabilidade de Quick que ousava continuar a defendê-la em debates públicos. Dessa forma, transformou-se no porta-voz não somente de Kwast e Penttinen como de Birgitta Ståhle, Sven Åke Christianson e Claes Borgström. Sem receber nada em troca por isso, a não ser as risadas cada vez mais sonoras dos seus concidadãos.

E isso, em grande parte, era por minha culpa.

Entretanto, ele persistiu em sua incapacidade em aceitar dados objetivos, o que era espantoso. Além disso, estava absolutamente cego, acreditando no seu próprio papel. Durante a pesquisa para o terceiro documentário, estudei mais a fundo os dados das investigações preliminares nos casos de Trine e Gry, para saber exatamente se, além de Kåre Hunstad, alguém teria fornecido a Quick informações originais.

Em um documento de 26 de janeiro de 2000, encontrei o pobre policial Jan Karlsson realizando o trabalho sisifista de procurar em todos os jornais suecos o nome de Gry Storvik, desde o dia em que ela foi encontrada morta, em 25 de junho de 1985. Depois de ter verificado todos os exemplares do *Aftonbladet*, *Dagens Nyheter* e *Expressen* sem resultado, ele chegou ao *Dala-Demokraten*. E neste jornal — em 2 de outubro de 1998, portanto, nove meses antes da famosa viagem de reconstituição — achou finalmente um texto de ninguém menos do que Gubb Jan Stigson.

O *Dala-Demokraten* é um dos jornais de que a ala 36 do Hospital de Säter é assinante e está explicitado no interrogatório da segunda investigação que Quick lia esse jornal diariamente. Procurei a citada matéria na biblioteca de cursos e jornais em Gotemburgo. Sob a manchete "Thomas Quick suspeito de assassinato sexual na Noruega", Stigson conta: "Hoje o interesse concentra-se, sobretudo, em dois assassinatos de mulheres e um desaparecimento na Noruega, todos os três são clássicos na história da criminologia norueguesa."

Após curtas entradas a respeito de Trine Jensen e Marianne Rugaas Knutsen, seguiu-se a questão central:

> O terceiro caso relativo a Gry Storvik, de 23 anos, que desapareceu no centro de Oslo e foi encontrada morta num estacionamento em Myrvoll no dia 25 de junho de 1985. O local não fica muito longe do lugar onde foi encontrado o corpo de Trine. Os dois casos têm muitas semelhanças. Os corpos das vítimas têm claros sinais de violência do mesmo tipo. Além disso, as duas garotas desapareceram de lugares apenas algumas centenas de metros de distância um do outro.

As informações sobre o assassinato que Quick leu no *Dala-Demokraten* foram incontestavelmente um bom começo, tendo em conta a maneira como decorreu o interrogatório seguinte e o modo como as histórias inventadas por Quick costumavam "se desenvolver" durante o decorrer dos interrogatórios.

Quando Gubb Jan Stigson, no início das minhas pesquisas, teve a bondade de copiar e me mandar trezentos dos seus artigos sobre Quick, ele resolveu, porém, por motivos desconhecidos, não incluir essa matéria na coleção.

Essa matéria está anotada, inclusive, no protocolo da polícia criminalista do reino relativo às investigações preliminares, o que não evitou que o tribunal também deixasse de ser informado a respeito da sua existência.

O debate começou com a moderadora Monica Saarinen, normalmente apresentadora do programa Studio Ett, salientando que Gubb Jan Stigson recebera o grande Prêmio do Clube de Publicistas, em 1995, assim como eu também estava recebendo, agora, a mesma honra pelos programas sobre Thomas Quick.

Após uma introdução sobre a maneira como entramos em contato um com o outro e sobre o fato de termos assumido posições radicalmente opostas sobre o assunto da culpa em pauta, Stigson disse:

— Chega-se a um ponto de onde não se volta mais e onde resta apenas aceitar que ele é culpado. Quero afirmar que tenho sido crítico o tempo todo. Depois, apareceu isso aí, essas tolices. Que ele seria um palhaço. Tem-se escondido todo o seu passado que é fantástico na história criminalista da Suécia.

— O que leva você, Hannes, a pensar que ele é inocente? — perguntou Saarinen.

— Eu li todo o material — expliquei. — Acima de tudo, alinhei tudo aquilo que o apontava como culpado. Não resta mais nada. Não existe mais nem sombra de prova contra ele. As sentenças de condenação repousam, exclusivamente, em cima das histórias contadas por Quick e, se a gente ler essas histórias e verificar como elas surgiram, chega-se à conclusão de que ele, de início, não sabia nada a respeito desses crimes. Tudo o que dizia estava errado.

Nesta altura, Stigson começou a balançar a cabeça e eu vi na sua expressão um indício de irritação.

— Você está balançando a cabeça e faz isso com conhecimento dos processos. O público não leu os interrogatórios, mas você, sim. Quais as circunstâncias, então, que Quick descreveu nos primeiros interrogatórios em qualquer dos crimes?

— Bem, mas... Hoje, já é do conhecimento de todos que aquilo que ele disse de início era válido para continuar a pesquisar. Depois, ele complicava e, por fim, surgiam as informações fantásticas. Como é que ele foi parar nas florestas de Ørjan?

— Lendo o jornal norueguês *Verdens Gang*.

— A respeito das florestas de Ørjan? Não havia ninguém que soubesse dessas florestas antes de ele...

— Está tudo nas páginas do *Verdens Gang*. Todos os detalhes de que ele falou no caso do assassinato de Therese.

— Não, não...

— É possível que agora você esteja falando contra o melhor conhecimento dos processos. E você já sabe que está errado.

Stigson mudou de assunto e perguntou por que eu não me importava com os registros anteriores de crimes cometidos por Sture Bergwall. Eu respondi que tinha verificado como o sistema jurídico sueco e a psiquiatria legal do país trataram uma pessoa psiquicamente doente, uma pessoa que, além disso, estava totalmente drogada no momento de confessar seus crimes. Não fui pesquisar o que ele fez antes.

Stigson, porém, não se conteve. E começou a falar dos "dez ou doze abusos sexuais mais ou menos graves" que Sture Bergwall cometera desde os 15 anos e de que fora declarado culpado, além de um ataque com faca em 1974. Monica Saarinen salientou, então, que Stigson lhe tinha mandado cópias de oitenta matérias escritas por ele, as quais ela tinha lido, notando que em 80% ou 90% das matérias eram mencionados esses crimes da adolescência.

— Bem. Isso é o que se chama de passado caracterizando o futuro — afirmou Stigson.

— O que você quer dizer com isso? — pergunta Saarinen.

— Bem, mas... Portanto... Ele sofreu muito com isso... Aliás, isso são perversões quase incuráveis.

— Como é que você sabe? — insistiu Saarinen.

— Bem, mas... Portanto... A estatística fala por si.

Stigson menciona dois outros casos e os médicos com quem falou.

— Você quer dizer com isso que, se ele fez o que fez quando era adolescente, então ele deve ser culpado agora? — perguntou Saarinen.

— Não, mas, visto que ele fez o que fez, talvez valha a pena investigar se ele é culpado. E está escrito... Fransson olha para o seu passado e chega à seguinte conclusão...

Mas, nessa altura, eu não consegui mais me segurar. Interrompi-o.

— O que Gubb Jan está falando é uma mistura de ouvi dizer, acontecimentos por apurar, acontecimentos enunciados etc. Existem dois casos que ele confessou e pelos quais foi condenado. Está certo. E eu mencionei que ele foi condenado por casos graves de violência. Acho, no entanto, que não faz sentido continuar falando de acontecimentos que ocorreram há décadas. O espantoso é ele ser condenado agora por oito crimes que eu e uma quantidade imensa de outras pessoas acham que ele não cometeu. Se fosse possível esquecer a década de 1960 e analisar os tempos moderno, seria muito melhor. Repetir a toda hora, e sempre, a mesma coisa, tal como Gubb Jan Stigson faz, há vinte anos, quando já existem outros pareceres médicos, e ele fica escrevendo a respeito de acontecimentos cometidos quando o rapaz tinha 19 anos, os chamados...

— Catorze anos.

— O quê?

— Catorze anos... É dessa época o último caso... É o que o rapaz diz.

— Ah, bom, você pula ainda mais para trás. Em breve, você vai parar na década de 1950. Acho, realmente, que é uma infâmia, de fato. O jornalismo de Gubb Jan Stigson é um assassinato de caráter de um paciente psíquico.

— Assassinato de caráter? Isso é... Isso é...

— Para mim, Gubb Jan Stigson copiou trezentas matérias e todas são uma repetição do que ele diz agora...

Fui obrigado a me virar para ele em vez de olhar para o público.

— De fato, eu não entendo o que você anda fazendo, visto que o que aconteceu então não tem porra nenhuma a ver com as sentenças de agora.

— Tem, sim. E em alto grau!

— Com a questão de culpa nas sentenças por assassinato?

— Não, não, não é assim tão simples!

— O problema da culpa nos casos de assassinato! São esses os que devemos discutir agora. Os de uma pessoa inocente indevidamente condenada por assassinato.

— Bem, mas é simples uma contaminação de tudo isso. É quase uma desonestidade não considerar esse passado...

Monica Saarinen tentava interromper esse ambiente infectado, mudando de assunto, mas Stigson e eu já estávamos embrenhados em uma nova discussão. Ele insistia que Quick era culpado até mesmo pelo assassinato de Thomas Blomgren, e eu fiquei tentando, sem sucesso, convencê-lo de que tudo deveria ser considerado impossível. Ao mesmo tempo, contava para o público que Quick viajara para a Biblioteca Real, em Estocolmo, para ler sobre o caso.

— Hannes, você quer dizer que Gubb Jan Stigson ajudou Thomas Quick com informações para que ele pudesse continuar a falar das suas histórias? — indagou Saarinen.

— Gubb Jan publicou artigos onde dá os nomes de vítimas, conta de onde as vítimas desapareceram, que tipo de violências sofreram, onde foram encontrados seus corpos etc. Thomas Quick chegou a mencionar de onde vinha sua fonte de informações...

— Quais informações? — interrompeu Gubb Jan.

— Gry Storvik, por exemplo.

— Sim... Mas... Sem dúvida...

— Esse caso foi levantado em um dos seus artigos que, espantosamente, você resolveu não copiar e me mandar, mas que eu fui encontrar numa biblioteca de jornais. Artigo publicado em 2 de outubro de 1998, no qual você escreveu tudo aquilo de que Thomas Quick precisava para confessar. Ele nunca tinha citado o nome de Gry Storvik antes disso.

— Eu não sabia nada sobre Gry Storvik antes de ele apontar o nome dela — soltou Stigson.

— Então, isso é uma falsidade que entrou no microfilme, não?

Stigson ficou um pouco abatido sobre a mesa de aço. E acrescentei:

— Tenho tudo gravado no computador. Você poderá ver tudo, diretamente, depois.

— Você chegou mesmo a pensar alguma vez na possibilidade de Thomas Quick ter recebido informações tendo seus artigos como fonte? — insistiu Saarinen.

— Não existe nada nas minhas matérias que tenha servido para influenciar os processos — insistiu Stigson. — É como quando ele diz que eu lhe dei esse livro... O livro de Göran Elwin sobre o caso Johan Asplund. Não existe nada do livro citado na sentença!

— Por exemplo, todas as roupas e a mochila vermelha — disse eu.

— São essas coisas que eu sei terem sido anotadas por Thomas Quick para poder se referir a elas mais tarde. É claro que você deu informações para ele...

— Sim, mas...

— Você também deu para ele o livro.

— Mas, se ele podia ir a uma biblioteca, por que razão ele viria até mim pedir o livro?

Stigson voltou a mudar de rumo, com uma manifestação sobre o seu contato pessoal com Quick, contando que podia telefonar para ele com frequência e o fazia porque "tinha pena dele". Tentei recapitular:

— É preciso entender que essas investigações policiais, toda a história de Thomas Quick, são trabalhadas pela mídia, pela polícia e pelos psicoterapeutas num enorme e extraordinário jogo de conjunto de interesses. Em que a mídia é usada pela polícia para...

— Mas, porra...

Stigson balançava a cabeça de novo.

— Mas, afinal, o que é que você está dizendo? — perguntei.

— Mas essa é demais! Você acha que eu estive colaborando com a polícia?

— De cada vez que Thomas Quick começava a contar ou a dar a entender alguma coisa, logo a polícia vazava as informações para você ou outros jornalistas que publicavam até fotografias das vítimas, das...

— Que vazamentos eram esses?

— Obviamente de investigações feitas pela polícia. Às vezes, de Christer van der Kwast. Às vezes, de Seppo Penttinen. Por que se faz isso durante o decorrer das investigações?

— Isso é papo furado. Nunca recebi nada disso...

— Você... Olhe bem nos meus olhos! Acha mesmo que é papo furado?

— Bem, eu não... Bem, bem... Que me dessem algumas informações que ele pudesse usar... Não, tudo isso é papo furado! De jeito nenhum!

— Mas a verdade é que você recebeu informações, sempre, desde o primeiro dia! — protestei eu.

Nessa altura, Stigson começou a falar de uma entrevista que fez com Lars-Inge Svartenbrandt e de coisas que este tinha a dizer sobre recordações reprimidas e o uso de terapias especiais.

— Você está totalmente fora da realidade — insisti eu.

Mas Stigson continuou a falar de Lars-Inge Svartenbrandt, até que Monica Saarinen nos pediu que fizéssemos as declarações finais. E eu, então, pus a seguinte questão: em que condições — se é que havia alguma — Gubb Jan Stigson poderia alterar sua posição relativa ao caso Thomas Quick. Mas ele reagiu, dizendo que ainda não tinha visto "nada que o fizesse mudar de ideia".

— Nada mesmo? — insisti eu.

— Nada.

— Mas o que poderia levar você...

— Por fim, chega-se a um ponto final. E foi a esse ponto que cheguei, neste caso.

Eu estava completamente esgotado. Afinal, era tão simples: tratava-se de crença. Era acreditar ou não acreditar.

O público pôde fazer perguntas. E a primeira era bem conhecida: seria verdade que os tribunais suecos eram tão relapsos que condenavam sem provas técnicas? E Stigson logo entrou em cena, a todo o gás:

— Não há provas técnicas em termos de impressões digitais e de análises de DNA. Mas existiram outras provas técnicas. Como gravações feitas em árvores e coisas assim. Análises de fosfato. Cães farejadores.

— Sim, essa do cachorro é muito interessante — falei. — Foi um cão farejador de um dono particular que marcou uma série de lugares na floresta; aliás, uma quantidade imensa de lugares onde deveria haver restos de cadáveres. Foram feitas escavações arqueológicas em mais de vinte lugares, peneirou-se a terra, esvaziou-se uma lagoa, mas nada foi encontrado além de um fragmento de menos de meio grama que acabou por se provar não ser de osso, mas de madeira. Nada, absolutamente nada foi encontrado. Quais foram as conclusões a que você chegou acerca deste episódio?

— Bem, portanto...

— Gubb Jan Stigson, atualmente, você é a única pessoa que acredita na culpa de Thomas Quick.

— É... Parece que sim.

Depois do debate, eu me levantei e fiquei de pé, ainda no palco, conversando com alguns colegas. Entretanto, Stigson guardou suas coisas na pasta e desceu do palco, rapidamente, saindo por entre o público.

Antes que eu pudesse reagir, ele já tinha saído do auditório.

Aquela matéria que eu prometera mostrar para ele e que estava no meu notebook, ele obviamente não estava interessado em ver.

A última peça do quebra-cabeça

No dia 20 de abril de 2010, Thomas Olsson e Martin Cullberg entraram com um segundo recurso em nome de Sture Bergwall no processo de Therese Johannesen.

Em pouco mais de um mês, a 27 de maio, a promotora-chefe Eva Finné proclamou a sua decisão no caso Yenon Levi. Apesar de o recurso ter sido aceito, não chegou a haver qualquer novo julgamento. As provas foram consideradas tão precárias que nem sequer valia a pena realizar novo julgamento, como seria normal.

"Depois de analisar o processo, é minha convicção que as provas apresentadas são tais que não servem para comprovar o crime", escreveu ela. "Bergwall nega o crime. É certo que ele, durante a investigação, apresentou uma série de informações que coincidem com outras provas, mas a sua história sobre o caso está impregnada de contradições e de informações emendadas, de tal forma que não é de se esperar uma nova sentença condenatória. Portanto, mandei arquivar o processo contra Sture Bergwall."

Christer van der Kwast ficou furioso.

— Acho que é um disparate não se prosseguir em campo aberto com uma nova consideração dos fatos em que Quick pudesse explicar a sua anterior confissão. É uma saída confortável para evitar um novo processo abrangente e embaraçoso. Quick foi condenado segundo bases reais e obteve o recurso segundo bases irreais. Acredito que a pressão da mídia tenha influenciado na decisão tomada agora — disse ele, para a agência *TT*.

Logo depois do verão, Björn Ericson declarou sua decisão sobre o recurso quanto ao caso Therese e também concluiu que nem sequer devia haver novo indiciamento.

Era apenas uma questão de tempo a absolvição de Sture Bergwall de todas as suas condenações por assassinato. Ele se tornaria um personagem histórico, mas de uma maneira totalmente oposta àquela imaginada por Birgitta Ståhle, Sven Åke Christianson, Christer van der Kwast,

Seppo Penttinen e todos os outros colaboradores no escândalo Quick. Nenhuma destas pessoas poderia ter previsto uma reviravolta tão radical.

No dia 2 de setembro de 2010, o promotor-chefe Bo Lindgren, encarregado por Björn Ericson de analisar o processo de Trine e Gry, recebeu os filmes originais que deram origem à versão editada e apresentada no Tribunal de Falun e, mais tarde, no julgamento em Estocolmo. Os originais chegaram em duas caixas de papelão. No total, tratava-se de treze fitas VHS e oito minicassetes, ou seja, cerca de 39 horas de vídeos gravados.

O departamento técnico transformou as gravações em VHS para o formato de DVD, cujas cópias, em seguida, foram remetidas a Thomas Olsson no escritório de advocacia de Leif Silbersky, em Estocolmo. Foi lá que Jenny Küttim gravou suas cópias, que, depois, passou para mim pela internet, para eu gravar em meus arquivos.

Foi com uma sensação de quase solenidade que coloquei o primeiro filme no meu notebook. Para mim, esse era o final da minha pesquisa. Já tinha verificado todas as outras informações que podia, respondido a todas as outras interrogações — o filme da reconstituição do julgamento do caso Trine Jensen e Gry Storvik era o único que restava ver.

Os filmes tinham sido feitos com duas câmeras, uma filmando o caminho à frente do carro onde seguiam, entre outros, Thomas Quick, Seppo Penttinen, Christer van der Kwast e Sven Åke Christianson; e a outra, filmando o rosto de Quick durante a viagem, com Penttinen sendo visto à frente dele. Concluí logo que eram os filmes desta câmera os mais interessantes.

De resto, os filmes eram, na sua maior parte, tremendamente entediantes. Mostravam a viagem desde o seu início em Säter até chegar a Oslo. Depois, a circulação em várias partes de Oslo e a volta ao centro. Alguns filmes mostravam interrogatórios demonstrativos nos quais Thomas Quick, nos locais dos assassinatos, tentava mostrar como tinha matado as duas mulheres. Em princípio, nada de acertos e, como já era de esperar, essas cenas não fizeram parte da versão curta apresentada em tribunal.

Mas o mais interessante, evidentemente, foi ver, afinal, a maneira como Quick, na reconstituição de agosto de 1999, dezoito anos depois do assassinato de Trine Jensen, realmente conseguiu "sem grandes hesitações, indicar o caminho a percorrer pelo carro, durante alguns metros, até chegar, finalmente, onde ela foi encontrada". Viu-se, a seguir, a famosa sequência onde Quick, espontaneamente, reagiu com forte pânico quando a caravana de carros passou pelo estacionamento onde o cadáver de Gry Storvik foi encontrado. Nos filmes que o tribunal pôde ver não se deixava nenhuma dúvida a respeito do significado de ambos os momentos.

No filme original, não editado, os carros rodaram uma eternidade em Oslo. E vê-se Sture, um corpo enorme sentado, com o indicador levantado e pendendo uma vez para um lado, outra vez para o outro. Seppo Penttinen, sentado, com uma expressão imutável.

Por fim, os policiais no carro ficaram cansados de andar em círculos e decidiram rumar para Kolbotn, situada mais próxima dos lugares onde foram encontrados os corpos das duas mulheres. Nem então Quick conseguiu acertar o caminho. Quando ficou claro que ele não fazia a menor ideia de para onde devia ir, foi Penttinen quem assumiu o comando:

— Minha proposta é que nós voltemos para o cruzamento anterior, no lugar em que fizemos uma parada e ficamos avaliando, longamente, para onde ir. E, então, viramos para a esquerda, visto que você ficou olhando fixamente para esse lado. E vamos tentar, também, esse caminho.

A seguir, tomam a estrada que os levaria ao lugar onde foram encontrados os corpos das vítimas, mas, mesmo assim, Quick ainda errou ao apontar o caminho.

— Essa não é a estrada que vai desembocar de novo na grande via E18, Quick? — chama a atenção Penttinen.

Em seguida, ele acrescenta que "Kwast teve a ideia de você ficar por aqui, nesta região, se você puder parar um pouco... Sim, acho que sim, ficamos por aqui. Acho também que está na hora de fazer uma pequena pausa, caso você queira descansar um pouco. Tudo bem, então, vamos desligar o som".

Quando o som e a imagem são religados, o carro volta para o mesmo caminho, mas agora na direção correta. Thomas Quick movimenta o dedo para um lado e para o outro, apontando para lá e para cá. Até que, de repente, Penttinen diz: ele apontou para a direita! E o carro gira para a direita, entra numa rua secundária, na direção correta.

Será que ele apontou mesmo para a direita? Talvez. Ele apontou também para a esquerda. E ainda em frente. Mas, só quando passaram pelo caminho correto, Penttinen reagiu e falou para onde Quick estava apontando. Logo a seguir, o procedimento se repete, mas na direção contrária, visto que Quick, novamente, errou a saída por outra rua. O carro e a equipe voltam para trás, depois de o líder dos interrogatórios ter feito uma pergunta discreta: se não seria melhor retornar.

Quando eles passam, depois, pelo próprio lugar onde foi achado o corpo, Penttinen diz:

— Vamos parar?

Mas Thomas Quick não entendeu o sinal. Ele quer prosseguir. Pouco depois, Penttinen interfere de novo:

— O que você está dizendo? Quer voltar?

Desta vez, Quick entendeu. Diz para o carro voltar e, logo em seguida, manda parar, mais ou menos no lugar onde Penttinen tinha perguntado se não estava na hora de parar.

A tese de que Thomas Quick pôde guiar os investigadores até o lugar onde foi encontrado o corpo foi, pura e simplesmente, derrubada. Pelo contrário, foram eles que guiaram Quick até o lugar, não apenas com indicações e interpretações apropriadas como também com instruções e manobras explícitas.

Para mim, diz Sture Bergwall:

— Havia sempre informações à minha disposição. Eu conseguia ler pela expressão deles, não só de Penttinen, mas também dos outros policiais e do motorista da van. Uma contração na expressão de Penttinen indicava que estávamos indo na direção errada. E, se o motorista freasse um pouco em determinado lugar, eu entendia que em breve teria de virar. E, assim, o tempo todo, eu via aqueles pequenos sinais. Era com pequenos detalhes que eles falavam comigo para onde devíamos ir. Mas tudo soava como se fosse eu quem estava dizendo para eles o caminho a seguir.

— E como foi o momento em que você, espontaneamente, apontou o lugar onde foi achado o corpo de Gry Storvik?

Desde o começo, Thomas Quick já adquirira os fatos básicos da história por intermédio de Gubb Jan Stigson e suas matérias no *Dala-Demokraten*. Depois, os companheiros de viagem — ao contrário do que foi dito em tribunal — já tinham conhecimento havia muito tempo das semelhanças em ambos os casos e de que os dois locais onde foram encontrados os corpos estavam situados muito próximos um do outro.

Assim, escreveu Stigson: "O terceiro caso diz respeito a Gry Storvik, de 23 anos, que desapareceu do centro de Oslo e foi encontrada, morta, num estacionamento em Myrvoll, a 25 de junho de 1985. O lugar onde o seu corpo foi achado não fica muito longe daquele onde encontraram o corpo de Trine."

Durante a reconstituição, quando o grupo passou por um cartaz onde estava indicada a palavra "Myrvoll", houve o seguinte diálogo:

> PENTTINEN: — Você está pensando em alguma coisa, não? Conte, Thomas: como se sente?
> TQ: — Oh, sim, está tudo bem.
> PENTTINEN: — Está tudo bem mesmo?
> TQ: — Hum... Tem aquele nome de bairro que eu não me lembro de ter visto ali.
> PENTTINEN: — Aquele por onde passamos há pouco?
> TQ: — Sim, isso mesmo.
> PENTTINEN: — Qual era mesmo o nome do lugar?
> TQ: — Não me lembro mais.
> PENTTINEN: — Era aquele que estava no cruzamento por onde acabamos de passar?
> TQ: — Hum...

E, logo a seguir, eles passam pelo estacionamento certo em Myrvoll onde a van, por algum motivo difuso, fica parada num cruzamento. Quick é instado, então, a indicar o caminho a seguir, mas a escolha é errada e logo voltam, parando novamente na outra ponta do estacionamento.

No filme apresentado em tribunal, a imagem desaparece e ouve-se apenas a voz do locutor, que é de Penttinen, informando: "Esta vista do estacionamento é aquela para a qual Thomas Quick chamou a nossa atenção. É o mesmo estacionamento onde foi encontrado o corpo de Gry Storvik." A seguir, o filme foi cortado.

O filme que vejo agora continua com Penttinen falando com Quick, no estacionamento para o qual ele foi encaminhado.

— Há alguma coisa neste lugar — diz Quick.
— É mesmo? — pergunta Penttinen.
— Sim, sim.

— Onde você vê essa coisa? Você está mostrando o lugar todo?
— Não, não todo o lugar.
— Então, do que é que se trata?
— Da loja...

Thomas Quick aponta para a direita na direção da estrada, embora o estacionamento fique do lado oposto.

— O quê? — diz Penttinen, espantado.
— ... atrás dali...

Quick não indica com uma única palavra ou com um único gesto o estacionamento. Ao contrário, ele parece querer chamar a atenção dos investigadores para um lugar do outro lado da estrada.

O ataque de pânico de Thomas Quick, que os investigadores consideraram importantíssimo, só acontece depois, perto de uma rotunda próxima, quando eles voltam a passar por um cartaz com a palavra "Myrvoll". No filme, ouve-se a voz de Quick explicando o ataque por estarem "muito perto do lugar de Trine".

Gry Storvik é um nome que Quick nunca chega sequer a mencionar. Só Seppo Penttinen fala dessa vítima e menciona o seu nome no filme editado, mostrado no tribunal.

Encontro com o jornalista

Sture Bergwall acordou às 5h29, um minuto antes de o despertador tocar. No programa *Ekot*, da televisão, falou-se do parlamentar Fredrick Federley e de seu restaurante de saladas que entrou em falência, e de como os fornecedores e contribuintes foram afestados, o que pouco interessava a Sture.

Depois de lavar o rosto e vestir uma roupa, Sture foi até o refeitório buscar café e uma papa de creme de leite que ele levou e comeu no quarto. Dez minutos depois, exatamente às seis horas e cinco minutos, acionou uma campainha para deixá-lo sair.

A manhã estava agradável. Quando chegou ao jardim de passeio, o ar fresco da manhã trazia consigo um aroma de amoras silvestres. Sture inspirou fundo e, por momentos, guardou o ar nos pulmões cheios.

Às 8h35, ele estava de volta ao seu quarto, tomou uma ducha e, depois disso, bebeu sua segunda xícara de café daquela manhã, na companhia do *Dagens Nyheter*.

A seguir, anotou no seu diário que aquele era o dia 2.357 de silêncio autoimposto. Foi a única anotação daquele dia em que ele, pela primeira vez, em quase sete anos, se dispôs a marcar um encontro com outra pessoa.

Em seguida, para passar o tempo, apanhou as palavras cruzadas e ficou decifrando as charadas durante duas horas até que se deparou com uma palavra que não conseguiu encontrar na memória. E desistiu.

Foi uma coincidência extraordinária ele ter visto um documentário na emissora SVT acerca do piromaníaco de Falun. A história de dez crianças e adolescentes que foram obrigados a confessar terem posto fogo em vários pontos da floresta, mas que, mais tarde, foram considerados inocentes. Agradou-lhe muito saber dessa história. O tema da reportagem — falsa confissão — lhe provocou uma vaga sensação de esperança. Mas nada mais do que isso. Nada que o deixasse pensativo por muito tempo.

Na ala 36 da clínica, os enfermeiros já sabiam que Sture receberia uma visita durante aquela tarde. Entre eles, ficaram falando que isso significava que alguma coisa tinha acontecido com o seu paciente, que Sture teria tomado uma decisão. Senão, por que ele iria interromper um silêncio de quase sete anos?

Quando Sture saiu para buscar o almoço, um dos veteranos entre os enfermeiros foi até ele, pegou-o pelo braço e falou, quase sussurrando:

— Sture, você vai receber uma visita hoje?

— Sim — disse Sture, concordando.

— Quer dizer que você vai voltar às investigações por crimes cometidos? — perguntou o assistente, esperançosamente.

Sture produziu um som como resposta que poderia significar qualquer coisa. "Então, é isso o que eles pensam. São essas as conversas entre o pessoal", pensou Sture.

Sture Bergwall iria ao encontro de um jornalista, sem grandes esperanças, mas, também, despreocupado. "Talvez haja algum tipo de abertura", pensou ele, mas logo afastou a ideia para longe.

Quando faltavam dez minutos para o encontro, chegaram dois enfermeiros ao quarto de Sture e lhe disseram que estava na hora de sair.

Cronologia de Sture Bergwall/Thomas Quick

1969   Sture molesta quatro rapazes.
1970   Condenado a reclusão psiquiátrica, recolhido ao Hospital de Sidsjön.
1971   Estudou um ano na Escola de Jokkmokk.
1972   De volta ao Hospital de Sidsjön.
1973   Transferido para Säter. Alta concedida precariamente.
1974   Derrubou um homem em Uppsala. Volta para Säter.
1976   Charles Zelmanovits desaparece em Piteå.
1977   Alta de Säter. O pai faleceu.
1980   Johan Asplund desaparece.
1981   Trine Jensen é assassinada.
1982   Abre uma tabacaria com o irmão Sten-Ove.
1983   A mãe faleceu. Fez contato com Patrik Olofsson.
1984   Crime em Appojaure.
1985   Gry Storvik é assassinada.
1986   A tabacaria é desativada. Abriu quiosque junto com a mãe de Patrik Olofsson.
1987   Tirou carteira de motorista. Mudou-se para Falun, depois Grycksbo.
1988   Assassinato de Yenon Levi. Therese Johannesen desaparece.
1989   Dois rapazes somalis desaparecem de campo de refugiados em Oslo.
1990   Mudou-se para Falun. Tentativa de assalto a banco.
1991   Condenado por assalto e roubo. Internação em Säter. Começo de terapia com Kjell Persson.

1992   Planejada mudança para apartamento próprio. Muda nome para Thomas Quick. Seguiu de carro com Kjell Persson para Bosvedjan.
1993   Primeiro encontro com Birgitta Ståhle. Confessou assassinato de Johan Asplund. Reconstituição. Achados os restos mortais de Charles Zelmanovits. Kjell Persson pede licença do emprego. Göran Fransson avisou demissão.
1994   Confessado assassinato de Charles Zelmanovits. Internado na clínica psiquiátrica forense em Växjö, durante duas semanas. Birgitta Ståhle assume terapia em Säter. Primeiro encontro com Sven Åke Christianson. Reconstituição em Piteå. Condenado por assassinato de Charles Zelmanovits. Confessado crime em Appojaure. Criada Comissão Quick.
1995   Reconstituição em Appojaure. Idem em Messaure. Troca de advogado: assume Claes Borgström. Confessado assassinato contra Levi.
1996   Condenado por crime em Appojaure. Confessado crime contra Therese Johannesen. Reconstituição em Drammen, floresta de Ørje e Lindesberg. Confessado crime contra Trine Jensen.
1997   Condenado por crime contra Yenon Levi. Reconstituição em Ørje para indicar cova de ossos.
1998   Começa controvérsia sobre Quick. Condenado por crime contra Therese Johannesen.
1999   Reconstituição de Trine Jensen.
2000   Condenado por crime contra Trine Jensen e Gry Storvik.
2001   Condenado por crime contra Johan Asplund. Thomas Quick entra em silêncio autoimposto.
2002   Reassumiu o nome de Sture Bergwall. Terminou a terapia com Birgitta Ståhle.
2008   Encontrou-se com Hannes Rådstam pela primeira vez. Thomas Olsson assumiu o caso.

Este livro foi composto na tipologia Sabon
LT Std, em corpo 10,5/15, e impresso em
papel off-white no Sistema Cameron da
Divisão Gráfica da Distribuidora Record.